CORREDEIRAS DA DEMOCRACIA
O VOTO SOB A PERSPECTIVA PSICOSSOCIAL

Editora Appris Ltda.
1.ª Edição - Copyright© 2024 dos autores
Direitos de Edição Reservados à Editora Appris Ltda.

Nenhuma parte desta obra poderá ser utilizada indevidamente, sem estar de acordo com a Lei nº 9.610/98. Se incorreções forem encontradas, serão de exclusiva responsabilidade de seus organizadores. Foi realizado o Depósito Legal na Fundação Biblioteca Nacional, de acordo com as Leis nos 10.994, de 14/12/2004, e 12.192, de 14/01/2010.

Catalogação na Fonte
Elaborado por: Dayanne Leal Souza
Bibliotecária CRB 9/2162

V653c
2024
	Vidigal Coriolano, Rubens
	    Corredeiras da democracia: o voto sob a perspectiva psicossocial /
	Rubens Vidigal Coriolano e Salvador Antonio Mireles Sandoval. – 1. ed. –
	Curitiba: Appris, 2024.
	    438 p. : il. color. ; 23 cm. (Coleção PSI).
	
	    Inclui referências.
	    ISBN 978-65-250-6291-4
	
	    1. Voto. 2. Eleições. 3. Psicologia política. I. Vidigal Coriolano, Rubens.
	II. Sandoval, Salvador Antonio Mireles. III. Título. IV. Série.
	
	                                                                CDD – 155.91

Livro de acordo com a normalização técnica da ABNT

Editora e Livraria Appris Ltda.
Av. Manoel Ribas, 2265 – Mercês
Curitiba/PR – CEP: 80810-002
Tel. (41) 3156 - 4731
www.editoraappris.com.br

Printed in Brazil
Impresso no Brasil

Rubens Vidigal Coriolano
Salvador Antonio Mireles Sandoval

CORREDEIRAS DA DEMOCRACIA
O VOTO SOB A PERSPECTIVA PSICOSSOCIAL

Appris
editora

Curitiba, PR
2024

FICHA TÉCNICA

EDITORIAL Augusto Coelho
Sara C. de Andrade Coelho

COMITÊ EDITORIAL Ana El Achkar (UNIVERSO/RJ)
Andréa Barbosa Gouveia (UFPR)
Conrado Moreira Mendes (PUC-MG)
Eliete Correia dos Santos (UEPB)
Fabiano Santos (UERJ/IESP)
Francinete Fernandes de Sousa (UEPB)
Francisco Carlos Duarte (PUCPR)
Francisco de Assis (Fiam-Faam, SP, Brasil)
Jacques de Lima Ferreira (UP)
Juliana Reichert Assunção Tonelli (UEL)
Maria Aparecida Barbosa (USP)
Maria Helena Zamora (PUC-Rio)
Maria Margarida de Andrade (Umack)
Marilda Aparecida Behrens (PUCPR)
Marli Caetano
Roque Ismael da Costa Güllich (UFFS)
Toni Reis (UFPR)
Valdomiro de Oliveira (UFPR)
Valério Brusamolin (IFPR)

SUPERVISOR DA PRODUÇÃO Renata Cristina Lopes Miccelli

PRODUÇÃO EDITORIAL Daniela Nazario

DIAGRAMAÇÃO Andrezza Libel

CAPA Lívia Weyl

REVISÃO DE PROVA Jibril Keddeh

COMITÊ CIENTÍFICO DA COLEÇÃO PSI

DIREÇÃO CIENTÍFICA Junia de Vilhena

CONSULTORES Ana Cleide Guedes Moreira (UFPA)
Betty Fuks (Univ. Veiga de Almeida)
Edson Luiz Andre de Souza (UFRGS)
Henrique Figueiredo Carneiro (UFPE)
Joana de Vilhena Novaes (UVA |LIPIS/PUC)
Maria Helena Zamora (PUC-Rio)
Nadja Pinheiro (UFPR)
Paulo Endo (USP)
Sergio Gouvea Franco (FAAP)

INTERNACIONAIS Catherine Desprats - Péquignot (Université Denis-Diderot Paris 7)
Eduardo Santos (Univ. Coimbra)
Marta Gerez Ambertín (Universidad Católica de Santiago del Estero)
Celine Masson (Université Denis Diderot-Paris 7)

Ao meu país, que tanto carece de políticos comprometidos com a justiça social, bem como de eleitores estruturados em sua consciência política e capazes de fazer as melhores escolhas eleitorais. Esta é minha contribuição para uma sociedade mais justa.

AGRADECIMENTOS

A colaboração dos(as) muitos(as) profissionais, amigos(as) e parceiros(as) aqui relacionados(as) viabilizou a execução deste projeto.

Em primeiro lugar, aos participantes da pesquisa longitudinal que muito paciente e gentilmente se predispuseram, durante cinco meses, a fornecer informações valiosas, matéria-prima essencial para qualquer pesquisa. Para manter a confidencialidade das fontes, seus nomes verdadeiros não estão citados nesse trabalho.

Aos Profs. Maria Cristina Gonçalves Vicentin, Maria da Graça Marchina Gonçalves, Mary Jane Paris Spink e Salvador Antonio Mireles Sandoval, da Pontifícia Univeridade Católica de São Paulo (PUC-SP), pela partilha de conhecimentos que desnudaram novos horizontes e pelos estimulantes momentos de vida acadêmica.

À professora Cecília Pescatore Alves, pelo parecer técnico do meu projeto para submissão ao Comitê de Ética em Pesquisa (CEP) da PUC-SP.

À Dra Simone Bega Harnik, por sua assessoria em relação à modelagem estatística que possibilitou identificar as varáveis relevantes do comportamento eleitoral e ao Ricardo Dall Antonia, pela meticulosa revisão do texto.

À UNICAMP, na figura de Rosilene S. Gelape, coordenadora do banco de dados do Centro de Estudos de Opinião Pública (Cesop), por sua paciência no atendimento de minhas solicitações e presteza das informações prestadas.

Aos professores Cecília Pescatore Alves e Rafael Marchesan Tauil, pelas importantes orientações recomendadas na banca de qualificação, particularmente úteis na organização dos conteúdos do projeto e no aprimoramento da análise da pesquisa longitudinal.

Ao Conselho Nacional de Pesquisa – CNPq, pela bolsa de estudos que possibilitou o doutorado na PUC-SP.

À Coordenação de Aperfeiçoamento de Pessoal de Nível Superior – CAPES, pelo apoio financeiro para a publicação deste livro. O presente trabalho foi realizado com apoio da Coordenação de Aperfeiçoamento de Pessoal de Nível Superior - Brasil (CAPES) - Código de Financiamento 001.

Ao amigo e orientador, Prof. Salvador Sandoval, por me incentivar nesse longo percurso, antes mesmo de minha admissão no mestrado em Psicologia Social, pelos debates ideológicos calorosos e altamente profícuos, pelo convívio acadêmico e pelo direcionamento do projeto.

À Sonia Vidigal pelo seu eterno carinho, dedicação e amor de mãe.

Enfim, a todos e todas que de alguma forma contribuíram para que este projeto fosse bem sucedido.

Meus sinceros agradecimentos!

Removam a alienação que separava os humanos da sua liberdade e vocês obterão qualquer coisa parecida com uma democracia.

(Isabelle Stengers)

PREFÁCIO

A política brasileira enfrenta um momento difícil, no qual duas visões de mundo, diametralmente opostas, se confrontam, sem oferecer a possibilidade de vislumbre de um horizonte pacífico, em que a conciliação e o entendimento mútuo sejam possibilidades reais. Este cenário de ruptura do tecido social é nocivo, não apenas, para os cidadãos que já participam dos processos de escolha eleitoral, mas para toda uma geração mais jovem que, em breve, terá o poder de escolher o corpo político responsável pelos próximos passos da vida pública.

Esta geração, ao ingressar na vida política, encontrará um ambiente de tensão e hostilidade, no qual o diálogo com o antagônico aparece como uma espécie de declaração de guerra. Neste cenário, compreender o que leva os indivíduos a fazerem determinadas escolhas no campo político é fundamental, não apenas como guia capaz de orientar políticas públicas, mas também como ferramenta útil, capaz de nos levar a entender por que o cenário político nacional e internacional se tornou tão fraturado e dividido em dois polos inconciliáveis.

O livro que o leitor tem em mãos vem, sem dúvida, inaugurar um novo capítulo nos estudos relacionados ao comportamento eleitoral. Não apenas por trazer à luz um novo modelo de compreensão do voto, mas também pelo cuidadoso inventário que o autor realiza, levando em consideração a contribuição das escolas sociológica, econômica e psicossocial para a discussão atual deste campo de estudo. Rubens traz, além disto, um novo olhar sobre questões substanciais relacionadas à escolha eleitoral ao realizar uma análise cuidadosa do modelo heurístico-sistemático e do modelo da ideologia dominante, trazendo ainda para discussão os elementos basilares do modelo de comportamento eleitoral desenvolvido no âmbito da UFPB.

É partindo desta cuidadosa exegese que Rubens propõe seu modelo de comportamento eleitoral psicossocial. Através de uma metáfora inteligente, que representa uma corredeira de rio, traz a possibilidade de compreensão do voto através de influências que se constituem durante toda a vida do eleitor e, além disto, através de componentes que contribuem com esta decisão ao passo que se aproximam os pleitos eleitorais.

O modelo se baseia na análise de fatores distais (longo prazo), como a formação da consciência política e a constituição das matrizes identitárias e ideológicas ao longo da vida e, além disto, na compreensão de fatores proximais (curto prazo) como o contexto eleitoral em que ocorre o pleito, a influência da mídia, das pesquisas de opinião, da economia e do próprio ambiente político e institucional que se apresenta durante os processos eleitorais.

Através do modelo proposto, o autor chega à conclusão de que eleitores com uma consciência mais articulada logram a descida da corredeira através de um rumo pré-estabelecido e encontram-se em melhores condições ao enfrentar o fluxo político, conduzindo suas embarcações, de forma mais racionalizada, na direção desejada. Este eleitor, segundo a conclusão, é menos susceptível às influências provenientes das ações de curto prazo, como propagandas eleitorais ou pesquisas de opinião.

A segunda hipótese levantada também é confirmada, chegando-se à conclusão de que eleitores com a consciência menos articulada (geralmente mais indecisos ao passo que se aproximam os momentos de decisão), de baixa identidade ideológico-partidária e não convictos, sofrem maior influência dos fluxos políticos de curto prazo e, em determinados casos, podem, inclusive, ser conduzidos por estes fluxos.

A confirmação de ambas as hipóteses, está amparada em duas bases de dados, a primeira extraída de pesquisas *survey* pós-eleitorais, realizadas pelo ESEB em 2018 e 2022 (e disponibilizada pelo Cesop) e a segunda construída pelo próprio autor. Esta última, de caráter qualitativo, considerou quais fatores – entre distais e proximais – levaram os 14 indecisos entrevistados à decisão na hora do voto para presidente da República em 2022.

Ao todo, 108 entrevistas foram realizadas em sete momentos diferentes (ondas), entre 26 de maio e 22 de outubro de 2022. As ondas, como classifica o autor, consideradas ao passo que se aproximavam as eleições, tiveram o objetivo de compreender quais foram as principais influências de curto prazo, responsáveis por condicionar o voto do eleitor indeciso. O modelo foi, portanto, constituído, levando-se em consideração sua aplicabilidade, a partir de uma análise de dados confiáveis e que gozam de inquestionável credibilidade.

Por último, mas não menos importante, o livro traz uma rica discussão teórica sobre ideologia e dissonância cognitiva e faz uma crítica contundente ao corporativismo midiático, presente no cenário nacional contemporâneo. Através das páginas deste livro, escrito com a seriedade e o comprometimento de um pesquisador qualificado, o leitor terá a oportunidade de aprender bastante sobre aspectos psicossociais e políticos do comportamento eleitoral.

Rafael Tauil

SUMÁRIO

INTRODUÇÃO 19

1
AS ESCOLAS E OS MODELOS DE COMPORTAMENTO ELEITORAL... 27
1.1 A escola sociológica 28
1.2 A escola econômica 33
1.3 A escola psicossocial 41
1.4 Outros modelos teóricos 49
  1.4.1 O modelo heurístico-sistemático 49
  1.4.2 O modelo da ideologia dominante 51
    1.4.2.1 Os conceitos de *agenda-setting, priming e framing* 55
  1.4.3 O modelo da UFPB 59

2
CONSIDERAÇÕES SOBRE O DESENVOLVIMENTO DO MODELO
BRASILEIRO 63
2.1 Os problemas de adequação dos modelos das grandes escolas 63
2.2 O ajustamento do modelo de comportamento eleitoral 68
2.3 O modelo do comportamento eleitoral mediado pela consciência política 76

3
AS FORÇAS DISTAIS 79
3.1 A consciência política 79
  3.1.1 As emoções e os sentimentos 88
  3.1.2 As matrizes da identidade 91
    3.1.2.1 A cultura e a ideologia 92
    3.1.2.2 A religião 102
    3.1.2.3 Os partidos políticos 108
  3.1.3 O filtro perceptivo 120

4
AS FORÇAS PROXIMAIS 123
4.1 O contexto eleitoral 130
  4.1.1 A economia 130

4.1.2 O ambiente político e institucional 133

4.1.3 As emoções e os sentimentos nas campanhas eleitorais 136

4.2 A mídia..140

4.2.1 A internet 156

4.2.2 A desinformação 166

4.3 As pesquisas eleitorais..172

5
OS CANDIDATOS 177

5.1 A imagem do candidato 182

5.2 A seleção da estratégia de campanha 185

6
AS PESQUISAS DE CAMPO...189

6.1 A pesquisa quantitativa...189

6.2 A pesquisa qualitativa 211

7
OS ÚLTIMOS DOIS PLEITOS PRESIDENCIAIS...........................215

7.1 A eleição de 2018 215

7.1.1 As fake news e a desinformação 217

7.1.2 A exploração das emoções e sentimentos....................................227

7.1.3 A análise estatística do comportamento do eleitorado (2018) 229

7.1.4 A consciência política e o voto 243

7.2 A eleição de 2022...245

7.2.1 A realidade paralela 248

7.2.2 A análise estatística do comportamento do eleitorado (2022) 256

7.2.3 A definição do voto do eleitor indeciso 267

7.2.3.1 A eleitora Ágata 269

7.2.3.2 O eleitor Ástato 278

7.2.3.3 A eleitora Blenda 285

7.2.3.4 A eleitora Crisólita 293

7.2.3.5 O eleitor Férmio...301

7.2.3.6 A eleitora Galena 309

7.2.3.7 O eleitor Germânio..317

7.2.3.8 O eleitor Háfnio 322

7.2.3.9 A eleitora Niobite 329

7.2.3.10 A eleitora Opala 336

7.2.3.11 O eleitor Ósmio 343

7.2.3.12 A eleitora Plivine 350

7.2.3.13 O eleitor Samário 358

7.2.3.14 A eleitora Zincite 365

8
CONSIDERAÇÕES FINAIS...373
8.1 A pesquisa com eleitores indecisos 373

8.2 As pesquisas do ESEB 382

8.3 Limitações para a elaboração do modelo e considerações sobre a democracia do país...388

REFERÊNCIAS..393

SOBRE OS AUTORES 421

ÍNDICE REMISSIVO 431

INTRODUÇÃO

A democracia surgiu na Grécia, no século V a.C., mais especificamente em Atenas, e tem como origem etimológica de seu nome as palavras *demos* e *kratia*, que significam povo e governo ou poder, respectivamente. Apesar das limitações existentes em relação à participação política de seus habitantes, já que mulheres, menores de idade, escravos e estrangeiros não tinham direito ao voto, a cidade-estado é considerada o berço da democracia. Após uma era de ouro, a derrota na guerra do Peloponeso, no final do século IV a.C., determinou um forte declínio da democracia ateniense. Apenas no século XVIII, sob as ideias políticas e filosóficas do Iluminismo, é que a democracia ressurgiria na Europa Ocidental.

Embora seja um conceito em constante evolução, cujo paradigma está intrinsecamente ligado às diversas tradições filosóficas predominantes ao longo da história, em sua essência, podemos resumir sua definição como o poder exercido pelos cidadãos por meio de seus representantes, tanto de forma direta quanto indireta. Dentre as diversas características deste sistema político, destacamos o imperativo de eleições justas e livres, o que remete ao princípio básico da democracia – a participação popular – para que os cidadãos possam exercer livremente o direito de manifestar suas preferências políticas e participar das decisões que afetarão suas vidas. Com o tempo, as democracias passaram por um processo de complexificação de seus sistemas, demandando uma maior compreensão a respeito do comportamento do eleitor (LINHARES, 2021) e chegando aos conceitos, atores e práticas da democracia moderna ou democracia liberal, surgida na Europa Ocidental no entre guerras (CORTE; CORTE, 2018). O advento da internet e das redes sociais na vida dos indivíduos e nas campanhas eleitorais certamente tornou essa tarefa ainda mais espinhosa.

No Brasil, a primeira Constituição da República, promulgada em 1891, instaurou o sistema de governo presidencialista, que promoveu a primeira eleição para o cargo maior da República no país. Conforme previsto na carta magna, a primeira eleição que elegeu Deodoro da Fonseca ocorreu de forma indireta com a participação de 234 congressistas. Em 1894 realizou-se a primeira eleição direta para presidente, ainda com uma participação ínfima – 351 mil eleitores (menos de 2% da população) – já que apenas cidadãos maiores de 21 anos puderam participar, excluindo as mulheres (cujo voto era frequentemente vetado), analfabetos, mendigos, religiosos e os militares, ou seja, a grande maioria da população. Pelo fato do voto não ser secreto, esse tipo de eleição foi marcada pela fraude eleitoral, em virtude do domínio das oligarquias rurais que impunham o *voto de cabresto*. Apenas após a criação do Código Eleitoral Brasileiro e da Justiça Eleitoral em 1932, que o voto das mulheres foi garantido por lei, bem como o voto secreto, materializado somente na eleição de 1945. Com a promulgação da Constituição de 1988, o sufrágio universal foi estabelecido, assegurando o direito de voto a todo cidadão brasileiro maior de dezesseis anos, independentemente de sua condição econômica ou social (MATSUKI, 2019). Um longo caminho foi percorrido para que nas eleições de 2022, 123.714.906 eleitores[1] – representando 60,9%[2] da população nacional – participassem do pleito.

O avanço na participação eleitoral não significou, no entanto, em igualdade na representatividade dos diversos estratos sociais na política. A presença das mulheres, negros, indígenas, população portadora de deficiências ou GLBTQIA+, dentre outros, é bastante inferior a presença da população masculina, branca, heteronormativa e economicamente favorecida. Ademais, durante o período republicano, a democracia nacional experimentou momentos cíclicos de turbulência, com períodos de estado de exceção constitucional, como o verificado no autogolpe de 1937, quando Getúlio Vargas estendeu sua presidência por aproximadamente oito anos, e na ditadura militar, iniciada em 1964 e prolongada por longos quase vinte e um anos, sem contar com a tentativa de golpe de Estado, ocorrida no fatídico 8 de janeiro de 2023.

Corte e Corte (2018) afirmam que, dentre outros fatores, as crises econômicas cíclicas do capitalismo, que dificultam o desenvolvimento de repertórios emancipadores conforme a tradição democrática, deixaram a democracia mundial em crise e esvaziada. O esvaziamento da democracia em Estados pós-democráticos é assim explicado pelo cientista político Juan Carlos Monedero:

> O verdadeiro vazio da democracia, além do olhar nostálgico de um passado idealizado, é expresso cruelmente na persistência ou no aumento das desigualdades, no aprofundamento da distância entre o Norte e o Sul, na devastação

---

[1] Conforme o TSE, disponível em https://sig.tse.jus.br/ords/dwapr/r/seai/sig-eleicao-comp-abst/home?session=203683979033435.

[2] Consideramos uma população total de 203.062.512 habitantes, conforme Censo Demográfico do IBGE de 2022, disponível em https://censo2022.ibge.gov.br/panorama/.

> ambiental, no desemprego e na precariedade do trabalho, na existência de "áreas marrons", onde o Estado não age e onde a violência urbana e contra as mulheres é a norma, no oligopólio midiático, na ausência de reforma agrária, na exclusão social, na feminização da pobreza, no aumento das doenças, nas diferenças entre expectativas de vida em função da localização social e no acesso aos bens públicos, no aumento do orçamento da repressão e no compromisso com a guerra como uma solução de conflitos. Resumindo, este vazio está ligado a questões que têm a ver com o lugar que se ocupa na esfera da produção e da reprodução social, tanto em âmbito nacional quanto internacional. (MONEDERO, 2012, p. 74, tradução nossa[3]).

Ademais, as democracias modernas têm sido vítimas de ataques promovidos por campanhas lastreadas na desinformação, conforme explica a historiadora Surama Conde Sá Pinto.

> [...] quando a máquina administrativa é utilizada com fins eleitorais, gerando favorecimentos ilícitos; quando há exclusão de setores sociais no processo eleitoral; quando há o uso sistemático de estratégias de campanha, como a disseminação de notícias falsas (fake news), e/ou a desinformação ou a misinformação se transformam em política de Estado, é possível dizer que o voto e as eleições arrefecem a democracia. Também pode-se sustentar que as eleições e o voto desafiam a democracia quando o grau de adesão do eleitor ao regime democrático sofre oscilações, quando valores de uma cultura política democrática não são observáveis, quando a credibilidade das instituições é baixa e os partidos são frágeis. A lista não termina aqui. Outros fatores poderiam ser citados. (PINTO, 2022, p. 21-22).

Entender este novo cenário de desinformação é fundamental para compreender a crise da democracia e a arena política atual, marcada pelo constante confronto político, no qual as fakes news representam um de seus

---

[3] *"El vacío real de la democracia, más allá de la mirada nostálgica de un pasado idealizado, se expresa de manera cruda en la persistencia o el aumento de las desigualdades, en el ahondamiento de la brecha entre el Norte y el Sur, en la devastación medioambiental, en el desempleo y la precariedad laboral, en la permanencia de «zonas marrones» donde el Estado no actúa y donde la violencia urbana y contra las mujeres es la norma, en el oligopolio de los medios de comunicación, en la ausencia de reformas agrarias, en la exclusión, en la feminización de la pobreza, en el incremento de las enfermedades, en la diferente esperanza de vida en virtud del lugar social y el acceso a los bienes públicos, en el incremento del presupuesto en represión y en la apuesta por la guerra como solución de conflictos. En definitiva, este vacío se vincula a asuntos que tienen que ver con el diferente lugar que se ocupa en el ámbito de la producción y la reproducción social, tanto nacional como internacional."*

repertórios mais persuasivos. Conforme relatam Mendonça *et al.* (2023, p. 24), "a crise da democracia é não apenas consequência da difusão de fake news, mas também uma de suas causas, na medida em que alimenta condições do confronto político que toleram e nutrem a incerteza e a inverdade na luta contra os "inimigos.""

Casara (2018) afirma que em Estados pós-democráticos, o tipo de democracia existente tornou-se mera exterioridade, por terem perdido seu conteúdo essencial, servindo apenas como uma narrativa pacificadora. Ademais, a fim de encobrir interesses hegemônicos em nome do poder legítimo do povo, emergiram pseudodemocracias sustentadas por *falácias eleitoreiras* ou ainda, regimes políticos que não asseguram os requisitos de uma democracia, como observado pelo cientista político Robert Dahn.

> Para satisfazer as exigências da democracia, os direitos nela inerentes devem realmente ser cumpridos e, na prática, devem estar à disposição dos cidadãos. Se não estiverem, se não forem compulsórios, o sistema político não é democrático, apesar do que digam seus governantes, e as "aparências externas" de democracia serão apenas fachada para um governo não democrático. (DAHL, 2001, p. 62).

Acompanhando um movimento global, a onda extremista[4] cresceu no país a partir de 2013, culminando na destituição da presidenta Dilma Vana Rousseff de seu cargo e na cassação dos direitos políticos do presidente Luiz Inácio Lula da Silva, colocando assim, a democracia do país em crise e abrindo caminho para a vitória do candidato de extrema direta Jair Messias Bolsonaro em 2018.

> O ano de 2013 representa um divisor de águas, um gatilho, para o ressurgimento da ideologia conservadora no Brasil. Isso porque as jornadas de junho daquele ano, com uma pauta difusa, trouxeram à tona temas até então adormecidos no que se refere à violação dos direitos humanos e promoveram um processo de criminalização da política como não se via há muitos anos. [...] É também nesse contexto que nasce a Operação Lava Jato, a qual passa a ter um protagonismo na criminalização da política e ganha uma dimensão incalculável a partir da parceria que firma com a mídia corporativa. (VASCONCELOS, 2021, p. 11).

---

[4] Não por acaso, a *fanpage* de Bolsonaro no Facebook foi criada nessa época, em 2013 (SILVA; FRANCISCO; SAMPAIO, 2021).

As duas últimas eleições, foco de nosso trabalho, foram marcadas pela ascensão do fascismo no Brasil, que se aproveitou de um contexto de criminalização da política inflamado pela mídia corporativa para chegar ao poder, como apresentado a seguir nas capas sensacionalistas da Revista *Veja*.

Figura 1 – Capas (parciais) da Revista *Veja*

Fonte: Revista Veja edições 2450 (esquerda) e 2458 (direita) com enquadramento feito pelo autor, 2015

> A criminalização da política decorrente da Operação Lava Jato acentuou a divisão entre petistas e não petistas, com o segundo núcleo catalisando vários movimentos diversos que discordavam entre si, mas concordavam em se opor ao PT. Junto a ela, a recessão econômica que ocorreu entre 2015 e 2018 produziu uma significativa crise de legitimidade do sistema político brasileiro. (NUNES; TRAUMANN, 2023, p. 13).

Após um governo marcado pela corrosão institucional e pelas ameaças de cisão constitucional, que se concretizaram após a derrota de Bolsonaro nas urnas, a eleição presidencial de 2022 foi certamente a mais importante desde a redemocratização. Na ocasião, o país dividido escolheu entre duas visões de mundo: entre democracia e ditadura e entre civilização e barbárie.

Em nosso estudo, procuramos analisar os fatores que levam o eleitor a escolher seus representantes, prática fundamental para as democracias.

> As eleições são, em sentido estrito, os mecanismos que concretizam a representação nas democracias. O exercício do voto, portanto, tem seu valor na consolidação dos regimes

democráticos, sendo de especial interesse desvelar o que leva os cidadãos a votar em um candidato em detrimento de outro. (CALVET, 2013, p. 24).

Em sintonia com a escola psicossocial de comportamento eleitoral, Zaller (1992, p. 6, tradução nossa[5]) acrescenta que "Toda opinião é um casamento entre informação e predisposição: informação para formar uma figura mental de um assunto específico e predisposição para motivar alguma conclusão sobre o mesmo."

Este trabalho teve por objetivo geral desenvolver um modelo que permita compreender os mecanismos que atuam sobre o eleitor, culminando em sua decisão eleitoral. Como substrato empírico, combinamos os dados secundários dos *surveys* do ESEB[6] com uma pesquisa longitudinal com eleitores indecisos, além das pesquisas dos diversos autores citados nos capítulos desse estudo. A combinação de métodos de pesquisa quantitativo e qualitativo permitiu obter (i) representatividade do modelo, em função do uso de amostras expressivas do universo eleitoral do país, e (ii) profundidade nas análises sobre a atuação das forças de curto prazo mediadas pela consciência política de eleitores indecisos.

Este livro foi estruturado em oito capítulos. No Capítulo 1 apresentamos a base teórica de nossa pesquisa, discorrendo sobre as três grandes escolas de comportamento eleitoral – a sociológica, a econômica e a psicossocial – e sobre alguns modelos delas derivados. Exibimos ainda algumas teorias de comunicação de massa, como o *agenda-setting*, o *primimg* e o *framing*. No Capítulo 2, delineamos nosso modelo de comportamento eleitoral. Esclarecemos os problemas de adequação dos modelos das grandes escolas à realidade presente do país e, a partir do modelo psicossocial da Universidade de Michigan, detalhamos o desenvolvimento do nosso modelo. Os dois capítulos seguintes apresentam as forças que atuam sobre o eleitor. Dentre as forças distais, destacamos no Capítulo 3, a estruturação da consciência política do sujeito, percorrendo as matrizes que compõem alguns de seus elementos identitários e a influência das emoções e dos sentimentos nesse processo. O Capítulo 4 traz os elementos que operam durante a campanha eleitoral e que compõem o fluxo político, como o contexto eleitoral, a atuação da mídia e as pesquisas eleitorais. O Capítulo 5 aborda os candidatos e suas

---

[5] *"Every opinion is a marriage of information and predisposition: information to form a mental picture of the given issue, and predisposition to motivate some conclusion about it."*

[6] O Estudo Eleitoral Brasileiro (ESEB) é coordenado pelo Cesop e integra o Comparative Studies of Electoral Systems (CSES), administrado pela Universidade de Michigan. Para maiores informações acessar: https://www. Cesop.unicamp.br/por/ESEB.

estratégias de campanha. O Capítulo 6 detalha a metodologia utilizada em nossas pesquisas. Usando as pesquisas promovidas pelo ESEB, logo após as eleições de 2018 e 2022, desenvolvemos modelos estatísticos para avaliar os determinantes do voto e promovemos uma pesquisa longitudinal com eleitores indecisos. Utilizamos ainda, dados referentes a nossa pesquisa de mestrado realizada durante a campanha eleitoral de 2018 com universitários. O Capítulo 7 contempla os dois últimos pleitos presidenciais, com seus contextos eleitorais, bem como alguns elementos do modelo. Na eleição de 2018, destacamos a campanha na mídia, a exploração das emoções e sentimentos e a relação entre o voto e a consciência política. Na eleição de 2022, ressaltamos a criação de uma realidade paralela pela campanha de Bolsonaro e o processo de definição do voto dos indecisos. No último capítulo apresentamos nossas considerações finais.

AS ESCOLAS E OS MODELOS DE COMPORTAMENTO ELEITORAL

O voto, um dos pilares da democracia, é a forma de expressão da vontade popular e do exercício de sua soberania, exercida através da representatividade dos cidadãos nos governos. Por sua importância nas democracias representativas, compreender o comportamento do eleitor nas urnas tornou-se um dos maiores desafios das ciências políticas. Diversas áreas do conhecimento como a Sociologia, a Economia, o Marketing Político e a Psicologia Política, dentre outras, vêm desenvolvendo pesquisas que contribuíram para entender essa questão. Baseados em seus alicerces teóricos e suportados pelos seus dados empíricos, os cientistas, desde a década de 1940, vem desenvolvendo modelos teóricos que procuram explicar esse comportamento.

Em meados do século passado, despontaram os primeiros modelos com distintas raízes epistemológicas, que depois serviram de base para o desenvolvimento de novos modelos. A construção desses modelos só foi possível graças à criação e ao aperfeiçoamento de pesquisas de opinião pública e, posteriormente, de sistemas de processamento de dados (MARTINS JR, 2009). As diferentes abordagens articularam-se com as diversas teorias do comportamento humano desenvolvidas pelas áreas da Sociologia, Economia e Psicologia. Assim, os primeiros modelos podem ser agrupados em torno das três grandes escolas surgidas nesse período: a sociológica, a econômica e a psicossocial (também chamada de psicológica), que aos poucos foram se segmentando, conforme apontado por Visser (1998):

> Essas escolas tornaram-se cada vez mais institucionalizadas e intelectualmente independentes umas das outras. Internamente, em cada escola, o fenômeno da fragmentação foi verificado em diversas ocasiões, refletindo as diferenças teóricas que também existem nas disciplinas de Psicologia, Sociologia e Economia. (VISSER, 1998, p. 8, tradução nossa[7]).

---

[7] "[...] which increasingly became institutionalized and intellectually separated from each other. Within these schools further fragmentation often occurred, reflecting theoretical differences which exist within the disciplines of psychology, sociology and economics as well."

Cada um dos modelos consegue explicar o fenômeno parcialmente, com suas diferentes ênfases e abrangências e também com eficiências distintas, mas falham em elucidá-lo em sua completude. Visser (1998, p. 8, tradução nossa[8]) acrescenta que "o *insight* para problemas de pesquisa complexos pode frequentemente ser obtido a partir da análise de diferentes pontos de vista, cada perspectiva contribuindo com uma peça do quebra--cabeça" e é nesse sentido que conduzimos nossos trabalhos.

No Brasil, diversos estudos foram desenvolvidos, iniciando em 1956 com a publicação do artigo *O Voto Operário em São Paulo*, de Aziz Simão, na primeira edição da Revista Brasileira de Estudos Políticos. Nesse trabalho pioneiro dividido em três partes, o autor apresenta: (i) a composição do eleitorado paulista, (ii) o voto da classe operária e (iii) os perfis dos votantes (ROCHA, 2012). Na década de 1970, são publicadas outras duas obras importantes: *Sociedade e Política no Brasil*, de Gláucio Ari Soares (1973), e *Os Partidos e as Eleições no Brasil*, de Bolivar Lamounier e Fernando Henrique Cardoso (1978). Esses primeiros estudos, de natureza sociológica, procuraram investigar o comportamento eleitoral de uma sociedade em transformação, recém-industrializada. A partir desses trabalhos pioneiros, uma série de contribuições, respaldadas nas diferentes correntes do comportamento eleitoral, vem sendo elaboradas, como o modelo psicossocial desenvolvido pelos pesquisadores da Universidade Federal da Paraíba, apresentado nesse capítulo, e a tese de Lourenço intitulada *Abrindo a caixa-preta*: da indecisão à escolha – a eleição presidencial de 2002 (2007), além de outros estudos relevantes, que serão introduzidos à medida que contribuam para as análises sobre os determinantes do voto.

1.1 A escola sociológica

Os pesquisadores da Universidade de Columbia foram reunidos sob o comando do austríaco Paul Lazarsfeld, cujos "antecedentes ideológicos podem ser rastreados até as escolas de Psicologia de Viena e Würzburg" (VISSER, 1998, p. 15, tradução nossa[9]). Em seu construto sobre o comportamento eleitoral, Lazarsfeld e colegas refutaram a *Teoria Hipodérmica* dos anos 20 e 30 e, propuseram a *Teoria dos Efeitos Limitados*[10], que atribuía uma

---

[8] *"Insight in complex research problems may often be gained from an analysis from different points of view, each perspective contributing a piece of the puzzle."*

[9] *"Historically, the antecedents of Lazarsfeld's ideas may be traced to the Vienna and Würzburg schools in psychology."*

[10] Também conhecida como *Teoria dos Efeitos Mínimos* ou *Teoria Empírica de Campo*.

influência limitada da mídia, vista apenas como mais um agente de persuasão, a exemplo de qualquer outro agente social, tal como sindicatos, igrejas, escolas, etc. Conforme explica Mundim (2014, p. 3), "Ao analisarem o poder de persuasão das campanhas eleitorais, do rádio e dos jornais e revistas eles encontraram, principalmente, ativação ou reforço das predisposições político-partidárias, e muito pouca conversão dos votos."

Entre 1948 e 1954, a equipe de Lazarsfeld publicou duas obras, que determinaram métodos de pesquisa sobre o comportamento eleitoral e lograram forte impacto sobre os estudos da área. Ao longo da campanha presidencial estadunidense de 1940, o grupo composto por Paul Lazarsfeld, Bernard Berelson e Hazel Gaudet realizou uma pesquisa longitudinal, em até sete ondas de medições com 600 eleitores do município de Erie (Ohio), da qual resultou *The people's choice: how the voter makes up his mind in a presidential campaign* (1948), livro que apresentava as características sociais com influência no voto. Explica Bartels (2008, p. 3, tradução nossa[11]) que "esse foco reflete as raízes intelectuais do projeto em pesquisas de mercado sobre o comportamento do consumidor e análises em tempo de guerra dos efeitos da propaganda." As medições temporais sobre os conteúdos de mídia demonstraram pouca influência sobre a escolha dos eleitores e revelaram o efeito de reforço sobre as inclinações políticas preexistentes. O grupo passou, então, a tratar o eleitor como um sujeito ativo diante da narrativa midiática, minimizando seu efeito sobre o voto. Em 1948, Paul Lazarsfeld, com Bernard Berelson e William McPhee, realizou um novo painel, dessa vez em Elmira (Nova Iorque), que resultou em *Voting: a study of opinion formation in a presidential campaign* (1954), livro que superou o impacto do anterior por detalhar os mecanismos de voto.

Vale lembrar que a primeira transmissão de televisão nos EUA ocorreu em 1939, apenas um ano antes da eleição presidencial que serviu de base para as pesquisas que originaram o primeiro trabalho do grupo, e somente ganhou relevância em campanhas eleitorais na década de 60[12]. Assim, os grandes veículos de informação política na época resumiam-se a jornais, revistas e ao rádio. Dessarte, em função do resultado de suas pesquisas, o grupo passou a defender que: (i) uma maior exposição midiática serviria apenas para despertar o interesse político do sujeito, consolidando as

---

[11] *"This focus reflects the intellectual roots of the project in market research on consumer behavior and wartime analyses of the effects of propaganda."*

[12] Nunes e Traumann (2023) apontam que os pontos de inflexão em relação ao uso de novas tecnologias de comunicação em campanhas eleitorais ocorreram com Theodore Roosevelt no rádio, John Kennedy na televisão e Barack Obama na internet.

ideias internas ao seu grupo de pertença e rejeitando aquelas contrárias às suas inclinações, (ii) muitos indivíduos teriam pouco interesse em participar da vida política e não se informariam adequadamente sobre política (LAZARSFELD *et al.,* 1986 [1954]), (iii) "as relações pessoais, comparadas com a comunicação através da mídia formal, seriam potencialmente mais influentes por duas razões: terem maior cobertura e possuírem certas vantagens psicológicas sobre a mídia formal" (LAZARSFELD *et al.,* 1968 [1949], p. 13, tradução nossa[13]), (iv) "a influência pessoal seria mais penetrante e menos autosseletiva do que a mídia formal" (LAZARSFELD *et al.,* 1968 [1949], p. 15, tradução nossa[14]) e (v) o fluxo comunicacional ocorreria em duas etapas (*two-step flow*), de forma que as ideias fluiriam da mídia de massa – rádio e imprensa – para os líderes dos grupos sociais e destes para os setores menos ativos da população.

Assim, num processo em que a mediação da informação se dá pela validação social, promovendo ou não sua legitimação, a importância da mídia é extremamente minimizada. Com o tempo esse conceito foi aperfeiçoado, incorporando a figura dos *formadores de opinião*, capazes de exercer influência em seu campo de atuação (política, economia, moda, gastronomia, etc.). Essa interlocução resultaria no *efeito de ativação* e no *efeito de reforço*, o que mostra que a exposição às campanhas despertaria o interesse e reforçaria as convicções já presentes nos grupos e os levaria a rechaçar as informações contrárias às mesmas (LOURENÇO *et al.,* 2009).

Também chamada de *escola ideológica*, a escola sociológica prioriza os fatores distais e posiciona os grupos sociais, chamados *coletivos sociais*, no centro da análise do comportamento eleitoral. Como os coletivos são homogêneos, isso levaria à conformidade política (BARTELS, 1996) e à previsibilidade do voto (JOVANOSKI e SARLAMALOV, 2016 [2014]). Os condicionantes sociais relativos à origem social do indivíduo promoveriam a internalização de valores, que se agregariam aos dos demais membros de um grupo, através das relações sociais. A pressão social atuaria sobre o indivíduo, cujas posturas – inclusive as de caráter político – fossem aceitas socialmente pelos grupos em que estivesse inserido. Desse modo, o voto seria determinado por características demográficas como gênero, idade, escolaridade, religião, etnia, classe (renda), local de moradia e os grupos de pertencimento do eleitor que definem seu perfil socioeconômico.

---

[13] *"In comparison with the formal media of communication, personal relationships are potentially more influential for two reasons: their coverage is greater and they have certain psychological advantages over the formal media."*

[14] *"Personal influence is more pervasive and less self-selective than the formal media."*

Lazarsfeld *et al.* (1968 [1949], p. 69) defendem que o pensamento político do sujeito depende de sua condição social e que suas características sociais determinam sua preferência política. Assim, as características sociais definiriam sua *identidade partidária* e sua preferência política decorreria do processo de socialização política. Os princípios que influenciariam as escolhas políticas seriam: a *diferenciação social*, definida pelas clivagens referentes ao status socioeconômico, religião, raça e a área de residência; a *transmissão intergeracional*, através das preferências políticas herdadas de seus familiares, e o *contato intragrupal*, através das interações com as pessoas de seus círculos sociais. Nesse sentido, Lipset (1967) identificou padrões de identidade partidária a partir de características como religião, etnia e classe social.

Para a sociologia política, a opção eleitoral é função de identidades coletivas, como a social e a cultural, que constituem a consciência de classe. Diversas entidades participariam desse processo de construção de identidades, como aponta Figueiredo (2008 [1991], p. 61).

> No processo de formação de identidades sociais, os partidos políticos, as organizações religiosas, sindicais, de bairro ou em defesa de qualquer coisa, concorrem entre si ou fazem alianças e acordos, para representar e promover os interesses das comunidades ou de segmentos específicos delas.

Jovanoski e Sarlamanov (2016 [2014]) explicam que o modelo de Lazarsfeld e colegas (1986 [1954]) enfatiza particularmente o papel da família e da socialização política em detrimento dos demais impactos sociais. Os elementos que atuariam nesse processo de comportamento eleitoral seriam: a *socialização política* e os agentes de socialização determinados pela *família*, os *amigos* e a *mídia*, essa última considerada agente secundário. A *socialização política* é um processo que se estende ao longo da vida de cada ator social, constituindo a base de formação das suas crenças, valores, opiniões e atitudes políticas e integrando-se à sua personalidade. Os valores e normas, inicialmente aprendidos na infância, são mais determinantes se comparados aos adquiridos em estágios posteriores da vida. As *famílias* costumam mostrar semelhanças em relação ao voto e é em seu interior que os valores básicos determinantes da vida política dos atores sociais são assimilados, bem como a identificação e a lealdade partidária. Os *amigos* são um fator importante na socialização política. A opinião política dominante normalmente é imposta e mantida mediante conversas conduzidas nos círculos de amizades, compartilhadas em seguida pelos membros do grupo. A *mídia*, por sua vez, segundo a escola sociológica, costuma fortalecer as atitudes que os atores sociais tinham antes do início da campanha. Timbancaya (2014, p. 7, tradução nossa[15]) acrescenta que "aparentemente as campanhas eleitorais serviriam mais para reforçar o compromisso das pessoas com suas respectivas filiações partidárias do que para converter pessoas de outros grupos políticos." Dessarte, a escola considera que a influência midiática na decisão dos cidadãos seria mínima.

Em oposição à *Teoria da Escolha Racional*, Lazarsfeld e colegas (1986 [1954],) afirmam que

> [...] a frequente analogia entre a "decisão" do voto e as decisões calculadas com maior ou menor cuidado de consumidores, empresários ou tribunais pode ser bastante incorreta. Para muitos eleitores, as preferências políticas aproximam-se mais dos gostos culturais - na música, literatura, atividades recreativas, vestuário, ética, discurso, comportamento social. [...] Ambos (decisões eleitorais e gostos culturais)[16] têm origem nas tradições étnicas, seccionais, de classe e familiares. Ambos exibem estabilidade e resistência à mudança para os indivíduos, mas flexibilidade e ajuste ao longo de gerações para a sociedade como um todo. Ambos parecem ser questões de sentimento e disposição, e não "preferências fundamentadas." [...] Ambos são caracterizados mais pela fé e pela expectativa dos desejos do que pela convicção e pela previsão cuidadosa das consequências. (LAZARSFELD *et al.* (1986 [1954], p. 310-311, tradução nossa[17]).

O primeiro modelo sobre comportamento eleitoral recebeu um sem-número de críticas em relação aos seus fundamentos teóricos. Alguns pesquisadores destacam que o modelo é o primeiro estudo sem suporte em teorias já existentes, apoiado tão-somente em conceitos criados pelo próprio grupo para sustentar o modelo. Antunes (2010, p. 149, tradução nossa[18]), por exemplo, destaca "o uso subsequente do conceito de fluxo de

---

[15] *"Apparently, election campaigns served more to reinforce people's commitments to their respective party affiliations than to convert people from other political groups."*

[16] Texto entre parênteses por nós adicionado para permitir a compreensão da frase.

[17] *"the usual analogy between the voting "decision" and the more or less carefully calculated decisions of consumers or businessmen or courts, incidentally, may be quite incorrect. For many voters political preferences may better be considered analogous to cultural tastes—in music, literature, recreational activities, dress, ethics, speech, social behavior. [...] Both have their origin in ethnic, sectional, class, and family traditions. Both exhibit stability and resistance to change for individuals but flexibility and adjustment over generations for the society as a whole. Both seem to be matters of sentiment and disposition rather than "reasoned preferences." [...] Both are characterized more by faith than by conviction and by wishful expectation rather than careful prediction of consequences."*

[18] *"the subsequent use of the concept of two-step-flow of communication in this work that appears as a hypothesis developed to explain the role of opinion leaders in mediating the communication flow between the media and voters."*

comunicação em duas etapas, que aparece como uma hipótese desenvolvida para explicar o papel dos líderes de opinião na mediação do fluxo de comunicação entre a mídia e os eleitores."

Os pesquisadores da Escola de Michigan defendem que apenas fatores estruturais e de caráter coletivo não bastariam para explicar o comportamento eleitoral. Campbell *et al.* (1976 [1960]) destacam a existência de importantes flutuações de curto prazo na divisão de votos dos EUA, que não se limitam aos reflexos da lealdade partidária ou da participação em grupos sociais, uma vez que se alteram lentamente ao longo do tempo.

O modelo – que defende a conformidade política e a previsibilidade do voto, segundo os coletivos sociais – também não consegue satisfatoriamente explicar[19] votos dissonantes de eleitores em relação à escolha majoritária do seu grupo de pertença, a exemplo do voto do eleitor menos abastado em candidatos da direita do espectro ideológico e vice-versa. Visser (1998, p. 11, tradução nossa[20]) destaca o problema de "apontar a estrutura de clivagem social da sociedade e suas formas institucionais como determinantes da escolha eleitoral em massa, sem investigar as ligações psicológicas entre os processos grupais e os votos."

Se os fatores sociais de longo prazo têm a relevância defendida pela escola sociológica em relação ao comportamento eleitoral, por que então os candidatos e partidos gastam somas exorbitantes nas campanhas? Como explicar as expressivas flutuações das intenções de voto durante a campanha eleitoral, se não pelos fatores de curto prazo, como eventos de campanha e cobertura midiática? Outra questão que precisaria ser respondida é a influência da mídia de massa sobre os líderes dos grupos sociais e formadores de opinião, responsáveis pelo efeito de ativação e reforço nos setores menos ativos da população. Um número significativo de estudos aponta para o contrário do que postulam a escola sociológica e a psicossocial – isto é, a influência da mídia sobre o voto, conforme abordaremos nos próximos capítulos.

1.2 A escola econômica

Com base na *Teoria da Escolha Racional*, Antony Downs, economista e professor da Universidade de Chicago, publica em 1957 *An Economic Theory of Democracy*, estabelecendo as bases da escola econômica do com-

---

[19] O emprego de conceitos ligados à alienação e à imitação do eleitor, que se afastam da essência dessa escola, para explicar tais desvios parece-nos mais uma tentativa de remediar uma teoria que tem dificuldades em explicar o fenômeno, especialmente quando o voto dissonante deixa de ser exceção para se tornar regra.

[20] *"to point at the social cleavage structure of society and its institutional forms as determinants of mass electoral choice, without inquiring into the psychological links between group processes and votes."*

portamento eleitoral. Segundo a teoria, o *homo politicus,* foco da análise do comportamento eleitoral, é o racional e individualista *homo economicus,* diferentemente do *homo sociologicus* ou do *homo psicologicus* das outras duas escolas (FIGUEIREDO, 2008 [1991]). Na racionalidade econômica, o *homo economicus* procura satisfazer suas necessidades de forma racional, priorizando suas escolhas conforme seus custos de oportunidade. O homem racional, segundo Downs (2013 [1957]), obedece ao seguinte comportamento:

> 1 – consegue tomar sempre uma decisão quando confrontado com uma gama de alternativas; 2 – consegue classificar todas as alternativas diante de si em ordem de preferência, de tal modo que cada uma é ou preferida, ou indiferente, ou inferior a cada uma das outras; 3 – seu ranking de preferências é transitivo; 4 – escolhe sempre, dentre todas as alternativas possíveis, aquela que fica em primeiro lugar no seu ranking de preferências, e 5 – toma sempre a mesma decisão cada vez que é confrontado com as mesmas alternativas. (DOWNS, 2013 [1957], p. 28).

Além disso, Downs (2013 [1957], p. 228) acrescenta que "para tomar decisões racionais, o homem deve saber (1) quais são suas metas, (2) que maneiras alternativas de alcançar suas metas estão abertas para ele e (3) as consequências prováveis da escolha de cada alternativa." O autor assenta seu modelo sobre premissas como: (i) a maximização da utilidade do voto, (ii) a escolha racional, (iii) a consistência e previsibilidade do sistema democrático e (iv) a incerteza inerente ao sistema eleitoral. Em relação à última premissa, vale destacar o dinamismo das sociedades modernas, que trariam ainda mais incertezas quanto aos efeitos das propostas eleitorais.

Podemos remeter as influências de Downs à economia neoclássica do University College de Londres e ao trabalho *Social Choice and Individual Values* – sobre as premissas da racionalidade para o comportamento eleitoral – de Kenneth Arrow (1951). Do trabalho original de Downs originaram-se duas correntes: a *econômica* – menos estratégica, visando o ganho mínimo suficiente e satisfatório – e a *racional* – mais estratégica, busando a otimização do ganho. Batista-Pereira (2014) observa que é equivocada a visão de que o voto econômico ordena-se automaticamente à abordagem da escolha racional e que pesquisadores de ambas as correntes vêm desenvolvendo estudos que demonstram que a sofisticação política é fundamental para compreender a dinâmica do voto. Abordaremos a questão da sofisticação política no Capítulo 3.

Outra premissa utilizada por Downs (2013 [1957]) é que, se os pressupostos da escolha racional são capazes de explicar o mercado, poderiam igualmente explicar o funcionamento político. Considerando a racionalidade dos eleitores, o autor estabelece uma analogia entre os partidos políticos de um regime democrático com os empresários de uma economia capitalista. Para atingir seus objetivos, os partidos elaborariam plataformas de governo que lhes trouxessem mais votos, do mesmo modo como os empresários fabricam produtos que lhes permitem auferir o maior lucro possível. A hipótese fundamental do modelo downsiano se estabelece a partir do raciocínio: os partidos formulam políticas para vencer as eleições, e não, vencer as eleições para formular políticas. Assim, a ideologia dos partidos seria voltada ao *mercado eleitoral* e os partidos definiriam suas ideologias para maximizar o apoio entre o maior número possível de grupos sociais. Radmann (2001, p. 37) lembra que os partidos, "para serem eficientes, precisam estabelecer um ponto de equilíbrio entre sua consistência política e sua capacidade de maximizar votos."

Duas considerações decorrem dessa lógica. A *primeira consideração* seria um contexto de pouca diferenciação entre as propostas eleitorais, já que o objetivo seria atingir o interesse da maioria do eleitorado. Ross (1983), citado por Dunleavy e Husbands (1985, p. 47, tradução nossa[21]), acrescenta:

> No capitalismo, a competição bipartidária produz uma diferenciação mínima para as escolhas oferecidas aos cidadãos. Um partido de esquerda que tentasse se posicionar fora da dinâmica de convergência das visões de um eleitor mediano seria simplesmente marginalizado e substituído por um novo canal mais "burguês" para um sentimento mais liberal.

Downs (2013 [1957]) aprimorou o conceito de Hotelling (1929), rebatizando-o de *Teorema do Eleitor Mediano*, no qual os eleitores estariam gaussianamente distribuídos ao longo de um contínuo ideológico unidimensional e os partidos escolheriam posições políticas estratégicas desse *continuum* a fim de atrair mais eleitores em função de sua proximidade ideológica. A maioria dos eleitores teria posições moderadas, com tendência de convergência dos partidos para o centro ideológico. Assim, a busca dos partidos pelo centro ideológico, visando atrair mais eleitores, seria utilizada em casos de perda de importância junto ao eleitorado.

---

[21] *"Under capitalism two-party competition produces minimal differentiation in the choices offered to citizens. A left-wing party that attempted to stand out against the dynamic of convergence on median-voter views would simply be marginalized and replaced by a new, more 'bourgeois' channel for more liberal sentiment.."*

Em termos de pluralidade partidária, isso implicaria a existência de (i) um sistema bipartidário, com agremiações ideologicamente distintas, para uma distribuição bimodal dos eleitores; ou de (ii) um sistema multipartidário para uma distribuição multimodal dos eleitores. Desse modo, o surgimento de novos partidos ocorreria em função de mudanças ideológicas na distribuição dos eleitores. Downs (2013 [1957]) pondera que a complexidade das sociedades introduz níveis de incerteza que fomentariam o avanço de diferentes ideologias, favorecendo assim o desenvolvimento de distintas estratégias pelos candidatos.

A *segunda consideração* avalia que,

> Se o mercado eleitoral fosse dominado por uma marca (partido político), então as outras marcas (partidos) só conseguiriam crescer se investissem em estratégias que atendessem às necessidades específicas de nichos de mercado (de grupos sociais minoritários) que não estivessem satisfeitos com os produtos (propostas políticas) oferecidos pela grande marca (partido dominante). (ANTUNES, 2010, p. 160, tradução nossa[22]).

A analogia entre a política e o mercado traz ainda o seguinte desdobramento: assim como os consumidores procuram maximizar a utilidade do produto ou serviço adquirido, os eleitores procurariam maximizar a utilidade de seus votos. Ou seja, sendo o voto motivado por interesses pessoais, o eleitor o daria ao candidato capaz de proporcionar-lhe maior ganho com menores riscos dentre as diferentes ofertas disponíveis em uma campanha eleitoral.

> Nos modelos de voto por questão, os eleitores sabem o que querem. O voto expressaria preferências claramente ordenadas e consistentes sobre questões relevantes ou sobre avaliações como essas questões se saíram sob as políticas do governo incumbente em comparação com as linhas gerais dos programas dos outros partidos. O eleitor escolheria o partido cuja visão estivesse mais próxima da sua. Uma tarefa mais difícil seria ponderar sobre as várias questões de campanha e as avaliações retrospectivas que precisariam ser consideradas antes de se 'gastar' seu único voto. (DUNLEAVY; HUSBANDS, 1985, p. 14, tradução nossa[23]).

---

[22] *"If the electoral market (political system) is dominated by one brand (political party), other brands only can grow if they bet on strategies that enhance the specific needs of a market niche (social minority groups) not satisfied with the products (policy proposals) provided by the big brand (dominant party) and/or the specific needs of a significant fringes of consumers (voters) of this dominant brand (party)."*

[23] *"In issue vote models voters know what they want. Voting express clearly ordered and consistent preferences on salient issues or, alternatively, evaluations of how they have fared under incumbent government policies in comparison with the broad outlines of other parties' programmes. Voters always choose the party whose views are closest to their own. A more difficult task for them is to weight the various issues or retrospective evaluations that are to count in how they 'spend' their single vote."*

O modelo racional envolve duas decisões em países onde o voto é facultativo, como nos EUA: votar ou não votar e, em caso afirmativo, em quem votar. Em relação à primeira decisão, dada a probabilidade mínima de um único voto ser decisivo em uma eleição, o eleitor

> [...] deve considerar esta pequena possibilidade em relação aos custos reais e tangíveis de votar, considerando os seguintes aspectos, dentre outros: o tempo gasto na fila para se registrar como eleitor, o dinheiro necessário para obter formulários e documentos para votar, o custo de oportunidade em termos de tempo, dinheiro e esforço para pesquisar e processar informações relevantes para a seleção de candidatos e o incômodo do processo real de votar. (TIMBANCAYA, 2014, p. 3, tradução nossa[24]).

Em relação à segunda escolha, o eleitor avalia o cenário futuro em que cada candidato vencesse a eleição. Sua decisão será tomada a partir da comparação desses cenários, optando pelo candidato que possa oferecer o que lhe seja mais favorável. Caso os cenários o (des)favoreçam da mesma forma, abster-se seria a melhor opção. O *voto orientado para o futuro* também seria uma ação racional, conforme explica Downs (2013 [1957], p. 69):

> Um eleitor pode apoiar um partido que hoje não tem chance, na crença de que seu apoio permitirá que o partido cresça e, um dia, torne-se um provável vencedor – dando-lhe, assim, uma gama mais ampla de seleção no futuro. Ele pode também, temporariamente, apoiar um partido sem chances como um aviso a algum outro partido para que mude sua plataforma se quiser seu apoio.

O horizonte de análise do eleitor dependeria do nível de desenvolvimento da sociedade, conforme explicado por Linhares e Simioni.

> [...] em sociedades carentes, os critérios para a escolha racional do candidato tendem a ser movidos por questões de curto prazo ou emergenciais, enquanto em sociedades mais desenvolvidas economicamente, cujas questões básicas já estão resolvidas, os temas que mais mobilizam os eleitores tendem a ser de longo prazo e abstratos, como qualidade de vida, meio ambiente, imigração, etc. (LINHARES; SIMIONI, 2021, p. 157–158).

---

[24] *"One must weigh this tiny possibility against the real and tangible costs of voting, which includes but is not limited to "the time spent lining up to register as a voter, the money for obtaining forms and documents required for voting, the opportunity cost in terms of time, money and effort from searching for and processing information relevant to one's selection of candidates, and the hassle of the actual voting process."*

A abordagem econômica preconiza que o comportamento eleitoral é muito influenciado pela avaliação dos fatores políticos e mais ainda pelos fatores econômicos de cada eleição, acentuando os fatores proximais, em oposição à escola sociológica, que privilegia os fatores distais. O desempenho da economia torna-se, então, muito importante e o eleitor respalda essa análise em seu impacto sobre sua situação social ou sobre a situação de seu grupo de pertença. Conforme o *modelo de recompensa e punição*, eleitores satisfeitos com a economia tenderiam a votar no candidato incumbente, assim como os insatisfeitos, no candidato de oposição, seguindo um comportamento conhecido como *incumbency-oriented*. O voto racional serviria, portanto, de instrumento para recompensa ou punição dos governos, consoante seu desempenho, segundo uma análise retrospectiva.

Fiorina (1981) acrescenta que indivíduos com maior escolaridade, maior exposição a conteúdos sobre política e maior interesse sobre política, ou seja, com maior sofisticação política, estariam mais associados ao voto econômico do que os menos sofisticados politicamente. A pesquisa realizada por Batista-Pereira nas eleições presidenciais do Brasil de 2002 identificou uma associação consistente entre a avaliação retrospectiva sociotrópica da economia e eleitores sofisticados politicamente e uma associação praticamente inexistente entre os menos sofisticados, constatando ainda pouca associação entre a avaliação retrospectiva pessoal de sua condição financeira em relação a esses dois grupos de eleitores. Assim, o voto econômico associou-se apenas à avaliação sociotrópica de eleitores politicamente sofisticados (BATISTA-PEREIRA, 2014, p. 167-168).

Diferentemente da escola sociológica e da psicossocial, a informação – imparcial e plural – passa a ser fundamental, já que é a base da decisão do voto. Se, por um lado, é impossível obter informação no volume e qualidade teoricamente requerida para o voto racional, conforme exposto por Kramer (1971), por outro, a atual disponibilidade de informação não leva necessariamente a melhores decisões. Apesar de abundante, a informação pode ser imprecisa, incompleta ou confusa, como evidenciado no fenômeno da infodemiologia (BIZZARRI; MOCENNI, 2022). No contexto eleitoral, a análise do eleitor costuma apoiar-se em informações fragmentadas, obtidas dos veículos de mídia nos quais tem confiança, e na ideologia partidária, base para suas generalizações e análises, visto que o eleitor não consegue entender nem se informar sobre a complexidade do jogo político. Segundo Bizzarri e Mocenni (2022), tais lacunas de informação seriam preenchidas pela intuição, pelo conhecimento tácito e pelas emoções, o que refutaria a teoria racional. Além disso, o custo de aquisição desse nível de informação poderia ser considerado não racional.

A ideologia partidária funcionaria como um atalho de decisão na falta de informações completas, reduzindo as incertezas da escolha eleitoral, mas sua importância ficaria aquém das ações concretas tomadas pelos governos, que respaldam o *voto retrospectivo*. Fiorina (1981) destaca que a identidade partidária serviria como facilitador para a decisão do voto, não sendo resultante apenas da socialização política, como defende a escola sociológica, mas tendo um componente racional capaz de mudar as escolhas partidárias previamente estabelecidas. Dessarte, em vez da relação de lealdade entre o eleitor e o partido político, baseada em laços afetivos, haveria uma identificação baseada na racionalidade a partir da afinidade de interesses. A análise racional das condições socioeconômicas vigentes se sobreporia à predisposição perceptiva determinada pela identificação partidária. Essa relação seria, portanto, muito mais frágil e volátil ao longo do tempo, porque dependeria da manutenção dos interesses mútuos.

O voto retrospectivo, baseado no conhecimento da administração incumbente, e, portanto, à disposição de todo cidadão, reduz os custos do eleitor para se informar politicamente, sendo especialmente útil ao eleitor com pouco conhecimento sobre as plataformas eleitorais. Fiorina (1981) constatou a importância da análise retrospectiva e seu impacto sobre a lealdade partidária e sobre a expectativa em relação ao desempenho de um futuro governo, acrescentando variáveis sobre a administração incumbente – referentes à avaliação da economia, do desempenho do mandatário e da política externa – às clássicas variáveis explicativas sobre o comportamento eleitoral, como a identificação partidária e o posicionamento sobre temas de campanha. Nessa perspectiva, a ligação partidária seria um produto mais associado à cognição do que ao afeto e mais enraizada na escola econômica do que na sociológica (THOMASSEN; ROSEMA, 2009).

O modelo da escola econômica parece oferecer uma explicação satisfatória para o *voto estratégico*[25], fenômeno confirmado por algumas pesquisas, como a conduzida por Dunleavy e Husbands (1985, p. 214). Entretanto, assim como o modelo sociológico, falha em trazer explicações que englobem a complexidade dos fenômenos relacionados ao comportamento eleitoral. Há uma série

---

[25] Semelhante ao voto útil, que é o voto no candidato com chances reais de evitar a vitória do candidato mais fortemente indesejado. O voto estratégico é mais elaborado e envolve a obtenção do resultado desejado a longo prazo, enquanto o voto útil concentra-se na eleição em vigência, no curto prazo.

de críticas sobre a metodologia de pesquisa empregada em relação à seleção e ao uso de dados secundários escolhidos de forma supostamente tendenciosa para suportar a tese e à ausência de alguns testes empíricos primários.

Além disso, o modelo baseado na escolha racional tem baixa capacidade de compreensão do comportamento eleitoral, conforme atestam várias pesquisas. Blais (2000), por exemplo, identificou que o voto de aproximadamente metade dos indivíduos não considera cálculos racionais sobre custos e benefícios. Segundo o pesquisador, um indivíduo que pensa racionalmente se absteria, por entender que é mínima a probabilidade de o seu voto ser decisivo. Todavia, a maioria dos eleitores dos EUA votam regularmente nas eleições presidenciais. Dessa forma, sob o ponto de vista da racionalidade, votar parece ser um paradoxo, tanto quanto não é racional votar em um candidato sem chances reais de vencer o pleito.

O modelo incorre em duas contradições: além do *paradoxo eleitoral*, o *paradoxo da democracia*. Em relação ao primeiro, o modelo falha em explicar o estímulo racional que motivaria o eleitor a votar, ciente da ínfima influência de seu voto no resultado final em colégios eleitorais constituídos por milhões de cidadãos. De acordo com o *dilema da ação coletiva* de Olson, quanto maior o grupo, menor a contribuição individual, o que incentivaria a *atitude de carona*, na qual o indivíduo usufrui dos benefícios sem os custos da participação. Nesse sentido, a racionalidade do voto só seria explicada em contextos de incerteza em relação ao resultado do pleito, quando as pesquisas eleitorais indicassem um equilíbrio entre o candidato desejado e o adversário. O segundo paradoxo refere-se ao próprio sistema democrático, considerado o melhor para atender os anseios da sociedade, mas que nem sempre elege governos cujas políticas beneficiam a maior parte da população. O modelo falha em explicar como uma maioria de votos racionais necessária para empossar um governo democraticamente eleito não resulte na maximização de sua utilidade para a maioria dos cidadãos.

O fenômeno da abstenção, quando o voto é facultativo, também não ficou bem exemplificado no modelo. A abstenção costuma ser maior em momentos de prosperidade econômica. O modelo não explica que lógica racional levaria o eleitor, que percebe sua vida melhorar pela implementação de programas sociais, por exemplo, a optar pela abstenção e a correr o risco de perder tais benefícios.

Conforme apresentamos, o modelo de Downs defende que fatores econômicos teriam forte influência sobre o voto dos eleitores racionais. Assume o modelo que o eleitor elaboraria uma avaliação racional sobre o desempenho da economia, mas pesquisadores como Anderson e O'Connor (2000) e Tverdova (2012) defendem que a análise do desempenho da economia é um misto de conhecimento e afetividade e não uma avaliação meramente racional, conforme relatam Veiga *et al.* (2018, p. 113).

1.3 A escola psicossocial

O grupo de pesquisadores da Universidade de Michigan, sob a batuta de Angus Campbell, desenvolveu um modelo de comportamento eleitoral cujo componente central deslocou-se dos coletivos sociais da escola sociológica para o indivíduo. As influências ideológicas do grupo remontam aos trabalhos sobre a importância da motivação no comportamento social, conforme relatado por Visser (1998, p. 17, tradução nossa[26]): "os antecedentes psicológicos existiam principalmente na Teoria de Campo de Kurt Lewin, que, por sua vez, foi influenciado pela psicologia da Gestalt e por Freud."

O grupo de Michigan agregou ao eleitor os fatores psicológicos de curto prazo, que ascendem aos aspectos sociológicos identificados pelo grupo de Columbia. Campbell e colegas (1976 [1960], p. 18, 19, tradução nossa[27]) acreditavam que

> Na medida em que essas competências são complementares, as vantagens de cada uma deveriam ser preservadas em uma estrutura teórica mais ampla [...] nenhuma teoria de fator único provavelmente nos diria muito sobre elas[28]. Um grande número de determinantes converge para produzir o comportamento final.

Nesse sentido, Bartels (2008, p. 8, tradução nossa[29]) acrescenta:

> [...] os autores do *The American Voter* claramente esperavam fornecer uma estrutura explicativa capaz de abranger tanto a impressionante estabilidade partidária quanto a mudança nos resultados eleitorais, incluindo as eleições "desviantes", como aquelas que levaram Eisenhower ao cargo.

---

[26] *"Psychological antecedents primarily exist in Kurt Lewin's field theory, who in his turn was influenced by Gestalt psychology and Freud."*

[27] *"To the degree that these strengths are complementary, the advantages of each should be preserved in a broader framework of theory."* [...] *"no single-factor theory is likely to tell us much about them. A multitude of determinants converges to produce the final behavior."*

[28] O pronome refere-se as variáveis relacionadas à decisão de voto: "votar ou não" e "em qual candidato."

[29] *"[...] the authors of The American Voter clearly hoped to provide an explanatory framework capable of encompassing both impressive partisan stability and shifting election outcomes, including "deviating" elections like those that swept Eisenhower into office."*

The American Voter (1960), a que Bartels se refere, é a obra de referência da escola psicossocial, também conhecida como *escola da identidade partidária*, de autoria de Angus Campbell, Philip Converse, Warren Miller e Donald Stokes. Alguns autores também a identificam como *escola psicológica*, possivelmente para reforçar as diferenças com a escola sociológica, o que nos parece inadequado, uma vez que restringe as raízes epistemológicas do modelo.

Como substrato empírico, Campbell e colegas utilizaram os dados de pesquisas longitudinais das eleições presidenciais dos EUA de 1952 e 1956, com amostras coletadas em âmbito nacional, durante as campanhas de outono e após cada eleição. O modelo teórico resultante pode ser sintetizado em uma estrutura metafórica conhecida como *funil de causalidade*, conforme se vê na Figura 2, a qual evidencia o entrelaçamento das forças de longo prazo, representadas pelos fatores sociológicos que definirão as orientações de valor e a identificação partidária do eleitor, a qual, por sua vez, será fundamental na mediação dos fatores que compõem as forças de curto prazo, variáveis a cada eleição e que refletem os eventos de campanha e a administração incumbente. A resultante da ação dessas forças ao longo do tempo sobre o eleitor culminará na sua decisão de voto. Campbell *et al.* (1976 [1960], p. 16, tradução nossa[30]) afirmam que "tomadas como um sistema, essas variáveis foram vistas como um campo de forças operando sobre o indivíduo enquanto ele delibera sobre sua decisão de voto."

Figura 2 – Funil de causalidade

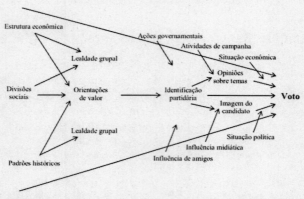

Fonte: Paul Rader, 2019. Disponível em: https://medium.com/@paulrader_42650/the-funnel-of-causality-why-we-vote-the-way-we-vote-e94ad70ab3ca. Tradução nossa.

---

[30] "Taken as a system these variables were seen to constitute a field of forces operating on the individual as he deliberates over his vote decision."

A entrada do funil é constituída pelos elementos distais: a estrutura econômica, os padrões históricos e as divisões sociais que construirão a lealdade do sujeito aos grupos sociais e suas orientações de valor. A estrutura econômica, tomando o indivíduo por base, reflete o ambiente e a situação econômica nos quais este esteve imerso ao longo da vida. Os padrões históricos de votação são importantes por apontar a existência de padrões regulares de comportamento eleitoral, em termos individual ou grupal, que poderão ou não, repetir-se nos próximos pleitos. As divisões sociais remetem aos grupos sociais a que o indivíduo teve acesso, desde sua infância no ambiente familiar, passando para o ambiente escolar, o laboral e seu círculo de amizades, esse último com ascendência sobre o sujeito até o momento do pleito eleitoral, constituindo uma das forças proximais exógenas.

> Essa influência começa com a socialização. As pessoas tendem a formar suas visões políticas muito cedo, especialmente na adolescência, sob a influência dominante dos seus pais e do ambiente social de sua família. Em uma sociedade fortemente estruturada em classes, a escolaridade das crianças e o tipo de pessoas que se tornam seus amigos também exercem forte influência. (DUNLEAVY; HUSBANDS, 1985, p. 4, tradução nossa[31]).

Dunleavy e Husbands (1985) acrescentam que, na abordagem partidária, conhecer a classe ocupacional do indivíduo representa um preditivo importante para o voto, uma vez que é um indicador importante dos contextos em que ele passa sua vida diária. A relevância desses grupos para o indivíduo será tanto maior quanto maior for seu nível de identificação com eles.

A lealdade ao grupo social tem semelhanças com a ligação partidária, sendo, porém, mais complexa. Os laços sociais costumam ser mais fortes e também mais influentes, especialmente quando a identificação do sujeito com o grupo é sólida (RADER, 2019). A força dos laços sociais em relação aos diferentes grupos também varia dependendo da relação do sujeito com cada grupo. Um sujeito que pertença a dois grupos sociais com diferentes afinidades partidárias sofrerá mais influência do grupo com o qual sentir maior identificação social e tiver laços de afinidade mais intensos. Campbell *et al.* (1976, p. 309, tradução nossa[32]) afirmam que "alguns grupos ostentam

---

[31] *"This influence starts with socialization. People tend to form their political views quite early, specially in their teens, under the dominant influences of their parents and their family's social environment. In a heavily class-structured society, the schooling of children and the sort of people who become their friends also exert a strong influence."*

[32] *"Some groups boast memberships intensely loyal to group purposes and interests. Others have trouble maintaining member identifications. [...] Group cohesiveness is one determinant of the influence which a group can wield over its membership."*

associações intensamente leais aos objetivos e interesses do grupo. Outros têm problemas para manter as identificações dos membros. [...] A coesão grupal é um fator determinante da sua capacidade de influência sobre seus membros." Dentre os fatores que normalmente influenciam a coesão grupal, citam-se principalmente o isolamento em relação a outras pessoas em função de barreiras sociais; a frequência, a precocidade, o tempo de convívio com o grupo e a formação de uma identidade grupal através do alinhamento de objetivos, valores, interesses e ideologias.

As orientações de valor, resultantes das forças de longo prazo, definem a visão do sujeito sobre o mundo e estabelecem seu posicionamento ideológico, com influência em sua identificação partidária. Tal identificação florescerá junto à agremiação que melhor represente esses valores. Vale ressaltar, conforme lembram Lourenço, Storni e Telles (2009, p. 92), que "essa corrente não reconhece a ideologia como um componente predominante na decisão eleitoral e indica em seu lugar o conceito de "identificação partidária", que não está relacionado necessariamente com conteúdos ideológicos." Apesar de não serem obrigatoriamente de natureza política, as orientações de valor têm grande influência sobre a visão e o posicionamento político do indivíduo, que se expressam através de sua identificação partidária.

Os partidos, por seu turno, posicionam-se distintamente ao longo do espectro ideológico. Lembramos a inexistência de uma definição consensual para o termo ideologia entre os cientistas sociais e políticos, visto que, conforme afirma Dantas (2015, p. 79), "sua complexidade [...] inviabilizou a formulação de uma única definição capaz de apreendê-lo em todas as suas dimensões", além de ser um mundo complexo e um "terreno minado" (GUARESCHI, 2000). Exploraremos o conceito de ideologia e identidade ideológica no Capítulo 3.

A identificação partidária, formada a partir das orientações de valor do indivíduo, tem uma função central no modelo psicossocial, mediando os fatores proximais, considerados prioritários. A partir da identificação partidária, o funil de causalidade apresenta duas categorias denominadas *condições externas* ou *exógenas* e *condições pessoais*, assim definidas pelos autores:

> *Condições pessoais* são aqueles eventos ou estados dentro do funil dos quais o indivíduo está ciente, embora ele não precise conceitualizá-los, como um investigador faz. *Condições externas* são aquelas que garantem um lugar no funil porque são causalmente significativas para o comportamento

> posterior, mas que atualmente estão além da consciência do ator. (CAMPBELL *et al.*, 1976, p. 27, tradução nossa[33], grifos do autor).

Na sequência da identificação partidária, temos os últimos dois fatores da categoria de condições pessoais antes do voto: as opiniões sobre temas e a imagem do candidato. Antunes (2010, p. 155, 154, tradução nossa[34]) explica que "o partidarismo tem [...] um papel decisivo na avaliação dos candidatos, dos temas, dos incidentes de campanha que são reportados pela mídia e nas conversas sobre a eleição que os eleitores têm com a família e os amigos."

A opinião do eleitor sobre os diversos temas que surgem durante a campanha eleitoral será comparada com o posicionamento dos candidatos e dos partidos em relação a esses temas. As pesquisas de Kaufmann (2002, p. 283, tradução nossa[35]) identificaram que

> Questões culturais relevantes influenciam as escolhas partidárias de homens e mulheres, embora de maneira diferente. Para as mulheres, os próprios problemas - direitos reprodutivos, igualdade de gênero e proteção legal para homossexuais - tornaram-se determinantes cada vez mais importantes da identificação partidária. Para os homens, a influência do conflito cultural no partidarismo é considerada igualmente penetrante, embora menos direta.

A imagem do candidato vem de seus atributos pessoais, embora essa análise também seja feita sob o prisma da identificação partidária do eleitor. Veiga (2007, p. 343) explica que o indivíduo tende a simpatizar mais com os líderes do seu partido, a preferir as políticas propostas por essa agremiação, assim como, diante de um novo assunto, sobre o qual ainda não tenha opinião formada, procura informar-se a respeito da orientação do seu partido de afinidade. Isso explica, em parte, as avaliações pessoais sobre os candidatos presidenciais existentes antes mesmo de os candidatos emergirem como objetos significativos da consciência política (BARTELS, 2008, p. 22-23, tradução nossa).

---

[33] *"We shall call personal conditions those events or states within the funnel of which the individual is aware, although he need not conceptualize them as the investigator does. External conditions are those that warrant a place in the funnel because they are causally significant for later behavior, yet which currently lie beyond the awareness of the actor."*

[34] *"Partisanship has [...] a decisive role in evaluating candidates, the issues, the incidents of the campaign that are reported in the media and the conversations that voters have with family and friends about the election."*

[35] *"Findings suggest that salient cultural issues influence the partisan choices of both men and women, however in somewhat different ways. For women, the issues themselves — reproductive rights, female equality, and legal protection for homosexuals — have become increasingly important determinants of party identification. For men, the influence of cultural conflict on partisanship is argued to be equally pervasive, albeit less direct."*

A forma como o eleitor enxerga as representações políticas explica a sua decisão no pleito eleitoral.

> Ao votar, o indivíduo age perante o mundo da política em que percebe as personalidades, as questões e os partidos e outros grupos de uma disputa presidencial. Sua imagem sobre essas questões pode às vezes parecer excessivamente malformada, mas seu comportamento faz sentido subjetivamente na maneira como esses objetos políticos aparecem para ele. (CAMPBELL *et al.*, 1976, p. 42, tradução nossa[36]).

Os elementos externos, situadas na parte final do funil de causalidade, incluem as ações governamentais, as atividades de campanha, a situação econômica e política e as influências da mídia e dos amigos. A influência de amigos depende do grau de estima das relações. A princípio, influências de curto prazo teriam efeitos limitados sobre o indivíduo, em função dos laços partidários já estabelecidos. As demais condições externas – ações governamentais, atividades de campanha e situação econômica e política – são mediadas pelo *filtro perceptivo* da identidade partidária, mas poderiam, em casos excepcionais de grande insatisfação, levar o eleitor a uma deslealdade partidária pontual. Por outro lado, eleitores satisfeitos com as condições econômicas têm maior probabilidade de manter o *status quo*, votando no candidato incumbente.

> Quando examinamos as evidências de como o vínculo partidário se desenvolve e muda durante a vida de um cidadão, encontramos uma imagem caracterizada mais pela estabilidade do que pela mudança – não pela fixação rígida e imutável por um partido ao invés de outro, mas por uma adesão persistente e uma resistência à influência contrária. (CAMPBELL *et al.*, 1976, p. 146, tradução nossa[37]).

Vale ressaltar que as políticas específicas de cada partido não são plenamente claras para grande parte do eleitorado.

> Muito poucos dos entrevistados mostraram uma compreensão sensível das posições dos partidos em questões políticas atuais. [...] Esse fato reflete a semelhança das posições partidá-

---

[36] *"In casting a vote the individual acts toward a world of politics in which he perceives the personalities, issues, and the parties and other groupings of a presidential contest. His image of these matters may seem at times exceedingly ill-formed, but his behavior makes sense subjectively in terms of the way these political objects appear to him."*

[37] *"When we examine the evidence on the manner in which party attachment develops and changes during the lifetime of the individual citizen, we find a picture characterized more by stability than by change—not by rigid, immutable fixation on one party rather than the other, but by a persistent adherence and a resistance to contrary influence."*

> rias em muitas questões, bem como a amplitude de opiniões dentro dos partidos. Mas também reflete quão pouca atenção mesmo a parte relativamente informada do eleitorado dá às especificidades da formação das políticas públicas. (CAMPBELL e colegas, 1976, p. 543, tradução nossa[38]).

A escola psicossocial, assim como a sociológica, minimiza a influência midiática sobre o eleitor, justificando que a maioria deles não tem interesse por política e a minoria interessada já formou sua identidade partidária e comporta-se conforme essa ligação, porque o partidarismo funciona como um filtro perceptivo em relação às informações recebidas. Afora isso, ao criar um *atalho cognitivo*, que facilita o processamento das informações necessárias para avaliar as propostas eleitorais, o partidarismo desestimularia os eleitores a buscar uma informação multifacetada, a fim de suprimir as parcialidades inerentes de cada veículo.

Os pesquisadores de Michigan afirmam que a identificação partidária é adquirida no início da vida do indivíduo, através do seu processo de socialização, sendo influenciada pelos valores e atitudes dos amigos e principalmente dos familiares. Essa ligação caracterizaria sua orientação afetiva em relação a um importante grupo de seu ambiente, gerando um sentimento de responsabilidade e lealdade partidária e suprindo seu instinto inato de pertencer a algum grupo social maior. Ao longo da vida do indivíduo, esse vínculo ou identificação psicológica se tornaria ainda mais forte, em função de suas experiências profissionais, familiares e de sua constante exposição às instituições e processos do sistema político. Green, Palmquist e Schickler (2002, p. IX, tradução nossa[39]) acrescentam que "os cidadãos têm uma percepção duradoura dos tipos de pessoas que pertencem aos diversos partidos e se eles se identificam com esses grupos sociais."

As mudanças partidárias seriam incomuns, ocorrendo de forma lenta em função de ajustes relacionados às mudanças sociais ou, então, resultantes da reação a eventos de grande impacto, que afetassem o *status* social do indivíduo, sejam de âmbito internacional, local ou individual. Sirvam de exemplo a ocorrência de uma pandemia, a entrada de um país num bloco econômico e a perda de emprego, respectivamente.

---

[38] *"Very few of our respondents have shown a sensitive understanding of the positions of the parties on current policy issues. [...] This fact reflects the similarity of party positions on many issues, as well as the range of opinion within parties. But it also reflects how little attention even the relatively informed part of the electorate gives the specifics of public policy formation."*

[39] *"citizens have an enduring sense of what sorts of people belong to various parties and whether they identify with these social groups."*

Os fatores proximais, em contrapartida, proporcionariam ajustes conjunturais restritos a cada eleição, sem afetar a lealdade partidária. O filtro perceptivo do indivíduo orienta sua compreensão política, influenciando sua avaliação dos candidatos. Todavia, se fatores externos ao funil de causalidade – como as atividades de campanha ou a situação política ou econômica – forem suficientemente contrários aos valores do indivíduo ou lhe causarem grande insatisfação e não puderem ser ajustados por esse filtro, isso pode levá-lo a abster-se ou a votar em outro candidato, ocasionando uma deslealdade partidária circunstancial.

Vale destacar a diferença apontada por Figueiredo (2008 [1991], p. 66) entre as escolas sociológica e psicossocial em relação à formação da identidade partidária. Para a escola sociológica, apenas as condições sociais vivenciadas pelo sujeito determinam o perfil da sua identificação partidária. Segundo a escola psicossocial, as interações com o ambiente levam o indivíduo a desenvolver um tipo de identidade que é mediada por mecanismos psicológicos. Essas duas concepções, por sua vez, divergem da visão da escola econômica, na qual a identidade partidária seria fruto de uma avaliação racional e contínua dos desempenhos partidários e serviria de parâmetro para reduzir os custos de análise da informação na tomada de decisão do voto, sendo, portanto, muito menos estável e sujeita a oscilações de curto prazo (DOWNS, 2013 [1957]; BAKER *et al.*, 2015).

Os determinantes sociais empregados pelo grupo de Michigan vêm sendo estudados pelos cientistas políticos e, com o tempo, novos modelos matemáticos de comportamento eleitoral foram desenvolvidos. No centro da análise, econtram-se sempre os mesmos três fatores causais principais desse modelo: (i) a identificação partidária, (ii) as opiniões sobre temas e (iii) as avaliações sobre a imagem dos candidatos (BARTELS, 2008). Todavia, desde sua publicação na década de 1960, a relevância da identificação partidária sobre o comportamento eleitoral e a longevidade da lealdade partidária têm sido muito contestadas, não apenas pela dificuldade de comprovação nos sistemas multipartidários, mas também pelo enfraquecimento do partidarismo ao longo do tempo nas diversas democracias ocidentais, como apontam os estudos de diversos pesquisadores. Bastante contestado ainda é o pressuposto da pouca influência midiática sobre o eleitor. Apresentaremos, nos Capítulos 4 e 5, diversas pesquisas que contrariam esses axiomas da escola de Michigan.

1.4 Outros modelos teóricos

Delineamos alguns modelos teóricos que não constituíram novas escolas ou campos epistemológicos, pois remetem às mesmas raízes. Os modelos a seguir aproximam-se das escolas psicossocial e sociológica.

1.4.1 O modelo heurístico-sistemático

Em diversas áreas da Psicologia Social e Cognitiva tem surgido propostas de modelos que contemplam duas formas distintas de processamento, com base em evidências psicológicas e neuropsicológicas de que os humanos possuem dois sistemas de memória. Enquanto um sistema é lento e aprende regularidades gerais, o outro é rápido e pode formar representações de eventos únicos ou novos (SMITH; DECOSTER, 2000).

O modelo heurístico-sistemático remonta aos estudos de Shelly Chaiken em *Heuristic versus systematic information processing and the use of source versus message cues in persuasion*, de 1980. Na raiz do modelo está "a ideia de que os eleitores dividem a tarefa de decisão em duas partes: uma estreitando o universo de alternativas e a outra fazendo uma escolha final, que se adapta bem aos modelos de decisão desenvolvidos na economia comportamental e na psicologia" (STEENBERGEN *et al.,* 2011, p. 21-22, tradução nossa[40]). Steenbergen e seu grupo (2011, p. 3, tradução nossa[41]) relatam que "a lógica de decisão é traduzida em dois estágios em um modelo de regressão logística de conjunto de escolha (RLCE), o que permite analisar empiricamente o processo de tomada de decisão em fases."

O modelo heurístico-sistemático, através de um processo em duas etapas, no qual se empregam lógicas de tomada de decisão diferentes em cada estágio, permite – após a primeira fase – reduzir o total de candidatos, a um *conjunto de escolha* que será considerado na fase final (STEENBERGEN *et al.,* 2011). Esse modelo considera o princípio do esforço mínimo, já que o processamento heurístico da primeira fase – mais simples, visto que não é consciente – peneira os candidatos e reduz o esforço do processamento sistemático consciente da segunda fase.

---

[40] *"The idea that voters parse the decision task into two parts, one narrowing the universe of alternatives and the other making a final choice, comports well with decision models developed in behavioral economics, and psychology."*

[41] *"We translate this two-stage decision logic into a choice set logistic regression (CSLR) model, which allows for the empirically analysis of this phased decision making process."*

O processamento sistemático refere-se ao uso sistemático de informações relevantes para a decisão. Quando em modo de processamento sistemático, os indivíduos absorvem e prestam atenção às informações relevantes disponíveis no momento. Com base nessas informações, eles estruturam cuidadosamente uma decisão. (STEENBERGEN e colegas, 2011, p. 4, tradução nossa[42]).

Ao desmembrar as informações de longo prazo, usadas no processamento heurístico, das de curto prazo do processamento sistemático, esse modelo aproxima-se do psicossocial. O primeiro estágio – de processamento rápido e sem esforço e baseado em associações assimiladas de uma heurística de longo prazo – inclui o voto retrospectivo e se denomina *fase de consideração*, na qual o eleitor reduz um amplo leque de escolha a um conjunto de escolha limitado, por meio de indagações relativas à isonomia partidária e ideológica, dentre outras. O tamanho da redução que o processo torna possível dependerá de fatores como o tamanho do partidarismo no país, a diferenciação entre os candidatos, o conhecimento e interesse político do eleitor, além de sua ambivalência, seu grau de envolvimento partidário e ideológico, etc. Rosema (2004, p. 84) aponta seis diferentes heurísticas, que reduzem o esforço cognitivo do eleitor e o ajudam a decidir como votar, conforme mostra o quadro a seguir.

Quadro 1 – Heurísticas para decidir como votar

Heurística	Explicação
preferência pelo resultado eleitoral	vote de forma que se torne mais provável acontecer o que você deseja
aprovação do incumbente	vote no último governo se você o aprovar; caso contrário, vote na oposição
preferência partidária	vote no partido de que você mais gosta
preferência pelo candidato	vote no candidato de que você mais gosta
hábito de voto	vote no partido em que você sempre vota (ou votou da última vez)
endosso social	vote no partido ou candidato que os outros dizem em que você deveria votar

Fonte: Rosema (2004, tradução nossa)

---

[42] *"systematic processing refers to the systematic use of decision-relevant information. When in systematic processing mode, individuals absorb and take heed of the decision-relevant information that is currently available. Based on this information they carefully piece together a decision.*

CORREDEIRAS DA DEMOCRACIA: O VOTO SOB A PERSPECTIVA PSICOSSOCIAL

A segunda etapa, chamada de *fase de escolha*, é um processamento mais consciente e trabalhoso, uma vez que envolve a recuperação e o uso intencional de regras explícitas e simbolicamente representadas a fim de orientar a definição do voto, considerando os candidatos finalistas da primeira etapa. Para tal, o eleitor utiliza informações de curto prazo, como os temas relevantes da campanha em questão, e toma a decisão mediante um processamento sistemático e analítico, que requer capacidade cognitiva e motivação. (SMITH; DECOSTER, 2000).

O modelo heurístico-sistemático parece oferecer uma boa explicação para o comportamento eleitoral em sistemas políticos multipartidários, mas em sistemas bipartidários como o estadunidense, o processo de tomada de decisão previsto pelo modelo para desenvolver-se em duas etapas, pode restringir a etapa heurística, dispensando a fase sistemática e tornando-o muito parecido com o modelo sociológico da Universidade de Columbia. Outra crítica atribuída ao modelo é a imposição do processo decisório rígido em duas etapas, desconsiderando a possibilidade de estágios múltiplos de tomada de decisão.

1.4.2 O modelo da ideologia dominante

Também conhecido por *modelo radical*, a abordagem desenvolvida por Patrick Dunleavy e Christopher Husbands foi publicada em 1985 em *British democracy at the crossroads: voting and party competition in the 1980's*. Os dados dessa pesquisa foram coletados pelos pesquisadores britânicos ao longo das eleições gerais do Reino Unido de 1983.

Esse construto preconiza a existência de duas fontes principais de influência para o alinhamento político: (i) *mensagens ideológicas dominantes*, transmitidas principalmente através da mídia e que moldam a consciência política dos eleitores, e (ii) *clivagens setoriais*, que segmentam os indivíduos em grupos com prioridades e interesses distintos, como os do setor público e privado. Dunleavy e Husbands (1985, p. 21, tradução nossa[43]) afirmam que "o comportamento eleitoral não se baseia em atitudes em relação a questões, mas em características mais duradouras da interação entre estruturas sociais e mensagens ideológicas dominantes." O detalhamento das influências sobre o alinhamento eleitoral, conforme definido pelos autores do modelo, é apresentado na figura a seguir.

---

[43] "[...] *voting behavior is not grounded in issue attitudes but in more durable features of the interaction between social structures and dominant ideological messages.*"

Figura 3 – Padrões de influência sobre o alinhamento do eleitor no modelo radical

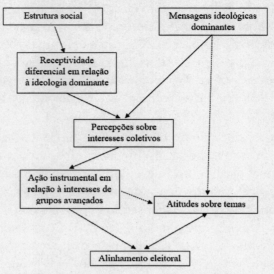

Fonte: Dunleavy e Husbands, 1985 (tradução nossa).

O primeiro fator do modelo refere-se à posição do eleitor na complexa *estrutura social*, com suas desigualdades e conflitos de interesse. Nesse sentido, os autores afirmam:

> A influência sobre o voto começaria com a socialização. As pessoas tenderiam a formar seus pontos de vista políticos muito cedo, especialmente na adolescência, sob a influência dominante dos pais e do ambiente social de suas famílias. Em uma sociedade fortemente estruturada por classes, a educação das crianças e suas amizades também exerceriam forte influência. (DUNLEAVY; HUSBANDS, 1985, p. 4, tradução nossa[44]). As pessoas não vão necessariamente (ou talvez não frequentemente) articular a influência de sua posição social na estruturação de seus votos (...) A condição social é um construto extremamente complexo e nenhum índice consegue encapsular todos os elementos que definem a estrutura social. (DUNLEAVY; HUSBANDS, 1985, p. 18-19, tradução nossa[45]).

---

[44] "This influence starts with socialization. People tend to form their political views quite early, specially in their teens, under the dominant influences of their parents and their family's social environment. In a heavily class-structured society, the schooling of children and the sort of people who become their friends also exert a strong influence."

[45] "People will not necessarily (and perhaps not often) articulate the influence of their social location in structuring their votes [...] Social locations are extremely complex constructs. No single index can encapsulate all the elements that define the social structure."

O segundo fator refere-se às *mensagens ideológicas dominantes* formuladas pelas instituições centrais da sociedade, em especial os meios de comunicação de massa, geradores de um fluxo de mensagens abertamente tendencioso a favor de um partido, o que influencia o voto dos eleitores.

> As mensagens da mídia exercem coletivamente uma hegemonia avassaladora no campo da comunicação política formal, definindo o que deve ser considerado visões políticas aceitáveis ou legítimas e constituindo um corpo de cognições políticas ou "fatores", em torno dos quais, a consciência política é formada. (DUNLEAVY; HUSBANDS, 1985, p. 19, tradução nossa[46]).

O terceiro fator resulta da interação dois anteriores. Pessoas em diferentes posições sociais desenvolveriam *percepções* sobre como seus *interesses coletivos* estão integrados no processo de competição partidária, tomando consciência de como seus interesses conflitam com os de outras posições sociais e de como os partidos políticos se associam aos diferentes interesses sociais, especialmente os seus próprios.

O quarto fator refere-se à *ação instrumental para promover os interesses da sua posição social*, ação normalmente tomada pela maioria das pessoas. Dunleavy e Husbands (1985, p. 19, tradução nossa[47]) complementam que os indivíduos "não fazem uma análise da sua situação familiar individual, mas agem para promover os interesses coletivos de sua posição social, conforme definido na sua sociedade."

Fechando os fatores, estão as *atitudes sobre os temas* e o *alinhamento eleitoral* que são formados conjuntamente. Apesar de estarem associadas à estruturação do voto, as atitudes não são os fatores causais mais importantes nesse processo. Na pesquisa conduzida por Dunleavy e Husbands (1985), os elementos mencionados pela maioria dos entrevistados como influências importantes sobre o comportamento eleitoral foram as questões nacionais e as atrações positivas dos partidos. Uma ligação ainda mais forte foi verificada entre a exposição midiática e o alinhamento partidário. Os autores acreditam que o papel dos partidos e suas lideranças na estruturação das decisões de voto continua sendo foco de considerável

---

[46] *"Collectively, media messages exert an overwhelming hegemony in the field of formal political communication, defining what are to count as acceptable or legitimate political views and constituting a body of political cognitions or 'factors' around which political consciousness is formed."*

[47] *"They do not undertake an analysis of their individual household situation but rather act to promote the collective interests of their social location, and these have been defined in their society."*

controvérsia e, ainda que intimamente relacionados, é difícil estabelecer em que direção as influências ocorrem, se é que ocorrem. Apesar do pouco suporte da identificação partidária para a compreensão do comportamento da massa de eleitores, Dunleavy e Husbands (1985, p. 213, tradução nossa[48]) relatam que

> A lealdade partidária foi uma influência importante sobre os apoiadores do Partido Trabalhista, tendo possivelmente ajudado a impulsionar o desempenho do partido. (…) A influência dos contatos pessoais sobre o voto ou como fonte importante de informação política foi mencionada por um número insignificante de entrevistados.

O modelo da ideologia dominante afirma que há um cerceamento da liberdade de ação partidária, dependendo do alinhamento entre a mensagem ideológica do partido e os valores promovidos pelas instituições dominantes. Dunleavy e Husbands (1985, p. 48, tradução nossa[49]) apontam que "as pressões sobre a liderança para 'disfarçar' seus comprometimentos políticos são especialmente intensas onde esse alinhamento é baixo, especialmente em setores da mídia de massa com viés partidário desfavorável."

Na visão do modelo radical, os eleitores dependem dos partidos, dos líderes políticos, dos meios de comunicação de massa e de outras instituições que, juntos, definem a agenda política sem muita consideração pelo clamor popular. Os líderes políticos, se pudessem contar com essas instituições, teriam grande capacidade de criar e remodelar a opinião pública. Dunleavy e Husbands (1985, p. 20, tradução nossa[50]) acrescentam que "esse potencial se mostra evidente nas mudanças de atitudes das massas após as alterações de rumo das elites políticas, especialmente quando a sabedoria convencional da mídia de massa e dos líderes partidários acompanha o movimento."

Os autores ponderam que a preocupação em saber se um único jornal pode ou não influenciar a política de seus leitores é injustificada, porque seria improvável haver uma correlação entre a mudança no comportamento eleitoral e a leitura de um jornal. A preocupação convergiria, então, ao plu-

---

[48] *"Party loyalty was an important influence on Labour supporters and did possibly help to steam the party's otherwise adverse performance. [...] Personal contacts were mentioned by negligible numbers of respondents as influences on their voting or as important sources of political information."*

[49] *"Where this congruence is low, especially where sections of the mass media have an unfavorable partisan bias, pressures on the leadership to 'fudge' its policy commitments are especially intense."*

[50] *"This potential shows up clearly in switches of mass attitudes following changes of tack by political élites, especially where the conventional wisdom of the mass media and party leaders moves in the step."*

ralismo das mensagens midiáticas às quais os eleitores estão expostos, pois é possível distinguir de maneira bastante sofisticada os eleitores de mídia envolvidos em um fluxo homogêneo ou indiferenciado de informações políticas e aqueles expostos a estímulos mais diversificados.

Este modelo, assim como os das grandes escolas do comportamento eleitoral, também recebe uma série de considerações. Os críticos dessa perspectiva alegam: (i) seu menosprezo à autonomia do indivíduo em decidir seu voto, legitimando, de forma homogênea e indiferenciada, o efeito midiático sobre os eleitores, o que, nesse aspecto, a aproxima da *Teoria Hipodérmica*, (ii) seu descrédito em relação à importância dos laços familiares e sociais e (iii) sua concisão de fatores causais explicativos do voto.

Como a manipulação ideológica assume papel de destaque no alinhamento eleitoral da abordagem radical e também é relevante em nosso modelo, passamos a apresentar os conceitos de *agenda-setting*, *priming* e *framing*, que procuram explicar a ação dos veículos de comunicação de massa sobre o público. Vale ressaltar que não há consenso entre os pesquisadores sobre a intensidade dessa influência. Conforme veremos adiante, essa capacidade não apenas dependerá da característica do público ouvinte, mas também, da competência do veículo de informação.

1.4.2.1 Os conceitos de *agenda-setting, priming e framing*

Os primeiros estudos sobre os efeitos da massificação da mídia sobre o público surgiram após a I Guerra Mundial. O conceito de *agenda-setting* ou agendamento só ganhou importância com a publicação do clássico trabalho de McCombs e Shaw (1972), com base na eleição presidencial estadunidense de 1968, que associava a ênfase dada a certos assuntos pela mídia de massa (*media agenda-setting*) e a importância que a audiência (*public agenda-setting*) lhes atribuia. Com o tempo, o conceito do agendamento foi ampliado, sendo dividido em três eixos: midiático, público e governamental, e os estudos desenvolvidos passaram a identificar as relações causais entre eles (CAPELLA; BRASIL; ALVES, 2016). McCombs e Shaw identificaram que a mídia não só é capaz de influenciar o pensamento dos eleitores sobre determinado assunto, mas também influenciar os candidatos sobre sua relevância. A mídia também pode enfatizar um assunto, tido como uma força ou uma fragilidade de certo candidato, e assim influenciar a avaliação do eleitor a este respeito (MUTZ, 2012). Ligada ao conceito de *agenda-setting* está a figura do *gatekeeper*, que é o profissional dentro do veículo de mídia responsável pela seleção das notícias a serem apresentadas ao público, dentre as inúmeras possibilidades de escolha, inobstante o interesse do público em estar ou não sujeito às mesmas (CARDIA, 2008).

Dentre algumas perspectivas, *prime* corresponde ao "estágio ou período mais ativo, próspero ou satisfatório[51]." Esse conceito de importância, de destaque ou saliência está presente no termo *priming*, ou seja, a relevância de uma notícia que é incorporada, por exemplo, ao *prime time* de um jornal televisivo. O *priming* ou saliência, desenvolvido por Iyengar e Kinder (1987), é considerado uma ampliação da teoria do agendamento. Ambos conceitos consideram (i) o processamento de informações a partir da memória e (ii) a tomada de decisão fundamentada nas considerações mais acessíveis ou salientes. Hwang e colegas (2007) explicam a relação entre a mensagem de *priming* e o esquema[52] preexistente do sujeito.

> [...] a importância da interação entre a mensagem e o esquema preexistente e assim reconhecendo que o indivíduo desempenha um papel ativo na compreensão, interpretação e aplicação das informações relevantes da mensagem para fazer julgamentos subsequentes [...] Portanto, o quadro de uma mensagem de *priming*, combinada com seu grau de ressonância (ou seja, "adequação") com um esquema preexistente do indivíduo, vai determinar a extensão em que uma mensagem realça julgamentos subsequentes. (HWANG *et al.*, 2007, p. 44, tradução nossa[53]).

Sobre a relação entre o *agenda-setting* e o *priming*, Scheufele e Tewksbury (2007, p. 11, tradução nossa[54]) explicam que,

> Tornando alguns assuntos mais salientes na mente das pessoas (*agenda-setting*), a mídia de massa também pode moldar as considerações que as mesmas levam em conta ao fazer julgamentos sobre candidatos ou questões de campanha

---

[51] Tradução nossa baseada no dicionário Merriam-Webster: *"the most active, thriving, or satisfying stage or period."*

[52] Os esquemas mentais primários relacionam-se à *Teoria dos Frames* e estão associados à estrutura cultural e aos conhecimentos pré-constituídos na consciência do indivíduo, usados para facilitar a compreensão das novas informações.

[53] [...] *"the importance of the interaction between the message and an individual's preexisting schema and thus acknowledges that an individual plays an active role in understanding, interpreting, and applying message-relevant information to render subsequent judgments [...] Thus, the frame of a priming message, coupled with its degree of resonance (i.e., "goodness of fit") with an individual's preexisting schema, will determine the extent to which a message primes subsequent judgments."*

[54] *"By making some issues more salient in people's mind (agenda-setting), mass media can also shape the considerations that people take into account when making judgments about political candidates or issues (priming). [...] Priming occurs when news content suggests to news audiences that they ought to use specific issues as benchmarks for evaluating the performance of leaders and governments."*

> (*priming*). Os autores complementam que o *priming* ocorre quando o conteúdo da notícia sugere ao público que ele deva usar questões específicas como *benchmarks* para a avaliação do desempenho de lideranças e governos.

Iyengar (1991), com base na *Teoria dos Frames* do sociólogo Erving Goffman[55], aprimora o conceito do *framing* ou enquadramento noticioso, referindo-se ao empacotamento dado à notícia pelo veículo de mídia, a fim de provocar determinada interpretação do receptor, ou seja, intervir em sua subjetivação da materialidade objetiva, bem como evitar a distração do público, obtendo sua plena atenção. A forma de estruturar e empacotar a informação tem o propósito de influenciar a mentalidade do público a partir da ativação repetida de sua consciência, conforme observa Okocha (2022). O enquadramento é feito mediante a "seleção, exclusão, ênfase ou elaboração da entrevista, da matéria ou da reportagem" (CARDIA, 2008, p. 69). Scheufele e Tewksbury (2007, p. 11, tradução nossa[56]) complementam que o *framing* "associa-se à abordagem adotada pelo noticiário e a influência no entendimento da notícia pela audiência." Esse enquadramento ou empacotamento pode fazer grande diferença em como a informação é processada e interpretada pelo receptor. Michael Parenti, historiador e analista de meios de comunicação, associa o uso do *framing* na comunicação de verdades distorcidas, atualmente enquadradas como pós-verdades.

> Ao distorcer a verdade em vez de quebrá-la, usando a ênfase e outros embelezamentos auxiliares, os comunicadores podem criar uma impressão desejada sem se afastar muito da aparência de objetividade. O enquadramento é obtido pela forma como a notícia é empacotada, na quantidade de exposição, na localização (primeira página ou escondida, história principal ou última), no tom de apresentação (simpático ou desrespeitoso), nas manchetes e nas fotografias e, no caso dos audiovisuais, nos efeitos visuais e auditivos que a acompanham. (PARENTI, 1997, p. 7, tradução nossa[57]).

---

[55] Ver *Frame Analysis: an Essay on the Organization of Experience* (1974).

[56] *"It is based on the assumption that how an issue is characterized in news reports can have an influence on how it is understood by audiences."*

[57] *"By bending the truth rather than breaking it, using emphasis and other auxiliary embellishments, communicators can create a desired impression without departing too far from the appearance of objectivity. Framing is achieved in the way the news is packaged, the amount of exposure, the placement (front page or buried within, lead story or last), the tone of presentation (sympathetic or slighting), the headlines and photographs, and, in the case of broadcast media, the accompanying visual and auditory effects."*

Podemos associar os conceitos de *agenda-setting* e *framing* aos padrões de manipulação[58] – ocultação, fragmentação, inversão e indução – descritos por Abramo (2016). O *padrão de indução* refere-se à apropriação de uma realidade ilusória que atenda aos interesses da classe dominante.

> Submetido, ora mais, ora menos, mas sistemática e constantemente aos demais padrões de manipulação, o leitor é induzido a ver o mundo como ele não é, mas sim como querem que ele o veja. O padrão de indução é, assim, o resultado e ao mesmo tempo o impulso final da articulação combinada de outros padrões de manipulação dos vários órgãos de comunicação com os quais ele tem contato. O padrão de indução tem a ver, como os demais, com os processos de planejamento, produção e edição do material jornalístico, mas ultrapassa esses processos e abarca, ainda, os planos de apresentação final, no parque gráfico ou nas instalações de radiodifusão, distribuição, índices de tiragem e audiência de publicidade etc. – ou seja, os planos de produção jornalística como parte da indústria cultural e do empreendimento empresarial-capitalista. (ABRAMO, 2016, p. 49).

A figura a seguir apresenta um exemplo de *framing*, no qual o Jornal Nacional da Rede Globo utilizava um fundo cênico que enquadrava um oleoduto jorrando dinheiro em suas matérias sobre a corrupção na Petrobras.

Figura 4 – Propinoduto da Petrobras

Fonte: Jornal Nacional, Rede Globo. Disponível em: https://www.viomundo.com.br/desnudandoamidia/eliara-santana-no-jn-lula-e-sempre-culpado-mesmo-quando-a-lava-jato-diz-o-contrario.html

---

[58] Há ainda um quinto padrão, o padrão global, específico do jornalismo de televisão e rádio.

Ao selecionar (*agenda-setting*) os fatos da agenda política e os enquadrar (*framing*) de acordo com sua linha editorial, como apresentado na figura anterior, os diversos veículos de mídia atenuam ou destacam os acontecimentos, do que resulta o favorecimento de alguns candidatos em detrimento de outros, conforme atestam diversas pesquisas.

> A interação constitutiva entre mídia e política ocorre em todas as fases do processo democrático: na construção da agenda, por meio do filtro das informações publicadas, do modo de editá-las, da seleção e ênfase das opiniões, na visibilidade e dramatização de temas selecionados; na ponderação e presença dos próprios atores políticos, pela superexposição de porta-vozes ou do silenciamento de outros, na apresentação positiva ou negativa com que são noticiados, influindo assim no próprio pluralismo e nas assimetrias do processo político de participação e competição política; no grau de exposição e crítica dos governos e de suas políticas, contribuindo decisivamente para a formação da opinião e dos juízos públicos. (LIMA, *In:* JOSÉ, 2015, p. 13).

1.4.3 O modelo da UFPB

Em 1998, Eleneide da Silva e Sânzia de Souza, pesquisadoras da Universidade Federal da Paraíba (UFPB), publicaram, sob a liderança do professor Leoncio Camino, o artigo intitulado *Primeiros passos para a elaboração de um modelo psicossociológico do comportamento eleitoral: estudo dos eleitores de João Pessoa na campanha de 1992*, fruto de um projeto que ambicionava desenvolver um modelo brasileiro de comportamento eleitoral. A coleta dos dados primários para a pesquisa transcorreu durante as eleições de 1988, 1989 e 1990, entre os estudantes da UFPB e, na eleição de 1992, entre os eleitores de João Pessoa.

O modelo da UFPB considera a decisão eleitoral fruto de um processo que se inicia com a inserção do indivíduo nas diversas organizações sociais. As pesquisas do grupo permitiram identificar que a participação social, em suas diversas formas, atua como determinante significativo do comportamento eleitoral ao modelar as visões dos indivíduos sobre a estrutura social e influenciar seus valores e posicionamentos político-ideológicos. Além disso, a participação social influencia a confiança do indivíduo sobre a eficácia eleitoral, o que, por sua vez, impacta sua disposição em votar.

O tipo de participação social, por sua vez, é derivado dos fatores sociodemográficos aos quais os sujeitos são submetidos. Camino e colegas (1998, p. 17, 25) acrescentam que o modelo "pressupõe que uma pessoa será afetada pelas suas características sociodemográficas na medida em que se sentir membro e participar de grupos ou setores sociais constituídos por essas características" e que "os eleitores com maior grau de instrução são os que participam mais, tanto das organizações sociopolíticas como das trabalhistas." As pesquisas do grupo indicaram que existe uma relação direta entre a ideologia do partido de simpatia e a visão da estrutura social, e que a simpatia partidária também se relacionava ao tipo de participação social. Assim, a identificação partidária assume, como no modelo da Universidade de Michigan, um papel de destaque no comportamento eleitoral.

O grupo identificou também o desenvolvimento de duas visões distintas, de acordo com o envolvimento do indivíduo nas diferentes organizações. A *visão classista* estaria associada ao indivíduo participando de organizações sociopolíticas e profissionais, como os sindicatos, que desenvolveria uma visão da estrutura social na qual trabalhador e classe dominante se contraporiam. Haveria o desenvolvimento do sentimento de simpatia por partidos de esquerda e pouca simpatia pelos de direita. Camino *et al.* (1998, p. 27) observam que "os simpatizantes de partidos de esquerda votam mais no candidato de esquerda e menos nos candidatos populistas e de direita." A *visão populista* se relacionaria ao indivíduo participando de organizações comunitárias, usualmente ligadas a práticas assistencialistas na região periférica da cidade, como as igrejas, que desenvolvem um tipo de representação que contraporia os mais necessitados às elites política, econômica e intelectual. Haveria o desenvolvimento da identificação com partidos de direita.

A abordagem da UFPB considera como variável independente não apenas a escolha eleitoral mas a disposição em votar; e, como variáveis dependentes, os fatores psicossociológicos, culturais, psicológicos e conjunturais, conforme apresentado na figura a seguir.

Figura 5 – Elementos do modelo da UFPB

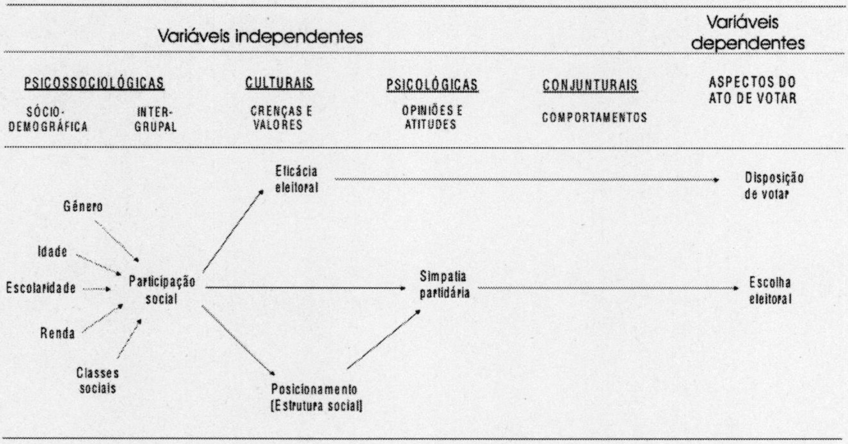

Variáveis independentes				Variáveis dependentes
PSICOSSOCIOLÓGICAS	CULTURAIS	PSICOLÓGICAS	CONJUNTURAIS	ASPECTOS DO ATO DE VOTAR
SÓCIO-DEMOGRÁFICA · INTER-GRUPAL	CRENÇAS E VALORES	OPINIÕES E ATITUDES	COMPORTAMENTOS	

Género
Idade
Escolaridade → Participação social
Renda
Classes sociais

Eficácia eleitoral ....→ Disposição de votar

Simpatia partidária ....→ Escolha eleitoral

Posicionamento [Estrutura social]

Fonte: Camino *et al.,* 1998.

Dentre as conclusões obtidas pelo grupo da UFPB nessa pesquisa, citamos: (i) a existência de matrizes ideológicas que determinam a orientação política dos indivíduos, (ii) a aquisição dessas matrizes pela inserção dos indivíduos nos diversos grupos da sociedade civil e (iii) a influência sobre o partidarismo não apenas das matrizes ideológicas mas do conjunto de crenças sobre a utilidade da política. O modelo da UFPB confere importância aos fatores sociológicos sobre o comportamento eleitoral, aproximando-se, nesse sentido, da escola sociológica.

2

CONSIDERAÇÕES SOBRE O DESENVOLVIMENTO DO MODELO BRASILEIRO

2.1 Os problemas de adequação dos modelos das grandes escolas

As três correntes teóricas que buscam explicar o comportamento eleitoral – a *sociológica*, a *econômica* e a *psicossocial* – foram desenvolvidas em meados do século XX, em 1948, 1957 e 1960, respectivamente, portanto numa sociedade pré-digital, quando as relações sociais se desenvolviam basicamente pelo contato físico entre as pessoas. Derivados das três grandes correntes teóricas, outros modelos foram elaborados mais recentemente, como o *heurístico-sistemático*, em 1980, e o da *ideologia dominante*, em 1985, ambos, porém, antes da massificação da internet.

Um dos problemas que observamos é a desconsideração da internet como meio de comunicação de massa, em função de sua inexistência na época do desenvolvimento dessas teorias. Vale lembrar que a influência da mídia tradicional sobre o eleitor foi bastante minimizada pelas escolas *sociológica* e *psicossocial*. Na última década, a plataforma digital tem sido amplamente utilizada em campanhas eleitorais e embates políticos. Ademais, com a convergência tecnológica da TI[59] com as telecomunicações, o ambiente virtual passou a ocupar um espaço relevante para o desenvolvimento das relações sociais. Em 2021, de acordo com a Pesquisa Nacional por Amostra de Domicílios Contínua (Pnad, 2022), a penetração domiciliar da internet[60] no Brasil chegou a 90,0%, enquanto a penetração de televisão recuou para 95,5%. Alguns autores, como Cervi (2012), defendem que vivemos atualmente em *democracias midiáticas*.

> Desse modo, não é mais possível explicar dinâmicas e processos políticos/eleitorais apenas sob a ótica restrita das instituições propriamente políticas. Torna-se necessário entender as escolhas eleitorais como consequência de determinados processos comunicacionais midiatizados e em escala de massa. (CERVI, 2012, p. 11).

---

[59] Tecnologia da Informação.

[60] A utilização da internet em qualquer lugar chegou a 84,7% em 2021.

Outro inconveniente é que esses modelos foram desenvolvidos em democracias consolidadas, de países altamente industrializados, com características bastante diversas das do Brasil. A despeito da dificuldade de avaliar e comparar a qualidade das democracias, o *Democracy Index*, um dos principais indicadores internacionais, fornece uma medida da consolidação democrática de diversos países com base nos parâmetros: processo eleitoral e pluralismo, funcionamento do governo, liberdades civis, participação política e cultura política. De acordo com o relatório de 2018, o Brasil, ocupando apenas na 50ª posição, apresenta fragilidades em relação ao funcionamento do governo, participação política e cultura política, o que o classifica como *democracia defeituosa* ou, conforme classificação utilizada pelo sociólogo Boaventura de Sousa Santos, uma *democracia de baixa intensidade*. Vale ressaltar que um dos requisitos do modelo de Downs (2013 [1957]) é a "consistência e previsibilidade do sistema democrático."

Convém ainda lembrar que esses modelos teóricos foram concebidos com o propósito de compreender o comportamento eleitoral em seus países de origem, cujos eleitores têm características diferentes das do brasileiro, como cultura política, escolaridade, renda e identificação partidária, entre outras. Ademais, a frágil democracia do país, imersa em um ambiente de desestruturação institucional e inserida em um mercado midiático oligopolizado e não regulado[61], rendeu-se a um sistema político que não só estimula mas se alimenta da corrupção, gerando no indivíduo sentimentos de desilusão e desmotivação, que levam à desmobilização social e à *alienação política*[62].

O Brasil, inserido no contexto do colonialismo latino-americano, tem importado modelos teóricos de países ocidentais, em sua habitual postura de submissão intelectual. Para terem aplicabilidade, os modelos teóricos precisam ser formulados a partir de bases empíricas obtidas de seus ambientes específicos, a fim de desenvolver teorias e modelos que atendam às necessidades específicas de cada sociedade[63]. Nesse sentido, citamos Martín-Baró (2006, p. 8, tradução nossa[64]), para quem "a miséria da

---

[61] A falta de regulação do mercado midiático possibilita a propriedade cruzada de meios de comunicação, tais como redes de televisão e rádio, sites da internet, jornais e revistas, o que aumenta a concentração do setor e prejudica a pluralidade de ideias.

[62] A alienação política em nosso país tem sido estudada por autores como Santos (1987), Nicolau (2002), Borba (2008b), Salles (2010) e Silva (2016), entre outros.

[63] Vale ressalvar algumas louváveis iniciativas em desenvolver um modelo nacional, como a dos pesquisadores da Universidade Federal da Paraíba, aqui apresentada.

[64] *"La miseria de la psicología latinoamericana hunde sus raíces en una historia de dependencia colonial que no coincide con la historia de la colonia latinoamericana, sino con el neocolonialismo del "garrote y la zanahoria" que se nos ha impuesto desde hace un siglo."*

psicologia latino-americana tem suas raízes em uma história de dependência colonial que não coincide com a história da colônia latino-americana, mas sim com o neocolonialismo da "vara e da cenoura" que nos foi imposto por um século." Particularizamos a seguir algumas considerações específicas de cada escola, quanto à (des)adequação desses modelos à realidade sociopolítica atual do país.

A *escola sociológica* considera o indivíduo um *sujeito ativo*, minimizando a capacidade da mídia de manipulá-lo. Com o crescimento da internet e das redes sociais, o conceito de sujeito ativo ganhou uma nova e ampliada dimensão, visto que a informação deixou de ser monopólio da mídia tradicional, desfazendo a antiga relação umbilical entre essa mídia e o indivíduo e comprometendo a aplicação do conceito de *two-step-flow* defendida pela equipe de Lazarsfeld, ao menos em estratos com maior acesso à informação. A narrativa, antes gerada e controlada pelas grandes corporações, ganhou um novo operador no cidadão comum que, ao se expressar também a influencia, moldando-a em um complexo amálgama em constante retroalimentação. Se, por um lado, a internet é participativa e abrangente, também é efêmera e controladora, abrindo caminho para a proliferação das fake news[65], conforme discutiremos adiante. As *conexões sociais*, importantes para a internalização de valores comuns e para a formação da identidade individual, também foram ressignificadas. Afinal, a socialização política, antes restrita ao seio familiar e ao círculo de amizades, expandiu-se com a internet, que reduziu as barreiras do distanciamento físico e social, ampliando assim, a abrangência dos *coletivos sociais.* Os laços familiares, numa sociedade onde a mulher inseriu-se no mercado de trabalho, também já não são os mesmos. Conforme apresentamos no Capítulo 1, o modelo da Universidade de Columbia concentra sua explicação do comportamento eleitoral nos fatores sociológicos, desprezando a influência dos processos psíquicos do sujeito, mediadores dos estímulos externos, responsáveis por diferentes respostas, restringindo sua capacidade de explicar as variações do comportamento do voto entre eleitores do mesmo grupo social.

A *escola econômica* aposta na racionalidade para explicar o voto, tendo por retaguarda a *Teoria da Escolha Racional.* Assim, despreza totalmente os processos sociológicos e psicológicos, refutando a importância da emoção na subjetivação da materialidade nas campanhas eleitorais. Além disso, a consistência do sistema democrático – um dos pilares que sustenta esse

---

[65] Nas palavras de Vannuchi (2018, p. 59-60) "Fake news são notícias produzidas deliberadamente com a função de enganar. O dolo, portanto, é condição para o uso do termo."

modelo – representa *per se* uma dificuldade para aplicar a teoria à realidade do país, já que, conforme relatamos, a consolidação democrática brasileira encontra-se em fase bastante pregressa em relação à dos EUA, berço de seu desenvolvimento. Torna-se pouco praticável pensar em uma escolha racional em um sistema político pouco confiável, no qual é prática comum não cumprir parte considerável das promessas de campanha.

A *escola psicossocial* avança ao considerar tanto os aspectos sociológicos quanto os mecanismos psicológicos, trazendo uma estruturação eficiente para explicar como e quando esses fatores atuam sobre o sujeito. A escola aponta a identidade partidária, que desempenha o papel de mediação no *funil de causalidade*, metáfora de seu modelo, como fator preponderante para a decisão eleitoral e, a exemplo da escola sociológica, minimiza a importância da influência midiática.

A relevância do partidarismo no comportamento eleitoral vem sendo contestada por diversos pesquisadores. Com base em extensas pesquisas que avaliaram o desalinhamento partidário em diversas nações da Europa, Oceania e América do Norte, Dalton (2000, p. 23, tradução nossa[66]) afirma que

> A amplitude transnacional do desalinhamento[67] sugere que mais do que uma série de crises políticas coincidentes está por trás dessas tendências. Apesar da grande variação nas histórias eleitorais, registros governamentais e estruturas institucionais dessas nações, a consistência dessas descobertas é impressionante [...] A similaridade nas tendências para tantas nações nos força a olhar além das explicações específicas e idiossincráticas para esses padrões. Para que as tendências da opinião pública sejam consistentes em tantas nações, algo mais amplo e mais profundo deve estar ocorrendo.

Dados das pesquisas transversais e longitudinais dos últimos 30-40 anos do século passado realizadas por Clarke e Stewart (1998) confirmam o enfraquecimento do partidarismo em diversos Estados democráticos.

> Dados de pesquisas eleitorais nacionais e pesquisas de opinião pública inter-eleitoral revelam que os partidos diminuíram na mente dos cidadãos nos Estados Unidos, Canadá

---

[66] *"the cross-national breadth of dealignment suggests that more than a series of coincidental political crises lie behind these trends. Despite the wide variation in the electoral histories, governmental records, and institutional structures of these nations, the consistency of these findings is striking....The similarity in trends for so many nations forces us to look beyond specific and idiosyncratic explanations for these patterns. For public opinion trends to be consistent across so many nations, something broader and deeper must be occurring."*

[67] O desalinhamento ao qual o autor se refere é o partidário.

e Grã-Bretanha nos últimos 40 anos. [...] Os três casos não são atípicos; as evidências da pesquisa indicam que as ligações partidárias enfraqueceram em uma ampla variedade de democracias maduras. (CLARKE; STEWART,1998, p. 358, tradução nossa[68]).

O *modelo da ideologia dominante* aponta a relevância da manipulação ideológica da mídia corporativa na formação da identidade partidária do eleitor, mas pouco elucida como e em que medida tal influência se exerce sobre cada sujeito, considerando que a ação sobre a massa de eleitores é uniforme. A influência midiática tende a ser maior em países que combinam (i) mercados altamente concentrados e com alta penetração da televisão e internet com (ii) baixa escolaridade da população, caso do Brasil. Conforme relata Herscovitz (2019, p. 97, tradução nossa[69]),

> [...] em uma democracia em desenvolvimento como o Brasil, a propriedade da mídia e a ideologia que apoia o *status quo* (um capitalismo dependente e um Estado forte) formam as forças associadas mais poderosas responsáveis por definir e fazer cumprir as políticas em organizações de notícias e, portanto, por moldar o conteúdo de mídia.

O *modelo heurístico-sistemático* propõe uma explicação interessante sobre o método usado pelo eleitor para reduzir um extenso leque de alternativas políticas, realizado pelo processamento heurístico, sem, entretanto, evidenciar como os diversos fatores envolvidos no processo final de decisão do voto atuam no processamento sistemático. Ademais, o modelo em duas etapas é rígido ao desconsiderar a possibilidade de níveis múltiplos de tomada de decisão, situação em que os processamentos heurísticos e sistemáticos seriam usados várias vezes, ou até mesmo em conjunto (TIM-BANCAYA, 2014).

O trabalho da equipe de pesquisadores da Universidade Federal da Paraíba (UFPB) para elaborar um modelo teórico concentrou-se nos fatores sociológicos do comportamento eleitoral, trazendo esclarecimentos importantes quanto à existência de matrizes ideológicas,

---

[68] *"Data from national election surveys and inter-election public opinion polls reveal that parties have declined in the minds of citizens in the United States, Canada, and Great Britain over the past 40 years. [...] The three cases are not atypical; survey evidence indicates that partisan attachments have weakened in a wide variety of mature democracies."*

[69] [...] *"in a developing democracy such as Brazil, media ownership and the ideology that supports the status quo (a dependent capitalism and a strong state) form the most powerful associated forces responsible for setting and enforcing policy at news organizations and, thus, for shaping media contente."*

desenvolvidas através do convívio do sujeito em grupos da sociedade civil, matrizes essas que, somadas ao conjunto de suas crenças, direcionam sua orientação política. O estudo deixa claro, todavia, tratar-se de um primeiro passo para desenvolver um modelo comportamental, portanto não concluído.

O voto compulsório, outra particularidade do sistema eleitoral do país, o diferencia da grande maioria das chamadas *democracias consolidadas*, nas quais a abstenção, em virtude de ser facultativo o voto, é normalmente maior do que a verificada em nações de voto obrigatório, o que é relevante para a análise dos resultados eleitorais. Por ter o Brasil adotado esse sistema de voto, optamos por não nos deter nas motivações que impelem o eleitor a votar ou não no dia do pleito, nem nas variáveis envolvidas com a abstenção eleitoral, mas por nos concentrar em compreender o fenômeno eleitoral em relação aos determinantes que conduzem os eleitores em suas escolhas eleitorais para o cargo de presidência da República. Entendemos, todavia, que a abstenção, por normalmente não ser uniforme entre os estratos sociais, pode interferir nos resultados eleitorais.

2.2 O ajustamento do modelo de comportamento eleitoral

Conforme apresentado no Capítulo 1, cada escola e modelo de comportamento eleitoral parte de uma abordagem epistemológica para explicar o fenômeno, herdando tanto as potencialidades de suas raízes, quanto suas vulnerabilidades, conforme tem sido apontando pelos pesquisadores ao longo do tempo. As deficiências de cada modelo, também apresentadas no Capítulo 1, são assim sintetizadas por Timbancaya:

> Tomados individualmente, esses modelos de comportamento eleitoral deixam muito a desejar. O modelo sociológico deixa os mecanismos psicológicos ocultos numa caixa preta. O modelo psicológico dá ênfase às avaliações que uma pessoa faz dos candidatos e dos partidos sem estruturar os fatores que alteram essas avaliações e até que ponto e em que direção elas são afetadas por influências externas. O modelo da escolha racional pressupõe que os eleitores são racionais, quando, na realidade, muitos de nós somos facilmente influenciados por sinais periféricos e fatores sociais em vez de processos lógicos e analíticos de tomada de decisão. [...] Quando vistos em conjunto, esses modelos podem se complementar mutuamente, na medida em que

CORREDEIRAS DA DEMOCRACIA: O VOTO SOB A PERSPECTIVA PSICOSSOCIAL

> os pontos fortes de um podem ser usados para compensar os pontos fracos de outro. (TIMBANCAYA, 2014, p. 17, tradução nossa[70]).

Para desenvolver este trabalho, a decisão foi basear-nos na escola psicossocial, porque entendemos que o modelo de Michigan, dentre todos os apresentados, é o que consegue explicar o fenômeno do comportamento eleitoral de forma mais abrangente e apropriada, uma vez que considera os aspectos sociais e psicológicos que se inter-relacionam. Embora discordemos de alguns pontos de grande relevância, esse modelo é eficiente ao explicar a dinâmica relação entre o ambiente político e a imagem pública dos candidatos, envolvidos no processo político eleitoral.

Consideramos a decisão do voto o resultado de um conjunto de fatores construídos socialmente a longo prazo, como as crenças, valores e identidade do indivíduo, que impactam sua percepção da realidade e suas afinidades, além dos elementos conjunturais de curto prazo, processados psicologicamente, como a avaliação do governo incumbente e dos eventos de campanha, dentre outros. Nesse sentido, os pesquisadores da escola psicossocial acrescentam:

> Apesar de percepção e realidade não serem a mesma coisa, para obtermos uma compreensão de como a mudança no mundo externo da política altera a imagem popular dos objetos políticos, temos de considerar, em última análise, não apenas as propriedades "reais" desses objetos, mas também certos processos psicológicos individuais. (CAMPBELL e colegas, 1976 [1960], p. 43, tradução nossa[71]).

Passamos a explicitar, os dois aspectos do modelo de Michigan, que foram revistos em nosso modelo por não se ajustarem seja às mudanças em nossas sociedades, seja à realidade do eleitor e do contexto político brasileiro.

---

[70] *"Taken individually, these models of voting behavior leave much to be desired. The sociological model leaves psychological mechanisms unknown in a black box. The psychological model places emphasis on a person's evaluations of candidates and parties without elaborating the factors that change these evaluations and to what extent and in which direction they are affected by external influences. The rational choice model assumes that voters are rational, when in reality many of us are easily swayed by peripheral cues and social factors instead of logical and analytical processes of decision-making. [...] When viewed together, these models may augment each other in that the strengths of one can be used to cover up the weakness of another."*

[71] *"Yet percept and reality are not the same, and to gain an understanding of the way change in the external world of politics alters the popular image of political objects, we will ultimately have to consider not only the "real" properties of these objects but certain processes individual psychology as well."*

1. *Eleger o partidarismo como elemento mediador das forças proximais*

O enfraquecimento da identificação partidária é um fenômeno que tem sido verificado em diversas democracias contemporâneas, como demonstram os estudos de Nie, Verba e Petrocik (1976), Clarke e Stewart (1998), Dalton (2000) e Dalton e Wattenberg (2000). Dentre os fatores responsáveis pelo desalinhamento partidário, destacamos: (i) a mídia de massa, que potencializada pelas possibilidades tecnológicas da internet – assumiu muitas das funções de informação antes intermediada pelos partidos políticos, ocasionando um efeito gangorra entre centralidade da mídia e força do partidarismo no jogo eleitoral, (ii) a natureza do eleitorado contemporâneo, fruto da modernização das sociedades industriais, inseridas em um contexto educacional com níveis mais elevados, novos padrões de estilo de vida e de valores sociais, que fomentaram o individualismo e reduziram a dependência em relação a fontes de informação externas (como os partidos políticos) e (iii) insatisfações específicas de cada país em relação ao desempenho dos partidos e do sistema democrático.

A internalização dos partidos, fator relevante para a identificação partidária, não é um fenômeno marcante no contexto político recente do Brasil, como demonstra a baixa parcela do eleitorado que se declara simpatizante a algum partido, fato apresentado no Gráfico 2A (Evolução do partidarismo). Nesse campo, importantes estudos foram conduzidos por Carreirão e Kinzo (2004), Kinzo (2005), Veiga (2007, 2011), Lourenço, Storni e Telles (2009) e Paiva, Krause e Lameirão (2016). Além dos fatores globais já expostos, somam-se elementos locais como: (i) o sistema eleitoral proporcional, (ii) o baixo nível cognitivo dos eleitores e (iii) a cultura do populismo (BRAGA; PIMENTEL JR, 2011). Lucas e Samuels (2010, p. 44, tradução nossa[72]) resumem o sistema partidário nacional da seguinte forma:

> O sistema partidário do Brasil é caracterizado como "o PT *versus* o resto[73]." Isso pode ser visto como uma forma de coerência, mas a alta fragmentação significa que o sistema partidário não oferece aos eleitores brasileiros um "grau razoável de diferenciação ideológica" que assegure sua responsabilização e responsividade democráticas.

---

[72] *"Brazil's party system is characterized as "the PT vs. the rest." This could be seen as a form of coherence, but high fragmentation means that the party system does not offer Brazilian voters the "reasonable degree of ideological differentiation" that might bolster democratic responsiveness and accountability."*

[73] Os autores remetem à diferença ideológica dos legisladores do PT em relação à dos outros grandes partidos pesquisados (PSDB, PMDB e PFL), os quais não apresentam entre si diferenças estatisticamente significativas em relação a seus posicionamentos ideológicos.

Uma representação política de qualidade requer um sistema partidário com nível razoável de diferenciação ideológica (POWER; ZUCCO JR, 2009). Dessarte, espera-se um partidarismo pouco vigoroso em um sistema político hiperpartidário[74] como o brasileiro, com partidos políticos oligarquizados e mal vistos, conforme atestam diversas pesquisas[75], na grande maioria com frágil ancoragem ideológica, o que ajuda a explicar a alta rotatividade dos governantes entre legendas durante os exercícios de seus mandatos e a baixa representatividade da sociedade no parlamento.

À exceção do que ocorre nos pleitos executivos de âmbito federal, nas demais esferas e poderes, a alta pulverização do poder entre as legendas tornou-se uma das peculiaridades mais marcantes do sistema político brasileiro. Miguel (2004, p. 104) aponta alguns motivos que têm estimulado a proliferação dos partidos do sistema político brasileiro: "as regras extremamente permissivas para coligações eleitorais, mesmo em eleições proporcionais, a baixa exigência de filiação partidária para candidaturas e a ausência de imposição legal de fidelidade partidária no exercício do mandato parlamentar."

No Brasil, a combinação de presidencialismo com alta fragmentação legislativa passou a ser denominada *presidencialismo de coalizão* (ABRANCHES, 1988). Em consulta ao site do Tribunal Superior Eleitoral[76], em 26 de outubro de 2023, identificamos 30 partidos registrados. Essa hipersegmentação partidária não reflete uma sofisticação ideológica do sistema político, mas a acomodação de caciques políticos em uma miríade de legendas com pouca identidade programática, que objetivam garantir o triunfo de seus interesses financeiros pessoais. A pesquisa de Bolognesi *et al.* (2023) constatou que a maioria dos partidos de esquerda, excetuando o PDT e o PSB, além da Rede (centro) e do PSDB e Novo (direita), costumam ser mais programáticos (*policy-seeking*), enquanto os restantes são mais fisiológicos/clientelistas (*office and vote-seeking*) o que, dado seu número majoritário, acaba caracterizando o sistema partidário do país. Conforme pondera Herscovitz (2019, p. 99, tradução nossa[77]), "os partidos políticos no Brasil são

---

[74] Fenômeno típico do sistema político do Brasil causado pelo exacerbado número de agremiações políticas sem a devida representatividade dos diversos setores da sociedade, gerando problemas de governabilidade e de falta de consenso nos debates políticos.

[75] Como exemplo de pesquisas, citamos as promovidas pela Fundação Getúlio Vargas entre 2013 a 2017, apresentadas no relatório do ICJBrasil, e nossa pesquisa de mestrado, intitulada *A internet como instrumento para a formação da consciência política de eleitores universitários e sua relação com o voto* (2018).

[76] Disponível em: https://www.tse.jus.br/partidos/partidos-registrados-no-tse/registrados-no-tse.

[77] *"Political parties in Brazil are considered to be unstable institutions motivated by self-interest. [...] In truth, the country's political party structure is weak, fluid, and frequently guided by personalities rather than principles."*

considerados instituições instáveis motivadas por interesses próprios. [...] Na verdade, a estrutura partidária do país é fraca, fluida e frequentemente guiada por personalidades, ao invés de princípios."

A maioria dos partidos políticos do país posiciona-se à direita do espectro ideológico, (BOLOGNESI *et al.*, 2023). Esse posicionamento alinha-se ao do eleitor médio brasileiro, que também ocupa essa posição no espectro (RODRIGUES-SILVEIRA, 2019), como apresentado no Gráfico 1. Vale assinalar, que os partidos rotulados como "centrão", na verdade, posicionam-se à direita do espectro ideológico.

Apesar da baixa identificação partidária em relação ao conjunto de agremiações do espectro político brasileiro, o PT, no contexto pós-democrático, constitui exceção, mantendo uma parcela expressiva e consolidada de eleitores simpatizantes. O desempenho do partido no período deve-se a fatores como (i) sua origem ligada a movimentos sociais trabalhistas na década de 80, (ii) seu imediato posicionamento ideológico como opositor aos governos neoliberais da época e (iii) sua ênfase enquanto organização política (KINZO, 2005). Some-se a isso a figura central no partido de um líder carismático, que se candidatou a sete das últimas nove eleições presidenciais, tendo sido eleito por três vezes (em 2002, 2006 e 2022). Durante a campanha da eleição de 2002, a fim de ampliar seu eleitorado e tranquilizar o mercado, a legenda deu uma guinada ao centro do espectro ideológico[78] e, após sua primeira vitória ao executivo federal, estabeleceu coalizões pragmáticas com os partidos do "centrão", sacrificando a identidade ideológica mais progressista dos primeiros anos para garantir a governabilidade. As vitórias seguintes e consecutivas do partido à presidência da República foram lastreadas no binômio política econômica ortodoxa e redistribuição de renda (BORGES; VIDIGAL, 2018).

O partidarismo no Brasil, por inserir-se em um sistema partidário jovem, é provavelmente mais instável do que em países com sistemas mais antigos, como na Europa Ocidental e nos EUA (BAKER *et al.*, 2015). Kinzo (2005) relata a dificuldade de se formarem identidades partidárias vigorosas nesse sistema político.

> A adoção de um conjunto de regras eleitorais complexo – sistema majoritário, sistema de representação proporcional com lista aberta e permissão de alianças entre os partidos

---

[78] De acordo com Singer (2010), o reposicionamento ideológico se deu com o surgimento da "segunda alma" do PT, a partir da promulgação da "Carta ao povo brasileiro" e do programa de governo de 2002, assegurando o compromisso do partido em manuter o equilíbrio fiscal e preservar o capital internacional.

> – que dê conta de uma estrutura de poder presidencialista e federativa e um sistema partidário altamente fragmentado têm contribuído para obscurecer a inteligibilidade da competição partidária, desestimulando, portanto, o desenvolvimento de identidades partidárias. (KINZO, 2005, p. 76).

Devido à incipiência da democracia, a grande maioria dos partidos ainda não se consolidou ideologicamente, processo que é dificultado pela excessiva quantidade de agremiações do sistema partidário nacional. Isso dificulta sobremodo o eleitor no esforço de posicionar os partidos e diferenciá-los na escala ideológica, o que, por sua vez, acaba enfraquecendo sua identificação partidária (BORGES; VIDIGAL, 2018). Ademais, a falta de compromisso ideológico dos partidos contribui para as mudanças na identificação partidária do indivíduo (CARREIRÃO; KINZO, 2004).

Dentre os problemas causados pelo multipartidarismo, Calvet (2013) ressalta que o incentivo para a fiscalização interpartidária nesses sistemas é menor, visto que a *accountability* torna-se mais difusa, com consequente aumento da corrupção. Esse sistema político não só dificulta a governabilidade como acaba incentivando a corrupção entre os poderes executivo e legislativo e tem mostrado, a cada governo, sinais cada vez mais evidentes de seu esgotamento. Já a competição intrapartidária para cargos legislativos se acirra em sistemas de representação proporcional com lista aberta, em função da disputa entre os correligionários (MIGUEL, 2004).

Nesse ambiente político, fica muito difícil desenvolver vínculos que promovam a lealdade partidária, prevalecendo a figura do candidato em detrimento da ligação partidária. Vale lembrar que, após a redemocratização do país, os candidatos à presidência, Fernando Collor de Mello e Jair Messias Bolsonaro elegeram-se apoiados em partidos de pouca expressão nacional, como o Partido da Reconstrução Nacional (PRN) e o Partido Social Liberal (PSL), respectivamente. No intervalo entre esses dois pleitos, o sistema partidário nacional foi caracterizado pela seguinte estrutura:

> Em linhas gerais, o novo modelo seria organizado em torno de quatro pilares: consolidação do PT como o partido central do sistema partidário, alta fragmentação partidária, disputa presidencial polarizada por duas legendas (PT e PSDB) e campanhas eleitorais altamente dependentes do financiamento de empresas privadas. (NICOLAU, 2017, p. 83-84)

Isso posto, acreditamos que a posição da identificação partidária como mediadora do campo de forças de curto prazo precisa ser revista, em função de sua baixa representatividade no universo eleitoral do país. Além disso, o emprego de apenas uma dimensão da consciência – a identidade partidária – como mediadora das forças próximas não tem se mostrado eficiente para explicar o comportamento eleitoral, nem mesmo em democracias bipartidárias. Em nosso modelo, essa posição é exercida pela consciência política do sujeito-eleitor, conforme será descrito adiante.

2. *Minimizar a influência midiática sobre o eleitor*

Os estudos contemporâneos sobre a influência midiática se iniciaram com Walter Lippmann e a publicação, em 1922, de *Public Opinion*. As conclusões do seu estudo basearam-se no poder da propaganda como ferramenta de mobilização política pelas nações em conflito durante a primeira guerra mundial (BORBA, 2008a). Numa época em que os cidadãos dependiam da mídia impressa para se informar, Lippmann verificou o grande poder de manipulação que os primeiros veículos de mídia corporativa detinham. A partir da década de 20, o cinema e o rádio ganharam alcance internacional e os acadêmicos, estarrecidos pelo poder da propaganda nazista e fundamentados no behaviorismo, desenvolveram a *Teoria Hipodérmica*, também conhecida por *Teoria da Bala Mágica* ou ainda por *Teoria da Agulha Hipodérmica*, por entenderem que a mensagem midiática atingia individualmente cada receptor de uma massa homogênea, passiva e sem individualidades, de forma rápida e uniforme, tal como o projétil de uma arma de fogo. Os efeitos massivos e indiferenciados dessa teoria começam a ser contrapostos por Harold Lasswell[79], que desenvolveu um modelo a partir de questões específicas – Quem? Diz o que? Em que canal? Para quem? Com quais efeitos? – destinado à análise sociopolítica da comunicação. Conforme já descrevemos, a escola sociológica abraçou a *Teoria dos Efeitos Limitados* de Lazarsfeld, que consitiu numa reação pendular à *Teoria Hipodérmica*.

O fato de uma escola com tamanha notoriedade apoiar esse conceito acabou influenciando toda uma geração de pesquisadores.

> [...] na época do estudo de 1948, Lazarsfeld e colegas estavam subestimando o papel dos partidos e da mídia de massa e elaborando sua análise sobre a influência interpessoal, medindo as percepções dos entrevistados sobre as visões políticas de suas famílias, amigos e colegas de trabalho, enfatizando a

---

[79] Em 1938 o autor publicou *Propaganda Technique in World War*.

homogeneidade dessas redes sociais e sua tendência em produzir crescente conformidade política ao longo da campanha. (BARTELS, 2008, p. 3-4, tradução nossa[80]).

A percepção da influência midiática no comportamento eleitoral começou a mudar a partir da publicação de trabalhos como os de McCombs e Shaw (1972), Iyengar e Kinder (1987) e Zaller (1992), além do desenvolvimento de ferramentas estatísticas mais sofisticadas capazes identificar o fenômeno por meio da análise de microdados.

Iyengar e Simon (2000), por exemplo, questionaram em que medida a informação sobre a exposição autorrelatada dos entrevistados em relação à comunicação da campanha expressaria a exposição real, uma vez que certas pesquisas confiavam excessivamente na memória dos entrevistados. Essa questão é especialmente relevante visto que o padrão utilizado nesse tipo de método compara as diferenças no comportamento de voto entre os entrevistados que autorrelatam níveis altos ou baixos de exposição à campanha. Ainda mais complexo, partindo dessa metodologia, seria mensurar o nível de exposição no ambiente atual, em que o contato midiático ocorre a qualquer momento, graças à internet móvel.

Outra pesquisa muito repercutida foi a de DellaVigna e Kaplan (2007), sobre o impacto no voto conservador em função da entrada da rede Fox em certos municípios dos EUA. Dentre os diversos pesquisadores que desenvolvem estudos sobre a influência midiática, também merecem menção Shoemaker e Reese (1996), Bartels (1996, 2008), Knight e Chiang (2008), Ladd e Lenz (2009) e Bimber (2014), além daqueles incluídos na revisão sistemática em língua inglesa, promovida por Grolla e Nishijima (2019), abrangendo diversas democracias de quatro continentes, que apontou, em 91% dos 67 artigos estudados, a sensibilidade do eleitor à mídia.

Em países como o Brasil, onde a desregulamentação aumenta a oligopolização setorial, a influência midiática tende a ser maior. Essa influência intensificou-se a partir de meados do século passado, com a expansão da televisão, e fortaleceu-se ainda mais a partir do início deste século, com o aumento dos índices de penetração da internet, que se firmou como um importante campo de difusão massificada de ideias e de disputa de narrativas. Nesse área, destacamos as pesquisas de Nunes (2004), Borba

---

[80] [...] *"by the time of their 1948 study, Lazarsfeld and his colleagues were downplaying the role of the parties and the mass media and elaborating their analysis of interpersonal influence by measuring respondents' perceptions of the political views of their families, friends, and co-workers, emphasizing the homogeneity of these social networks and their tendency to produce increasing political conformity over the course of the campaign."*

(2008a), Silveira (2014, 2019), Mundim (2014), Carvalho e Mitozo (2016), Rossini, Baptista, Oliveira e Sampaio (2016), Holanda (2017), Ruediger (2017), Vannuchi (2018), Ituassu, Lifschitz, Capone e Mannheimer (2019), Reis, Zanetti e Frizzera (2019), Caldas e Caldas (2019), Herscovitz (2019) e Mendes e Diniz (2020).

Os dois aspectos aqui apresentados – relevância midiática e baixa identificação partidária – alteram a relação entre as forças do conjunto de variáveis de análise sobre os determinantes do voto. Uma fraca identidade partidária implica pouca previsibilidade dos comportamentos futuros, se tomada por base apenas a teoria dos sistemas de crenças desenvolvida por Converse (2006 [1964]), um dos expoentes da escola psicossocial, visto que esses sistemas só estariam suficientemente estruturados em uma pequena parcela fortemente politizada da população. Isso, segundo Figueiredo (2008 [1991], p. 30), atingiria o coração da teoria de Michigan, dado que, "se o comportamento futuro dos indivíduos é função de seus sistemas de atitudes frente ao mundo e se esses sistemas não são coerentemente estruturados, então não é possível prever nada." Já a presença midiática no contexto digital precisa ser incorporada ao modelo de forma a contemplar sua capacidade de influência, especialmente sobre certos eleitores, como veremos adiante.

2.3 O modelo do comportamento eleitoral mediado pela consciência política

Consideramos o comportamento eleitoral como fenômeno multifatorial a partir da perspectiva psicossocial. A decisão do voto é resultante tanto das predisposições individuais, fruto das forças distais que atuaram sobre o sujeito ao longo de sua vida e que determinaram a articulação de sua consciência política, quanto das resultantes de curto prazo relativas ao contexto político, econômico e social do momento de campanha eleitoral.

O modelo que desenvolvemos inspira-se no da Universidade de Michigan e toma por base empírica os dois *surveys* realizados pelo ESEB, referentes as eleições de 2018 e 2022, e as entrevistas longitudinais realizadas com eleitores indecisos durante cinco meses, de maio a outubro de 2022. Valemo-nos ainda, dos estudos realizados pelos diversos pesquisadores citados ao longo do nosso trabalho. Em um processo dialético, conforme o método marxista, entre abstrações e análises empíricas, procuramos chegar à realidade concreta para compreender o comportamento eleitoral.

A fim de facilitar a compreensão do construto aqui proposto, utilizamos a figura metafórica de um condutor de caiaque descendo uma corredeira turbulenta, enfrentando a correnteza, os obstáculos e redemoinhos, até chegar a um ponto onde o riacho se divide em dois ou mais ramos, momento em que o condutor escolhe... ou é conduzido para um dos caminhos. Na metáfora, o condutor com seu caiaque representa o eleitor, a corredeira com turbulência e obstáculos, o fluxo político no momento da campanha eleitoral, as seções após a bi ou multifurcação da corredeira, os candidatos e o caminho seguido no momento da ramificação, a decisão de voto. Os fatos que se sucedem ao longo do percurso rio abaixo representam as forças de curto prazo que atuam sobre o eleitor, agindo de forma interativa e dinâmica, cada qual afetando e sendo afetada pelas demais. Essas forças, que atuam no momento da campanha eleitoral através da correnteza da corredeira, representam o que chamamos de *fluxo político*. As forças de longo prazo atuaram sobre o condutor desde seu nascimento, determinando sua habilidade e capacidade em conduzir a embarcação em um rumo predeterminado, conforme sua autodeterminação, estabelecida por sua consciência política, que lhe permite agir volitivamente, sem ser levado pela correnteza. Assim, consideramos o voto um reflexo da consciência política do sujeito, estruturada primariamente pelas forças distais, e da atuação do fluxo político, determinado pelas forças proximais, que agiram e agem sobre ele. A metáfora do *condutor de caiaque descendo a corredeira* inclui os dois elementos apontados na seção anterior, que permitem ajustar o modelo da Universidade de Michigan à realidade atual de nosso país.

O comportamento eleitoral reflete não apenas a resultante dos vetores aos quais o eleitor está submetido e que compõem o *ambiente externo*, mas como esse eleitor percebe e reage a essas forças externas, conforme seu *ambiente psicológico*. O poder de influência dessas forças sobre o eleitor depende de suas crenças, valores, identidade, necessidades e expectativas, o que explica, por que os indivíduos reagem de forma diferente quando submetidos aos mesmos estímulos. Esse conceito remete à *Teoria de Campo* de Kurt Lewin, que teve grande ascendência sobre os pesquisadores da escola de Michigan. Sua teoria[81] postula que o comportamento (C) é função das características da pessoa (P) e do ambiente a que está exposta (A), sendo expresso pela equação:

---

[81] Apresentada em *Teoria de Campo em Ciência Social: artigos teóricos selecionados* (1951).

$$C = f(P, A)^{82}.$$

A prevalência das diversas variáveis que compõem tais forças tem-se alternado nos diferentes pleitos presidenciais, levando à predominância de distintos determinantes do voto ao longo do tempo. O pleito presidencial de 1989, sob forte embate entre o capitalismo e o socialismo, foi marcado pela clivagem ideológica e, entre 1994 e 2002, houve uma relativa homogeneidade do voto, considerando os diferentes estratos de renda e educação (AZEVEDO, 2011). Nas eleições de 2002 e 2006, a identificação com o candidato e a avaliação do governo incumbente foram significativas nas duas eleições, enquanto o autoposicionamento ideológico foi relevante em 2002 e a estratificação social em 2006 (HOLZHACKER; BALBACHEVSKY, 2007). Em 2018, conforme apresentado no Gráfico 16 – feito com base na pesquisa do Datafolha 4619 do banco de dados do Cesop – os fatores que despontaram, conforme a perspectiva do entrevistado, foram as propostas e a vida política do candidato e as conexões sociais. No capítulo 7, apresentaremos os resultados distintos da modelagem estatística referente às eleições de 2018 e 2022, com base nas pesquisas do ESEB.

---

[82] B = f (P, E) em inglês.

3

AS FORÇAS DISTAIS

Transmitidas socialmente, as *forças distais* – de longo prazo – resultam das experiências subjetivas do indivíduo em seus grupos sociais e da sua educação, experiências que moldarão sua consciência política a partir de suas crenças, valores e elementos identitários, dentre eles, o ideológico, o religioso e o partidário, que, por sua vez, determinará sua visão de mundo. As incontáveis conversas casuais que ocorrem nas relações sociais do sujeito, mediadas por instituições como família, igreja e escola – além das informações advindas da mídia de massa – interagem entre si, formando sua consciência política. Vale destacar o poder de influência da mídia nessas instituições, em virtude de sua permeabilidade na sociedade (GUARESHI, 2007).

3.1 A consciência política

A percepção do sujeito sobre a estrutura social se desenvolve mediante as interações sociais determinadas pela sua condição sócio-histórica e à medida que constrói suas subjetividades. Nessa atribuição de significados às experiências pessoais, a consciência política do sujeito vai sendo estruturada. A ordem desses fatores é explicada por Marx (2008, p. 47) como uma relação de causa e efeito em que "não é a consciência dos homens que determina o seu ser; ao contrário, é o seu ser social que determina sua consciência."

Sandoval (2001, p. 185, tradução nossa[83]) entende a consciência política como "um composto de dimensões sociais e psicológicas inter-relacionadas de significados e informações que permitem aos indivíduos tomar decisões a respeito dos melhores cursos de ação dentro de contextos políticos e situações específicas." O autor, em colaboração com Silva, acrescenta que "toda consciência de si é social e por ser social pode vir a ser política. Assim, em tese, toda consciência de si é política" (SANDOVAL; SILVA, 2016, p. 33). Ademais, o processo de conscientização ocorre tanto no plano individual como no coletivo.

---

[83] *"a composite of interrelated social psychological dimensions of meanings and information that allow individuals to make decisions as to the best course of action within political contexts and specific situations."*

Por desempenhar papel central na constituição do pensamento e representar um microcosmo dentro do universo da consciência humana, a palavra é de extrema relevância nesse processo (VYGOTSKY, 2001). Por meio das palavras e dos demais signos, uma versão reconstruída da realidade – e não simplesmente seu reflexo – é internalizada na consciência. Luria (2010) destaca a relevância da fala no comportamento humano.

> Ao refletir o mundo exterior, indiretamente, através da fala, a qual desempenha um papel profundo não apenas na codificação e decodificação das informações, como também na regulamentação de seu próprio comportamento, o homem é capaz de executar tanto a mais simples forma de reflexão da realidade como as mais altas formas de regulamentação de seu próprio comportamento. (LURIA, 2010, p. 221).

O discurso nasce da apropriação de um conjunto de palavras para dar sentido a uma narrativa. Considerando sua importância no imaginário do sujeito, reificando a realidade, Foucault (1971, p. 17) acrescenta:

> O discurso nada mais é do que o reflexo de uma verdade que está sempre a nascer diante dos seus olhos; e por fim, quando tudo pode tomar a forma do discurso, quando tudo se pode dizer e o discurso se pode dizer a propósito de tudo, é porque todas as coisas que manifestaram e ofereceram o seu sentido podem reentrar na interioridade silenciosa da consciência de si.

Para Marx e Engels (2019), a consciência social numa sociedade capitalista, estruturada a partir de relações sociais assimétricas, se materializa na forma da ideologia dominante e se expressa pelas ideias, valores e relações materiais típicas dessa sociedade. Dessarte, as ideias dominantes sempre são sempre as das classes dominantes. A dimensão subjetiva da realidade oculta a dominação de classes, levando à fragmentação da base material concreta oculta ideologicamente e portanto, à *alienação* (FURTADO, 2011).

Assim, viver em sociedade e, em especial, em uma sociedade de classes gera a dominação das relações de poder, dominação que – por normalmente não ser questionada – leva a processos de naturalização, à aceitação da narrativa dominante e, por fim, à fragmentação da consciência, provocando alienação e passividade. Nesse sentido, Rosa (2015) acrescenta:

> No fluir das atividades diárias há, via de regra, pouco espaço para ressignificações ou momentos de reflexão. Mesmo porque, se cada indivíduo adotasse uma postura reflexiva

> diante das todas as tarefas de sua rotina diária, seria realizada uma parcela ínfima de suas obrigações, impossibilitando a produção e reprodução da vida social. (ROSA, 2015, p. 398).

A classe trabalhadora, absorta em seu frenético cotidiano de vida e compelida pelo poder material e intelectual exercido pela classe dominante, acaba por apropriar-se e naturalizar a perspectiva "universal" que tal classe estabelece e, assim, de acordo com Sandoval e Silva (2016), a consciência política torna-se parte do processo de dominação dos que detêm o poder. Dentre as imposições do cotidiano que levam à alienação, citamos: a carga extenuante de trabalho, as generalizações dos papéis sociais, o fracionamento das tarefas laboriais, a desintegração das relações familiares, o fanatismo religioso e político e a cultura do materialismo e do imediatismo. Por outro lado, a reflexão crítica sobre as inconsistências do discurso hegemônico e as incoerências da estrutura social age em sentido oposto, contribuindo para articular da consciência.

Superar a alienação, de acordo com Lukács (1981), citado por Sawaia (2014, p. 9), só se tornará possível "quando os seres humanos tiverem encontrado relações recíprocas que os unifiquem como ser genérico." Nesse processo de superação, importante estabelecer um distanciamento da realidade para uma ampla e crítica reflexão, conforme explicam Almeida *et al.* (2011, p. 557, grifo nosso):

> Para romper com modos de pensar, agir e sentir cotidianos é necessário superar os conceitos espontâneos e desenvolver os conceitos científicos. Com isso se produz a *consciência reflexiva* e o controle deliberado sobre as próprias funções psicológicas, que permitem um distanciamento da realidade (externa e interna) para avaliá-la.

A partir deste século, a mídia corporativa, através da internet móvel, passou a frequentar não apenas o lar do indivíduo, mas seu ambiente de trabalho e de locomoção, além de seu momento de lazer, em um contato quase ininterrupto, muitas vezes até mais duradouro do que com os entes familiares mais próximos. Segundo o *Digital 2022 Global Overview Report*[84], o internauta[85] brasileiro é o terceiro mais conectado à internet do mundo, com uma de média diária de uso de dez horas e dezenove minutos. E é o sexto mais conectado às redes sociais, com uma média diária de três horas e quarenta e um minutos.

---

[84] A partir dos dados da Hootsuite e do WeAreSocial.

[85] Usuários de 16 a 64 anos, utilizando qualquer tipo de dispositivo de conexão.

Essa mídia é uma poderosa força política que atua sobre o indivíduo em duas instâncias: no longo e no curto prazo[86]. No longo prazo, opera sequestrando[87] as subjetivações que determinam a percepção da realidade e que estruturam a consciência política do indivíduo, através de suas crenças, valores e identidade, portanto com grande impacto sobre sua *visão de mundo* e sua perspectiva política, o que, em nossa metáfora, representa o arbítrio do condutor de caiaque em conduzi-lo em uma direção desejada, além de sua habilidade para tal. Críticas persistentes a um governo, por exemplo, teriam mais poder de atuação a médio e longo prazos do que no curto prazo[88], porque requerem tempo para uma mudança de opinião após seu processamento cognitivo (MUNDIM, 2010).

Thompson (1998) destaca a participação da mídia no processo de subjetivação da realidade.

> Na recepção e apropriação das mensagens da mídia, os indivíduos são envolvidos num processo de formação pessoal e de autocompreensão – embora em forma nem sempre explícitas e reconhecidas como tais. Apoderando-se de mensagens e rotineiramente incorporando-as à própria vida, o indivíduo está implicitamente construindo uma compreensão de si mesmo, uma consciência daquilo que ele é e de onde ele está situado no tempo e no espaço. [...] Nós estamos ativamente nos modificando através de mensagens e de conteúdo significativo oferecidos pelos produtos da mídia (entre outras coisas). [...] Ele[89] acontece lentamente, imperceptivelmente, dia após dia, ano após ano. É um processo no qual algumas mensagens são retidas e outras são esquecidas, no qual algumas se tornam fundamento de ação e de reflexão, tópico de conversação entre amigos, enquanto outras deslizam pelo dreno da memória e se perdem no fluxo e refluxo de imagens e ideias. (THOMPSON, 1998, p. 45-46).

Para que o indivíduo possa subjetivar a realidade isenta de influência midiática, é necessário que ele tenha acesso a uma informação "orgânica", descontaminada e livre de veneno (RAMONET, 2003). Nesse sentido, Miguel (2004) acrescenta:

> De forma um tanto esquemática, é possível dizer que, para que o eleitor seja capaz de fazer uma opção consciente, ele precisa estar provido de informações *adequadas* sobre: (a) quem são os

---

[86] Conforme será abordado no capítulo seguinte.

[87] Faria (2019) define *sequestro da subjetividade* como uma forma desenvolvida de controle da subjetividade que, por sua vez, se insere no conceito marxista do processo de estranhamento e alienação do trabalhador.

[88] Segundo o autor, mesmo notícias bombásticas, capazes de inviabilizar uma candidatura, precisariam de alguns dias após sua divulgação, para consolidar seu efeito.

[89] Refere-se ao processo de transformação. Nota por nós inserida.

candidatos, quem os apoia, quais são as suas trajetórias e as suas propostas; e (b) o mundo social, isto é, quais são os desafios a serem enfrentados, as alternativas possíveis e suas consequências. O adjetivo "adequadas", na frase anterior, costuma ser lido como "verdadeiras". (MIGUEL, 2004, p. 93, grifo nosso).

Dentro da perspectiva sócio-histórica, importa lembrar, conforme aponta Aguiar (2000, p. 127), que precisamos evitar a visão do ser humano como um ser passivo, reflexo do meio social, e encará-lo como mediação, visto que é um ser histórico, mais do que cultural ou simplesmente determinado pelas condições sociais presentes em seu tempo e espaço. Essa capacidade de percepção do mundo real dependerá do nível de articulação da sua consciência política, a qual mediará seu ordenamento interior.

Os diversos atores políticos são mais do que um conjunto de objetos distintos e independentes. Campbell *et al.* (1976 [1960], p. 59, tradução nossa[90]) esclarecem que "eles são partes de um sistema político e estão conectados no mundo real por uma variedade de relações que são visíveis em algum grau para o eleitorado. [...] Além disso, admitimos que o indivíduo se esforça para dar ordem e coerência à sua imagem desses objetos."

Os sujeitos transitam por níveis diferentes de consciência, que variam desde a *consciência alienada* até a *consciência revolucionária*, passando pela *consciência da alienação* e pela *consciência de classe*, segundo a conceituação marxista e gramsciana. Esse processo de estruturação da consciência tem ritmos diversos e cursos contraditórios, repleto de idas e vindas, em um movimento dialético entre articulações-fragmentações, em forma espiralada e não em um *continuum* linear. Além de ocorrer no âmbito individual, desenvolve-se no coletivo, sendo também produto e não apenas processo. A consciência política articula-se à medida que o indivíduo amplia seu saber e compreensão política, em função do desenvolvimento de cognições sociopolíticas amplas e estruturadas, que o levam a elaborar construtos mais sofisticados sobre a estrutura social, possibilitando a coerência lógica entre suas ações de interesses individuais e os eventos políticos, como, por exemplo, o voto, libertando-o assim, da consciência alienada. Uma consciência política mais articulada relaciona-se, portanto, a elementos identitários (ideológico e partidário) mais consistentes com suas crenças e valores e com suas necessidades materiais. No sentido inverso, o sujeito pouco articulado em sua consciência, destituído do *saber político*, é guiado

---

[90] *"they are parts of one political system and are connected in the real world by a variety of relations that are visible in some degree to the electorate. [...] Moreover, we may assume that the individual strives to give order and coherence to his image of these objects."*

apenas por seu sistema de crenças e valores, ficando mais propenso a comportar-se politicamente como um barquinho de papel à deriva, vulnerável às correntes da corredeira que compõem o fluxo político. Vale ressaltar que, mesmo o sujeito com menos autonomia, acredita ser soberano nos domínios da sua consciência (ENZENSBERGER, s.d. apud VASCONCELOS, 2021).

No estado de consciência alienada, o intricado contexto político e social apresenta-se confuso e solapado demais para que o sujeito o compreenda em sua real dimensão, e isso torna impossível reconhecer sua real situação de subordinação na sociedade. Essa condição reflete o nível de ideologização de muitos indivíduos na sociedade, o que distorce a percepção da realidade e influencia suas ações políticas, conforme explicam Silva e Euzébios Filho (2021, p. 16):

> Indivíduos racionais, operando sob as garras de uma ideologia, empreenderão ações que são contrárias aos seus interesses materiais objetivos, mas são totalmente racionais, dadas as falsas crenças que possuem sobre o mundo social que habitam e suas suposições errôneas sobre seus reais interesses e valores, o que os leva a se abster de ações políticas direcionadas a derrubar o sistema de classes.

O trabalhador que apoia causas das classes dominantes – por via de regra contrárias às suas – e que suprimem seus direitos, a exemplo das reformas trabalhista e previdenciária aprovadas em 2017 e 2019, respectivamente – encontra-se em um estado de consciência alienada. Incapaz de refletir criticamente sobre sua situação na estrutura social diante do contexto político, é facilmente aliciado e torna-se um replicador da narrativa oficial, como mostra a figura a seguir.

Figura 6 – Manifestante idoso abraça a reforma da Previdência em Curitiba

Fonte: Gazeta do Povo, foto de Hedeson Alves com enquadramento feito pelo autor, 2019. Disponível em https://www.gazetadopovo.com.br/opiniao/editoriais/deputados-reforma-previdencia-segundo-turno-apoio-popular/.

Extrapolando essa categorização para além do proletariado, entendemos que o empresário, atuando em conjunto com seus pares e usando o poder econômico para aprovar pautas de seu interesse, demonstra ter consciência de classe. Vale lembrar o explícito apoio recebido da mídia corporativa em favor da aprovação dessas reformas (OLIVEIRA, 2017; FRAGA, 2021).

A consciência de classe da elite dominante é reproduzida no discurso ideológico do "conservadorismo à brasileira", cujos valores são a hierarquia, a meritocracia, o autoritarismo, o "elitismo", o aristocratismo, o anticomunismo, o desprezo pelas camadas populares, etc. (SOUZA, 2016). A ampla presença de intelectuais orgânicos de *think tanks* conservadores atuando como analistas nos diversos canais da mídia corporativa é uma forma importante de reproduzir o ideário neoliberal (SERRANO, 2009). Nesse sentido, Almeida *et al.* (2011, p. 559) acrescentam:

> É com base no seu poder de dominação, material e intelectual, que a classe dominante faz com que sua perspectiva se generalize e se universalize. A partir disso, compreendemos como os indivíduos da classe trabalhadora, imersos em sua cotidianidade, apropriam-se espontaneamente, pela tradição e pela educação, de certos modos ideológicos de pensar, naturalizando-os.

O estado de consciência alienada facilita a manipulação do eleitor, especialmente em nível regional. O *voto de cabresto*, típico do clientelismo, em vigor de forma mais acentuada até a década de 60, caracteriza-se pela obediência eleitoral ao político local em troca de retribuições e benesses pessoais (SILVEIRA, 1994). A demarcação de currais eleitorais nas regiões de influência do clã político era frequente nesse contexto.

Para chegar à consciência de classe, o primeiro passo é o sujeito conscientizar-se de seu estado de alienação política e atingir o patamar de *consciência da alienação* para então, tentar superá-lo. Tal discernimento, porém, é altamente desafiador para o cidadão comum, imerso em um ambiente que envolve, por um lado, o enviesamento da mídia corporativa e, por outro, a viralização de fake news das mídias sociais. Quando, por fim, consegue atingir o estado de consciência da alienação, o sujeito começa a perceber que algo está errado, que não há justiça social e que certas pessoas são exploradas, sem haver, no entanto, compreensão clara dos motivos.

Esse processo de conscientização também é tolhido à medida que novos estímulos recebidos são processados de acordo com uma visão preconcebida do mundo, supostamente inequívoca e, portanto, incontestável, o que normalmente leva o sujeito a refutar ideias e crenças contrárias às que sua consciência cristalizou, especialmente quando confrontam crenças, valores e elementos identitários constituídos (ideológico, partidário, religioso, etc.), o que dificulta reflexões críticas que o faça repensar sua percepção da realidade, aprisionando-o em um estado de *mesmice identitária*, impossibilitando sua *emancipação*[91]. Dessarte, crenças, valores e identidade sedimentados associam-se a consciências cristalizadas, mais refratárias, portanto, às mudanças. Situações de crise, sejam em nível individual ou coletivo, ou mesmo afastamentos de grupos de pertencimento podem atuar como gatilhos para romper esse estado de inércia. Sem esses gatilhos, a ruptura do ciclo quase sempre é impraticável, posto que a certeza inibe a reflexão e que contestar velhas verdades e convicções é um processo espinhoso e muitas vezes perturbador. A estratégia mais simples que o sujeito dispõe para diminuir o desconforto psicológico causado pelo conflito que o levou a uma *dissonância cognitiva*[92] é negar a narrativa divergente, o que o leva ao autoengano.

> [...] a dissonância é especialmente dolorosa e especialmente pungente e angustiante quando ameaça um elemento importante do conceito que temos sobre nós mesmos: quando a informação que processamos gera um conflito que põe em perigo a forma de ver-nos, ou quando questiona uma crença pessoal (religiosa, política, intelectual...) que consideramos fundamental. [...] quanto maior é a ameaça contra sentir-se bem consigo mesmo, maior é a tendência a ver a realidade através de umas lentes que a distorcem. (FERNANDEZ; FERNANDEZ, 2017, p. 8-9).

No estado de *consciência de classe*, o indivíduo logra compreender a dinâmica de forças entre os grandes grupos do sistema econômico e político, identificando sua condição sócio-histórica e seu papel no sistema produtivo, seja como detentor dos meios de produção, seja como vendedor de força de trabalho, sendo capaz de organizar-se em grupo e, a partir de *interesses coletivos*[93], empenhar-se para viabilizar as demandas de sua classe. O sujeito passa a compreender não apenas que a sociedade divide-se em classes, mas que os interesses da classe dominante regem as relações sociais e determinam as desigualdades sociais.

---

[91] Ver conceito de Antonio Ciampa em *A estória de Severino e a história de Severina* (1987).

[92] Ver conceito em *Teoria da dissonância cognitiva* (1957), de Leon Festinger.

[93] A referência apenas à dimensão *interesses coletivos* não implica excluir as demais dimensões relacionadas à conscientização do sujeito, conforme o Modelo Analítico de Consciência Política (MACP) de Sandoval (2001).

No estado de *consciência revolucionária*, a classe explorada une-se a fim de destituir o sistema social opressor e implantar uma nova ordem social mais igualitária e justa. Para aflorar, esse estado depende da existência de condições contextuais, individuais ou coletivas, a exemplo de situações de grave crise econômica, política ou de processos profundos de frustração e desilusão. Em tais contextos, o estado de consciência revolucionário consegue atingir considerável parcela da população. A figura a seguir apresenta um exemplo histórico de mudança da ordem social.

Figura 7 – A tomada da Bastilha

Fonte: pintura de Jean Pierre Louis Houel, 1789. Disponível em https://www.museudeimagens.com.br/queda-da-bastilha/.

A partir dessa categorização, os eleitores se posicionam ao longo de um espectro de consciência política. Em um extremo, situam-se os sujeitos altamente *fragmentados em sua consciência*, fortemente influenciados pelo fluxo político, que compõem o voto flutuante. No outro extremo, estão os *articulados em sua consciência*, pouco influenciados pelo fluxo político, e que votam de acordo com suas preferências ideológicas e partidárias, compondo frequentemente o voto classificado de ideológico, partidário ou classista.

Vale observar que empregamos nas análises de comportamento eleitoral o conceito da *consciência política* e não o da *sofisticação política*, a que recorrem Neuman (1981), Luskin (1990), Delli-Carpini e Keeter (1996), Fuks *et al.* (2011) e Batista-Pereira (2013), entre outros pesquisadores. A opção se justifica primeiramente pela falta de uniformidade entre os autores em relação à definição de sofisticação política – num espectro que vai de Delli-Carpini e Keeter (restringindo-a à aquisição de informações políticas armazenadas na memória que permitem a construção de indicadores mais objetivos de conhecimento) ao conceito bidimensional de Neuman (que abrange a organização de ideias e questões políticas em construtos mais abstratos) (BATISTA-PEREIRA, 2013). Por fim, ainda que o conceito mais amplo de sofisticação política de Neuman o aproxime do conceito da consciência política, entendemos que a simples obtenção de informação, a despeito do volume, não implica *per se* a aquisição de informação plural, imparcial e não ideologizada, o que pode levar à ilusão da informação, sem contribuir na construção de um processo crítico-reflexivo que leve a uma ação volitiva (tal como o voto). A alta exposição midiática permite acumular grande quantidade de informações, determinando, conforme o conceito, uma alta sofisticação política, o que não significa obrigatoriamente uma consciência política articulada, uma vez que esta requer, além de informação, a reflexão crítica sobre ela a partir da compreensão do papel do sujeito na estrutura social. Afinal, é do conhecimento, não da informação que os sujeitos precisam para tomar ações razoáveis (DRUCKMAN, 2019).

3.1.1 As emoções e os sentimentos

Por serem uma função psicológica, as emoções se relacionam dialeticamente com outro subsistema psicológico: a consciência do indivíduo (ROSA, 2015). Portanto, a estruturação da consciência não é constituída apenas de processos cognitivos, mas da relação dialética entre a cognição e a emoção, sobrepujando essa dicotomia. As emoções precedem os sentimentos e atuam como agentes catalisadores, influenciando o processo de conscientização, tanto no sentido da sua articulação quanto no da fragmentação, induzindo a retenção seletiva de significados armazenados na memória.

Arcuri *et al.* (2008), referenciando Lodge e Taber (2005), bem como Morris *et al.* (2003), explicam a relação das emoções com o arquivamento da informação na memória, o que, a nosso ver, associa-se à atuação do filtro perceptivo.

> Em geral, se as emoções provocadas por uma nova informação são coerentes com as avaliações anteriores armazenadas na memória e ativadas automaticamente, a nova informação é adquirida, aceita e armazenada. Por outro lado, novas informações, que contradigam a avaliação espontânea atual, são negadas, desafiadas ou simplesmente ignoradas. (ARCURI *et al.*, 2008, p. 372, tradução nossa[94]).

Aguiar (2000) destaca a função do sentimento como mediador da linguagem e do pensamento no processo de subjetivação da realidade, enquanto Sawaia (1987) aponta a racionalidade *sui generis* das emoções:

> A consciência não é apenas uma atividade intelectual-cognitiva que se refere à dimensão representativa do real. Ela é, ao mesmo tempo, uma atividade racional e irracional, se é que se pode chamar a dimensão emocional afetiva de irracional. Ela é um trabalho de interpretação da vida, de nós mesmos, da relação entre nós e o mundo, através do pensar, sentir, sonhar, fantasiar e aprender. É um modo sensível e reflexivo de apreensão do real. (SAWAIA, 1987, p. 295-296).

Fatores como o nível de articulação da consciência política do eleitor, a imagem do candidato e os conteúdos dos temas da campanha, dentre outros, combinam-se mediante processos cognitivos e emotivos e determinam o comportamento eleitoral. Ademais, as emoções e seu produto – os sentimentos emotivos – refletem experiências passadas e influenciam a retenção da memória, o que permite resgatar essas experiências a partir de seu significado emocional e simbólico. Assim, os sentimentos podem não apenas sintetizar consideráveis informações sobre os candidatos como também interferir em novas retenções de informações. Redlawsk e Pierce (2017) explicam que, a memória de longo prazo (LTM[95]) é rotulada afetivamente e opera o subsistema afetivo mais rapidamente que o cognitivo, caracterizando a primazia do afeto. Dessa forma, à medida que novos estímulos são percebidos, a etiqueta afetiva daquela memória armazenada é recuperada, condicionando a avaliação da nova informação[96]. Uma avaliação atualizada, com seu rótulo afetivo, é então retornada à LTM. Quando não há incompatibilidade entre o afeto associado às novas informações e o arquivado na

---

[94] *"In general, if the emotions elicited by the new information are coherent with previous evaluations stored in memory and automatically activated, the new information is acquired, accepted, and stored. In contrast, new information that contradicts current spontaneous evaluation is denied, challenged, or simply ignored."*

[95] *Long term memory* em inglês, tradução nossa.

[96] Essa explicação considera as emoções dimensionais e corrobora o conceito do filtro perceptivo.

LTM, o processamento é *online*, com pouco pensamento consciente; mas, se houver incompatibilidade, por exemplo, em aprender algo ruim sobre um candidato querido, o processamento se tornará mais profundo.

No esforço de compreender o comportamento político, psicólogos políticos procuraram abrir a caixa preta do processamento mental dos eleitores. Inicialmente desenvolveram um construto com enfoque cognitivo[97], baseado na ciência da computação, comparando o ser humano ao computador. Assim, os antecedentes do voto seriam as *entradas*, a escolha eleitoral a *saída* e o cérebro, a *unidade de processamento central* (CPU[98]), que reunia as entradas e as comparava com as informações existentes no *banco de memória*, a fim de avaliar a necessidade de atualização do seu conteúdo. Desse modo, o voto seria uma questão relacionada à busca da informação na memória e à execução da ação de acordo com seu conteúdo, em um processo avaliativo frio, calculista e basicamente cognitivo (REDLAWSK; PIERCE, 2017).

Com o tempo, os pesquisadores sentiram a necessidade de acrescentar as emoções ao modelo puramente cognitivista de formação de preferências políticas. Redlawsk e Pierce (2017) descrevem as três linhas de pesquisa nesse campo que diferem entre si especialmente na mensuração das emoções, sendo definidas como *discretas* – quando examinam os efeitos de emoções rotuladas individualmente, como a ansiedade, a raiva e o entusiasmo – ou *dimensionais* (binárias) – quando concebidas apenas como positivas ou negativas, dispensando maiores classificações. As linhas de pesquisa foram denominadas (i) *inteligência afetiva*[99] (AIT) – que considera os efeitos de emoções discretas específicas (relacionadas a avaliações afetivas dos candidatos); (ii) *John Q. Public*[100] (JQP) – que considera as emoções dimensionais e se baseia no tripé: processamento automático, raciocínio motivado e cognição quente[101] e (iii) *partidário ambivalente*[102] – que considera ambas as classificações e examina a ambivalência afeto-cognição originada quando uma lealdade partidária

---

[97] Chamado *revolução cognitiva*, se alinhava à teoria de comportamento do voto racional (REDLAWSK; PIERCE, 2017).

[98] Do inglês *Central Processing Unit*, tradução nossa.

[99] Baseado no livro *Affective intelligence and political judgment* (2000), de George Marcus, W. Russell Neuman e Michael McKuen.

[100] Baseado no livro *The rationalizing voter* (2013), de Milton Lodge e Charles S. Taber. O nome John Q. Public corresponde a um indivíduo comum (tradução nossa).

[101] Cognição influenciada pelo estado emocional.

[102] Baseado no livro *The ambivalent partisan*: how critical loyalty promotes democracy (2012), de Howard G. Lavine, Christopher D. Johnston e Marco R. Steenbergen.

de longa data é confrontada por um sentimento negativo recente sobre o candidato estimado, o que demanda um pensamento mais elaborado para o julgamento político.

3.1.2 As matrizes da identidade

Entendemos a identidade como uma dimensão da consciência política, conforme expõe Sandoval em seu MACP. Assim como a consciência individual se desenvolve de forma dialética com a coletiva, sendo influenciada e influenciando, a *identidade pessoal* também é formada num processo dialético com a *identidade coletiva*. A consciência e suas diversas estruturas desenvolve-se, conforme lembra Toassa (2006, p. 78), "com modificações da estrutura geral e de vínculo entre seus elementos, os quais mantêm entre si uma relação dialética de parte-todo, criada pela inserção dos sujeitos nas atividades sociais."

A identidade pessoal é composta por diversos elementos identitários, reflexos da pluralidade de mundos e realidades que o indivíduo carrega dentro de si, com diferentes conjuntos de conhecimentos, regras e papéis para diferentes circunstâncias. De seu convívio social é formada sua identidade com seus elementos ideológico, religioso, partidário, étnico/racial, de gênero, etc. Dessarte, em graus variados, todos os indivíduos são pessoas compostas (DAHLGREN, 2000). Alguns desses elementos residem mais no cerne da identidade, outros mais na periferia. A identidade multifacetada do sujeito está ligada às forças sociais relacionadas ao exercício da cidadania em uma democracia, conforme explica o autor.

> Uma das marcas da sociedade moderna tardia é a emergência do *self* como um projeto reflexivo, um processo contínuo de formação e remodelação da identidade em resposta aos conjuntos pluralizados de forças sociais, correntes culturais e contextos pessoais encontrados pelos indivíduos. [...] A ideia de identidades compostas também pertence à cidadania. A saúde da democracia é vista como vinculada à cidadania entendida como elemento significativo da construção de nossos múltiplos *selves*. (DAHLGREN, 2000, p. 338-339, tradução nossa[103]).

---

[103] *"One of the hallmarks of late modern society is the emergence of the self as a reflexive project, an ongoing process of the shaping and reshaping of identity in response to the pluralized sets of social forces, cultural currents, and personal contexts encountered by individuals. [...] The idea of composite identities also pertains to citizenship. Democracy's health is seen as linked to citizenship understood as a significant element of the construction of our multiple selves."*

O perfil do eleitor também não é monocromático. Sua identidade pessoal é fruto de interseccionalidades de classe, gênero, etnia, etc., que formam as diversas matrizes identitárias[104]. Essas, ao se fundirem, constituem sua identidade pessoal. As diversas facetas da identidade funcionam como predisposições que atuam simultaneamente sobre o indivíduo, como pressões cruzadas (LIPSET, 1967).

Nas campanhas eleitorais, algumas predisposições identitárias são acionadas com influência na decisão consciente do voto, enquanto outras permanecem latentes (SINGER, 2021). Cisne (2018, p. 228) adverte quanto à "necessidade do reconhecimento da diversidade, da compreensão crítica das relações sociais de sexo, raça e classe sem perder de vista a dimensão da ação coletiva voltada para a emancipação humana", visto que a classe dominante, ciente das múltiplas facetas da identidade coletiva, utiliza habilmente as subdivisões de classes oriundas dessas características a fim de *dividir para reinar*.

Apresentamos a seguir algumas dimensões da vida social que influenciam a constituição dos diversos elementos da identidade pessoal e que exercem forte impacto no comportamento eleitoral. Vale ressaltar que outros elementos aqui não apresentados – a exemplo do étnico/racial, laboral e do de gênero, dependendo do contexto – podem assumir grande relevância no processo de definição do voto.

3.1.2.1 A cultura e a ideologia

Cultura e ideologia abrangem aspectos não materiais da existência humana relacionados à subjetividade das ideias, crenças, valores e visões de mundo que configuram os elementos identitários cultural e ideológico do indivíduo. A ideologia pode ser vista tanto como um produto cultural quanto uma produtora, quer como construto cultural, quer como elemento constitutivo na formação da cultura. A relação entre cultura e ideologia não é senão outra faceta do enigma do *ovo e da galinha* que ciclicamente desafia os cientistas em busca de compreender os processos que desencadearam a evolução biológica e a mudança social (GRIFFIN, 2006). Citando Gramsci, Althusser e Derrida, Griffin acrescenta que ideologia e cultura podem agir complementarmente como forças históricas interconectadas que, de acordo com os contextos, operam de forma repressiva ou emancipatória.

---

[104] Como a identidade partidária, a ideológica, a religiosa, a social, a etária, a étnica, por gênero, etc.

Trazendo para o campo da política, Pinto (2022) lembra que a cultura política facilita a compreensão dos elementos que motivam os comportamentos políticos.

> Por cultura política entendemos, assim, atitudes, normas, crenças e valores políticos (tais como respeito pela lei, participação e interesse por política, tolerância, confiança institucional, sentido conferido ao voto) que orientam o envolvimento das pessoas com a vida pública. (PINTO, 2022, p. 23).

Pode-se entender cultura política como um cruzamento entre um catalisador e um fertilizante, impulsionando a mudança e sustentando o produto dessa mudança, formando assim, o ambiente para a ação política. De outra parte, pode ser o efeito e não a causa de processos políticos, servindo a interesses sociais e políticos preexistentes (STREET, 1994).

A despeito do debate acadêmico sobre a relação de causa ou efeito entre a cultura e a ação política, alinhamo-nos ao cientista político Aaron Wildavsky quanto à existência de um processo dialético entre esses elementos. Por um lado, ao decidirem votar contra ou a favor da autoridade em exercício, os cidadãos estão construindo sua cultura política. Por outro lado, essas escolhas refletem valores compartilhados pela cultura que legitimam diferentes padrões de práticas sociais (WILDAVSKY, 1987). O emparelhamento de culturas rivais permite aos sujeitos se posicionarem na vida política.

> Sem conhecimento do contexto histórico e, portanto, sem estar a par das discussões internas por meio das quais os significados compartilhados são trabalhados, é impossível explicar por que uma dada cultura opta por certos arranjos institucionais e instrumentos de política em um momento e por outros em novas ocasiões. (WILDAVSKY, 1987, p. 12, tradução nossa[105]).

Também dialética é a relação de ajustamento entre a cultura política e os cidadãos em uma sociedade (DAHLGREN, 2000). O autor aponta quatro dimensões interdependentes da cultura cívica[106]: (i) lealdade aos valores e procedimentos democráticos, (ii) práticas, rotinas, tradições e (iii) identidades como cidadãos e (iv) conhecimentos e competências relevantes. Nesta

---

[105] *"Without knowledge of the historical context, and therefore, without being privy to the internal discussions through which shared meanings are worked out, it is impossible to explain why a given culture prefers certain institutional arrangements and instruments of policy at one time and different ones on other occasions."*

[106] Apesar da diferença de focos, cultura política e cultura cívica estão inter-relacionadas e contribuem para o desenvolvimento das sociedades democráticas. Enquanto a cultura cívica concentra-se na participação cívica dos cidadãos, a cultura política engloba as questões políticas.

última, destaca-se o papel central e por vezes problemático da mídia em fornecer informações, análises e debates que desenvolvem as competências dos cidadãos e que ajudem a moldar a cultura política. Jaggi (2022) acrescenta que, por meio da cultura, pessoas e grupos se definem, se conformam aos valores compartilhados pela sociedade e contribuem para ela.

A cultura política, fator de longo prazo, transmuta-se lentamente e influencia o ambiente político-institucional, este mais dinâmico e constituinte dos fatores de curto prazo. Como agente distal, a cultura política intervém na articulação das consciências individuais e coletiva. Inglehart (1988) argumenta que sociedades diferentes são caracterizadas por atitudes político-culturais específicas, e essas diferenças culturais são relativamente duradouras, mas não imutáveis, produzindo grandes consequências políticas intimamente ligadas à viabilidade das instituições democráticas. Algumas das características abordadas em nosso trabalho, como o personalismo político, a fraca identificação partidária e o descrédito institucional, compõem a cultura política brasileira. Outra singularidade dessa cultura, apreendida pelo estudo de Power e Rodrigues-Silveira (2019) realizado entre 1994 e 2018, é a inclinação do eleitorado brasileiro para a direita do espectro ideológico.

Gabriel Almond e Sydney Verba, no pioneiro *The Civic Culture* (1963), definem cultura política como as atitudes do indivíduo em relação ao sistema político e em relação ao papel do *self* nesse sistema, do que derivam três orientações: (i) a *cognitiva*, referente ao conhecimento do indivíduo sobre o sistema, (ii) a *afetiva*, sobre seus sentimentos sobre o mesmo, e (iii) a *avaliativa*, sobre seu julgamento sobre ele. Apesar da visão multidisciplinar dos autores – sociológica, antropológica e psicológica –, essa perspectiva vem sendo considerada inadequada para explicar a ação política a partir da cultura política. Diversos pesquisadores agregaram novas esferas da vida social à cultura política e criticam a exigência de apoio público à comunidade pública e de confiança nas instituições de governo para a manutenção de uma cultura democrática. Em contraste com os anos 50´s e 60´s, o que se observa atualmente, apesar da orientação favorável para a democracia como sistema político, é uma parcela da população mais crítica e insatisfeita em relação às instituições, mesmo em países com democracias mais consolidadas (DALTON; SHIN, 2014).

A cultura política gera "hábitos, costumes, opiniões, predisposições e formas de comportamento que dão um significado empírico à relação entre Estado e sociedade, a partir da forma como as pessoas decodificam a política" (BAQUERO, 2010, p. 7). A cultura política moderna reconhece os valores a serem defendidos pelo Estado de acordo com a corrente política a eles associados, tais como (i) a autoridade do Estado e o autoritarismo, (ii) a liberdade do indivíduo e o liberalismo e (iii) a igualdade entre os cidadãos e o socialismo (LYNCH, 2017).

A cultura nacional reflete influências do colonialismo europeu, as quais se manifestam inclusive na política. Lynch (2017) descreve a narrativa sobre uma alegada superioridade cultural do europeu utilizada como pretexto para empreendender o colonialismo.

> Orientadas para um futuro de paz, riqueza, liberdade e igualdade, haveria nações no "centro" do mundo, "mais adiantadas", "civilizadas", que marchavam à frente, produzindo ciência, arte e verdade. Outras, porém, estavam na periferia do mundo, sendo "atrasadas", "bárbaras", devendo seguir os exemplos e os modelos das primeiras para se "adiantarem." Era essa suposta superioridade da cultura europeia que justificava o colonialismo exercido por suas potências sobre as áreas que se achavam à sua periferia. (LYNCH, 2017, p. 7).

A prepotência desse colonialismo reproduziu-se em diversos aspectos do cotidiano: (i) na desvalorização de elementos da nossa cultura ligados às matrizes indígena e africana, em detrimento da supervalorização dos elementos da matriz europeia; (ii) na imposição do pensamento eurocêntrico e da racionalidade científica como fonte única de conhecimento; (iii) na dependência da aprovação externa e (iv) no desenvolvimento do *complexo de vira-lata*. Essa depreciação de nossas raízes não europeias ajuda a explicar, por exemplo, a desproporcionalidade da representação de afrodescendentes e indígenas na cena política nacional.

Muitos pesquisadores têm-se dedicado a estudar a ideologia e seus efeitos sobre os sistemas de crenças de massa, em função da sua relevância para compreender as questões políticas. Sem a intenção de realizar uma revisão conceitual sobre ideologia, crenças e valores, o que fugiria do escopo deste trabalho, optamos por destacar as perspectivas de alguns autores que permitem associá-las ao comportamento eleitoral, segundo o modelo baseado na consciência política.

Herscovitz (2019, p. 96, tradução nossa[107]) "define ideologia como um conjunto de crenças políticas e econômicas e valores sociais que representam os interesses de grupos." A visão de mundo formada a partir da ideologia pontificada pelas classes dominantes é, segundo Marx e Engels (2019), uma representação distorcida do real que se internaliza na consciência dos

---

[107] *"I would define ideology as set of political and economic beliefs and social values representing group interests."*

indivíduos. Dantas (2015, p. 79) acrescenta que a visão de mundo é fruto mais da imposição dos grupos dominantes do que de "uma representação absolutamente interiorizada e integrada à mentalidade dos indivíduos, como se fosse um elemento inerente à subjetividade humana." A hegemonia da ideologia refere-se àquela ideologia (crenças/ideias/valores) incutida na mente das pessoas por instituições poderosas, como a família, a religião, a comunidade e até a mídia, por uma questão de hábito, tornando-se senso comum (JAGGI, 2015). Nesse sentido, podemos considerar ideologia uma representação internalizada da realidade, construída a partir de uma realidade sócio-histórica, sujeita às relações sociais e produtivas assimétricas.

Já Adorno *et al.* (1950, p. 176, tradução nossa[108]) entendem que "o padrão de pensamento do indivíduo, qualquer que seja seu conteúdo, reflete sua personalidade e não é meramente um agregado de opiniões recolhidas desordenadamente do ambiente ideológico." Para Lane (1989), a ideologia no plano superestrutural é articulada pelas instituições políticas, jurídicas, religiosas, filosóficas e artísticas e se reproduz no plano individual em função da condição sócio-histórica de cada indivíduo. Nessa linha, Jost (2009) destaca a ação combinada de duas estruturas, resultando o efeito ideológico sobre o sujeito da combinação da *superestrutura discursiva* – composta de uma rede de atitudes, valores e crenças socialmente construídos e adquiridos pelo sujeito político em sua exposição à ideologia dominante – com a *subestrutura funcional ou motivacional* – que reflete sua receptividade às concepções ideológicas em função de suas necessidades, objetivos e motivações sociais e psicológicas que dirigem seus interesses políticos.

A receptividade ideológica de Jost, acima descrita, funciona como o filtro perceptivo de Campbell e colegas (1976 [1960]). Conforme se desenvolve, a identidade ideológica do sujeito passa a atuar como um filtro perceptivo de sua consciência política, com forte relevância em seu comportamento eleitoral, na medida em que lhe fornece um padrão de referência para interpretar a realidade e agir conforme essa interpretação.

Dependendo do seu nível de escolaridade e da articulação de sua consciência política, o sujeito pode ter dificuldade ao tentar se posicionar ao longo do espectro ideológico por não distinguir adequadamente os conceitos associados ao conservadorismo e ao progressismo, hesitante diante de temas políticos relevantes que guardem alguma coerência lógica e ideológica entre si, limitando-se em desenvolver um conjunto de crenças e valores, ainda que não

---

[108] *"The individual's pattern of thought, whatever its content, reflects his personality and is not merely an aggregate of opinions picked up helter-skelter from the ideological environment."*

plenamente estruturado, que determinará sua visão de mundo e direcionará suas ações. Singer (2002) defende, todavia, que o eleitor, mesmo não conseguindo explicar o que é direita e esquerda, sabe, de forma intuitiva mas não estruturada cognitivamente, posicionar-se ideológicamente de acordo com seus valores, bem como posicionar candidatos e partidos políticos na escala.

A identidade ideológica do sujeito respalda-se nos valores pessoais, que são princípios orientadores de sua vida. Schwartz (1994) afirma que combinações de valores básicos fundamentam valores pessoais e ideologias políticas específicas. O vínculo apontado por Singer pode ser associado ao modelo de valores pessoais de Schwartz (1992), que estabelece uma dinâmica motivacional fundada em um sistema de conflitos e compatibilidades entre valores, conforme apresentado a seguir. De acordo com o modelo, valores como autodeterminação, estimulação, universalismo e benevolência estão ligados à abertura para a mudança e à transcendência, relacionando-se a posições à esquerda do espectro, ao passo que valores como segurança[109], conformidade/tradição, poder e realização estão ligados à conservação e à autopromoção, referentes ao posicionamento de direita. O hedonismo ocuparia uma posição neutra, compartilhando elementos associados tanto à abertura para a mudança quanto à autopromoção.

Figura 8 – Modelo de valores pessoais de Schwartz

Fonte: Schwartz, 1992. Disponível em: https://encrypted-tbn0.gstatic.com/images?q=tbn:ANd9GcRn239VBMjNMiI7tmhvqz7HxBAz73XFq0I80Coh-w0dd-gZHV7VmjqogUa-f2G62D8WAo2g&usqp=CAU.

---

[109] Na figura traduzido por segurança (*security*, em inglês).

A pesquisa de Caprara, Schwartz, Capanna, Vecchione e Barbarelli (2006) sobre as eleições italianas de 2001 mostrou diferenças expressivas em relação aos valores dos apoiadores das duas principais coalizões daquela disputa. Enquanto eleitores de centro esquerda se destacaram em relação a valores como universalismo, benevolência e autodeterminação, para os eleitores de centro direita, valores relacionados a segurança, poder, realização, conformidade e tradição foram preponderantes. De forma geral, eleitores tendem a votar em candidatos e partidos que se alinhem aos seus valores pessoais.

Diversas pesquisas indicam que a sofisticação política é um prerrequisito para o pensamento ideológico. Ao menos, uma sofisticação política mínima seria necessária para trabalhar com conceitos ideológicos. Isso ocorre porque o sujeito ideologizado é capaz de organizar um imenso volume de informações absorvidas, usando sua estrutura cognitiva que conecta predisposições fundamentais a uma profusão de posições individuais sobre temas, produzindo atitudes políticas ordenadas ao longo do *continuum* ideológico. Já os leigos, que representam grande parte do eleitorado brasileiro, não conseguiriam fazer essa conexão por não dispor de uma estrutura ideológica tão abrangente, o que não implica serem politicamente ineptos ou não empregarem heurísticas úteis para orientar o comportamento eleitoral. O processamento heurístico recorre a variáveis, tais como valores essenciais que, como observamos se associam a ideologia, fornecendo ao sujeito dicas ou atalhos que permitem reduzir esse volume de informação a uma quantidade administrável, o que lhe propicia reagir com coerência aos estímulos políticos, simplificando sua tomada de decisão, por exemplo, no momento de uma disputa eleitoral (LUPTON; ENDERS; JACOBY, 2017). Nesse sentido, valores pessoais e ideologia ajudariam o eleitor a diminuir seus custos de informação.

Lupton *et al.* (2017) fazem distinção entre ideologia e valores, descrevendo a primeira como um padrão avaliativo para julgar governos, atores políticos e eventos e fornecer diretrizes para a ação política, ao passo que o segundo seriam as concepções abstratas e gerais do indivíduo sobre os estados finais (in)desejáveis da existência humana, cujo escopo – mais amplo – envolve todos os aspectos da vida. Conover e Feldman (1981) afirmam que, ao contrário das expectativas tradicionais, a base de comparação das identificações ideológicas entre candidatos é em grande parte simbólica, ao invés de orientada por temas, e pode manifestar-se na ausência de conflitos ideológicos ou de debates entre candidatos. Os autores acrescentam que grandes mudanças na distribuição das identificações ideológicas do público apontam alterações fundamentais no significado simbólico da política, ao invés de grandes mudanças na orientação sobre temas. Esse entendimento ajuda a explicar os extremos identificados por Power e Rodrigues-Silveira (2019) em relação à preferência ideológica média do eleitorado brasileiro, que atingiram 35% de progressistas em 2010, no final do segundo governo Lula, e 5% em 2016, no período de impedimento da presidenta Rousseff.

Com base em seu construto e em pesquisas em mais de trinta países, Duch, May e Armstrong II (2010) afirmam que a ideologia é universalmente importante na decisão do voto, com variações de relevância em função de contextos quer regionais ou temporais. Jost (2009, p. 311, tradução nossa[110]) acrescenta que "o autoposicionamento ideológico foi um preditor extremamente forte das intenções de voto nos *Estudos sobre as Eleições Nacionais Americanas entre 1972 e 2004.*" Singer (2002), ao analisar os pleitos presidenciais nacionais de 1989 e 1994, também constatou a identidade ideológica, juntamente com a identidade partidária, como importantes preditores do voto. Braga e Pimentel Jr (2011) identificaram a correlação entre a identidade ideológica e o voto nas eleições presidenciais de 2002, 2006 e 2010, assim como Calvet (2013), no segundo turno de 2006, verificando maior probabilidade de voto em Alckmin do que em Lula nos eleitores autoposicionados na direita do espectro.

Dunleavy e Husbands (1985) afirmam que o cidadão comum é inocente de ideologia, o que enseja ao *establishment* manipulá-lo. Converse (2006 [1964]) estabeleceu cinco categorias de eleitores estadunidenses, de acordo com seu nível de conceitualização do mundo: *ideólogos, quase ideólogos, interesse grupal, natureza temporal* e *sem conteúdo ideológico.* Sua pesquisa revelou que, para a maioria do eleitorado estadunidense, há uma aparente falta de compreensão sobre ideologia ou mesmo uma incapacidade de diferenciação dos dois partidos políticos no *continuum* esquerda-direita, em função do quê a avaliação dos candidatos e dos partidos acaba acontecendo por critérios não ideológicos, como os possíveis benefícios que o grupo vislumbra receber, ou do contexto do momento ou ainda de outros critérios, como a qualidade pessoal do candidato.

---

[110] *"ideological self-placement was an extremely strong predictor of voting intentions in the American National Election Studies between 1972 and 2004."*

No Brasil, de acordo com as pesquisas realizadas em 1984 e 1998 por Baquero (2010), esse grupo chegaria a 35% do eleitorado. Esses eleitores são mais susceptíveis ao fluxo político e, portanto, aos apelos populistas típicos de períodos eleitorais, fator que dificulta o desenvolvimento de uma cultura política participativa formada por cidadãos críticos. Já Carreirão (2002) identificou, a partir de suas pesquisas, que 42% dos eleitores brasileiros não conseguem expressar nenhum significado para o conceito de esquerda-direita.

Tomando por base as pesquisas realizadas pelo ESEB, confirmamos que, entre as eleições de 2006 e 2014, uma parcela expressiva dos eleitores brasileiros não sabia o que é ideologia (NSI) ou não sabia se posicionar no espectro ideológico (NSP). Conforme apresentado no gráfico a seguir, a porcentagem de eleitores nessas duas categorias combinadas variou pouco no período, em torno de 40%, após uma elevação brusca depois do pleito de 2002. A eleição de 2002 foi marcada pelo embate ideológico que resultou na mudança do poder executivo federal do PSDB para o PT, partidos que se posicionavam em lados opostos do espectro ideológico, no centro direita e no centro esquerda, respectivamente, e que vinham disputando as eleições presidenciais desde 1994. A eleição de 2018 marca uma brusca redução dessa categoria combinada – em relação aos três pleitos anteriores – caindo para menos da metade dos eleitores (18,1%). A explicação para uma queda tão acentuada pode ser o alto grau de polarização ideológica verificado nessa eleição, que dominou a cena política do país tanto nos meios de comunicação tradicional como nas redes sociais e nas conversas informais dos eleitores, corroborando estudos que apontam o crescimento do pensamento ideológico em períodos de agitação urbana e de interesse por política, como o vivido pelos EUA após a guerra do Vietnã (LUPTON *et al.,* 2017). Na eleição de 2022, a polarização política intensificou-se e a porcentagem dessa categoria caiu ainda mais, para 13,6%.

Gráfico 1 – Evolução do autoposicionamento ideológico[111]

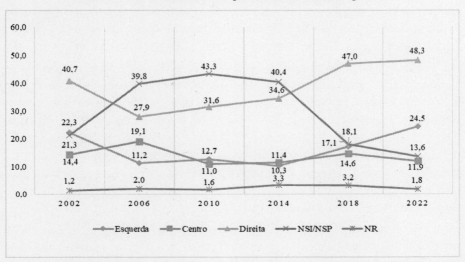

Fonte: Elaborado pelo autor com base nas pesquisas do ESEB 4810 (2022), 4622 (2018), 3928 (2014), 2639 (2010) e 2489 (2006) do banco de dados do Cesop. Valores porcentuais.

Vale ressaltar também a mudança de polarização verificada entre os seis embates eleitorais do PT com o PSDB (entre 1994 e 2014) e os dois ocorridos recentemente entre o PT e o bolsonarismo (em 2018 e 2022). Considerando o espectro ideológico, a primeira polarização foi simétrica entre o centro esquerda do PT e o centro direita do PSDB. Já nos últimos dois pleitos, observamos uma polarização mais radicalizada e assimétrica entre o PT e a extrema direita bolsonarista.

Outro aspecto importante que essas pesquisas revelam é a ampla vantagem dos eleitores que se autoposicionam na direita em relação àqueles autoposicionados na esquerda ou no centro do espectro. Seria interessante pesquisar em que medida essa inclinação é infuenciada pela socialização

---

[111] A pesquisa indagou, de forma estimulada, como o(a) eleitor(a) se considerava ideologicamente, empregando uma escala onde zero significa ser de esquerda e dez de direita. Foram considerados de esquerda (linha vermelha) os eleitores que se posicionaram entre zero e quatro, de centro (linha amarela) APENAS os que optaram pelo valor central cinco e de direita (linha azul) os que se posicionaram entre seis e dez. Os eleitores que não responderam à questão estão identificados no gráfico como NR (linha marrom) e os que não sabem o que é ideologia (NSI) ou não sabem se posicionar no espectro ideológico (NSP) foram inclusos na categoria NSI/NSP (linha cinza). Em relação aos dados de 2002, devido à divisão amostral realizada pelo ESEB, consideramos apenas a parcela (v1) da amostra que recebeu o cartão em que o zero representava o posicionamento ideológico à esquerda e o dez, à direita, a fim de manter o mesmo critério das pesquisas subsequentes.

do indivíduo, o qual – desde sua socialização primária – insere-se em um ambiente regido por grupos dominantes, exposto, portanto, a uma mídia reconhecidamente alinhada à direita do espectro ideológico, além dos valores conservadores transmitidos por instituições como a família, a escola e a igreja.

Singer (2021) segmentou os dados do ESEB pelo nível de escolaridade do indivíduo, identificando que, quanto menor a escolaridade, maior a probabilidade de o indivíduo posicionar-se à direita do espectro, caracterizando o fenômeno conhecido como *conservacionismo popular*. Segundo o autor, os eleitores de menor escolaridade estiveram mais sujeitos aos mecanismos de desativação e reativação das predisposições para a direita. De acordo com nosso construto, essa observação pode ser explicada pela consciência política mais fragmentada desses indivíduos, o que os tornaria mais susceptíveis a tais mecanismos.

Uma parcela significativa dos eleitores, mesmo entre os de alta escolaridade, demonstram pouca compreensão de seu posicionamento ideológico. De acordo com a pesquisa de Coriolano e Sandoval (2021), realizada com universitários da Grande São Paulo por ocasião do primeiro turno da eleição de 2018, 37,2% dos participantes não souberam avaliar seu posicionamento ideológico.

Por fim, vale destacar que "os valores específicos que estruturam o discurso ideológico dependem das questões que são centrais em um determinado contexto político" (CAPRARA *et al.,* 2006, p. 5, tradução nossa[112]) e que "os conceitos de esquerda e de direita são relacionais e se alteram no tempo, ressignificando suas definições" (BOLOGNESI *et at*, 2023, p. 1). Ademais, a utilização de um contínuo unidimensional esquerda/direita para classificar ideologicamente o sujeito vem sendo revisada ao longo do tempo. A década de 1970 trouxe uma série de questões sociais como o direito ao aborto, o uso da maconha e a universalização dos direitos civis, entre outras, que não se enquadram facilmente nesse espectro. Assim, muitos pesquisadores sugeriram usar uma escala ideológica bidirecional: uma para questões econômicas e outra para sociais (CONOVER; FELDMAN, 1981).

3.1.2.2 A religião

Apesar da laicidade do Estado, reconhecida desde a primeira Constituição republicana, a relação entre a política e a religião, de fato, nunca foi de total distanciamento, apresentando períodos de maior ou menor aproximação

---

[112] *"The particular values that structure ideological discourse depend upon the issues that are central in a given political contexto."*

ao longo da história. Até a última década do século passado, essa influência foi mais ativa por parte da Igreja Católica, até pela representatividade que detinha, tendo adquirido vulto nos últimos tempos pelas vertentes neo-pentecostais da Igreja Evangélica. A participação da Igreja Católica na vida política do país, a despeito de ondas de aproximação e afastamento, era mais intensa principalmente nos momentos que antecediam os pleitos eleitorais, expressando sua orientação de voto mediante "cartilhas" fornecidas aos fiéis (ORO, 2005). Para o autor, o fenômeno da crescente inserção da religião na política não é exclusivo do Brasil e não está associado apenas ao desencanto com os políticos e com a política de forma geral, mas à frustração com as ideologias políticas e com as promessas da modernidade.

No âmbito ideológico, a religião participa das disputas de interesse de uma sociedade de classes, recrutando seu exército de fiéis para combater o "inimigo maligno na Guerra Santa." Essa missão sagrada pode explicar, segundo Siuda-Ambroziak (2018, p. 124), "a assiduidade dos evangélicos aos cultos, a centralidade da Igreja e da religião na vida dos fiéis." Além de mais assíduos aos cultos[113], os evangélicos são menos assíduos aos meios de comunicação de massa e, em função dessa carência de acesso às múltiplas fontes de informação, tornam-se facilmente passíveis de mobilização pelos seus líderes evangélicos (BOHN, 2004). Nesse estreito convívio, a identidade religiosa e a consciência política dos fiéis vão sendo estruturadas.

> Os (neo)pentecostais simplesmente tendem a ver o mundo pelas lentes religiosas. E atuam de acordo com o que veem, também no campo político. [...] Assim, quanto mais "(neo)pentecostalização", tanto mais esferas da vida social atingidas pelo seu impacto – no contexto eleitoral político podemos então esperar que os evangélicos (neo)pentecostais mostrem interesse na afiliação religiosa dos candidatos, verificando valores religiosos por eles professados, acreditando que um governante bom traria bênção, mas o mau – consequências negativas para toda a sociedade. (SIUDA-AMBROZIAK, 2018, p. 124).

Apesar do senso comum associar os evangélicos à direita, Cunha (2017, p. 230) aponta a existência de grupos evangélicos progressistas que "utilizam as redes sociais e o ambiente digital de modo ativo e crescente para a divulgação de um outro modo de ser evangélico, de viver a fé, de militar, de atuar em prol dos direitos humanos e, portanto, na defesa de minorias." Enquanto religiões horizontalizadas estimulam a articulação da consciência

---

[113] Segundo Bohn (2004), 86,4% dos evangélicos brasileiros frequentam o culto pelo menos uma vez por semana (comparando com 35,7% dos católicos).

política a fim de fomentar mobilizações políticas que promovam mudanças societais, as religiões verticalizadas agem no sentido oposto, promovendo a alienação e o conformismo (DANTAS, 2015). Nesse caso, a religião também é usada como agente de manipulação ideológica, porém agindo com outro *modus operandi* – mediante a "dominação silenciosa", – provocando sentimentos de conformismo e submissão e buscando na intervenção divina a justificativa para os flagelos da vida, atribuindo sua causalidade a forças transcendentais, conforme a categorização hewstoniana[114].

A esmagadora maioria de aproximadamente 90% da população brasileira, professa alguma fé, conforme dados de 2021 apresentados na tabela a seguir, o que explica os esforços de mobilização e disputa por corações e mentes por via religiosa. A exploração da fé vem sendo exercida nas últimas décadas por diversos políticos religiosos, ligados principalmente à igreja evangélica, que ressignificaram as relações assimétricas de poder, até então chamadas de *coronelismo eletrônico*, praticando uma derivação dessa modalidade denominada *coronelismo eletrônico evangélico*[115].

Tabela 1 – Estratificação da população brasileira por religião

Categoria	Porcentagem	Porcentagem acumulada	Quantidade (milhões)
Católica	51,7	51,7	105,0
Evangélicas	26,3	78,0	53,4
Cristã	2,9	80,9	5,9
Espírita/Kardecista	2,6	83,5	5,3
Afro-brasileiras[116]	1,5	85,0	3,0
Adventista	1,1	86,1	2,2
Outras	2,4	88,5	4,9
Sem religião	11,4	99,9	23,1
Não souberam	0,1	100	0,2

Fonte: Elaborada pelo autor com base na pesquisa do Datafolha 4759 (2021) do banco de dados do Cesop e considerando a população brasileira de 203.062.512 (Censo do IBGE de 2022), disponível em https://censo2022.ibge.gov.br/panorama/.

---

[114] Para maiores informações, consultar *Casual attribution: from cognitive processes to collective beliefs* (1991), de Miles Hewstone.

[115] Termo usado por Figueiredo Filho (2008) em sua tese *Os três poderes das redes de comunicação evangélicas: simbólico, econômico e político.*

[116] Inclui: Umbanda e Candomblé.

O espantoso crescimento da igreja evangélica no país, em especial de suas vertentes neopentecostais que, juntamente com os pentecostais, já arregimentavam mais de um quarto da população do país em 2021, e a presença, cada vez mais marcante de lideranças religiosas na esfera política é assim explicado por Oro (2005, p. 215):

> [...] o ingresso evangélico pentecostal na política também resulta da tomada de consciência da sua importância numérica e do seu capital político, o que os conduz a reivindicar igualdade de tratamento recebido do Estado pela Igreja Católica, em termos de recursos públicos, apoio a seus projetos e programas sociais. Assim sendo, esses políticos estariam reproduzindo uma semelhante lógica corporativa que prevalece junto a outros setores sociais.

A Igreja Católica – assolada por uma contínua queda no número de seus seguidores e após um longo período de inépcia para agir de forma orquestrada a fim de eleger os candidatos por ela apoiados – vem procurando profissionalizar sua atuação política e religiosa através da Renovação Carismática Católica (RCC), uma ramificação da sua estrutura romana.

Os desdobramentos do avanço da religião sobre a política tem despertado o interesse de vários pesquisadores. Cunha (2017, p. 201) pondera que, "na Academia, esse contexto lança o desafio de pensar sobre como se estabelece a relação entre concepções religiosas e seculares de democracia, religião, assim como as disputas em torno de noções de laicidade por diferentes atores sociais."

Miguel (2018, p. 19) relata que "o fundamentalismo religioso tornou-se uma força política no Brasil a partir dos anos 1990, com o investimento das igrejas neopentecostais em prol da eleição de seus pastores." A expansão da influência política do (neo)pentecostalismo foi possível devido ao seu grande poder de convencimento junto aos fiéis, por sustentar campanhas eleitorais nas suas igrejas e pelos veículos de mídia adquiridos em todo o Brasil (SIUDA-AMBROZIAK, 2018). Vale destacar que, além da mídia tradicional, os evangélicos ocuparam o ciberespaço com canais de rádio e TV.

A presença, mais marcante a cada eleição, de quadros oriundos das vertentes religiosas na esfera política, em especial dos evangélicos, traz o risco crescente da deslaicização do Estado, com a aprovação de leis que advoguem em causa própria, defendendo não apenas suas posições morais e ideológicas como favorecendo a ampliação de sua influência nessa esfera (PY; REIS, 2015). Essa possibilidade é mais evidente quando se decidem temas relacionados à moralidade dos costumes, como o aborto e o casamento civil entre homossexuais. Vale ressaltar, todavia, a falta de unidade da chamada bancada evangélica, frequentemente mais interessada em fortalecer as posições políticas de suas denominações religiosas e de seus partidos, conforme explica a pesquisadora Christina Vital da Cunha:

> A unidade entre os evangélicos no Congresso Nacional é sempre circunstancial, visto que a competição denominacional se revela periodicamente em embates públicos entre lideranças religiosas. Muitas vezes, às disputas pelo fortalecimento político e econômico de suas denominações se somam disputas partidárias. Com isso, chamamos a atenção para a insuficiência das análises que apresentam os evangélicos como um bloco homogêneo que atua de modo constante e inequívoco na direção da manutenção de um ou outro projeto. Empiricamente observa-se que há convergência em algumas legislaturas em torno, por exemplo, da necessidade de um evangélico assumir a presidência da República. Mas as divergências são inúmeras no tocante a como, com qual base política e na defesa de quais bandeiras. (CUNHA, 2017, p. 230-231).

Uma questão importante observada por Pierucci e Mariano (1992) e Oro (2003), citados por Bohn (2014, p. 160, 178), refere-se ao nível de engajamento das igrejas evangélicas no processo eleitoral, havendo, de um lado, o distanciamento da Congregação Cristã do Brasil e, do outro, o apoio explícito promovido pela Igreja Universal do Reino de Deus, com o endosso público de candidaturas específicas a seus fiéis e a solicitação de apoio a esses nomes nas urnas – a partir do preceito "irmão vota em irmão" – mediante inclusive a cessão de espaço eleitoral em suas mídias privadas, o que a transforma em fonte influente de informação sobre política e fornece à filiação religiosa o importante papel de elemento estruturador do voto nas disputas eleitorais. A Assembleia de Deus por exemplo, no primeiro turno da eleição de 2022, ameaçou aplicar medidas disciplinares aos fiéis com "cosmovisão contrária ao Evangelho"[117], o que, no entender desta igreja, equivale a ser de esquerda. Tal posicionamento já provocou a expulsão de pastores não alinhados ideologicamente.

---

[117] No texto lido na 49ª. Assembleia Geral Ordinária da Confradesp (Convenção Fraternal das Assembleias de Deus no Estado de São Paulo), esta cosmovisão adversa "defende pautas favoráveis à desconstrução da família tradicional, à legalização total do aborto, à erotização das crianças, à ideologia de gênero, à liberação das drogas ilícitas, à relativização da Bíblia Sagrada, à censura à liberdade religiosa e ao aparelhamento da educação com a ideologia marxista", conforme matéria da *Folha de São Paulo*, de 4 de outubro de 2022. Disponível em: https://www1.folha.uol.com.br/poder/2022/10/assembleia-de-deus-de-sp-quer-punir-membros-de-esquerda.shtml.

Em geral, o apoio político de grupos religiosos se materializa a partir de afinidades relacionadas aos valores sociais, à moral e aos costumes e não necessariamente de afinidades ideológicas. Valle (2021) destaca a mudança de apoio de setores religiosos conservadores – da esquerda para a direita – em consequência de o PT defender pautas progressistas relacionadas às mulheres, aos pretos e aos LGBTQIA+, a partir de 2010.

A pesquisa de Bohn (2004), com base nos dados do ESEB 2002, constatou que os evangélicos são os mais conservadores em relação aos valores, apresentando-se como defensores dos valores tradicionais e da moral social. Todavia, esse conservadorismo em relação aos valores não se traduziu em um conservadorismo ideológico quando temas relacionados à participação do Estado e da iniciativa privada na economia foram considerados. Os debates televisivos foram o elemento que todos os grupos religiosos consideraram o mais importante para a definição do voto. Os evangélicos se destacam dos demais quanto ao peso atribuído às informações recebidas da igreja, distinguindo-se ainda por serem os menos identificados com qualquer partido político. Por fim, Bohn (2004) identificou, no primeiro turno destas eleições, um desproporcional apoio dos eleitores evangélicos a Anthony Garotinho, o candidato apoiado pelos pastores evangélicos[118], à exceção dos adeptos da Congregação Cristã no Brasil.

A influência da religião em pleitos eleitorais não se explica somente em função do vínculo identitário com o eleitor, mas pelo ambiente de acolhimento proporcionado pela igreja ao seu rebanho e pela sua notória capacidade em despertar os sentimentos dos fiéis. A igreja evangélica em especial tem sido hábil em prover aos desalentados a esperança de um futuro melhor, de sucesso profissional e de preservação da instituição matrimonial e dos costumes tradicionais, além de fornecer um meio de convívio social (RIBEIRO, 2021). Nesse sentido, a Teologia da Prosperidade, presente especialmente nas igrejas neopentecostais, alinha-se institucionalmente com a agenda liberal e, no âmbito individual, com o *empowerment*, a meritocracia e o empreendedorismo (ALMEIDA, 2017). A importância de articular-se com esses grupos tem-se tornado tão grande que motivou o candidato Lula, antes do segundo turno da campanha eleitoral de 2022, a realizar um encontro com pastores a fim de desmentir as fake news divulgadas pela candidatura bolsonarista e apresentar uma "carta de compromisso com os evangélicos"[119].

---

[118] Sobre o apoio das lideranças evangélicas ao candidato Garotinho, ver matéria da *Folha de São Paulo* em: https://www1.folha.uol.com.br/folha/brasil/ult96u22885.shtml.

[119] Ver: https://www.cartacapital.com.br/politica/leia-a-integra-da-carta-de-lula-aoscristaos/?utm_campaign=-novo_layout_newsletter_bannernovo_-_20102022_-_quinta-feira&utm_medium=email&utm_source=RD+Station.

3.1.2.3 Os partidos políticos

A democracia demanda partidos políticos que os eleitores distingam claramente entre si a fim de escolher os que representam os seus interesses (LUCAS; SAMUELS, 2010). Considerando a linha temporal dos modelos de democracia representativa, a *democracia de partido* ocupa uma posição intermediária entre o *modelo parlamentar* e a *democracia do* público. Tal modelo surgiu para atender ao aumento do eleitorado em função da ampliação dos direitos eleitorais (MANIN, 1995) e privilegiava os partidos políticos e a clivagem política no processo eleitoral. Na sequência, verificou-se a personificação eleitoral da democracia do público, a qual foi fomentada pela comunicação direta entre o candidato e o eleitor.

Campbell *et al.* (1976 [1960]) definem *identificação partidária* como o sentimento de apego pessoal que o indivíduo sente em relação ao partido de sua escolha. Muitas vezes, essa ligação surge no seio familiar, ao longo do processo de socialização do indivíduo. A identificação partidária facilita o reconhecimento de afinidades ideológicas entre eleitores e candidatos e colabora para a compreensão dos sistemas políticos, sendo entendida como

> [...] um vínculo estável e consistente entre partidos e eleitores, que estabelece um padrão de referências que influencia e conforma não só o comportamento eleitoral, como também a orientação política dos eleitores em relação a temas como democracia, avaliação do governo e da economia. (PAIVA; KRAUSE; LAMEIRÃO, 2016, p. 640).

Para Borges e Vidigal (2018, p. 58), "há boas razões teóricas para operacionalizar a identificação partidária como uma medida composta que inclui não apenas os sentimentos partidários positivos (identificação com o endogrupo), mas também os sentimentos partidários negativos (rejeição ao exogrupo)." Paiva, Krause e Lameirão (2016) explicam *identidade partidária negativa* como aquela em que o eleitor recusa-se a votar em um partido antipatizado, porém não manifesta uma preferência partidária (*identidade partidária positiva*).

Existe um significado compartilhado unindo as identificações partidárias e ideológicas. Os estudos de Conover e Feldman (1981) apontam que tal significado é especialmente simbólico em conteúdo, sem ter base em questões ideológicas. Dessarte, tanto as identificações partidárias quanto as ideológicas podem representar laços simbólicos com o mundo político que se sobrepõem em seus significados.

No Brasil, as pesquisas de Veiga (2011), compreendendo as eleições de 2002 a 2010, indicam um descompasso entre a identidade ideológica e a identidade partidária para uma parcela expressiva do eleitorado brasileiro. Em todos estes pleitos, a pesquisadora constatou elevadas porcentagens de eleitores que se autodeclaravam ideologicamente de centro direita e de direita e que se identificavam com o PT. Em relação aos eleitores ideologicamente autodeclarados de esquerda ou centro esquerda, a porcentagem de eleitores que se identificavam com partidos de centro direita ou direita, como o PSDB ou o PFL/DEM, foi substancialmente menor. A partir desses resultados, constata-se que a correlação entre a identificação ideológica e a identificação partidária é mais expressiva entre simpatizantes da esquerda. Coriolano (2019) identificou ainda que universitários autodeclarados de esquerda apresentavam um maior alinhamento entre seu autoposicionamento ideológico e seu escore de identidade ideológico[120] do que aqueles que se autodeclaravam de direita.

Pesquisas apontam também que, nos casos em que há ligação partidária, ela não apenas auxilia o eleitor na heurística da seleção de um candidato, especialmente quando há uma grande oferta de candidatos, como tem se revelado um importante preditor para o voto presidencial (RIBEIRO *et al.*, 2011, BRAGA; PIMENTEL JR, 2011). Carreirão e Kinzo (2004, p. 134) apontam que "a IP[121] pode não incluir uma ideologia elaborada ou uma riqueza de informações sobre as políticas atuais, mas no mínimo tem a ver com a experiência política dos cidadãos." Baseados em seus estudos sobre as quatro eleições presidenciais ocorridas entre 1989 e 2002, os autores concluíram quanto à associação entre a preferência/rejeição partidária e o voto:

> Como vimos, a rejeição partidária parece ter um vínculo claro com o voto: em mais de 98% dos casos em que um eleitor manifestava rejeição a um partido, ele não votava no candidato deste partido. Quanto à preferência partidária, a situação é mais complexa, visto que parte dos eleitores vota no candidato de seu partido preferido e parte não. Na verdade, haveria por volta de 30% de eleitores apenas para quem a preferência partidária poderia ter influenciado o voto nas quatro eleições presidenciais aqui analisadas. (CARREIRÃO; KINZO, 2004, p. 160).

Outra consideração interessante, apontada por Braga e Pimentel Jr (2011), refere-se à geração de percepções partidárias positivas, por parte relevante da sociedade, a partir de governos federais considerados bem-

---

[120] Calculado a partir de questões com viés ideológico.

[121] Identidade partidária.

-sucedidos e que por isso lograram reeleger-se, fato verificado uma vez com o PSDB e duas vezes com o PT. Em 2022, o governo Bolsonaro, sem nenhum alinhamento partidário e considerado ruim por grande parte do eleitorado, não conseguiu a reeleição, primeiro caso desde a instituição da reeleição no país, em 1997.

Um partidarismo forte depende, dentre outros fatores, de altos índices de eleitores simpáticos aos partidos, o que poderia representar uma fonte supostamente fidelizada de votos aos partidos. Segundo Borges e Vidigal (2018, p. 78), "eleitores partidários sempre apresentam as menores médias de probabilidade de voto em terceiros candidatos." Por outro lado, eleitores sem identidade partidária ou com uma ligação do tipo *partidarismo de avaliação*[122] estão mais sujeitos ao fluxo político e à avaliação econômica retrospectiva do incumbente, tendo maiores chances de integrar o grupo dos indecisos ou do chamado *voto flutuante*. Zaller (2004, p. 2, tradução nossa[123]) acrescenta que "Eleitores mal informados são mais propensos a alternar entre os partidos em campanhas presidenciais. Eles também são menos propensos a dar votos que possam ser explicados em termos de suas posições políticas autodescritas." Além disso, a falta de lealdade partidária duradoura pode tornar os eleitores mais vulneráveis à manipulação e aos apelos demagógicos (DALTON; MCALLISTER; WATTENBERG, 2000).

A fraca identidade partidária do Brasil, especialmente se comparada à dos EUA, pode ter origem nas diferenças de localização dos partidos políticos nas estruturas sociais das duas sociedades e, portanto, em seu impacto no indivíduo durante seu processo de socialização. Bolognesi *et al.* (2023, p. 2) afirmam que "o quadro brasileiro é de baixa programaticidade permanente, independentemente do estágio de desenvolvimento de seu sistema partidário."

No presidencialismo de coalizão do Brasil, o partido no poder precisa fazer coligações para conseguir maioria parlamentar a fim de implementar seu programa de governo, o que normalmente ocorre por concessões de cargos, no que se costumou chamar de *política do toma lá dá cá* e na deturpação de seus projetos de lei, para conseguir aprovação nas duas casas legislativas. Visto que o Congresso Nacional tem sido predominantemente ocupado por partidos de centro direita e direita, a composição do governo incumbente

---

[122] Ver definição na sequência do texto.

[123] *"Poorly informed voters are more likely to shift back and forth between the parties in presidential campaigns. They are also less likely to cast votes that can be explained in terms of their self-described policy positions."*

com estes partidos torna-se fundamental para garantir governabilidade, o que resulta em um distanciamento das raízes ideológicas do partido de esquerda no poder executivo, como tem ocorrido com os governos petistas. A redução da distância ideológica do PT em relação a esses partidos ao longo do tempo, conforme apontado por Lucas e Samuels (2010), pode também ser explicada por essa necessidade.

Para avaliar o nível de identificação partidária do eleitor brasileiro, utilizamos os dados das primeiras cinco ondas de pesquisas do ESEB sobre a existência de algum partido político que representasse a maneira de pensar do eleitor[124]. Como esse questionamento não foi feito na sexta onda, consideramos neste *survey* a pergunta sobre a existência de algum partido ao qual o eleitor se considerasse próximo. Dessarte, a comparação dos resultados de 2022 com os dos anos anteriores precisa ser relativizada. Os dados apresentados no gráfico a seguir indicam que, além de não ser majoritária no país, essa identidade abrange, em média, cerca de 30% dos eleitores, com extremos entre 39,2% em 2010 e 17,3% em 2022, apresentando tendência de queda ao longo do período. A inexistência de identidades partidárias fortes estimula a escolha eleitoral a partir das características pessoais dos candidatos, colocando-os à frente dos partidos pelos quais concorrem, fenômeno altamente observado no Brasil.

Gráfico 2A – Evolução do partidarismo no país[125]

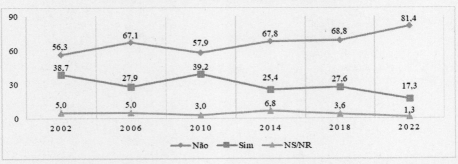

Fonte: Elaborado pelo autor com base nas pesquisas do ESEB 4810 (2022), 4622 (2018), 3928 (2014), 2639 (2010), 2489 (2006) e 1838 (2002) do banco de dados do Cesop. Valores porcentuais.

---

[124] Optamos pela pergunta "Existe algum partido que representa a forma como o(a) Sr.(a) pensa?" ao invés da pergunta "Existe algum partido que o(a) Sr.(a) goste?" porque a primeira pergunta indica uma ligação mais intensa entre o eleitor e o partido, apresentando menores índices de adesão de eleitores a esta pergunta do que em relação à segunda, conforme apresentado por Ribeiro, Carreirão e Borba (2011).

[125] NS/NR representa os entrevistados que não souberam (NS) ou não responderam (NR) à pergunta.

A percepção do eleitorado em relação à atuação dos partidos é apresentada no gráfico a seguir. Em uma escala variando de péssima a ótima, a queda na avaliação ótima e boa foi constante no período, caindo de 35,3% em 2002 para 16,0% em 2018. Já a avaliação péssima e ruim teve diminuição entre os pleitos de 2010 e 2014, mas voltou a aumentar na eleição de 2018, atingindo um máximo de 67,4%. Podemos dividir o gráfico em dois períodos distintos: em um primeiro momento, até 2014, a queda das avaliações dos dois extremos (ótima/boa e ruim/péssima) é drenada para a avaliação regular e, a partir de 2014, a avaliação regular perde boa parte dos pontos obtidos principalmente para a avaliação ruim/péssimo. O contexto conturbado e intoxicado por fake news da eleição presidencial de 2018 possivelmente impactou a deterioração da avaliação partidária no período. Vale lembrar que a piora geral no quadro de avaliação dos partidos proporciona um ambiente de estímulo ao antipartidarismo.

Gráfico 2B – Evolução da avaliação partidária

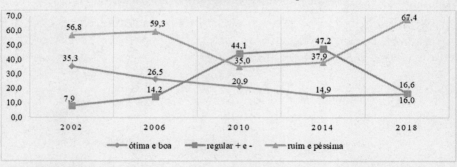

Fonte: Elaborado pelo autor com base nas pesquisas do ESEB 4622 (2018), 3928 (2014), 2639 (2010), 2489 (2006) e 1838 (2002) do banco de dados do Cesop. Valores porcentuais, desconsiderando os que não sabiam ou não responderam.

Em 2022, o questionário do ESEB não incluiu esse questionamento, substituindo a avaliação das instituições pela confiança nas instituições. No gráfico a seguir, constatamos que, naquele ano, a confiança nos partidos políticos era baixíssima. Do total dos entrevistados que responderam à questão, 84,2% afirmaram ter "pouca confiança" ou "nenhuma confiança" partidária e apenas 3,8% relataram ter "muita confiança."

Gráfico 2C – Confiança partidária em 2022

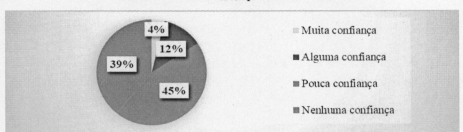

Fonte: Elaborado pelo autor com base na pesquisa do ESEB 4810 (2022) do banco de dados do Cesop. Valores porcentuais, desconsiderando os que não sabiam ou não responderam.

A preferência partidária[126] do eleitor, com dados das pesquisas realizadas pelo Datafolha entre 1989 e 2022, está apresentada no gráfico a seguir, em que incluímos os três partidos mais expressivos da cena política nacional no período. O PMDB cai progressivamente de 10,7% para 1,5% de preferência, enquanto o PSDB tem pequenas variações entre 1994 e 2014, caindo de forma acentuada no pleito seguinte e chegando a 1,0% em 2022. No sentido oposto, apesar de consideráveis oscilações no período, o PT logra aumentar sua preferência de 8,3% para 28,0%. A partir de 2002, ao ocupar o poder federal, o partido reposiciona-se ideologicamente, caminhando para o centro do espectro e tornando-se mais interiorizado, especialmente no Nordeste, em função possivelmente de suas políticas distributivas de renda, o que alterou também o perfil socioeconômico de seus eleitores. Outra consequência dessa política foi a reação de rejeição ao partido de setores da classe média. Em relação ao PSDB, a mudança foi principalmente geográfica, com a migração de parte do seu eleitorado do Nordeste para o Sul e Centro-Oeste (VEIGA, 2007; RIBEIRO *et al.*, 2011; BORGES; VIDIGAL, 2018).

---

[126] Para medir a preferência partidária, selecionamos a pergunta estimulada: "Qual é o seu partido político de preferência?"

Gráfico 3A– Evolução da preferência partidária

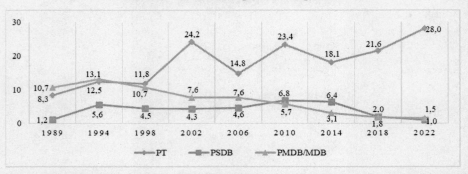

Fonte: Elaborado pelo autor com base nas pesquisas do Datafolha 4781 (2022), 4696 (2018), 3898 (2014), 3358 (2010), 2547 (2006), 2495 (2002), 868 (1998), 376 (1994) e 196 (1989) do banco de dados do Cesop. Valores porcentuais.

O gráfico a seguir revela de forma evidente o crescimento da preferência partidária do PT quando comparada às demais agremiações. Este gráfico utiliza a mesma base de pesquisas do Gráfico 3A, mas considera apenas os eleitores que expressaram preferência por alguma agremiação, ou seja, exclui as categorias: não sabe, nenhum/não tem e nomes/referências. Ao longo de 28 anos, o partido quase triplica sua participação relativa, partindo de 21,2% em 1989 para 60,1% dos eleitores em 2022. Nesta última eleição, dos eleitores que manifestaram alguma preferência partidária, aproximadamente 60% escolheram o PT.

Gráfico 3B – Evolução da preferência partidária relativa do PT

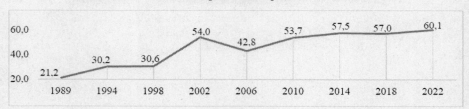

Fonte: Elaborado pelo autor com base nas pesquisas do Datafolha 4781 (2022), 4696 (2018), 3898 (2014), 3358 (2010), 2547 (2006), 2495 (2002), 868 (1998), 376 (1994) e 196 (1989) do banco de dados do Cesop. Valores porcentuais.

Em contraste com o acanhado vínculo do eleitorado em relação às numerosas agremiações políticas do país, o PT se destaca como a única exceção, mantendo um nível de adesão considerável e crescente. Isso ajuda a explicar seu desempenho nas eleições presidenciais, conforme apresentado no gráfico a seguir. Nota-se, considerando as eleições presidenciais neste período, que o desempenho partidário do PT foi muito mais estável que o do PSDB. A eleição de 2018, realizada em um contexto de grave crise política e institucional, após o *impeachment* da presidenta Rousseff e a cassação dos direitos políticos do ex-presidente Lula, resultou na notória queda de desempenho dos dois principais partidos, notadamente do PSDB. Parcela significativa dos votos da direita antipetista, antes arregimentados pelo PSDB, migraram para o bolsonarismo, juntamente com os votos da parcela flutuante do eleitorado, formada pelos apartidários, os não simpatizantes e não antissimpatizantes do PT – que tem representado o fiel da balança nas eleições presidenciais.

Gráfico 3C – Evolução do desempenho partidário nas eleições presidenciais[127]

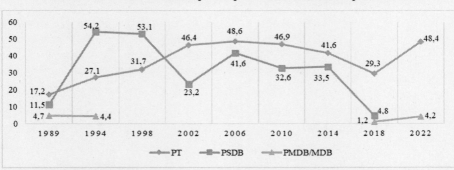

Fonte: Elaborado pelo autor com base no site de notícias Uol. Porcentagem de votos válidos. Disponível em https://noticias.uol.com.br/eleicoes/2022/analise/presidente-1-turno/evolucao-de-votos-validos-dos-partidos-na-eleicao-para-presidente/?uf=sp.

Mesmo em relação ao PT, os laços partidários têm mostrado mudanças em sua base social de apoio ao longo dos anos. Entre as eleições de 2002 e 2006, período em que há queda importante em sua participação partidária relativa, seu perfil eleitoral migrou dos mais jovens, mais economicamente ativos, mais escolarizados, mais urbanos e da região Sul para os mais velhos, menos economicamente ativos, menos escolarizados, menos urbanos e de outras regiões do país, atestando uma acentuada transformação em sua

---

[127] Considerando os votos dos partidos na eleição para presidente em primeiro turno. Entre as eleições de 1998 e 2014 o PMDB não lançou candidato como cabeça de chapa, bem como o PSDB em 2022.

base de apoio[128] (MARTINS JR., 2009). Como já afirmamos, os programas sociais implementados ao longo de sua primeira gestão no executivo federal possivelmente contribuíram para essa migração.

Os eleitores responsáveis pela mudança na base de apoio do PT apresentam uma ligação partidária – denominada *partidarismo de avaliação* (BAKER *et al.*, 2015) – que está associada ao conceito de partidarismo da escola econômica, segundo o qual os eleitores são mais susceptíveis a eventos políticos. Fiorina (1981), pesquisador alinhado a essa escola, afirma que, no processo de orientação partidária, a identificação do indivíduo depende da sua avaliação da atuação dos partidos. Em sintonia com o autor, Veiga (2007) identificou uma correlação entre identidade partidária e avaliação do governo incumbente (avaliação retrospectiva).

> A partir da avaliação que fazem da gestão em andamento, os eleitores aprovam ou desaprovam os partidos governantes. Como foi demonstrado, há correspondência entre avaliar bem o partido que está no governo e gostar do partido da situação e/ou avaliar mal o partido que está no governo e gostar do partido da oposição. Assim, continuamos apostando no conceito de identidade partidária proposto por Fiorina. (VEIGA, 2007, p. 361).

Esse tipo de ligação relaciona-se a eleitores mais pragmáticos e, possivelmente, menos articulados em sua consciência política, podendo prevalecer em democracias jovens, em sistemas hiperpartidários com alta concentração e pouca pluralidade midiática, a exemplo do Brasil. Já aqueles que se mantêm fiéis aos seus partidos ao longo do tempo vinculam-se ao *partidarismo de identidade* (BAKER *et al.*, 2015) associado às escolas sociológica e psicossocial. Os autores identificaram, em pesquisa realizada entre 2002 e 2006, uma instabilidade limitada entre os eleitores petistas em torno de um eixo de estabilidade, que representa o núcleo identitário do partido e corresponde a 40% dos seus simpatizantes (BAKER *et al.*, 2015). Esse eixo de estabilidade garantiu ao PT a manutenção de uma votação consistente, mesmo com candidatos menos populares e carismáticos – caso de Dilma Rousseff e Fernando Haddad. Portanto, em um mesmo partido coexistem as duas formas de partidarismo.

Quando a consciência política do indivíduo é mais articulada, suas crenças e valores o levam a desenvolver uma identidade partidária coerente com sua identidade ideológica, ficando, portanto, menos susceptível a ava-

---

[128] Vale observar que as pesquisas de Braga e Pimentel Jr (2011) não suportam essa afirmação. Para os autores, desde 2002 havia tendência de voto no PT dos mais pobres e do nordestino.

liações temporais sobre o desempenho partidário. Assim, seus votos nas diversas esferas e poderes apresentam consistência ideológica entre si. Um fator que dificulta a conexão entre a identidade ideológica e a identidade partidária é a característica hiperpartidária do sistema político do país, sistema que foi sendo construído após o término do bipartidarismo tutelado, vigente do final de 1965 a 1979, formado pelo partido do governo, a Aliança Renovadora Nacional (ARENA), e o único partido de oposição permitido pelo regime militar, o Movimento Democrático Brasileiro (MDB).

Os dois gráficos a seguir apresentam a avaliação dos dois partidos que disputaram o segundo turno das eleições presidenciais entre 2002 e 2014. Os dados foram obtidos das pesquisas realizadas pelo ESEB[129]. Avaliações positivas, neutras ou negativas demonstram sentimentos de simpatia, indiferença e antipatia, respectivamente, em relação aos partidos que são constituídos a partir das subjetivações que ocorrem ao longo dos processos político-eleitorais, aproximando ou afastando o eleitor das diversas legendas (BRAGA; PIMENTEL JR, 2011).

Gráfico 4A – Evolução da avaliação positiva dos partidos: PT e PSDB

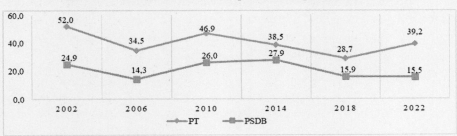

Fonte: Elaborado pelo autor com base nas pesquisas do ESEB 4810 (2022), 4622 (2018), 3928 (2014), 2639 (2010), 2489 (2006) e 1838 (2002) do banco de dados do Cesop. Valores porcentuais, desconsiderando os que não conheciam os partidos, os que não sabiam responder ou não responderam.

---

[129] A pergunta estimulada do questionário do ESEB foi "Por favor, use uma nota de 0 a 10 para indicar quanto o(a) Sr(a) gosta do partido que eu vou mencionar." Na escala, 0 significa não gosta nem um pouco e 10, gosta muito. Agrupamos as avaliações de 0 a 3 e as classificamos como avaliação negativa, representando uma posição antipartidária; e como avaliação positiva ou alto grau de simpatia, as avaliações de 7 a 10, indicando uma identificação partidária.

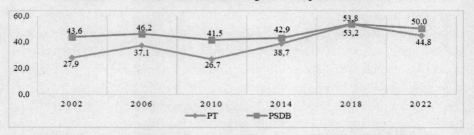

Gráfico 4B – Evolução da avaliação negativa dos partidos: PT e PSDB

Fonte: Elaborado pelo autor com base nas pesquisas do ESEB 4810 (2022), 4622 (2018), 3928 (2014), 2639 (2010), 2489 (2006) e 1838 (2002) do banco de dados do Cesop. Valores porcentuais, desconsiderando os que não conheciam os partidos, os que não sabiam responder ou não responderam.

As avaliações negativas do PSDB foram mais estáveis ao longo do período. A rejeição dessa agremiação apresentou uma amplitude de apenas 12,5 pontos porcentuais (p.p.) no período e uma média de 46,3%. A rejeição média de 38,1% do PT, apesar de menor, oscilou muito mais, em uma amplitude de 26,5 p.p. Quanto a avaliação positiva, a média do PT foi de 40,0%, quase o dobro dos 20,8% do PSDB. Em 2006 houve uma primeira queda nos índices do PT, atribuível a dois fatores: o fraco desempenho da economia naquele momento, que elevou o desemprego para 10,0%[130], e as denúncias do *Mensalão*, divulgadas a partir de meados de 2005.

> A partir de 2005, iniciou-se a longa e diuturna batalha da mídia tradicional contra o governo do PT, o partido e o petismo, no rastro do chamado mensalão. Voltava à cena o velho expediente udenista de preencher o debate político exclusivamente com denúncias de corrupção, dada a secular incapacidade da direita de apresentar alternativas reais para sensibilizar o "eleitorado popular." De todo modo, firmavam-se os elementos principais do discurso antipetista, que se amoldou ao ressentimento de certos segmentos da classe média, aguçado pela proximidade dos pobres em espaços nunca dantes frequentados, sob o embalo de campanha furiosa da mídia, a fomentar um novo padrão de idiotia, combinando esnobismo, incultura, desinformação e agressividade inauditas. (DELGADO, 2015, p. 2).

Em 2014, o escândalo ligado à gigante petrolífera Petrobras, apelidado pela mídia corporativa de *Petrolão*, somado aos primeiros sinais de novo

---

[130] Segundo dados do IBGE. Refere-se à taxa de desocupação nas regiões metropolitanas.

ciclo de retração da economia, explica o início da escalada do antipetismo. Falhou também o PT, ao acomodar-se ao resultado positivo da ascensão dos setores mais vulneráveis da sociedade, em não promover um debate político-ideológico que levasse a compreender as conexões do processo que permitia construir um projeto de país, fomentando assim, a articulação da consciência política coletiva (DELGADO, 2015).

Em 2018, as denúncias da operação Lava Jato ocuparam fartamente as manchetes dos jornais durante e, especialmente, às vésperas da eleição e possivelmente contribuíram para piorar as avaliações dos partidos, seja pelo forte aumento das avaliações negativas do PT e do PSDB, seja pela queda considerável de suas avaliações positivas. Apesar de ambos os partidos acusarem queda na avaliação positiva, a do PSDB foi ainda maior. Naquela ocasião, a cobertura midiática sobre o candidato peessedebista foi menos amistosa do que em eleições anteriores. Como exemplo, citamos a entrevista[131] do candidato Geraldo Alckmin aos âncoras do Jornal Nacional – principal jornal televisivo do país – quando a insistência no tema *corrupção* só perdeu em intensidade para a entrevista com Fernando Haddad, o candidato petista. Ademais, o clima de acirramento político verificado no país a partir de 2014, inicialmente entre o PT e o PSDB e entre petistas e bolsonaristas nas eleições de 2018 e 2022, tem contribuído para fomentar sentimentos negativos em relação às agremiações políticas.

Por fim, os gráficos mostram ainda uma recuperação da avaliação do PT no pleito de 2022, atribuível a alguns fatores. Destacamos a publicação pelo site de notícias Intercept Brasil[132], a partir de junho de 2019, das conversas internas entre o Ministério Público e o juiz Sergio Moro na operação Lava Jato, desvelando ao cidadão comum a corrupção na 13ª. Vara Federal de Curitiba. Essa comunicação expõe uma série de transgressões legais visando incriminar adversários e desafetos políticos, notadamente o PT e o presidente Lula.

---

[131] Para maiores informações, ver matéria do site Carta Capital disponível em: https://www.cartacapital.com.br/opiniao/o-efeito-da-midia-nas-eleicoes/?fbclid=IwAR1NVPXLG1n6bM6-Af2Pj4Ry0XAfzm3rTz-mLLkBA_g_dwcv_avEHQ66koNQ

[132] Série de reportagens que ficou conhecida como *Vaza Jato*.

3.1.3 O filtro perceptivo

Conforme vão sendo formados, os sistemas de crenças, valores e elementos identitários estruturam a consciência política do sujeito e passam a agir como *filtro perceptivo* em relação à informação divulgada pelos meios de comunicação de massa. Esses sistemas atuam como uma predisposição, permitindo ou impedindo sua assimilação. A opinião formada seria o resultado da interação entre informação e predisposição (CERVI, 2012). Dessarte, sempre que acionado, esse filtro respalda-se na memória do indivíduo para resgatar suas crenças, valores e identidade.

É possível traçar um paralelo entre a porosidade do filtro perceptivo e o nível de estruturação da consciência política do sujeito. Assim, quanto mais fragmentada for a consciência, mais poroso será o filtro e maior a influência midiática. O oposto também é verdadeiro, ou seja, quanto mais articulada a consciência, menos poroso será o filtro e maior a blindagem do sujeito à interferência midiática.

A assimilação de uma narrativa também é facilitada quando há sintonia entre seu viés ideológico e o sistema de crenças ou a identidade ideológica do indivíduo. Os estudos de Michael e Breaux (2021) e de Silva Jr (2021) indicam que os indivíduos tendem mais a considerar fake news as notícias que divergem de suas crenças políticas preexistentes do que as que convergem com tais crenças. Essa blindagem associa-se ao conceito de *dissonância cognitiva*, segundo o qual conteúdos advindos do meio social que se contraponham a predisposições do indivíduo são normalmente descartados. Isto é, os indivíduos tendem a refutar informações incompatíveis com suas crenças (MIGUEL, 2004). Nesse sentido, Redlawsk (2004, p. 33-34, tradução nossa[133]) acrescenta:

> [...] nenhuma quantidade de informações "boas" de um candidato rejeitado melhora o efeito em relação a esse candidato. As implicações são claras. Uma vez estabelecida uma avaliação, mesmo que baseada em muito pouca informação, é bastante difícil alterá-la. As pessoas aparentemente ignorarão, contra-argumentarão ou deixarão de considerar informações novas e afetivamente incongruentes. Como nossos pais sempre nos disseram, as primeiras impressões contam.

---

[133] *"[...] no amount of "good" positions by a rejected candidate improves affect towards that candidate. The implications are clear. Once an evaluation is established, even one based on very little information, it is rather difficult to change it. People will apparently ignore, counterargue, or otherwise fail to account for new, affectively incongruent, information. As our parents always told us, first impressions do count."*

A existência desse filtro mediador, com diferentes graus de porosidade e vieses, sobrepuja-se aos reducionismos extremos presentes na supervalorização da influência midiática sugerida pela *Teoria Hipodérmica* ou na subestimação da sua interferência preconizada pela *Teoria dos Efeitos Limitados*, acolhida pelas escolas sociológica e psicossocial. Novos aportes teóricos, como o *Modelo de Ressonância*, reconhecem a possibilidade da persuasão dos eleitores, mas têm como premissa a influência conjunta das mensagens de campanha com as predisposições predominantes dos eleitores e seus sentimentos. Assim, à medida que novas informações se juntam às antigas, dependendo do efeito resultante, as escolhas dos eleitores podem ser afetadas ou não. É nessa interação entre o conteúdo da mensagem e as atitudes pregressas do sujeito que se fundamenta o *efeito de reforço ou de polarização* (IYENGAR; SIMON, 2000).

Em sintonia com o Modelo de Ressonância, entendemos que os efeitos da mídia sobre o sujeito político são mais ou menos limitados segundo o nível de articulação da sua consciência, mediada pelo filtro perceptivo a ela associada. Atualmente, na chamada *terceira era do estudo acadêmico*, é consenso quase absoluto entre os pesquisadores que os efeitos da persuasão eleitoral pela mídia não são nem massivos nem mínimos (MUTZ, 2012). Vale ressaltar que o tipo e a extensão do controle e manipulação exercidos pelas redes digitais, em função de sua considerável capacidade tecnológica, demandam novos estudos para avaliar de forma mais precisa e holística o complexo ambiente tecnopolítico advindo de uma sociedade informacional, na qual um novo meio de comunicação de massa tem alterado a forma de socialização do sujeito e sua cultura.

4

AS FORÇAS PROXIMAIS

As *forças proximais* atuam durante o período oficial de campanha eleitoral e representam o campo de forças formado pelas variáveis de curto prazo, que configuram o *fluxo político* e agem como estímulos sobre os indivíduos. É nesse período que os eleitores vão adquirindo, analisando e confirmando as informações referentes aos candidatos e no qual uma parcela deles decide o voto. Assim, a medida que a data do pleito se aproxima, o processo de escolha dos eleitores indecisos vai sendo delineado e cristalizado. Lourenço (2007) expõe as características das diversas fases da campanha eleitoral.

> Ao longo dessas três fases distintas da campanha (início, campanha e reta final), também vimos que os mecanismos cognitivos utilizados pelo eleitor variaram substancialmente ao longo das semanas. Se, no início da campanha, a preocupação maior gravitava em torno da coleta e do armazenamento de informações para construir uma escolha, na fase final, a preocupação central estava na ratificação das escolhas feitas, através de informações de reforço e apoio às mesmas. Essa particularidade introduz uma dimensão temporal à cognição eleitoral. (LOURENÇO, 2007, p. 184).

Na metáfora que utilizamos em nosso modelo, o fluxo político corresponde à correnteza da corredeira e seus obstáculos, arrastando o condutor de caiaque no seu sentido para a direita ou para a esquerda, desviando-o de sua posição inicial. O fluxo político expressa o contexto político corrente, retratando a agenda política repercutida pelas diversas mídias, com os diversos temas em evidência durante a campanha eleitoral (educação, saúde, segurança pública, religião, corrupção, etc.), os eventos internacionais que impactam o país, a situação da economia medida através de seus indicadores e analisada pelos especialistas da área, a repercussão sobre o desempenho dos candidatos nos debates e entrevistas e nas pesquisas eleitorais, além das propagandas políticas partidárias, do HGPE[134] e, mais

---

[134] Horário Gratuito de Propaganda Eleitoral.

recentemente, do ambiente político nas redes sociais. Os incidentes de campanha representam as pedras ao longo do caminho, corredeira abaixo. Vale ressaltar que contextos políticos mais ideologizados e polarizados implicam corredeiras mais turbulentas, com maior poder de influência sobre os condutores de caiaque. Resgatando a afirmação de Furtado (2011) de que o voto secreto, fundamentado na consciência política do cidadão, constitui a base da democracia na sociedade burguesa podemos identificar em nossa metáfora que os percursos trilhados pelos inúmeros condutores de caiaque rio abaixo, guiados por suas consciências políticas, representam as *corredeiras da democracia*.

Knight e Chiang (2008) alertam para o efeito da mídia sobre eleitores pouco sofisticados[135], que não consideram adequadamente seu viés político, podendo alterar o resultado das eleições, tanto a favor de candidatos democratas quanto republicanos. Para os autores, "a questão fundamental do papel da mídia nas democracias é se os eleitores, quando escolhem os candidatos nas eleições, são suficientemente sofisticados para filtrar qualquer viés de mídia e assim, reduzir sua confiança em notícias tendenciosas" (KNIGHT; CHIANG, 2008, p. 1, tradução nossa[136]). Nesse sentido, Parenti (1997) acrescenta:

> O viés da mídia não ocorre de forma aleatória; em vez disso, ele se move repetidas vezes na mesma direção geral, favorecendo a administração sobre o trabalho, as corporações sobre os críticos corporativos, os brancos ricos sobre as minorias de baixa renda, a autoridade sobre os manifestantes, o monopólio bipartidário[137] sobre os terceiros de esquerda, a privatização e as "reformas" de livre mercado sobre o desenvolvimento do setor público, o domínio corporativo dos EUA no Terceiro Mundo sobre a mudança social revolucionária [...]. (PARENTI, 1997, p. 5, tradução nossa[138]).

A forma como o eleitor processará e utilizará as informações obtidas, depende também do seu nível de confiança em relação ao veículo de comunicação.

---

[135] Conforme explicamos anteriormente, alguns autores abraçam o conceito de sofisticação política ao invés do de consciência política, por nós adotado.

[136] *"A key question regarding the role of media in democracies is then whether voters are sufficiently sophisticated to filter out any media bias and, correspondingly, to reduce their reliance on biased reporting when choosing between political candidates in elections."*

[137] O autor refere-se aqui ao sistema partidário estadunidense, dominado pelos partidos Republicano e Democrata.

[138] *"Media bias does not occur in a random fashion; rather it moves in the same overall direction again and again, favoring management over labor, corporations over corporate critics, affluent Whites over low-income minorities, officialdom over protesters, the two-party monopoly over leftist third parties, privatization and free market "reforms" over public-sector development, U.S. corporate dominance of the Third World over revolutionary social change [...]".*

> Os eleitores tendem a utilizar-se de forma mais segura dos meios nos quais mais confiam e descartar e checar mais as informações dos meios dos quais desconfiam. Todas as informações obtidas tendem a ser processadas ou para fortalecer o conhecimento sobre determinado aspecto da política ou questioná-lo e até mesmo refutá-lo. É notório que o meio de checagem de informação mais usual seja o contato interpessoal, o bate-papo, a troca de ideias sobre uma mesma informação. (LOURENÇO, 2007, p. 135).

A susceptibilidade ao fluxo político depende também do grau de exposição aos conteúdos midiáticos, ainda que a influência não ocorra de forma linear. É importante lembrar que: (i) nenhum sujeito aceita uma narrativa passivamente, mas a interpreta e a subjetiva conforme o grau de articulação da sua consciência; (ii) a interpretação é, portanto, pessoal e única; (iii) a internalização da narrativa será tanto maior quanto maior for sua aceitação pelo sujeito, em função da atuação do *filtro perceptivo*, e (iv) a narrativa sectária nem sempre é percebida de forma consciente pelo cidadão comum, incessantemente bombardeado pela mídia, mas, ao longo do tempo, ingressa silenciosamente em seu inconsciente, onde cumprirá seu propósito.

O efeito das forças exógenas, durante as campanhas, se observa nas flutuações de intenção de voto dos eleitores, captadas pelas diversas pesquisas eleitorais (MUNDIM, 2010). Os três gráficos a seguir, referentes às últimas três eleições presidenciais, apresentam as flutuações das intenções de voto em função do efeito das forças proximais e os resultados finais das urnas[139] no primeiro turno. Selecionamos os três candidatos com maiores intenções de voto no primeiro turno nas eleições de 2014 e 2018 e os quatro candidatos na eleição de 2022.

Em 13 de agosto de 2014, Eduardo Campos, que concorria pelo PSB, faleceu após a queda do seu jato particular. Sua vice na chapa, Marina Silva, substituiu-o como candidata do partido à presidência. A pesquisa de intenção de voto do Datafolha de agosto, realizada logo após o acidente, sob grande impacto midiático e em clima de comoção nacional, mostra o vertiginoso crescimento dos votos da chapa, que oscilava em torno de 14% nos meses anteriores, atingindo 25% das intenções de voto na ocasião. No mês seguinte, as intenções de voto chegaram a 40%, totalizando um acréscimo de 26 p.p. em dois meses. Marina chegou a liderar as pesquisas

---

[139] Para nivelar a base de comparação em relação às pesquisas de intenção de voto, desconsideramos os eleitores indecisos.

de intenção de voto para o segundo turno, mas a partir de setembro sua campanha perdeu força. Dentre os motivos[140] desta queda, destacam-se: imagem frágil da candidata, campanha de desconstrução dos dois principais adversários, inconsistências do seu programa de governo, pouco apoio partidário e reduzido tempo de HGPE.

Gráfico 5 – Evolução da intenção (estimulada) de voto no primeiro turno da eleição: 2014

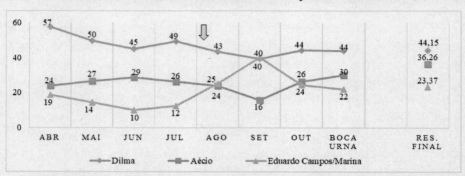

Fonte: Elaborado pelo autor com base nas pesquisas do Datafolha do banco de dados do Cesop[141]. Boca de urna do Ibope (sob registro no TSE BR-01063/2014). Resultados das urnas obtidos do site do TSE. A seta indica o momento do falecimento do candidato Eduardo Campos. Valores porcentuais[142], considerando as intenções de voto válido (excluindo brancos/nulos/nenhum e indecisos).

Em 1 de setembro de 2018, a candidatura do ex-presidente Lula foi impugnada pelo TSE, com base na Lei da Ficha Limpa. A chapa presidencial do PT passou a ser encabeçada pelo seu vice, Fernando Haddad, nome de pouca projeção nacional. Cinco dias depois, Jair Bolsonaro sofre um atentado[143] durante um comício de campanha em Juiz de Fora/MG. Dessa feita, a candidatura petista, que ostentava folgados 23 p.p. de vantagem sobre Bolsonaro, passou a apresentar desvantagem de 19 pontos, numa perda total de 42 pontos em apenas um mês de campanha (considerando a perda do PT e o ganho de Bolsonaro). O novo candidato

---

[140] Para maiores informações acessar: https://www.bbc.com/portuguese/noticias/2014/10/141003_marina_queda_ru.
[141] Identificadas com os números 3819 (abr.), 3820 (mai.), 3821 (jun.), 3822 (jul.) 3834 (ago.) 3836 (set.) e 3872 (out.).
[142] Intenções de voto do candidato do PSB: até julho referem-se a Eduardo Campos e a partir de agosto a Marina Silva.
[143] A facada sofrida por Bolsonaro é alvo de muita controvérsia em relação a sua veracidade. O jornalista Joaquim de Carvalho do site de notícias 247 produziu um documentário a este respeito intitulado *Bolsonaro e Adelio: uma fakeada no coração do Brasil* (2021).

petista, que dispunha de pouco mais de uma mês de campanha, ainda conseguiu recuperar 16 p.p. de intenção de votos, o suficiente para levá-lo ao segundo turno.

Gráfico 6 – Evolução da intenção (estimulada) de voto no primeiro turno da eleição: 2018

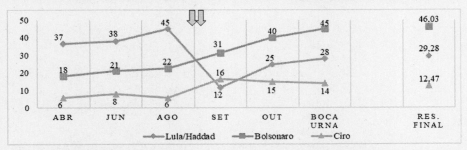

Fonte: Elaborado pelo autor com base nas pesquisas do Datafolha do banco de dados do Cesop[144]. Boca de urna do Ibope (sob registro no TSE BR-07052/2018). Resultados das urnas obtidos do site do TSE. A primeira seta indica o momento da impugnação da candidatura de Lula e a segunda, o atentado a Bolsonaro. Valores porcentuais[145], considerando as intenções de voto válido (excluindo brancos/nulos/nenhum e indecisos).

Na eleição de 2022, a população estava dividida e polarizada entre o ex-presidente Lula e o então presidente Bolsonaro e não houve espaço para o crescimento da chamada *terceira via*. A votação somada de Simone Tebet e Ciro Gomes, respectivamente, terceira e quarto colocados, atingiu 7,20%, bem menos que os 23,37% de Marina Silva em 2014 ou dos 12,47% de Ciro Gomes em 2018. O crescimento de Tebet lastreou-se em seu desempenho nos debates e sua imagem de política novata. Já Ciro Gomes amargurou seu pior desempenho em campanhas presidenciais. Seu histórico progressista não atraiu os conservadores que desejavam votar na terceira guia, seus ataques ao candidato Lula desagradaram o eleitor progressista e o voto útil arrebatou seus eleitores pouco convictos.

---

[144] Identificadas com os números: 4700 (abr.), 4579 (jun.), 4572 (ago.) 4573 (18 set.) e 4576 (6 out.).
[145] Pesquisas de maio e julho não disponíveis no banco de dados do Cesop. Intenções de voto do candidato do PT: até agosto referem-se ao cenário com Lula e, a partir de setembro, com Fernando Haddad.

Gráfico 7 – Evolução da intenção (estimulada) de voto no primeiro turno da eleição: 2022

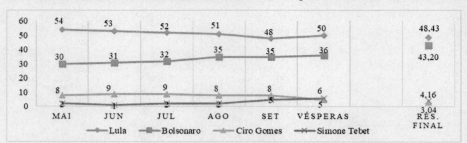

Fonte: Elaborado pelo autor com base nas pesquisas do Datafolha registradas no TSE[146]. Resultados das urnas obtidos do site do TSE. Valores porcentuais, considerando as intenções de voto válido (excluindo brancos/nulos/nenhum e indecisos).

Esta eleição apresentou um nível oscilação na intenção de voto muito inferior às duas eleições anteriores por alguns motivos básicos, entre os quais: (i) a manutenção do quadro dos principais candidatos ao longo da campanha, ao contrário do que ocorreu nos pleitos de 2014 e 2018, (ii) a ausência de incidentes graves, como o atentado ao candidato Bolsonaro em 2018 ou o falecimento do candidato Eduardo Campos em 2014, (iii) a impugnação da candidatura de Lula em 2018 e (iv) o baixíssimo nível de indecisão eleitoral, muito abaixo das sete eleições presidenciais anteriores, como apresentado no Gráfico 38. Para a grande maioria dos eleitores, a decisão de voto já estava tomada e cristalizada desde o início do período da campanha eleitoral, havendo, portanto, pouco espaço para mudanças eleitorais de última hora e restando poucos eleitores indecisos para definirem seus votos.

Apesar de as sondagens eleitorais captarem a intenção instantânea de voto, vale destacar as diferenças entre os resultados das urnas comparadas com as pesquisas de intenções de voto medidas às vésperas dos pleitos[147] e, até mesmo, com as de boca de urna. Em 2014, houve diferença de +10,3% p.p., ou +6,3 p.p. considerando a pesquisa de boca de urna, no resultado das urnas para o candidato Aécio Neves, vice-líder nas pesquisas, que estava crescendo desde setembro. Em 2018, a diferença foi de +6,0 p.p. (ou +1,0 p.p na pesquisa de boca de urna) para o líder Jair Bolsonaro, que vinha con-

---

[146] Registradas com os números: BR-5166/2022 (26 mai.), BR-09088/2022 (23 jun.), BR-01192/2022 (28 jul.), BR-05675/2022 (18 ago.) e BR-09479/2022 (29 set).
[147] Vale registrar que os dirigentes dos institutos de pesquisa defendem que a pesquisa de boca de urna é a única que pode ser comparada com os resultados oficiais.

sistentemente ampliando sua vantagem nas pesquisas. Em 2022, a diferença do resultado das urnas para a pesquisa de véspera foi de +7,2 p.p.[148] para o vice-líder Bolsonaro. Dos casos aqui apontados, excetuando o resultado de boca de urna para Bolsonaro em 2018, em todas as demais situações, os resultados das urnas estiveram significativamente fora da margem de erro de +/− 2,0% das pesquisas.

Em 2022, parte do crescimento final de Bolsonaro pode ser atribuído ao voto útil, que erodiu aproximadamente 4% dos votos somados de Ciro Gomes e Simone Tebet e à definição dos eleitores indecisos – que representavam 2% do eleitorado às vésperas do pleito –, os quais podem ter-se inclinado majoritariamente para o ex-capitão. A subestimação de votos em Bolsonaro pode ter sido causada também pela negativa de alguns de seus eleitores em responder às pesquisas, no chamado *voto envergonhado*, o que teria levado à distorção dos resultados. Em relação a Lula, que tinha 50% de intenção de voto às vésperas do pleito, as pesquisas foram mais eficientes em estimar seu tamanho eleitoral, que atingiu 48,43% dos votos válidos. Outro aspecto a considerar refere-se ao aumento da abstenção no primeiro turno desta eleição, o maior desde 2002 – como apresentado no Gráfico 12 – que normalmente é maior entre os estratos de menor renda e escolaridade, o que contribuiu para prejudicar o desempenho de Lula nas urnas.

Um dos casos mais notórios de discrepância entre pesquisas de intenção de voto e o resultado das urnas ocorreu na eleição municipal de São Paulo de 1988[149]. Na pesquisa Datafolha[150] realizada entre 15 e 16 de outubro de 1988, Luiza Erundina aparecia em terceiro lugar, com 17% das intenções de voto, atrás de Paulo Maluf, com 37% e de João Leiva, com 27%. Até mesmo pesquisas bem próximas da data do pleito apontavam a candidata petista em terceiro lugar sem, àquela altura, esperanças de vitória. O resultado das urnas, todavia, apontou[151] 29,84% dos votos totais (36,78% dos votos válidos) para a candidata petista, 24,45% para Maluf e 14,17% para Leiva. O relato da ex-prefeita Erundina atesta seu choque na ocasião. "Foi uma surpresa. O Maluf já estava com seu secretariado escolhido, ele estava com

---

[148] Os institutos não realizaram a pesquisa de boca de urna nas eleições de 2022 em função do alto custo e da baixa utilidade, já que os resultados das urnas começariam a ser divulgados logo após o encerramento do horário de votação, que nessa eleição foi unificado para o País todo.

[149] Eleição em turno único, realizado em 15 de novembro de 1988.

[150] Pesquisa obtida do banco de dados do Cesop, sob número CESOP-DATAFOLHA/BRASIL88.OUT-0112.

[151] Conforme o site Forum: https://revistaforum.com.br/news/2012/2/8/bau-da-campanha-as-eleies-paulistanas-de-1988-2236.html.

uma margem grande do segundo colocado, que nem era eu, era o Leiva. Cheguei no dia da eleição em terceiro lugar com 18%, e ele lá na frente" (ERUNDINA *In:* PBagora[152], 2013).

4.1 O contexto eleitoral

4.1.1 A economia

Situações de forte crise econômica tem o poder não só de pautar mas de dominar a agenda política, atuando como importante preditor do voto. Downs (2013 [1957]), expoente da escola econômica, defende a significativa influência do desempenho da economia sobre o eleitor. Segundo o autor, um bom desempenho favorece o candidato da situação, enquanto o fraco desempenho, o candidato da oposição. Em seu clássico trabalho, Kramer (1971) demonstrou influências importantes nas eleições para o Congresso dos EUA. Os candidatos do partido da situação foram favorecidos em momentos de recuperação da economia e os candidatos da oposição em momentos de declínio econômico. Nessa perspectiva, Mundim (2010, p. 409) acrescenta:

> Até hoje, nenhuma análise de séries temporais sobre a popularidade presidencial deixou de mostrar que os eleitores responsabilizam o presidente pelo desempenho da economia, levando em conta, principalmente, três tipos de indicadores: inflação, desemprego e crescimento do Produto Interno Bruto.

Todavia, essa *accountability* nem sempre ocorre de forma direta, sendo um processo complexo e dependente de outras variáveis. Como veremos no Capítulo 7, na eleição de presidencial de 2022, o candidato incumbente não foi responsabilizado pelo desempenho ruim da Economia por parte significativa do eleitorado.

Veiga (2013), em pesquisas realizadas entre 1995 e 2010 cobrindo eleições presidenciais e legislativas de dezoito países latino-americanos, sugere que apenas o desempenho econômico não teria impacto sobre o desempenho eleitoral do partido do incumbente, mas que o investimento social associado ao crescimento econômico afetaria esse resultado. As variáveis macroeconômicas interviriam de forma indireta no desempenho

---

[152] Ver: https://www.pbagora.com.br/noticia/politica/erundina-e-destaque-em-comemoracao-aos-25-anos--de-sua-vitoria-na-prefeitura-de-sao-paulo/.

eleitoral do incumbente, visto que influenciam a avaliação do eleitor sobre economia, esta, sim, com impacto direto no pleito eleitoral. Em outro estudo, a autora e colegas identificaram que o padrão de voto baseado na escola econômica "ora se aplica a pleitos eleitorais, ora não se aplica" e "que o peso de determinados aspectos da macroeconomia pode variar de disputa para disputa" (VEIGA *et al.*, 2018, p. 116). Nesse segundo estudo, novamente abrangendo diversos países da América Latina, Veiga *et al.* (2018) constataram uma associação positiva entre a avaliação do eleitor sobre a situação econômica e o voto no partido do mandatário. Rennó e Spákanos (2006) pesquisaram as eleições presidenciais do Brasil de 1994, 1998 e 2002 e identificaram a importância da economia sobre a intenção de voto do eleitor, confirmando a relevância do voto retrospectivo no país.

Os resultados aparentemente inconclusivos entre si dessas pesquisas podem remeter a diferenças entre procedimentos metodológicos que levam em consideração a inclusão e análise de variáveis distintas. Dentre as diversas variáveis econômicas passíveis de uso em pesquisas eleitorais, citamos: (i) a percepção coletiva do desempenho da economia, que pode refletir vieses partidários ou midiáticos; (ii) indicadores econômicos provenientes de institutos oficiais de pesquisa; (iii) a avaliação retrospectiva sobre a situação financeira do eleitor ou ainda (iv) sua avaliação retrospectiva sobre o desempenho da economia nos últimos doze meses (sociotrópica), igualmente susceptível a vieses. Kramer (1983, p. 104) explica a variação nas avaliações das condições econômicas nacionais em uma única pesquisa eleitoral em função de vieses partidários ou outras formas de "ruído perceptual" idiossincrático, já que o estado atual da economia nacional é uma constante. Vale acrescentar que momentos de retração da economia podem receber um tratamento mais complacente ou mais intolerante da mídia corporativa, segundo os interesses dos atores dominantes. Além do desempenho da economia que potencializa o sentido do fluxo político a favor ou contra o voto para o candidato incumbente, o posicionamento da mídia perante o desempenho sociotrópico da economia – considerando sua temporalidade seja retrospectiva, atual ou prospectiva – também atenua ou intensifica o fluxo, bem como seu direcionamento. Para o eleitor, o impacto em sua condição pessoal e momentânea é relevante, o que não significa que seu julgamento sobre a responsabilidade perante a condução da economia não seja influenciado pela visão hegemônica preconizada pela narrativa dominante. Bartels (2008, p. 30, tradução nossa[153]) acrescenta que "as análises dos dados da pesquisa de Kinder e Kiewiet e outros (1979) sugeriram que as análises das condições econômicas coletivas são muito mais consequentes do que as circunstâncias econômicas pessoais."

Programas de transferência de renda também parecem ter impacto sobre o comportamento eleitoral, conforme mostram as pesquisas de Veiga (2013). O PT, a partir da eleição presidencial de 2002, quando se sagrou vitorioso pela primeira vez em âmbito nacional, logrou aumentar sua base eleitoral na região Nordeste, antigo reduto de clãs oligárquicos. O gráfico a seguir sobre a evolução dos votos em candidatos petistas à presidência, na região Nordeste e no Estado de São Paulo, seio do sindicalismo do país e seu berço político, mostra que, em 2006, houve acentuado avanço do PT no Nordeste em relação à eleição de 2002. Após uma perda de votos na eleição seguinte, a partir desse momento, observa-se estabilidade em um patamar acima do verificado em 2002. A região, desde a ascensão do PT à presidência, tornou-se a maior beneficiária do programa Bolsa Família. Segundo Vale (2015), entre 2004 e 2011, cerca de 53% de todos os recursos do programa foram direcionados ao Nordeste, devido à grande afluência de famílias com baixa renda. A pesquisa desse autor sobre as eleições de 2014 identificou ainda forte correlação entre os votos em Dilma Rousseff e os beneficiários do Bolsa Família.

Todavia, como apresentado no gráfico, o partido perdeu poucos votos no Nordeste na eleição de 2022 em relação à eleição anterior, apesar do grande esforço do governo Bolsonaro em incrementar o Auxílio Brasil[154] no período da campanha de 2022. Pelo visto, apenas programas de transferência de renda não garantem o voto do eleitor de estratos sociais inferiores no candidato incumbente. O resultado dessa eleição sugere que são necessários mais estudos na área. O gráfico expõe ainda a perda gradual de votos do PT até 2018 no Estado de São Paulo, porém com forte recuperação no pleito de 2022.

---

[153] *"Analyses of survey data by Kinder and Kiewiet (1979) and others suggested that assessments of collective economic conditions are much more consequential than personal economic circumstances."*

[154] Programa do governo Bolsonaro que substituiu o Bolsa Família.

Gráfico 8 – Evolução dos votos em candidatos do PT[155]: Nordeste e São Paulo

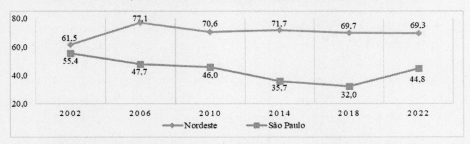

Fonte: Elaborado pelo autor com base nos dados do TSE e sites jornalísticos[156]. Valores porcentuais em relação aos votos válidos.

4.1.2 O ambiente político e institucional

Uma das fontes importantes de diferenciação entre sistemas democráticos diz respeito ao contexto institucional. Instituições que regem o sistema político-eleitoral, como o Legislativo e o Judiciário, podem ter impacto direto sobre o comportamento do eleitor, e assim, alterar o resultado das urnas (BOWLER, 2017). Os sistemas podem, por exemplo, fortalecer ou enfraquecer o partidarismo assim como decidir a elegibilidade dos candidatos a cada pleito.

As instituições caem em descrédito quando as demandas da sociedade não são atendidas de forma satisfatória, gerando um clima de ceticismo na população (CASTRO et al., 2020a). Possíveis consequências desse descrédito já eram alertadas em 2008 pelo cientista político José Alvaro Moisés.

> [...] a preferência por soluções à margem da lei e das normas democráticas (podendo envolver o retorno de militares ou o apoio a lideranças carismáticas) com o objetivo de resolver problemas da sociedade está associada com o desprezo ou o descrédito de componentes fundamentais da democracia representativa, como o parlamento e os partidos políticos. (MOISÉS, 2008, p. 36).

Conforme veremos adiante, a influência do Judiciário e a confiança institucional, entre outros, tiveram relevância na eleição de 2018.

---

[155] No segundo turno de eleições presidenciais.

[156] Nas eleições de 2002 a 2014, os dados foram obtidos, respectivamente, dos sites: https://sites.google.com/site/atlaseleicoespresidenciais/2002, https://eleicoes.folha.uol.com.br/folha/especial/2006/eleicoes/al2p.html, https://sites.google.com/site/atlaseleicoespresidenciais/2010, https://placar.eleicoes.uol.com.br/2014/2turno/resumo-estadual/

Em contextos eleitorais com baixa identificação partidária ou reduzida confiança institucional nas representações políticas, a mídia ganha relevância. Nessa situação, o eleitor, descrente e em situação de *desamparo político*, torna-se apático e – por consequência – mais susceptível ao fluxo político, tal como um condutor de caiaque levado pela correnteza por não ter força de reação ou mesmo, por não ter determinado previamente o percurso a seguir.

A evolução da confiança do eleitor em relação a diversas instituições, medida às vésperas das eleições de 2002 a 2022, está apresentada no gráfico a seguir, no qual se registram as avaliações categorizadas como alta confiança[157]. Vale destacar que, como as medições foram realizadas por diferentes institutos de pesquisa com protocolos próprios, as comparações longitudinais precisam ser relativizadas. Infelizmente, na eleição de 2002, os dados referentes às instituições das Forças Armadas, Judiciário e Presidência da República não foram coletados, nem tampouco na eleição de 2022 os dados referentes à Presidência da República.

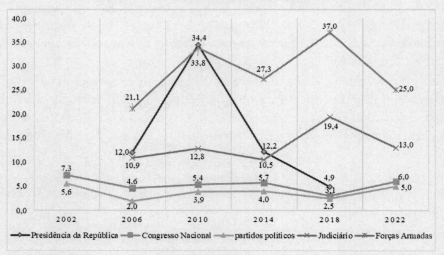

Gráfico 9 – Evolução da confiança nas instituições

Fonte: Elaborado pelo autor com base nas pesquisas Datafolha 4579 (2018), Ibope 4638 (2014), Ibope 4640 (2010), ESEB/USP 2330 (2006) e Criterium 1818 (2002) do banco de dados do Cesop. Pesquisa de 2022 realizada pelo Instituto da Democracia (IDDC-INCT)[158].
Valores porcentuais dos respondentes com alta confiança.

---

[157] Não apresentamos as categorias: "confia só até certo ponto" ("confia mais ou menos" e "confia pouco") e "não confia".
[158] Confiança do judiciário em 2022 refere-se apenas ao STF, confiança na presidência não disponível. Ver: https://oglobo.globo.com/blogs/pulso/post/2022/07/partidos-igrejas-e-stf-veja-os-indices-de-confianca-dos-brasileiros-nas-instituicoes.ghtml.

Como esperado, a confiança na Presidência da República foi a que mais variou no período, por refletir a confiança na figura do presidente em exercício. Sob a segunda presidência de Lula, a instituição obteve 34,4% de alta confiança, a segunda maior avaliação positiva de todas as instituições ao longo do período pesquisado. As avaliações sobre a presidência, após o primeiro mandato de Lula e de Dilma Rousseff, foram muito próximas, com índices de 12,0% e 12,2%, respectivamente. No outro extremo está a avaliação sob a presidência de Michel Temer, com apenas 4,9% de alta confiança.

Os Partidos Políticos tiveram pouca variação no período e foram os menos bem avaliados, com uma média de apenas 3,6% de alta confiança, seguidos pelo Congresso Nacional, com uma média de alta confiança de 5,2% e também com pouca variação. Os dados apresentados retratam uma opinião pública altamente negativa em relação às representações políticas do país, associando-as, de forma geral, à corrupção, ao nepotismo e ao patrimonialismo, conforme Oro (2005) já identificara. Interessante notar a consistência entre a confiança dos partidos aqui apresentada e a avaliação positiva do PT e PSDB, os principais partidos da disputa presidencial de 1994 até 2014. No Gráfico 4A, já apresentado, os melhores resultados para as duas variáveis ocorreram em 2002 e os piores resultados em 2006 e 2018. Na outra ponta estão as Forças Armadas, a instituição mais bem avaliada, com alta confiança variando de 21,1% em 2002 até 37,0% em 2018. Vale destacar a queda brusca na avaliação de 2022, após sua participação ativa no governo de Jair Bolsonaro.

Por fim, o Judiciário manteve uma média com pouca oscilação, em torno de 11,5% entre 2006 e 2014, e depois subiu para 19,4% na avaliação de 2018, possivelmente em função da operação Lava Jato, então no auge de seu prestígio, e da condenação do ex-presidente Lula, que o alijou do processo eleitoral e agradou a parcela conservadora do eleitorado. A anulação das condenações do presidente Lula em 2021 pelo STF gerou nos setores conservadores da sociedade o sentimento de que a instituição estava contaminada pela corrupção. Ademais, sob forte ataque do governo bolsonarista, a instituição também sofreu significativa queda para 13,0% de avaliações positivas em 2022. Fábio de Sá e Silva, pesquisador de temas ligados à justiça, defende que a crise de credibilidade do STF começou com a Operação Lava Jato. Na época, sob a égide do combate à corrupção, a operação contou com o total apoio da mídia corporativa, a qual nunca se preocupou em divulgar que a operação "se apoiava juridicamente em teses controvertidas, algumas das quais cruzavam as linhas do que é razoável na interpretação da legislação" (SÁ E SILVA, *In:* Folha de São Paulo[159], 2023, n.p).

A desconfiança generalizada nas instituições, provocada por fatores como falta de acesso aos direitos civis, lentidão da justiça, violência policial, orçamentos secretos distribuídos a parlamentares e corrupção internalizada, entre outros, gera sua deslegitimização e o sentimento de desamparo do cidadão em relação às representações políticas, enquanto a frustração em relação aos partidos políticos alimenta o personalismo na política. A frustração, fruto da decepção, insere-se no cíclico sentimento de esperança-decepção-esperança de boa parte dos eleitores, conforme explicado por Radmann (2002).

> A cada eleição, munidos unicamente de esperanças e não de mecanismos de participação política, os eleitores introjetam em seus sistemas de crenças uma "certa expectativa", "mais uma nova esperança." A cada promessa não cumprida, a cada escândalo de corrupção ou de malversação de recursos públicos, as expectativas da população revertem-se em frustrações. A esperança, gradativamente, transforma-se em decepção. (RADMANN, 2002, p. 13).

4.1.3 As emoções e os sentimentos nas campanhas eleitorais

As emoções atribuem significado e relevância aos fatos do cotidiano e, de acordo com Lerner *et al.* (2015), constituem impulsionadores potentes, penetrantes e previsíveis, que influenciam a tomada de decisão. Por serem mais duradouras, as emoções produzem adesão eleitoral. Kurtbaş (2015) aponta que o combustível da política é carregado emocionalmente e que o indivíduo, quando carregado, torna-se um eleitor mais atento ao discurso político e mais politizado.

Cientes de sua relevância e suportadas pelo desenvolvimento do marketing político, as coordenações das campanhas eleitorais têm priorizado a exploração de apelos emocionais mediante narrativas sedutoras, em detrimento da divulgação e esclarecimento das propostas de governo dos candidatos. Marcus (2000) destaca a importância da mobilização de sentimentos dentro do contexto eleitoral.

---

[159] Ver: https://www1.folha.uol.com.br/poder/2023/01/ataque-golpista-tem-digitais-da-lava-jato-diz-pesquisador.shtml#:~:text=A%20Lava%20Jato%20se%20apoiava,Era%20uma%20arena%20de%20disputa.

> Os julgamentos presentes sobre os políticos tendem a ser influenciados pelas emoções do momento, fazendo do afeto um canal de persuasão. [...] mensagens persuasivas baseadas no afeto têm uma vantagem sobre os apelos cognitivos, uma descoberta especialmente pertinente durante as campanhas políticas. (MARCUS, 2000, p. 230, 232, tradução nossa[160]).

O uso maciço da tecnologia da informação nas campanhas não significou simplesmente incorporar a racionalidade na política, mas empregar a emoção de maneira exacerbada, por meio de mensagens microdirecionadas, desenvolvidas para provocar sentimentos em grupos específicos de eleitores.

Estudos como o dos pesquisadores Gaxie (1978) e Denni (1986) evidenciam o pouco enquadramento dos indivíduos ao modelo ativista e racional, visto não se tratar de cidadãos particularmente ativos, bem informados ou engajados e não obedecerem a um processo racional na elaboração de suas decisões de voto (NUNES, 2004), opondo-se ao modelo econômico-racional. Para boa parte dos eleitores, na maioria das situações, a decisão do voto é fruto mais do componente emocional do que do racional e, nesse sentido, Redlawsk e Pierce (2017) afirmam que o uso de heurísticas ou atalhos, obtidos da vida cotidiana, substitui a necessidade dos preceitos tradicionais da racionalidade. Os autores interpretam o uso das emoções pelos eleitores não como uma falha de sua racionalidade ou competência, mas como parte necessária, embora nem sempre útil, do cálculo de decisão do voto. Radmann (2001) denomina esse componente emocional *razão de ordem emocional*. Vale ressaltar que o voto útil ou estratégico não se enquadra no voto emocional, apresentando um componente notadamente pragmático e racional.

Glaser e Salovey (1998, p. 161, tradução nossa[161]) afirmam que "a maioria das pesquisas contemporâneas indica pelo menos alguma influência específica do afeto sobre o julgamento político e vários teóricos afirmam que o afeto é um indicador mais poderoso da escolha eleitoral do que avaliações puramente cognitivas." Arcuri *et al.* (2008, p. 382, tradução nossa[162], grifo nosso) destacam que "emoções e afetos desempenham um papel signifi-

---

[160] *"[...] contemporary political judgments are likely to be influenced by contemporaneous emotions, enabling affect to be a channel for persuasion." [...] "affect-based persuasive messages have an advantage over cognitive appeals, a finding that is especially pertinent during political campaigns."*

[161] *"Most contemporary research indicates at least some independent influence of affect on political judgment, and several theorists contend that affect is a more powerful predictor of electoral choice than purely cognitive appraisals."*

[162] *"Right now, it has become clear that emotions and affect do play a significant role in electoral choices and that they should be integrated into a "hot" cognition approach in which spontaneous reactions toward political entities represent a key feature."*

cativo nas escolhas eleitorais e devem ser integrados em uma abordagem do tipo *cognição "quente"* em que as reações espontâneas em relação às entidades políticas representam uma característica fundamental." Zajonc (1980) acrescenta que afeto e cognição estão sob o controle de sistemas parcialmente independentes que podem influenciar-se reciprocamente de várias maneiras, ambos constituindo fontes independentes de efeitos no processamento da informação. Conforme relatam Campbell e colegas (1976 [1960], p. 59, tradução nossa[163]), "o fato de um elemento da política poder colorir outro, tanto no sentido cognitivo quanto afetivo, é de especial importância, porque os objetos políticos entram na consciência pública em momentos diferentes e têm graus de desempenho muito diferentes."

As pesquisas de Marcus (2000) identificaram também que a ameaça é experimentada, em grande medida, pela afetividade e não pela cognição. Assim, em um pleito eleitoral, torna-se oportuno identificar uma ameaça personalizada em um inimigo a combater. Afinal o ódio promove a união do grupo contra o inimigo comum (FREUD, 2011, SANDOVAL, 2001).

Momentos de crise e instabilidade político-econômica aumentam o desamparo da população, favorecendo discursos extremistas que apelam ao inconsciente coletivo com vistas a idealizar seus líderes e despertar a paranoia contra grupos específicos. Furlan (2018, p. 47) afirma que nessas situações "o povo almeja por uma figura de mão forte e autoritária, e o rosto militar se presta bem a isso." Em diferentes momentos da história, a afetividade foi usada com propósitos políticos, como na ascensão de Hitler ou de Bolsonaro.

> A política se decide com as tripas, com as vísceras. É uma questão de afeto. [...] No entanto, os afetos não são irracionais, eles têm uma racionalidade, mas não é a racionalidade da razão, afetos têm uma racionalidade própria, e devem ser compreendidos nessa especificidade. [...] o discurso de Hitler e de Bolsonaro nunca foi para a razão, sempre foi para o inconsciente, o discurso dessas figuras sempre foi para mobilizar os afetos, em principal o ódio e o medo. (FURLAN, 2018, p. 47).

Vale ressaltar as semelhanças entre as perspectivas psicológicas e sociopolíticas ligadas à ascensão do nazismo na Alemanha, observadas por Fromm (1983), e a do bolsonarismo no Brasil.

---

[163] *"The fact that one element of politics may color another in both a cognitive and affective sense is of special importance because political objects enter public awareness at different times and have greatly different degrees of performance."*

Nunes e Traumann (2023) calcularam, a partir das pesquisas do ESEB, um *índice de polarização afetiva*[164] dos eleitores brasileiros. Conforme apresentado no gráfico a seguir, o índice manteve-se estável até a eleição de 2014, sofrendo forte inflexão a partir da eleição de 2018, o que atesta a intensa polarização afetiva verificada nos estratos sociais com a ascensão do bolsonarismo.

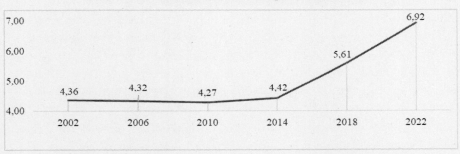

Gráfico 10 – Evolução do índice de polarização afetiva

Fonte: Nunes e Traumann (2023) com base nas pesquisas do ESEB.

Cientes de sua relevância sobre o comportamento eleitoral, campanhas de políticos extremistas exploram os sentimentos de ressentimento e revolta, exacerbados em momentos de crise.

> No interior das contradições engendradas ao longo do processo civilizatório e especificamente nas sociedades contemporâneas, neoliberais e de desenvolvimento periférico, como na América Latina, os sujeitos tendem a encontrar no ressentimento um modo de responder às frustrações, desigualdades e sofrimentos a que são submetidos. (STEFANUTO; BUENO, 2020, p. 39).

Com frequência, como mais um produto das contradições humanas, a revolta gerada pelo ressentimento faz com que o sujeito busque soluções simplistas para problemas complexos. Tal medida pode acabar se voltando contra si próprio e contra os princípios de vida considerados universalmente dignos, como será discutido no Capítulo 7.

---

[164] O cálculo foi realizado individualmente, a partir da pergunta sobre o sentimento do eleitor em relação a dois candidatos à presidência: o petista e o seu principal concorrente. As categorias variavam numa escala de 0 a 10, sendo 0 "não gosta de jeito nenhum" e 10 "gosta muito." O índice foi obtido pela subtração entre a avaliação dada ao candidato petista e ao candidato opositor. Por exemplo: um eleitor que avaliou Lula com 9 e Bolsonaro com 3 obteve o índice 6. Os valores individuais foram considerados em módulo e, em seguida, foi calculada a média da amostra.

4.2 A mídia

A mídia não atua sobre o sujeito apenas no longo prazo. Apesar de a influência midiática de longo prazo ser mais abrangente, porque contribui para estruturar a consciência política de todos os cidadãos de uma sociedade, no curto prazo ela também é bastante relevante, já que atua de forma incisiva sobre os eleitores indecisos, os eleitores não convictos e os menos articulados em sua consciência: justamente a fatia do eleitorado – a do voto flutuante – que costuma decidir as eleições. Como força proximal, a mídia direciona o fluxo político, representado pela correnteza da corredeira, no momento crítico da campanha eleitoral, às vésperas dos pleitos, salvaguardando os interesses do *establishment*, formado pelos grandes grupos financeiros, políticos, religiosos e midiáticos, os quais atuam como atores políticos, quer de forma aberta ou nos bastidores (DUNLEAVY; HUSBANDS, 1985).

Como já relatamos, quanto mais parcial e ideologizada for a mídia, mais forte será a correnteza e maior a turbulência da corredeira. Maior também será sua capacidade de moldar os obstáculos que acometem os condutores de caiaque em sua descida corredeira abaixo, recorrendo a técnicas como o *agenda-setting* e o *framing*, como por exemplo, atenuando ou destacando os incidentes de campanha ou pautando os assuntos a serem divulgados pela mídia. Uma analogia é possível entre os temas e incidentes de campanha com maior poder de impacto sobre o eleitor e o tamanho dos obstáculos da corredeira. Certos temas – a união civil entre homoafetivos, o aborto e a segurança pública – têm alto poder de polarização em alguns estratos sociais e podem definir preferências eleitorais.

Moscovici (2007, p. 202-203) destaca a importância da mídia na estruturação das representações sociais: "Nós mesmos vemos as representações sociais se construindo por assim dizer diante de nossos olhos, na mídia, nos lugares públicos, através desse processo de comunicação que nunca acontece sem alguma transformação." Tendo em vista sua relevância, muitos pesquisadores defendem que a saúde das sociedades democráticas depende da qualidade da comunicação política (IYENGAR; SIMON, 2000). Dessarte, os meios de comunicação ocupam papel de destaque nas democracias, especialmente em momentos de decisão, como nas campanhas eleitorais (CERVI; MASSUCHIN, 2013).

Apesar de constituírem campos independentes, é preciso considerar a relação dialética entre a comunicação (mídia) e a política, cada qual se fundindo à outra (MIGUEL, 2002). Sobre essa relação imbricada, o Prof. Venício de Lima acrescenta:

> [...] é insuficiente pensar a relação entre política e comunicação como interdisciplinar entre duas áreas de estudo que contêm zonas de confluência. Trata-se, ao contrário, de enfrentar o desafio de constituir um campo de conhecimento. Um campo no qual a própria política e a comunicação, mútua e geneticamente, constituem-se em seus conceitos fundamentais. Política e comunicação são dimensões que não podem ser analiticamente isoladas sem o risco de se perder a compreensão do próprio objeto investigado. (LIMA, *In:* JOSÉ, 2015, p. 12).

Lima (2009) revisita as sete teses sobre mídia e política, destacando sua importância para o país:

- A mídia ocupa uma posição de centralidade nas sociedades contemporâneas permeando diferentes processos e esferas da atividade humana, em particular, a esfera da política;

- Não há política nacional sem mídia;

- A mídia está exercendo várias das funções tradicionais atribuídas aos partidos políticos;

- A mídia alterou radicalmente as campanhas eleitorais;

- A mídia se transformou, ela própria, em importante ator político;

- As características históricas específicas do sistema de mídia no Brasil potencializam o seu poder no processo político;

- As características específicas da população brasileira historicamente potencializaram o poder da mídia no processo político, sobretudo, no processo eleitoral (mas essa realidade está mudando rapidamente).

Nas sociedades contemporâneas, boa parte, se não quase todo conteúdo de política à disposição do indivíduo provém dos diversos veículos de mídia, a qual, portanto, desempenha uma posição crucial na informação do eleitor. No Brasil, desde a redemocratização, a mídia corporativa tem desempenhado a relevante função da cobrir as eleições e, ao cumprir sua tarefa de distribuir o fluxo informacional, acaba colaborando na construção da opinião pública. Cervi (2012) aponta que a opinião pública resulta do embate entre os atores políticos que utilizam os recursos estruturais e institucionais para impor sua visão de mundo. E acrescenta que "Os efeitos da mídia são de ordem hegemônica, pois difundem a ideologia e os valores dominantes; também são de ordem institucional, pois influem nas demais instituições, além disso, são de ordem social e individual" (CERVI, 2012, p. 46). Glaser e Salovey (1998, p. 158, tradução nossa[165]) observam que "os vieses da mídia de notícias, sejam em relação a questões específicas, aos partidos ou aos candidatos, fornecem uma fonte de influência sobre a opinião pública."

Lamentavelmente, o país herdou da ditadura um sistema midiático profundamente viciado, oligopolizado e pouco compromissado com o regime democrático (FERES JR *et al.*, 2014).

> A imprensa liberal-conservadora, outrora favorecida pela ditadura brasileira, ergue-se como um poder corporativo que parece ser um obstáculo, tanto para uma democracia mais profunda quanto para a implementação de reformas sociais no Brasil, servindo para preservar interesses elitistas. [...] A imprensa liberal-conservadora, reproduzindo sob novas condições, o padrão elitista que subordinava a agenda pública às questões moralistas e excluía a desigualdade, retornou a uma posição que já havia sido causa de grande instabilidade durante o período da "democracia populista" (1951-1964). (GOLDSTEIN, 2016, p. 10, tradução nossa[166]).

Os grandes grupos midiáticos esquivaram-se de sua função cívica de *Quarto Poder* ou *Poder Moderador* e, mais ainda, de exercer um contrapoder (RAMONET, 2003). O que observamos é o abandono de sua missão[167] original, portando-se mais como *lapdog* do que como *watchdog*. Abramo (2016, p. 61) destaca que os órgãos de comunicação não só renunciaram sua função social como "se transformaram em novos órgãos de poder, em órgãos político-partidários e, por isso, precisam recriar a realidade onde exercer esse poder e, para recriar a realidade, eles precisam manipular as informações."

Apropriando-se de conceitos consagrados de países centrais[168] e descontextualizando-os em um país periférico, as organizações jornalísticas brasileiras, com o objetivo de legitimar seu papel político, reinvidicam

---

[165] *"Biases within the news media, whether toward particular issues, parties, or candidates, provide another source of influence on public opinion."*

[166] *"The liberal-conservative press, once favored by the Brazilian dictatorship, stands as a corporate power which seems to be an obstacle both for deeper democracy and the implementation of social reforms in Brazil, serving to preserve elitist interests."* [...] *Reproducing, under new conditions, the elitist pattern that subordinated the public agenda to moralistic issues and excluding inequality, the liberal-conservative press returned to a position that had already been a cause of great instability during the period of "populist democracy" (1951–1964)."*

[167] Albuquerque (2009) aponta a função da imprensa de atuar como guardiã dos interesses do cidadão contra os abusos do poder, devendo para tal posicionar-se de forma independente dos grupos dominantes.

[168] O autor refere-se ao conceito do *Fourth Estate*, baseado na tradição liberal britânica, e no conceito estadunidense de divisão de poderes, acrescentando o *Fourth Branch* da imprensa aos três poderes estabelecidos.

uma autonomia não subordinável a limites de atuação e tomam quaisquer críticas como uma ameaça à liberdade de imprensa (ALBUQUERQUE, 2009). "Chegou-se a uma situação em que questionar as afirmações oficiais é percebido como um trabalho ideológico inapropriado para a neutralidade informativa, enquanto a repetição das versões oficiais é considerada imparcialidade" (SERRANO, 2008, p. 40, tradução nossa[169]).

> A mídia não só diz o que existe e, consequentemente, o que não existe, por não ser veiculado, mas dá uma conotação valorativa à realidade existente. [...] Uma das informações mais importantes, por exemplo, que é negada aos ouvintes e telespectadores é a informação sobre a própria mídia e sobre os direitos que as pessoas têm com respeito à informação e à comunicação. (GUARESHI, 2007, p. 9-10).

O jurista Geraldo Prado, em matéria publicada no site Consultor Jurídico[170], afirma que a acanhada divulgação das revelações da Vaza Jato[171] pela Rede Globo, contrastando com a extensa cobertura recebida pela operação Lava Jato, "caracteriza obstrução do dever de noticiar que justifica a crença no envolvimento editorial nas práticas ilegais de investigação e processo que vieram à luz." Outro célebre exemplo de *ocultação para indução*[172] dos fatos ocorreu no comício do movimento Diretas-Já, em São Paulo, em 25 de janeiro de 1984[173], quando a emissora divulgou o evento na praça da Sé, tomada por uma multidão de centenas de milhares de pessoas bradando por eleições diretas para presidente, como mais uma comemoração pelo aniversário da cidade. Em ambas as situações, relata o juiz Lenio Luiz Streck na mesma matéria, fica patente o apoio da emissora à ditadura militar e ao lavajatismo. Essas duas situações ilustram a censura imposta pela mídia corporativa em democracias de baixa intensidade, como a brasileira.

Parenti (1997, p. 5, tradução nossa[174]) explica que "a forma mais comum de manipulação da mídia é a supressão por omissão. As coisas não mencionadas às vezes incluem não apenas detalhes vitais de uma história,

---

[169] *"Se ha llegado a una situación en la que cuestionarse las afirmaciones del oficialismo se percibe como una labor ideológica inapropiada para la neutralidad informativa, mientras que repetir las versiones oficiales sí se considera imparcialidad."*

[170] Disponível em: https://www.conjur.com.br/2021-fev-11/senso-incomum-feio-papel-tv-globo-lava-jato--propinoduto.

[171] Publicadas pelo site de notícias Intercept Brasil.

[172] Ocultação e indução são padrões de manipulação da mídia, como já relatamos.

[173] Para maiores informações, ver https://fpabramo.org.br/2009/01/27/diretas-ja-ha-25-anos-na-praca-da-se/.

[174] *"The most common form of media manipulation is suppression by omission. The things left unmentioned sometimes include not just vital details of a story but the entire story itself."*

mas toda a história em si." Nesse sentido, a afirmação do jornalista Gilbert Keith Chesterton, feita há mais de um século, permanece espantosamente contemporânea.

> Há algum tempo, as publicações periódicas são consideradas veículos confiáveis da opinião pública. Mas muito recentemente alguns nos convenceram, de forma repentina, que não é gradual, que não são histórias absolutas. Elas são, por sua própria natureza, brinquedos de alguns homens ricos. O capitalista e o editor são os novos tiranos que dominaram o mundo. Não é mais necessário que ninguém se oponha à censura da imprensa. Não precisamos de censura da imprensa. A própria imprensa é censura. Os jornais começaram a existir para dizer a verdade e hoje existem para impedir que a verdade seja dita. (CHESTERTON, 1917 *apud* SERRANO, 2009, p. 9, tradução nossa[175]).

Noventa por cento do mercado midiático do país está nas mãos de nove famílias (GUARESHI, 2007), sendo dominado por apenas quatro famílias/organizações – a Civita/Abril, a Frias/Folha, a Mesquita/Estadão e, especialmente, a Marinho/Globo – que detém a propriedade cruzada de jornais, revistas, redes de televisão (aberta e fechada) e portais na internet. Essa estrutura de mercado oligopolizada ostenta um grau de concentração econômica que permite a seus atores não apenas pautar[176] os conteúdos a serem debatidos mas enquadrá-los[177] de forma quase uníssona, concedendo pouco espaço para o contraditório e para a visão multipolarizada e apresentando uma narrativa em consonância com suas linhas editoriais, o que acaba por impactar a opinião pública e influenciar os pleitos eleitorais. Kucinski *in* Kucinski e Lima (2009, p. 91) acrescenta:

> [...] é surpreendente o fato de que todos os grandes jornais defendem uma mesma ideologia. Quase não há variação. Defendem as mesmas propostas programáticas, as mesmas soluções para as crises, os mesmos modelos econômicos, demonizam os mesmos líderes e movimentos sociais, apoiam outros, também os mesmos, isso em nível internacional, em todo o ocidente e particularmente no Brasil.

---

[175] *"Hasta nuestros días se ha confiado en los periódicos como portavoces de la opinión pública. Pero muy recientemente, algunos nos hemos convencido, y de un modo súbito, que no gradual, de que no son en absoluto tales. Son, por su misma naturaleza, los juguetes de unos pocos hombres ricos. El capitalista y el editor son los nuevos tiranos que se han apoderado del mundo. Ya no hace falta que nadie se oponga a la censura de la prensa. No necesitamos una censura para la prensa. La prensa misma es la censura. Los periódicos comenzaron a existir para decir la verdad y hoy existen para impedir que la verdad se diga."*

[176] Conforme o conceito do *agenda-setting* apresentado no capítulo inicial.

[177] Conforme o conceito do *framing* apresentado no capítulo inicial.

Guareshi (2007, p. 15) entende que "é impossível pensar uma sociedade democrática onde a mídia (informação e comunicação) é apropriada por poucos, que determinam e decidem quem pode ter acesso e que serviços serão disponibilizados."

> Nesse contexto, de um sistema de mídia concentrado e caracterizado por uma oferta de conteúdo político com baixa diversidade, a parcialidade da grande imprensa, pelo seu grande poder de agendamento (e *ripple effect*[178] no noticiário televisivo e nas redes sociais), pode gerar assimetria informacional e potencialmente desequilibrar a disputa política e eleitoral ao vocalizar, reproduzir ou endossar argumentos e estratégias narrativas de grupos e partidos políticos. (AZEVEDO, 2018, p. 271).

Lima *et al. in* José (2015) apontam a necessidade de reverter o mercado midiático oligopolizado para que ele se adeque à sua função democrática.

> Há muitas evidências de que já se está firmando em um número cada vez maior de brasileiros a consciência de que também o sistema de comunicações de massas, privatizado, altamente concentrado e oligopolizado, não serve à democracia do país e precisa ser regulado a partir de princípios republicanos e pluralistas. (LIMA, GUIMARÃES; AMORIM *In:* JOSÉ (2015, p. 143).

O processo de conscientização da sociedade passa pela divulgação da existência de uma legislação para a regulação midiática em países com longa tradição democrática, como os EUA e o Reino Unido, regulação que a mídia oligárquica tem ocultado deliberadamente (DELGADO, 2015), alegando que a medida esconde o desejo de censura a mídia.

Vale destacar a histórica ocasião do *impeachment* da presidenta Rousseff em que a unidade de cobertura midiática foi quebrada pela imprensa internacional que atuava no país, quando a mídia local procurou coibir o discurso destoante. Na época, enquanto a mídia corporativa local tratava o fato com ares de normalidade institucional, veículos de mídia como a BBC Brasil, El país e o Intercept Brasil apresentavam um entendimento diferente dos acontecimentos, alegando golpe de Estado. Naquele momento, a ANJ (Associação Nacional dos Jornais), representante dos proprietários dos veículos locais, impetrou uma ação junto ao STF para impedir que os veículos internacionais continuassem sua operação no país (VASCONCELOS, 2021).

---

[178] Efeito cascata, tradução nossa.

Jaggi (2015) destaca como uma das características do conceito de *Mídia e Ideologia* o papel ideológico da mídia em criar um amplo consenso sobre questões críticas, assumindo uma posição politicamente correta e não articulando visões de oposição que possam ameaçar a estabilidade do sistema. Nesse sentido, Serrano acrescenta:

> Assim como os meios de comunicação gostam de se apresentar como o simples reflexo da realidade em sua cobertura jornalística, ao opinarem ou editorializarem, eles tentam fazer com que os cidadãos entendam que certa opinião ou posição ideológica é apenas um reflexo do sentimento majoritário, "um clamor", como fazem costumeiramente. [...] A pretensão de identificar o interesse público com os interesses editoriais do grupo dirigente do meio de comunicação é um objetivo prioritário, pois é a forma de tentar incutir sua legitimidade como mantenedor do direito de informar. (SERRANO, 2009, p. 43-44, tradução nossa[179]).

Para ter acesso a diferentes perspectivas sobre as eleições e os candidatos, é importante que o eleitor busque diversificar suas fontes de informação. Todavia, a uniformidade entre as mídias corporativas acaba sendo um problema para o sujeito que deseja, mediante esse veículo, avaliar aquilo que é ou não verdadeiro. Afinal, quando o indivíduo não tem outros critérios de análise por falta de experiência concreta sobre um acontecimento, uma forma de orientar-se é confrontar as diversas fontes de informação. Quando todas convergem, o indivíduo acaba tomando a narrativa oficial como a versão correta dos fatos (RAMONET, [s.d.]).

Os veículos de mídia impressa, por serem empresas em sociedades capitalistas, são administrados para atingirem o lucro, seu objetivo primordial, o que impacta o enquadramento de suas matérias.

> O papel fundamental do jornalismo é ser uma ponte entre os líderes políticos e o público. [...] No entanto, nenhum jornalista consegue atingir um enquadramento neutro na sua narrativa, o que significa escolher uma posição na sua reportagem. Como a maioria dos meios de comunicação de notícias são organizações com fins lucrativos em um negócio orientado para a receita, quem satisfizer suas metas de

---

[179] *"Igual que los medios de comunicación gustan de presentarse como el simple reflejo de la realidad en cuanto a su cobertura informativa, cuando opinan o editorializan intentan hacer entender a los ciudadanos que esa opinión o posición ideológica sólo es un reflejo del sentir mayoritario, «un clamor», como suelen señalar con frecuencia. [...] La pretensión de identificar el interés público con los intereses del grupo editorial que dirige un medio de comunicación es un objetivo prioritario porque será la vía con la que ellos intentarán infundirnos su legitimidad como acaparadores del derecho a informar."*

> lucro ou interesses de longo prazo ganhará o favor de seus acionistas. Nesse caso, o jornalismo serve apenas como uma ferramenta conveniente e prática nas competições políticas. (ZHANG, 2021, p. 1, tradução nossa[180]).

As empresas de mídia corporativa, integrantes do *establishment*, "advogam em causa própria" e em favor dos seus grandes anunciantes. Herscovitz (2019) analisou os dados de mais de vinte estudos sobre a cobertura das eleições e das administrações dos presidentes Fernando Henrique Cardoso, Luiz Inácio "Lula" da Silva, Dilma Rousseff e Jair Bolsonaro, realizada pelos três grandes jornais do país. O autor concluiu que seus conteúdos atendem aos seus próprios interesses, favorecendo as políticas econômicas neoliberais e fortalecendo o poder da elite econômica, da qual fazem parte.

> Embora às vezes seja difícil identificar suas intenções implícitas quando apoiam ou se opõem a políticos específicos, os grandes jornais não renunciam a seu poder de definir a agenda nacional e de representar as forças do capital e do progresso econômico, conforme definido pelas elites nacionais. (HERSCOVITZ, 2019, p. 116, tradução nossa[181]).

Cook (2011, p. 237) acrescenta que, "Além das inclinações oficiais das notícias, há certo número de vieses mantidos pela pressão comercial para atrair e manter audiências que afetam a "alocação impositiva de valor."" Os leitores gostam de ver suas crenças confirmadas e essas empresas respondem fortemente às preferências dos seus consumidores (MULLAINATHAN; SHLEIFER, 2005, GENTZKOW; SHAPIRO, 2010). Dessarte, devem atender à sua demanda, satisfazendo não apenas seus anunciantes mais poderosos, que compõem o *establishment*, mas seus leitores-consumidores, cujo perfil ideológico médio é manifesto. Ainda que muitos desses leitores não tenham (plena) consciência da ideologização da mídia, por intuitição escolhem aquelas alinhadas às suas crenças.

> Do ponto de vista da teoria da exposição seletiva, muitas pessoas preferem ler e assistir notícias que se alinhem com suas identidades partidárias. Portanto, elas escolhem meios

---

[180] *"The fundamental role of journalism is to be a bridge between the political leaders and the public. [...] However, no journalist can achieve a neutral framework in their storytelling, which means picking a position in their news reporting. Since most news media outlets are for-profit organizations in a revenue-driven business, whoever satisfies their profit goals or long-term interests will win the favor of their shareholders. In this case, journalism merely serves as a convenient and practical tool in political competitions."*

[181] *"Although it is sometimes hard to pinpoint their underlying intentions when they support or oppose specific politicians, they do not yield their power to set the national agenda and to represent the forces of capital and economic progress as defined by national elites."*

> de comunicação específicos a partir do conhecimento sobre os que são politicamente tendenciosos para confirmar suas crenças. Nesse processo, as identidades partidárias levam as pessoas a se tornarem mais polarizadas, selecionando e consumindo produtos de mídia de notícias afinados. (ZHANG, 2021, p. 3, tradução nossa[182]).

Leitores conectados à internet são usados como *audience gatekeepers*, fornecendo informações sobre os temas preferidos, que são retroalimentadas no processo de *gatekeeping* dos provedores de notícias, influenciando assim, suas decisões subsequentes (SHOEMAKER *et al.,* 2010). Verifica-se desse modo, o desenvolvimento de uma relação dialética entre o emissor (provedor de informação) e o receptor (cliente).

Durante as eleições de 2014, dentre os diversos temas publicados no Facebook pelos principais jornais do país, as eleições, apesar de terem figurado apenas entre o quarto e quinto assunto mais postado por essas empresas, foram as que mais atraíram o interesse dos internautas, tendo recebido o maior volume de curtidas por postagem em todas as quinzenas analisadas, conforme pesquisa realizada por Silva, Pellizzaro e Santos (2016). A pesquisa apontou ainda que, dentre os assuntos relacionados às eleições, as imagens das campanhas e os próprios candidatos foram priorizados pelos jornais no Facebook.

As diferenças de posicionamento dos três grandes jornais do país podem estar relacionadas às características dos mercados onde suas sedes administrativas estão estabelecidas. *O Globo,* por ser o único jornal de *hard news* do Estado do Rio de Janeiro, procura posicionar-se mais ao centro da distribuição ideológica de seus eleitores[183], satisfazendo dessa forma o máximo de consumidores do seu mercado primário[184], enquanto a *Folha* e *O Estado de São Paulo,* para evitar concorrerem ideologicamente entre si, se apartam do centro da distribuição ideológica dos paulistas, ficando a *Folha* mais à esquerda e *O Estado* mais à direita do seu público consumidor, comportando-se assim como se a distribuição fosse bimodal (MUNDIM, 2018).

---

[182] [...] *"from the perspective of the selective exposure theory, many people prefer to read and watch news that only aligns with their partisan identities. Therefore, they choose specific news media based on the knowledge of which news media are politically biased to confirm their beliefs. In this process, partisan identities drive people to become more polarized by selecting and consuming news media products accordingly."*

[183] Considerando apenas o público com nível superior.

[184] Vale destacar, conforme dados do ESEB 2010 usados pelo autor, que o público carioca com nível superior tinha um posicionamento mais ao centro esquerda do espectro ideológico, enquanto o paulista estava mais para o centro direita do espectro.

O modelo de negócios de mídia impressa estabelecido no século passado, mantido por anunciantes e assinantes, apresenta claros sinais de esgotamento, além de caracterizar um evidente conflito de interesses. Exemplificando: como o assinante percebe a imparcialidade de um jornal, mantido por anunciantes do agronegócio, em relação ao seu posicionamento sobre questões referentes à sustentabilidade e à preservação ambiental? Esse conflito de interesses tornou-se mais evidente com a chegada de sites de notícias gratuitos financiados coletivamente[185]. Ademais, a internet trouxe uma nova agilidade para a divulgação de notícias.

> As informações fluem o tempo todo, através das outras mídias, eletrônicas, e, quando o jornal sai no dia seguinte, ou à tarde, não tem mais a função informativa. Significa que ele perdeu a legitimidade oriunda dessa função, o que torna a sua vida um pouco mais difícil. (KUCINSKI *In:* KUCINSKI; LIMA, 2009, p. 91).

De acordo com o Digital News Report 2020, do Instituto Reuters, o número de leitores de mídia impressa caiu para menos da metade (54%) em apenas sete anos (de 2013 a 2020) e, pela primeira vez no Brasil, as mídias sociais ultrapassaram a televisão no consumo de notícias. O aumento das TVs conectadas à internet, que oferecem entretenimento segmentado sob demanda, por meio de *streaming* de vídeo, redes sociais e sites de informação e conteúdo, tem provocando uma queda consistente na audiência das emissoras tradicionais. Em um efeito cascata, a queda de assinantes levou a menores investimentos por parte dos anunciantes, que passaram, cada vez mais, a direcionar suas verbas publicitárias para a internet. O sociólogo Sérgio Amadeu afirma que a televisão deixou de ser a maior captadora de recursos de propaganda porque os anunciantes preferiram investir em um veículo cuja estrutura hierárquica permite a customização da ação publicitária (AMADEU, *In:* Brasil 247[186], 2023, n.p.). O gráfico a seguir apresenta a evolução do *share* de investimento através de comunicação.

---

[185] Conhecido como *crowdfunding*.

[186] Disponível em: https://www.brasil247.com/midia/especialistas-veem-o-jornalismo-nas-maos-das-big-techs?utm_source=mailerlite&utm_medium=email&utm_campaign=as_principais_noticias_desta_manha_no_brasil_247&utm_term=2023-03-29.

Gráfico 11 – Evolução do *share* de investimento em mídia através de comunicação

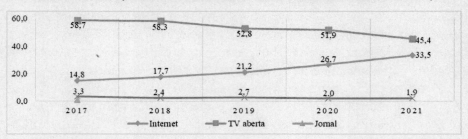

Fonte: Elaborado pelo autor com base nos levantamentos realizados pelo Cenp[187] disponível em: https://cenp.com.br/cenp-meio/. Valores porcentuais.

Não obstante a perda relativa de capacidade de captação de recursos, se comparada à mídia digital, Vasconcelos (2021) argumenta que a queda na tiragem dos jornais tem um impacto restrito em relação ao seu poder de influência nas altas esferas da sociedade.

> Essa realidade não os torna menos importantes, até porque, além de os textos neles publicados atenderem a uma parcela importante da sociedade formada por uma elite intelectual, os periódicos exercem a função de influenciar os mecanismos de poder – incluindo aí os demais veículos de imprensa, que muitas vezes se pautam pelos jornalões. (VASCONCELOS, 2021, p. 152).

Há que considerar ainda, a migração de leitores da mídia impressa para seus correlatos no meio digital, os quais vêm assumindo mais eficientemente, graças à agilidade da internet, a função informativa junto ao grande público.

Sob a perspectiva da oferta, diversas fontes de influências às quais a mídia tradicional está sujeita acabam tolhendo os jornalistas no dever de cobrir os fatos de forma realista e independente. Essas influências englobam a individualidade de cada profissional, as rotinas internas de cada redação, a dos proprietários, a de instituições externas (políticas, religiosas, culturais e econômicas) e a da ideologia dominante (SHOEMAKER; REESE, 1996). Dessarte, nas grandes redações de mídia corporativa, o jornalista tem pouca autonomia.

> "O dono tem a última palavra", afirma o velho ditado que circula nas redações de todo o país. A maioria dessas empresas não comunica suas lealdades ou rupturas políticas às redações de forma aberta ou direta. Assim, os jornalistas aprendem

---

[187] Fórum da Autorregulação do Mercado Publicitário.

> sobre esses vínculos de forma sutil. Frequentemente, o apoio dos jornais a partidos políticos ou políticos individuais é negociado a portas fechadas e fica claro no processo de seleção das notícias e no enquadramento das questões políticas, na maioria das vezes realizado pelos editores, de acordo com a lógica interna da organização. (HERSCOVITZ, 2019, p. 97, tradução nossa[188]).

Apresentar uma visão de mundo alinhada com a chefia e produzir matérias em sintonia com a linha editorial da empresa aumenta suas chances de publicação, garantindo créditos ao jornalista em sua ascensão profissional (BARON, 2004).

> Os jornalistas obtêm seus salários das empresas de produção de notícias, enquanto essas empresas tentam construir relações sólidas com os poderes políticos para sustentar suas receitas. Tal cadeia econômica explica de fato, o propósito de uma mídia de notícias armada em competições políticas e revela a antipatia partidária em uma política polarizada. (ZHANG, 2021, p. 2, tradução nossa[189]).

Vale observar ainda que as chefias, a partir das entrevistas de seleção, escolhem jornalistas com valores alinhados e que os profissionais mais jovens, entranhados no ambiente ideologizado que se apresentou com força nas redações após a ocorrência do *Mensalão*, assimilaram ou reforçaram esses sentimentos.

> Tornou-se modismo entre jornalistas ser contra Lula e contra o PT. A ideologia neoliberal fortaleceu essa moda. Quase não eram mais necessárias ordens vindas de cima para que Lula e o PT fossem combatidos, e para tanto os critérios do jornalismo, como a apuração rigorosa dos fatos, tornaram-se uma espécie de adereço. (JOSÉ, 2015, p. 117).

Não há uma definição teórica única sobre o que é seletividade ou enviesamento midiático. Ficamos com a posição de Timothy Cook (2011, p. 206-207):

---

[188] *""The owner has the last word" states the enduring adage that circulates in newsrooms across the country. Most news organizations do not communicate their political allegiances or ruptures to newsrooms in an open or direct style. Rather, journalists learn about them in subtle ways. Frequently, newspapers' support of political parties or individual politicians is negotiated behind closed doors and then becomes clear in the process of selecting news and in the framing of political issues, most frequently carried out by editors, in keeping with the organization's internal logic."*

[189] *"Journalists get their paychecks from their news production companies, while those companies try to build solid relationships with political powers to sustain their revenues. Such an economical chain indeed explains the purpose of weaponized news media in political competitions and discloses the partisan antipathy in polarized politics."*

> A seletividade, em si mesma, não leva automaticamente ao viés. Afinal, não obteríamos uma visão enviesada do mundo se as notícias tomassem uma amostra aleatória de todos os eventos possíveis a cada dia. A seletividade leva ao viés quando, dia sim, dia não, certos tipos de atores, partidos políticos e questões receberem maior cobertura e forem apresentados mais favoravelmente que outros.

Amaral (2000) relata sobre o enviesamento midiático:

> Os meios de comunicação de massa são, conscientemente, instrumentos de expressão dos interesses dominantes, dos interesses econômicos e dos interesses políticos, e, assim, reforçam o reacionarismo, o conservadorismo e o discurso único. Estão a serviço do sistema de dominação no qual têm assento como agentes. (AMARAL, 2000, p. 214).

Assim como Amaral, a maioria dos pesquisadores concorda que há um enviesamento na cobertura eleitoral, com favorecimento de certos candidatos, porém, não há consenso quanto à capacidade de influência da mídia sobre o resultado dos pleitos (MENDES; DINIS, 2020). Mundim (2010) identificou – a partir do modelo que desenvolveu para medir os efeitos da cobertura da imprensa no voto – que essa mesma imprensa foi um componente relevante nas eleições de 2002 e 2006, afetando as intenções de voto na maioria dos principais candidatos à presidência da República. E concluiu que "determinadas dinâmicas de perdas e ganhos de votos no decorrer da disputa somente podem ser compreendidas se levarmos em conta variáveis como a cobertura da imprensa, a veiculação de propagandas político-institucionais dos partidos, o início do HGPE e os debates presidenciais" (MUNDIM, 2010, p. 420). Quanto ao viés jornalístico, a partir de suas pesquisas nas eleições de 2002 a 2010, Mundim (2018) passou a distinguir as coberturas midiáticas entre conteúdos informativos[190] e opinativos[191]. Em relação ao conteúdo informativo, o autor encontrou um comportamento mais homogêneo entre os três grandes jornais de circulação nacional[192], apresentando um viés anti-PT mais ameno. Já em relação ao conteúdo opinativo, o autor aponta que não houve a mesma objetividade jornalística, apontando as seguintes razões:

> Em primeiro lugar, porque este seria o espaço onde preferências ideológicas poderiam se manifestar de maneira mais livre, sem a coerção de objetivos comerciais. Em segundo

---

[190] Inclui reportagens, fotos, infográficos e chamadas.

[191] Inclui editoriais, artigos assinados, colunas e charges.

[192] *O Estado de São Paulo*, a *Folha de São Paulo* e *O Globo*.

> lugar, porque, como fica óbvio com os dados apresentados, o viés da cobertura anti-PT foi maior – algumas vezes, bem maior. (MUNDIM, 2018, p. 33-34).

A conclusão semelhante chegaram Feres Junior *et al.* (2014).

> Infelizmente, como demonstramos acima, e como vários outros trabalhos sobre mídia e eleições no Brasil já mostraram antes de nós, o comportamento da grande mídia brasileira durante o período eleitoral tem sido extremamente enviesado contra o Partido dos Trabalhadores e seus candidatos à presidência. (FERES JR; SASSARA; BARBABELA; MIGUEL; CÂNDIDO; SILVA, 2014, p. 59).

Dantas (2015, p. 93) sintetiza a questão do enviesamento afirmando que sob a fachada da neutralidade, formalidade e oficialidade, a mídia de massa esconde a mentira institucional, criando versões e interpretações dos fatos favoráveis às demandas dos grupos dominantes. Mundim (2014, p. 248) alerta que o efeito identificado por Patterson[193] – de *midiafare[194]*, como a que atinge os governos petistas – cria "rejeição de uma parcela dos eleitores" e ainda, em função do seu "viés antipolítico", gera "apatia política e a desconfiança do público em relação aos políticos." O autor conclui, após analisar diversos bancos de dados sobre as eleições presidenciais de 2002 a 2010, que o efeito das variáveis midiáticas sobre o comportamento eleitoral é relevante e que "explicações sobre os resultados desses pleitos devem conter uma discussão sobre a cobertura da imprensa, a exposição aos telejornais e o uso da internet; e que as variáveis midiáticas, ao lado de outras, devem fazer parte das explicações dos resultados das urnas" (MUNDIM, 2014, p. 250). Zhang (2021) complementa advertindo que a rivalidade ideológica e a antipatia partidária, ateadas por uma mídia gananciosa e tendenciosa, podem arruinar uma democracia. Casara (2018) entende que esse limite já foi atingido e que vivemos em uma plutocracia autoritária, um tipo de Estado que passou a ser denominado *pós-democracia*.

No Capítulo 7, analisaremos o efeito da identidade ideológica e do antipetismo nas eleições de 2018 e 2022. O gráfico a seguir apresenta os índices de abstenção em eleições presidenciais desde 1994. Em relação ao primeiro turno, após um declínio nas primeiras quatro eleições, verifica-se desde 2006, um aumento gradual nos índices de abstenção, acumulando a partir dessa data, quase 20% de aumento e atingindo em 2022 seu maior valor desde as eleições de 1998. Quanto à abstenção em segundo turno, as variações foram

---

[193] Ver *Out of order* (1994), de Thomas E. Patterson.

[194] Cobertura midiática sistematicamente negativa ao longo do tempo.

bem menores, na faixa dos 21%, e em patamares superiores àqueles verificados em primeiro turno, excetuando a eleição de 2022, quando o nível de abstenção em primeiro turno pela primeira vez ultrapassou o do segundo turno.

Gráfico 12 – Evolução da abstenção nas eleições presidenciais (1° e 2° turnos[195])

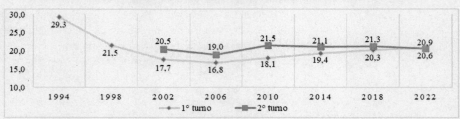

Fonte: Elaborado pelo autor com base no Relatório das Eleições 2002 do TSE (2003) (dados de 1998 e 2002), Relatório das Eleições 2014 do TSE (2016) (dados de 2006 a 2014) e site do TSE (dados de 1994, 2018 e 2022). Valores porcentuais.

  Embora o voto seja obrigatório no país e a despeito da punição limitada[196] pela ausência injustificada às urnas, o aumento da abstenção em primeiro turno, somado aos votos brancos e nulos dos últimos pleitos eleitorais, demanda estudos específicos, porque tal atitude, além de poder interferir no resultado final das disputas, revela um sentimento de negação da política, descrédito em relação as suas representações e apatia eleitoral, indícios, portanto, de fragilidade do sistema democrático. Paralelamente a esse fenômeno, a polarização verificada nos últimos pleitos gerou, como veremos adiante, um efeito oposto sobre a indecisão dos eleitores.

  Observa-se nas últimas eleições presidenciais uma tendência de dissonância entre o posicionamento editorial da mídia tradicional e o resultado dos pleitos, o que leva a hipóteses como: (i) a perda da capacidade dessa mídia em influenciar os estratos mais altos de renda e educação, habituais formadores de opinião, ou (ii) a perda da capacidade de influência desses estratos sociais sobre a massa eleitoral. Essa perda pode estar relacionada à entrada do novo *player* de comunicação, a internet, com seu poder crescente de direcionamento do fluxo político[197], especialmente através de influenciadores digitais, logrando grande prestígio em suas comunidades.

---

[195] Não houve 2° turno nas eleições de 1994 e 1998.
[196] O artigo 7º da Lei nº 4.737/1965 do Código Eleitoral prevê a proibição de inscrever-se em concurso público, receber remuneração em emprego público e obter carteira de identidade ou passaporte.
[197] Vale ressaltar, como temos discutido, que o resultado da eleições é fruto de um conjunto de forças, tanto distais quanto proximais, e, portanto, não apenas do fluxo político.

CORREDEIRAS DA DEMOCRACIA: O VOTO SOB A PERSPECTIVA PSICOSSOCIAL

> Considerando-se as cinco eleições presidenciais, houve convergência entre a orientação editorial da maioria da mídia tradicional e os resultados eleitorais em 1989 (eleição de Collor), 1994 e 1998 (FHC). Em 2002, como já assinalado, foi um ano atípico[198]. E nos dois últimos pleitos, em 2006 e 2010, houve uma dissociação entre a vontade dos eleitores e a posição editorial da maioria dos jornais e revistas da grande imprensa. (AZEVEDO, 2011, p. 88).

Em 2018 e 2022, a mídia corporativa também não logrou eleger seu candidato, o representante da chamada *terceira via*, nem tampouco conseguiu impulsioná-lo para o segundo turno das eleições. Vale observar que a imagem das emissoras de televisão, especialmente a da Rede Globo, tem-se desgastado ao longo do tempo. Essa questão será abordada no Capítulo 7.

Em períodos eleitorais, a capacidade da televisão em pautar temas da política ainda perdura, muito em função dos debates e entrevistas com os candidatos e do HGPE. Os debates eleitorais representam arenas de disputa retórica e importantes oportunidades para os candidatos apresentarem, ainda que de forma sucinta, seus programas de governo e seu posicionamento político-ideológico sobre os temas dominantes de campanha e para os eleitores se informarem, conferirem informações anteriormente obtidas e atualizarem suas impressões, podendo levar até a mudança de voto (LOURENÇO, 2007).

Verificam-se nos últimos anos uma redução gradual da capacidade das mídias tradicionais, em especial da televisão e dos jornais, de pautar as matérias discutidas pelas demais mídias e, no sentido inverso, um aumento também gradual, especialmente dos veículos ligados à internet, da capacidade de definir as pautas a serem vinculadas pelas demais mídias. O que se observa atualmente, é uma retroalimentação entre as mídias tradicionais e as digitais, tornando tênue sua divisão (SERELLE; SOARES, 2019). Essa retroalimentação atenua a dicotomia entre o real e o virtual. Nas palavras de Nunes (2014, p. 355), "a tela conecta e incorpora, em determinado sentido, a rua, ressignificando-a, ao apanhá-la em sua rede, como acontecimento para ausentes, como (tele)realidade." Uma tendência importante recentemente verificada nas pesquisas sobre o ciberespaço da internet é o declínio da distinção entre o *on-line* e o *off-line* e como ele se diferencia do mundo além da tela (DAHLGREN, 2000).

---

[198] Segundo o autor, a atipicidade dessa eleição se deu em função do deslocamento do PT para o centro do espectro político, após a divulgação da "Carta aos Brasileiros" e do forte desgaste do governo FHC junto à opinião pública. Nessa eleição, observamos um posicionamento mais neutro da mídia em relação aos dois principais candidatos.

4.2.1 A internet

O tempo e o espaço da informação foram reordenados com o desenvolvimento de redes de comunicação global e o estabelecimento de agências de notícias, surgidos ao longo do século XIX, e a consolidação da globalização da comunicação por meio da mídia eletrônica, na segunda metade do século XX, o que tornou possível o acesso a conteúdos provenientes das mais remotas regiões do planeta de forma praticamente instantânea (THOMPSON, 1998). A partir do século XXI, graças à convergência tecnológica, a internet passou a atuar de forma cada vez mais intensa sobre o fluxo político. Conteúdos de informação, antes disponibilizados apenas pela televisão, rádio, jornais e revistas em uma circulação jornalística estática[199], ficaram acessíveis em sites próprios na *web* e em plataformas de redes sociais como o Facebook, WhatsApp, YouTube, X (antigo Twitter), TikTok e o Instagram, entre outras, além dos incontáveis blogs independentes, dentro de uma circulação jornalística dinâmica[200]; integrando um ambiente informacional muito mais amplo, dinâmico, complexo e polarizado, acirrando a disputa de narrativas e promovendo a perda de hegemonia da mídia tradicional.

A capacidade tecnológica da internet de armazenamento, processamento, recuperação e transmissão no meio digital, tornou-a prática, rápida e facilmente acessível e dinamizou o fluxo informacional ao gerar demanda nesse ambiente e expandir a transmissão do conhecimento (BARBALHO, 2014). Sua utilização em campanhas no Brasil teve início nas eleições de 1998 (ROSSINI *et al.*, 2016), participando de forma mais intensa a partir das eleições de 2014. De acordo com o IBGE[201], em 2022, a internet era usada por 87,2% da população com mais de 10 anos de idade, sendo acessada diariamente por 93,4% desse contingente.

Ao ampliar a segmentação dos veículos de mídia e de sua audiência, as redes sociais propiciaram o aumento da potência do fluxo político, tornando a correnteza da corredeira mais vigorosa e violenta.

> Nesse contexto, o consumo da mídia tradicional diminui e o consumo das novas mídias aumenta, e um dos efeitos decorrentes desse fenômeno é a perda da universalidade do público, que tende a se estruturar em nichos a partir de

---

[199] Conforme definido por Zago (2012), abrange os canais tradicionais de circulação da informação, como os citados no texto.

[200] Conforme definido por Zago (2012), abrange os meios de comunicação em que discussões fogem ao controle da fonte emissora, como, por exemplo, páginas de jornais em redes sociais, gerando debates de internautas em função de matérias postadas nesse veículo.

[201] Ver https://agenciadenoticias.ibge.gov.br/agencia-noticias/2012-agencia-de-noticias/noticias/38307-161-6-milhoes-de-pessoas-com-10-anos-ou-mais-de-idade-utilizaram-a-internet-no-pais-em-2022.

preferências ideológicas, políticas e culturais. Esse processo, se, por um lado, democratiza a informação, por outro, estaria ameaçando o jornalismo baseado na ideia da objetividade (e dirigido para um público universal) e levando a uma "partidarização" da notícia. (AZEVEDO, 2011, p. 90).

A mídia tradicional, além de desenvolver portais na internet, disponibilizou páginas e perfis nas redes sociais (SILVA; PELLIZZARO; SANTOS, 2016). Com isso, jornais *on-line* passaram a ser amplamente compartilhados nas redes sociais. Veículos de mídia impressa, antes acostumados a ordenar o fluxo político, implodiram ou migraram para a arena digital.

O gráfico a seguir apresenta a frequência de utilização dos veículos de mídia como fonte de informação em 2019, de acordo com o Instituto de Pesquisa DataSenado. Considerando a categoria "sempre utiliza o meio como fonte de informação", destacamos os seguintes aspectos da pesquisa:

- A ampla preferência dos sites de notícias em relação ao jornal impresso (38% contra 8%);
- A liderança do WhatsApp como veículo mais utilizado desbancando a televisão (79% contra 50%);
- As posições de paridade do Youtube e Facebook com a televisão (49%, 44% e 50%, respectivamente).

Gráfico 13 – Frequência de utilização de diversos meios como fonte de informação em 2019

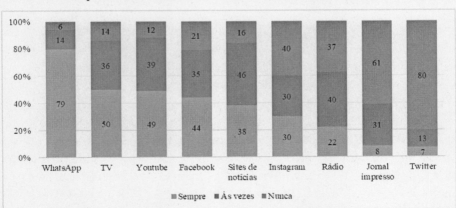

Fonte: Instituto de Pesquisa DataSenado, Relatório Redes Sociais, Notícias Falsas e Privacidade na Internet, 2019[202].

---

[202] Foram entrevistadas por telefone 2,4 mil pessoas com acesso à internet entre 17 e 31 de outubro de 2019.

Nesse mesmo *survey* realizado pelo Instituto de Pesquisa DataSenado (2019), 45% dos entrevistados relataram já ter levado em consideração, informações vistas em alguma rede social (WhatsApp, Youtube, Facebook, Instagram e X) ao decidir o voto. O gráfico a seguir apresenta os dados segmentados por redes sociais. Destaca-se a posição do Facebook como o mais consultado na decisão do voto entre as mídias sociais (31% dos entrevistados), seguido pelo WhatsApp com 29% e o Youtube com 26%. Levando em conta as clivagens sociais, esses porcentuais aumentam quando se consideram os autoposicionados na direita do espectro ideológico, os de renda familiar mais elevada, os de maior escolaridade e entre os mais jovens.

Gráfico 14 – Utilização de informações das redes sociais ao decidir o voto

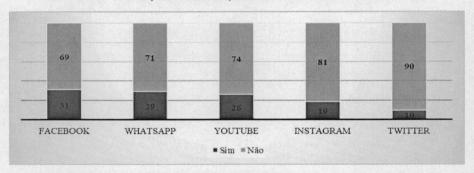

Fonte: Instituto de Pesquisa DataSenado, Relatório Redes Sociais, Notícias Falsas e Privacidade na Internet, 2019[203]. Valores porcentuais.

A exemplo de Marques (2006), alguns autores defendem que a internet e as redes sociais tornaram-se um novo espaço público[204], mas não uma esfera pública, em função da exclusão e do analfabetismo digital, ainda que eleitores mais jovens tenham nascido e crescido sob a cultura interativa da internet. Esse espaço público proporciona, ao menos na aparência, liberdade e igualdade para o cidadão comum exprimir-se livremente, fatores essenciais para a formação da opinião pública. Como já apontamos, muitas vezes, porém, falta-lhe autonomia para formar sua opinião. Nesse sentido, vale lembrar que o tipo de debate político que normalmente se desenrola nas redes sociais não contribui para o processo de reflexão crítico-racional,

---

[203] Foram entrevistas pelo telefone 2,4 mil pessoas com acesso à internet entre 17 a 31 de outubro de 2019.
[204] Cervi (2012, p. 47) cita Habermas (1991) para definir espaço público como "o lugar em que é criada a opinião pública que pode ser manipulada, mas que, ainda assim, constitui o eixo da coesão social, da construção da legitimação e deslegitimação da política."

essencial para desenvolver uma visão discernida e independente, o que se explica por sua superficialidade argumentativa, caracterizada pela peleja de ataques e defesas direcionados aos candidatos, com pouco interesse nos posicionamentos diante dos temas relevantes de campanha e menos ainda nas propostas de governo. A proliferação de fake news, carregadas com discursos de ódio, contribuiu para a degradação do debate público e o ataque à democracia. Além disso, conforme apontam as pesquisas, as discussões políticas *on-line* são dominadas por poucos, tal como as discussões políticas em geral (GOMES, 2005).

As redes sociais não apenas se tornaram parte integrante da vida pessoal dos indivíduos, mas assumiram um papel relevante no processo democrático (RUEDIGER, 2017), desempenhando um papel de crescente importância nas campanhas eleitorais. Sua ludicidade e interatividade permite ao internauta atuar também como um emissor ativo na rede, ensejando aos mais ideologicamente alinhados atuarem como franqueados na geração de informação de campanha, facilitando assim, sua reverberação pela rede (JAMIL; SAMPAIO, 2011, ITUASSU *et al.*, 2019, MURTA *et al.*, 2019).

A capacidade de capilaridade, horizontalidade, multidirecionalidade e processamento da rede oferece aos candidatos não só a condição de disponibilizar um volume muito maior de informações a um número significativo de eleitores como também de auferir sua repercussão na rede de forma acessível e rápida, através dos *trending topics*. Tempestades virtuais massificaram a divulgação de *hashtags*, impactaram os *trending topics*, provocaram um movimento crescente de engajamento de determinados eleitores e direcionaram o debate eleitoral.

Os candidatos começaram a utilizar *botnets*[205] para difundir fake news, *biasnews*[206] e *darkposts*[207], mediante contas automatizadas[208] ou ciborgues[209], gerando tempestades de manifestações do tipo *shitstorms*[210] e *candystorms*[211], que criam uma percepção ampliada e irreal de apoio da opinião pública.

---

[205] Redes de robôs digitais.

[206] Interpretações fortemente tendenciosas de ocorrências.

[207] Postagens que não aparecem na página oficial da campanha do candidato, mas somente para quem foram enviadas.

[208] Perfis falsos.

[209] Contas híbridas, parcialmente operadas por humanos.

[210] Manifestações de ódio coletivo nas redes sociais. Para maiores informações, ver *Estado, democracia e tecnologia*, de Pedro e Camilo Caldas (2019).

[211] Manifestações de simpatia nas redes sociais. Para maiores informações, ver *Estado, democracia e tecnologia*, de Pedro e Camilo Caldas (2019).

Ruediger *et al.* (2017) alertam para a importância de identificar a presença desses robôs e dos debates que criam, a fim de distinguir as situações reais das manipuladas no ambiente virtual e chegar a uma compreensão real dos processos sociais originados nas redes.

Ferramentas digitais como o *big data*[212] e a IA[213], que expõem diuturnamente a intimidade dos eleitores e sequestram suas subjetividades, permitiram não só desenvolver sistemas preditivos como criar algoritmos personalizados e direcionar mensagens individualizadas e ideologizadas aos internautas identificados como mais susceptíveis à mudança de opinião, com o propósito de influenciar seu comportamento eleitoral. Dessarte, a introdução de agressivos e eficientes projetos de marketing político-digital – lastreados em técnicas de microssegmentação psicográfica e mineração de metadados usados nas cibercampanhas, que favoreçam candidaturas de forma ilegal e antiética e desequilibram a disputa eleitoral – tornou-se um grande problema e um desafio às democracias contemporâneas (CALDAS; CALDAS, 2019).

O exemplo mais notório do uso da data-vigilância em pleitos democráticos é o da Cambridge Analytica, que apoiou as campanhas do Brexit, no Reino Unido, e do ex-presidente Donald Trump, nos Estados Unidos da América. Na campanha de Trump, a utilização de modelos computacionais e de psicologia cognitiva possibilitou traçar o perfil do eleitorado estadunidense (DUSSEL, 2018). Santos e colegas (2019) explicam como é feita a seleção de usuários na rede e o *modus operandi* da Cambridge Analytica.

> [...] a identificação de traços específicos de personalidade pode indicar maior ou menor propensão a compartilhar conteúdos, possibilitando seleção de pontos com maior probabilidade de gerar o que chamamos de viralização. O caso extremo do escândalo com a Cambridge Analytica mostra que dados sobre traços de personalidade podem ser inferidos a partir de informações de comportamento online registradas por sites de redes sociais. Os chamados robôs podem atuar, portanto, identificando nichos e enviando mensagens regularmente, utilizando a propensão destes nichos a compartilhar um tipo específico de informação ao mesmo tempo em que cria uma aparência de campanha orgânica. (SANTOS *et al.,* 2019, p. 313).

Vale destacar que as características únicas de ativismo em rede e multi-interatividade digital da internet – traços que a diferenciam dos demais meios de comunicação massa – tornaram a *Teoria do Fluxo em Duas Etapas*

---

[212] Software para processamento de altíssimos volumes de dados.
[213] Inteligência artificial.

(*two-step flow*), de Lazarsfeld, obsoleta e passaram a demandar uma nova abordagem para além da *Teoria do Fluxo em Múltiplas Etapas* (*multi-step flow*), se é que tal conceito ainda tem aplicação.

O desenvolvimento de um mercado de dados pessoais surgiu a partir da digitalização da comunicação do capitalismo informacional (SILVEIRA, 2021). Assim, os metadados, antes subprodutos indesejados das plataformas digitais, tornaram-se produtos comercializáveis de alto valor que alimentam o capitalismo de vigilância.

> A troca de metadados por serviços de comunicação tornou-se a norma; poucas pessoas parecem dispostas a pagar por mais privacidade. Seu uso como moeda para pagar pelos serviços on-line e por segurança tornou os metadados uma espécie de ativo invisível, processados, na maioria das vezes, fora de seu contexto original e sem que as pessoas tenham consciência. As companhias de mídia social monetarizam os metadados ao reprocessá-los e vendê-los para anunciantes ou companhias de dados. (VAN DIJCK, 2017, p. 45).

No biopoder, o controle da liberdade dos sujeitos não se restringe apenas aos seus corpos, mas aos seus conhecimentos, seus afetos e subjetivações: mediante o domínio das narrativas (FOUCAULT, 2008). Em 2013, o analista de sistemas Edward Snowden já alertara o mundo para a assombrosa capacidade dos serviços de inteligência dos Estados Unidos em vigiar a sociedade. Kosinski *et al.* (2013, p. 5.805, tradução nossa[214]) ressaltam que, "dada a quantidade cada vez maior de rastros digitais que as pessoas deixam para trás, torna-se difícil para os indivíduos controlar quais de seus atributos estão sendo revelados." Os estudos do grupo de Kosinski revelam como atributos e características pessoais (estado civil, etnia, religião, identidade partidária, orientação sexual e consumo de drogas) podem ser identificados com precisão a partir de *likes* do Facebook.

> Promover a ideia dos metadados como traços do comportamento humano e das plataformas como facilitadoras neutras parece estar diretamente em conflito com as bem conhecidas práticas de filtragem e manipulação algorítmica de dados por razões comerciais ou outras. A datificação e a mineração da vida se apoiam em pressupostos ideológicos, que são, por sua vez, enraizados em normas sociais dominantes. (VAN DIJCK, 2017, p. 45).

---

[214] *"given the ever-increasing amount of digital traces people leave behind, it becomes difficult for individuals to control which of their attributes are being revealed."*

No capitalismo de vigilância, a data-vigilância tornou-se uma torre panóptica que cria uma falsa sensação de anonimato ao internauta, o que, em certa medida, explica as intervenções desmedidas de certos indivíduos nas redes sociais. A interatividade da rede ofereceu ao sujeito não apenas a falsa impressão de tê-la sob seu controle, mas, nas palavras de Silveira (2014, p. 16), "a sensação de completa liberdade de uso, de possibilidades de criação, de múltipla existência no ciberespaço, de navegação anônima, de impossibilidade de observação e acompanhamento dos corpos virtualizados", quando, na verdade, o controle das sociedades informacionais sobre o cidadão tem sido cada vez mais intenso, não obstante o falacioso discurso sobre a pretensa liberdade oferecida pela rede.

Por um lado, a internet propiciou a quebra do monopólio das narrativas, apresentando-se como um espaço mais democrático que as mídias tradicionais de massa, ao dar voz e visibilidade ao sujeito comum e aos movimentos comunitários, possibilitando o protagonismo de alguns atores sociais antes relegados ao anonimato, fomentando a criatividade através do ciberativismo e permitindo, assim, a inclusão de novas narrativas ao fluxo político, livres da censura ou do crivo de interesses dos grupos midiáticos hegemônicos. Parte considerável do jornalismo investigativo vem sendo praticado atualmente por jornalistas dissidentes da mídia tradicional que povoam a blogosfera, com seus pontos de vista variados e livres do engajamento editorial. Por ser mais horizontalizada, a plataforma estimulou a produção compartilhada de conteúdos e dinamizou o debate político. Em certa medida, os internautas não só podem determinar o alcance de uma nova informação, distribuindo-a pelas diferentes interfaces, como acessar qualquer informação desejada disponível na rede e promover o elo entre uma informação antiga e a atual, facultando a preservação da narrativa dos fatos passados e dos mecanismos de lembrança social. Dessarte, a internet passou a oferecer meios não apenas para a expressão política do sujeito mas para uma atuação politicamente ativa, podendo influenciar os agentes da esfera política (GOMES, 2005). Somem-se a essa esfera as possibilidades de universalização da saúde e da educação, por meio da telemedicina e do ensino a distância, ainda que esse último seja alvo de controvérsias, mas que extrapolam o escopo deste estudo.

Por outro lado, a natureza de propagação cooperada da informação da internet favoreceu os esquemas de financiamento velados, além de empoderar os menos desenvolvidos em sua cognição e fragmentados em sua consciência, os quais, em nome da liberdade de expressão, passaram a disseminar ideias antidemocráticas, realizar ataques covardes e fazer apologia do ódio e da violência, por meio de diversas manifestações de preconceito, tornando a rede uma terra sem lei, da imoralidade, do vale-tudo e um campo minado com fake news fértil à idiotização em massa.

> [...] o Facebook parece colaborar para a desinibição dos odiadores e acaba sendo intermediário/mediador do discurso de ódio, permitindo que os comentários odiosos permaneçam e alcancem audiências, mesmo sendo de notório saber que diversos políticos de extrema direita permitem e incentivam tais discursos em suas páginas. Tal incapacidade (ou falta de disposição) da plataforma em moderar esse tipo de conteúdo pode indicar que seu interesse comercial é maior que a preocupação em proteger as pessoas. (SILVA; FRANCISO; SAMPAIO, 2021, p. 22).

Esse lado sombrio das redes sociais vem corroendo as democracias contemporâneas, conforme adverte a antropóloga Letícia Cesarino.

> A internet que temos hoje abriu fendas graves de estado de exceção nas democracias globais, e não apenas no Brasil. [...] WhatsApp e Telegram são, hoje, "dark webs" de bolso que encorajam a busca pela audiência do que há de pior no comportamento humano. Essa mídia vem, sub-repticiamente, formando atmosferas de pânico moral e espiritual que, ao que tudo indica, produzem uma base de usuários mentalmente adoecidos, influenciáveis e portanto receptivos ao discurso messiânico da extrema direita, dos fundamentalismos religiosos e das teorias da conspiração. (CESARINO *In:* Carta Capital[215], 2022).

A entrada da internet no jogo político demanda análises profundas que se distanciem de postulações reducionistas ou maniqueístas. As múltiplas articulações da ciberpolítica e da cibercultura desenvolvidas a partir da nova plataforma midiática requerem investigações que permitam compreender sua complexidade e seus rumos, extrapolando as "fáceis e sedutoras posições essencialistas" (PRIMO, 2013, p. 15).

O *establishment* incorporou a nova tecnologia e, com ela, gerou novos e maiores gigantes da mídia, que disputam com o ciberativismo a hegemonia da narrativa na rede. Importante lembrar que o objetivo da *ágora*

---

[215] Disponível em: https://www.cartacapital.com.br/opiniao/regular-a-midia-nao-e-censura-monark-e-evitar-o-estado-de-excecao/?utm_campaign=novo_layout_newsletter_bannernovo_-_26102022_-_quarta-feira&utm_medium=email&utm_source=RD+Station.

digital, depois que se expandiu para além das fronteiras do meio acadêmico, sempre foi ser uma plataforma de negócios para oferecer produtos microdirecionados a seus consumidores, cujo perfil é rastreado a partir da coleta permanente de seus dados. Big techs como a Meta[216] e a Alphabet[217] tornaram-se empresas de propaganda, grandes balcões de anúncios onde os negócios estão acima de suas presumidas missões. A incorporação do antigo Twitter ao conglomerado de empresas de tecnologias de produção de realidades paralelas de Elon Musk é mais um exemplo do fortalecimento desse poder que, quase sem "freios e contrapesos", pode intervir sobre "corações e mentes" de bilhões de indivíduos (FONSECA, 2022). As big techs assumiram um papel relevante no jornalismo em função de sua capacidade de não apenas controlar a distribuição das notícias (*agenda-setting*), mas de definir o fluxo informacional, de acordo com o direcionamento determinado pelos algoritmos das plataformas digitais.

Os algoritmos, além dos evidentes interesses comerciais aos quais se prestam, passaram a agir como barreiras de censura, segregando os internautas em bolhas ideológicas que limitam seu campo de influência (SILVEIRA, 2021). O agrupamento de internautas em *coletivos sociais* formando *bolhas sociais digitais* atua no sentido de reforçar as convicções políticas de seus membros e propiciar percepções particulares da realidade, agindo como rodamoinhos na corredeira. Nesse ambiente, a resistência ao domínio do capital, representada pelo ativismo dos coletivos independentes, é mais facilmente identificada e isolada, debilitando a penetração social e facilitando a cooptação de seus líderes a fim de atender aos interesses do mercado (PRIMO, 2013). Os algoritmos permitiram coibir a horizontalidade da rede, direcionando o fluxo informacional no sentido vertical, dessa forma tornando a resistência controlável. Sob essa perspectiva, nessa *ágora* contemporânea onde a opinião pública é moldada, a autonomia dos indivíduos está, mais do que nunca, em disputa e ameaçada.

Nos meios de comunicação em geral, mas especialmente na internet, verifica-se hoje a tendência a substituir as *hardnews* pelas *softnews* (CERVI; MASSUCHIN, 2013). Exacerbada pelo capitalismo tecnológico, a cultura hedonista do entretenimento – na forma de textos e vídeos presentes nas redes sociais, às vezes sarcásticos, outras debochados ou violentos – contribui para manipular as subjetividades devido à sua capacidade de inserção, especialmente entre os mais jovens de diversos estratos sociais, e à sua

---

[216] Proprietária das plataformas Facebook, Messenger, WhatsApp e Instagram.

[217] Proprietária das plataformas Google, Waze e YouTube, dentre outras.

habilidade em sequestrar sua atenção com estímulos lúdicos que funcionam como armadilhas tecnopsicológicas. A sujeição a esse material leva a uma experiência de vida em um mundo à parte, onde as narrativas operam fora do domínio do real (SERELLE; SOARES, 2019).

Palavras têm poder. O discurso de ódio contra o STF e o sistema eleitoral, proferido durante os anos do governo Bolsonaro, somado à longa narrativa sectária da mídia corporativa contra governos petistas, como apontam diversos estudos, culminou no ataque promovido por uma multidão de fanáticos, vivendo em uma realidade paralela, às sedes dos três poderes da República, em 8 de janeiro de 2023, numa tentativa de golpe de Estado. Segundo Lago (2020), o exército de fantoches manipulados não foi à rua para defender um governante medíocre e lunático, mas para reinvidicar que sua própria mediocridade fosse reconhecida, e para sentir-se acolhido por seus semelhantes naquele momento de perda. Desconhecendo o funcionamento do sistema democrático, essa massa de brasileiros considerava os três poderes da República corrompidos, burocráticos e até desnecessários. A figura a seguir mostra sujeitos cooptados atacando o Congresso Nacional.

Figura 9 – Terroristas atacam o Congresso Nacional

Fonte: NBCNews, foto de Sergio Lima/AFP com enquadramento feito pelo autor, 2023. Disponível em: https://www.nbcnews.com/news/latino/parallels-brazil-us-politics-ma-de-attack-predictable-many-rcna64903.

4.2.2 A desinformação

A credibilidade é a matéria-prima da política, seu capital simbólico, e a mídia, o meio de produção desse capital, seja para sua construção ou para sua destruição (GUARESHI, 2007). O desenvolvimento tecnológico permitiu à indústria da desinformação instalada na rede adaptar antigas estratégias de difamação e exercê-las numa escala sem precedentes, o que multiplicou as possibilidades de manipulação política.

O acirramento da polarização dos últimos pleitos transformou o debate eleitoral em uma guerra de ataques e defesas baseada na proliferação da desinformação. O Prof. Emiliano José alerta que "Não é fácil à sociedade distinguir quanto de real existe em cada matéria, em cada reportagem, em cada texto, e, às vezes, quando se dá conta, os resultados pretendidos já foram alcançados" (JOSÉ, 2015, p. 151). Dentro desse contexto, as fake news têm-se destacado como um eficiente recurso para ludibriar as pessoas.

> Vivenciamos uma espécie de pandemia de mentiras potencializadas por poderosas plataformas de divulgação e massificação daquilo que eufemisticamente se convencionou chamar de fake news. Certo, os jornais já mentiam, a televisão mente, assim como o rádio e outros meios sempre mentiram, mas os meios digitais parecem ter uma vantagem sob seus antepassados na arte de mentir. (IASI, 2023).

A tal ponto chegou a infodemia que, nas palavras de Mendonça *et al.* (2023, p. 10), "A ubiquidade da desinformação torna particularmente infrutífero pensar os casos isolados sem levar em conta o contexto mais amplo em que a própria ideia de verdade parece perder força normativa."

Apesar da diversidade de definições, ficamos com Humprecht (2018, p. 3, tradução nossa[218]), que descreve as fake news como "publicações *online* de declarações intencional ou conscientemente falsas sobre fatos produzidas visando a propósitos estratégicos e disseminadas para produzir influência social ou lucro."

Muitos internautas conseguem identificar as fake news, mas mesmo assim as divulgam, conforme explica Hur (2022, n.p.): "Estudos na psicologia política mostram que muitos eleitores reconhecem as fake news, mas continuam a propalá-las porque isso fortalece o próprio discurso e

---

[218] *"online publications of intentionally or knowingly false statements of facts that are produced to serve strategical purposes and are disseminated for social influence or profit."*

CORREDEIRAS DA DEMOCRACIA: O VOTO SOB A PERSPECTIVA PSICOSSOCIAL

provoca antagonismo." Ademais, divulgar fake news gera um sentimento de pertencimento dos indivíduos em relação aos seus grupos de estima. Os estudos da área atestam que eleitores tendem a confiar em notícias que ratificam suas crenças.

> As pessoas não consomem esses conteúdos e os passam adiante porque são, simplesmente, ingênuas e manipuláveis. Elas o fazem porque, de alguma forma, aquilo com o qual se depararam reforça suas convicções prévias e se ajusta aos seus sistemas de crenças. Quando isso não acontece, a regra é descartá-lo. [...] Isso porque tendemos a adotar o viés de confirmação como critério para lidar com os fatos: buscamos aquilo que nos dá razão e não o que invalida nossas crenças. (AGGIO, 2023, n.p.).

Mesmo quando cientes de sua inveracidade, alguns eleitores têm o firme propósito de atacar seus desafetos políticos.

> [...] em certos contextos, muitas pessoas compartilham inverdades não apesar de sua falsidade, mas independentemente dela, porque a verdade perdeu força como valor tão central e absoluto. Mentir ocasionalmente pode ser entendido como um mal menor do que tolerar o adversário político, quando ele é visto como a representação do mal supremo. (MENDONÇA *et al.*, 2023, p. 23-24).

Ao analisar o teor da informação, a maneira como o indivíduo percebe sua qualidade é afetada por sua capacidade de desenvolver um pensamento analítico. Pessoas com maior habilidade analítica tendem, mais frequentemente do as de menor habilidade, a rotular como fake news notícias provenientes de fontes duvidosas, enquanto as provenientes de fontes respeitáveis são menos rotuladas como fake news (MICHAEL; BREAUX, 2021). Esses mesmos autores identificaram ainda que notícias de fontes classificadas como notícias reais pelos liberais foram classificadas falsas ou propaganda pelos conservadores e vice-versa. Além disso, os conservadores consideraram mais frequentemente uma determinada lista de agências de notícias como fonte de notícias falsas ou propaganda do que os liberais.

Allcott e Gentzkow (2017), em sua pesquisa sobre a eleição estadunidense de 2016, identificaram alguns fatores ligados à assimilação de fake news. Os indivíduos que manifestaram opiniões mais precisas sobre as notícias foram os que passavam mais tempo consumindo mídia, os que tinham ensino superior e os mais velhos. A pesquisa também apontou três correlações em relação à inferência alinhada ideologicamente. Os consumidores frequentes de mídia e os indivíduos com redes sociais segregadas foram mais propensos a acreditar em artigos ideologicamente alinhados. Já os indecisos[219] foram menos propensos, talvez pela sua menor identificação ideológica.

Serelle e Soares (2019, p. 19) apontam duas técnicas de sedução dos internautas e de dissimulação da notícia que vêm sendo empregadas para divulgar fake news.

> Há, portanto, as formas disseminadas de fake news que se querem passar como notícias de jornal; muitas outras, contudo, fazem uso de estratégias de uma cultura tabloide, ancorada no entretenimento, para veicular desinformação sem necessariamente querer se passar por notícia do jornalismo dominante.

Graças à sua alta taxa de propagação – impulsionada pela capacidade da internet de conectividade e instantaneidade de veiculação da informação – as fake news promoveram um mercado em que "quanto mais cliques, mais grana", tornando-as altamente lucrativas para as big techs, desestimulando ações efetivas para eliminá-las ou, ao menos, minimizá-las (VANNUCHI, 2018, p. 55). Sua posição de centralidade nas últimas campanhas eleitorais e sua evolução para *deepfakes*[220] tornaram a questão extremamente complexa, trazendo novos desafios ao Tribunal Superior Eleitoral (TSE) para manter a lisura do processo eleitoral. Caldas e Caldas (2019, p. 211) destacam a incapacidade das instituições do Estado em identificar e contra-argumentar, neutralizando em tempo hábil o efeito nocivo de fake news viralizadas às vésperas da eleição, o que põe em risco as democracias. No contexto das pós-democracias, onde as instituições foram instrumentalizadas, o caminho para o autoritarismo foi pavimentado, dispensando a prática dos golpes de Estado clássicos, bastando apenas inundar as redes sociais com a versão desejada dos fatos para que ela se transforme em realidade, sufocando, assim, as demais narrativas, inclusive as reais (MELLO, 2021).

Revelações bombásticas de última hora têm grande poder de fogo, especialmente sobre eleitores indecisos ou mais fragmentados em sua consciência, os quais costumam ser o fiel da balança em embates eleitorais

---

[219] Aqueles que não haviam decidido em quem votar até três meses antes da eleição.

[220] Simulação de conteúdo falso através de inteligência artificial, simulando o rosto e a voz da vítima para tornar o conteúdo mais real.

acirrados. Grolla e Nijishima (2019, p. 15) acrescentam que "quanto mais próximo das eleições as informações são divulgadas, maior o efeito destas sobre os resultados eleitorais."

Matérias-bomba tornaram-se notórias e frequentes na história da democracia brasileira. Citamos três delas, de célebre repercussão nacional em suas épocas. A primeira[221], em 1955, refere-se ao suposto plano do então candidato Juscelino Kubitschek de implantar uma república sindicalista no país, utilizando armamento estrangeiro. A segunda[222], em 1989, sobre a presunção de envolvimento do Partido dos Trabalhadores no sequestro do empresário Abílio Dinis. A terceira[223], que detalhamos a seguir em função de sua proximidade temporal, inicia-se com a antecipação[224] da publicação da revista *Veja*, edição 2397. Qual foi o propósito dessa ação? Possivelmente influenciar os eleitores indecisos e os não convictos e, consequentemente, o resultado do pleito de 2014, já que as pesquisas de intenção de voto apontavam pequena vantagem para a candidata Dilma Rousseff e o crescimento do candidato Aécio Neves na reta final de campanha.

A reportagem especulativa sobre a manchete de capa "Eles sabiam de tudo" acusava a candidata petista e o ex-presidente Lula de terem conhecimento sobre o esquema de corrupção da Petrobras. A matéria, sem base em fatos, sem verificação de outras fontes e respaldando-se apenas em uma suposta delação premiada do doleiro Alberto Youssef, rapidamente desmentida por seu advogado, desrespeitava o Código de Ética do Jornalismo, para o qual são valores basilares a busca da verdade, a veracidade e a precisão das informações. Ademais, a antecipação da edição possibilitou distribuir milhões de capas da revista pelo país e afixar um imenso *banner* na principal avenida da maior cidade do país – em pleno vão livre do Masp – além de viralizar o assunto na internet e pautar o jornalismo da mídia corporativa. Tudo isso às vésperas do pleito. A figura a seguir apresenta a capa com o teor imputativo da revista. Vale destacar seu aspecto lúgubre, sob um pano de fundo preto, ancorado no conceito do *framing*.

---

[221] Ver matéria disponível em: https://saibahistoria.blogspot.com/2010/10/escandalos-e-eleicoes.html.

[222] Ver matéria disponível em: https://www.redebrasilatual.com.br/blogs/blog-na-rede/2010/09/em-1989-sequestro-de-abilio-diniz-foi-relacionado-ao-pt-e-desmentido-logo-apos-eleicoes-mostra-pesquisa/.

[223] Ver matérias disponíveis em: https://teoriaedebate.org.br/2015/01/13/%EF%BB%BFo-golpe-de--veja-na-eleicao-de-2014-ii/ e https://sul21.com.br/breaking-newsultimas-noticiaspolitica/2014/10/advogado-de-youssef-confirma-armacao-da-revista-veja/.

[224] Os exemplares da revista chegaram às bancas na sexta-feira, dia 24, ao invés do sábado, como era costume.

Figura 10 – Capa (parcial) da revista *Veja* # 2397

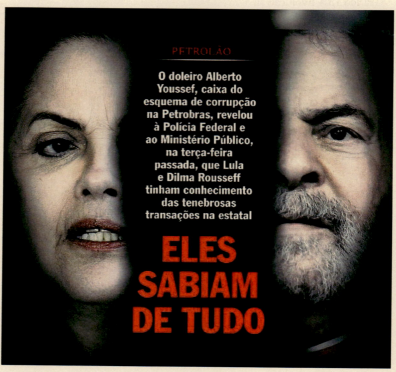

Fonte: Capa revista Veja # 2397 com enquadramento feito pelo autor, 2014. Disponível em: https://www.google.com/search?q=capa+veja+2397&rlz=1C1RLNS_pt-BRBR-909BR909&sxsrf=ALiCzsbzUStpxpO9skiaY9etO8uTcnInPw:1663844092794&source=lnms&tbm=isch&sa=X&ved=2ahUKEwiK_fKgnqj6AhUtrJUCHRdGA-YQ_AUoAXoECAIQAw&biw=1366&bih=625&dpr=1#imgrc=neYSf3OOmhBnBM.

Em que medida esse fato específico contribuiu para reduzir a distância de votos entre os postulantes ao Palácio do Planalto? Apenas pesquisas específicas poderiam responder. Fato é que: (i) o crescimento de votos no período final de campanha de Dilma Rousseff e de Aécio Neves foi de 3,2% e 6,3%, respectivamente, na contramão do *Efeito Bandwagon*[225] e (ii) a reduzida margem da vitória de Rousseff no segundo turno tornou-se mais um elemento a se somar no processo do seu impedimento. O gráfico a seguir apresenta a intenção de voto nos dois candidatos em 21 de outubro de 2014 e o resultado final daquela eleição, realizada cinco dias depois.

---

[225] Também conhecido como *Efeito de Adesão*. De forma sucinta, é aquele que impulsiona o indivíduo na direção da maioria, como quando o eleitor vota no candidato com mais chances de ganhar o pleito eleitoral.

Gráfico 15 – Evolução final dos votos no segundo turno da eleição de 2014

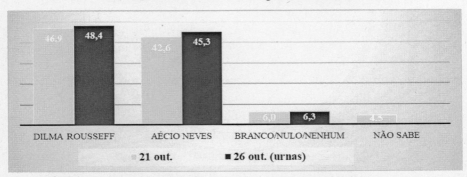

Fonte: Elaborado pelo autor com base na pesquisa do Datafolha de 21 de outubro de 2014 e no TSE. Valores porcentuais.

Em 2022, apesar de o eleitor já estar ciente da maciça utilização das fake news no pleito anterior, elas continuaram a ser um importante fator de mobilização dos simpatizantes e de desqualificação dos adversários. Não surpreende que 84% dos usuários brasileiros estivessem preocupados com a desinformação e a proliferação de fake news, a maior porcentagem dentre todos os países pesquisados, de acordo com o relatório *Digital 2021 Global Overview* (KEMP, 2021).

Santos (2022) divide em quatro etapas a dinâmica de disseminação das fake news utilizada no primeiro turno desta eleição, como apresentado na figura a seguir. Vale destacar a terceira etapa, que se desenrola às vésperas do pleito – o momento mais adequado para ampliar e consolidar as fake news. Segundo a análise da dinâmica de comunicação nas redes digitais realizada pelo Laboratório de Estudos de Internet e Mídias Sociais da UFRJ e pela consultoria Novelo Data, as ações mais agressivas e intensas para disseminar as fake news ocorreram no intervalo de 48h antes do primeiro turno.

Figura 11 – As quatro etapas da desinformação

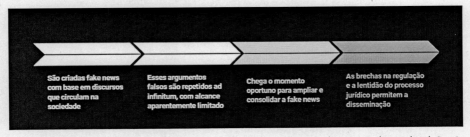

Fonte: Nina Santos, 2022. Disponível em: https://apublica.org/sentinela/2022/10/afinal--as-fake-news-impactaram-o-resultado-do-1o-turno-das-eleicoes/.

4.3 As pesquisas eleitorais

Existe uma relação imbricada de causa e efeito entre candidato – sondagem – mercado eleitoral. Se, por um lado, as sondagens são usadas pelo candidato para adaptar seu produto ao mercado, por outro, acabam moldando o mercado, pelo ajustamento da opinião pública, sensível à sua influência. Para conduzir pesquisas contínuas sobre a receptividade das pautas de campanha, os candidatos têm-se valido das redes sociais, ajustando, assim, sua imagem à opinião pública.

A necessidade de sintonizar o discurso e a postura do candidato segundo a perspectiva do eleitor, identificada pelas pesquisas, acabou relegando o debate ideológico a segundo plano, despolitizando o eleitor e criando um ciclo vicioso. Nesse cenário, os partidos políticos também perderam relevância, conforme aponta Miguel (2004, p. 100).

> Na democracia de audiência, as pesquisas de opinião e os especialistas na construção de imagens ocupam posições de protagonistas, os partidos perdem importância e o eleitor se torna disponível para o mercado político como um todo, visto que as lealdades tradicionais entram em declínio.

O autor relata a postura cínica da mídia que induz os políticos a uma atitude reducionista e focada apenas na estratégia eleitoral, alimentando a *espiral do cinismo*[226]:

> Os políticos logo percebem que não vale a pena investir suas energias na discussão dos temas substantivos, já que isso não terá repercussão midiática – e será visto com desconfiança pelo público, que absorve a visão da política que recebe dos noticiários. [...] Sem seu cinismo, as virtudes dos homens públicos emergiriam, a qualidade do debate político melhoraria e até o nível de conflito seria reduzido. (MIGUEL, 2004, p. 101).

As pesquisas retroalimentam a corrida eleitoral, passando a ser utilizadas pelos líderes como um instrumento de Marketing, tendo como retaguarda a mídia aliada, cuja pauta do jornalismo político, conforme relata Nunes (2004, p. 348), é usada para formar e consolidar a opinião pública, em sintonia com sua linha editorial. Sondagens encomendadas aos institutos de pesquisa ganham grande espaço nos veículos de comunicação de massa, que evidenciam os resultados e tendências favoráveis aos candidatos ideo-

---

[226] Descrita em *Spiral of cynicism: the press and the public good* (1997), de Joseph Cappella e Kathleen Hall Jamieson.

logicamente alinhados. Ao priorizar o resultado dos *surveys*, espetaculari-zando a notícia e explorando seus desdobramentos mediante seus analistas políticos, a cobertura jornalística despolitiza o eleitor e manipula a opinião pública, dado que a perspectiva desses analistas reflete invariavelmente o viés editorial destas empresas. Assim, a opinião pública torna-se um reforço da opinião midiatizada, porque "a pesquisa tem por finalidade sancionar, com ritual científico, a opinião que o meio vem veiculando, fazendo-a, assim, de tão reiterada, pública" (AMARAL, 2000, p. 201).

As sondagens podem influenciar a opinião pública não apenas pela divulgação de seus resultados, conforme adverte Bourdieu (1973), mas manipulá-la por meio de vieses na formulação de questões, induzindo a determinadas respostas.

> Em seu estado atual, a pesquisa de opinião é um instru-mento de ação política; sua função mais importante consiste talvez em impor a ilusão de que existe uma opinião pública que é a soma puramente aditiva de opiniões individuais" até porque "[...] as opiniões são forças e as relações entre opiniões são conflitos de força entre os grupos. (BOUR-DIEU, 1973, p. 3).

Da forma como têm sido utilizadas, as pesquisas eleitorais trazem prejuízos ao processo político-eleitoral como um todo, começando com a seleção de candidatos pelos partidos até a finalização do pleito eleitoral, conforme explica o Prof. Roberto Amaral.

> A grande vítima das 'sondagens', porém, é a vida política. Elaboradas antes de desencadeados os processos político--eleitorais, as pesquisas condicionam a escolha dos candidatos pelos partidos e a aceitação dos candidatos pelo eleitorado, transformando o processo eleitoral, de processo político, em processo que mede a aceitação ou a rejeição, induzida, dos candidatos pelo eleitorado. Com isso, a imprensa, que promove essas sondagens – e ela mesma possui institutos de pesquisa ou a eles se associa –, no que alimenta e divulga essas pesquisas, afasta do processo político as discussões em torno de programas, de plataformas, de partidos ou mesmo em torno dos candidatos, pois a cobertura da imprensa se reduz à cobertura pura e simples do resultado das sondagens. As sondagens também condicionam a cobertura pela imprensa dos candidatos, que têm suas campanhas 'cobertas' (tempo e espaço) segundo a colocação nas pesquisas de intenção de voto. Em todas as hipóteses, a imprensa manipula a von-

tade eleitoral, exagerando a importância dessas sondagens como previsão do comportamento eleitoral. (AMARAL, 2000, p. 199).

A divulgação das pesquisas eleitorais cumpre ainda o papel de incrementar a audiência midiática. Como identificaram Cervi e Massuchin (2013, p. 51) em sua pesquisa[227], o tema política em sites de notícias foi bastante impulsionado por "assuntos e fatos pontuais, como alguma decisão importante tomada pelo governo, a divulgação de pesquisas de intenção de voto ou o anúncio dos votos do mensalão."

Eleitores pouco informados sobre o contexto eleitoral acabam usando os resultados das pesquisas eleitorais como um recurso para basear suas decisões de voto (HOLANDA, 2017). Asher (2010), citado por Rossini *et al.* (2016, p. 154), acrescenta que "eleitores indecisos tendem a optar por candidatos posicionados à frente em uma disputa eleitoral para não "desperdiçar" o voto", desprezando os *underdogs*. Assim, as pesquisas acabam (i) incentivando o voto útil, atingindo especialmente o eleitor menos articulado em sua consciência, (ii) impulsionando o *Efeito Bandwagon,* ao evidenciar candidaturas que, supostamente, teriam mais chances de ganhar o pleito eleitoral e (iii) desmotivando o voto nos mais mal colocados nas pesquisas (NUNES, 2004).

Os Gráficos 6, 7 e 8, apresentados no início desse capítulo, sobre a evolução da intenção de voto no primeiro turno das eleições de 2014, 2018 e 2022, respectivamente, evidenciam esse efeito. Nas três eleições, no momento final da campanha – da sondagem de outubro[228] até a eleição –, ocasião em que os últimos indecisos decidem seus votos, nenhum dos candidatos que ocupavam a terceira posição[229] conseguiu aumentar seu ativo eleitoral e conquistar esses votos. Nas eleições de 2018 e 2022, nem ao menos conseguiram reter seus eleitores[230].

Outro aspecto nocivo da supermidiatização das sondagens é o estímulo ao "jogo de torcidas", numa personalização da disputa que se tornou bastante habitual entre o eleitorado brasileiro, em que a posição do candidato na pesquisa, tal como em uma corrida de cavalos ou em um campeonato de

---

[227] Foram considerados os portais O Globo, G1, *Folha*, UOL e Terra e a coleta de dados realizada durante os meses de julho e agosto de 2012 (diariamente entre 22h e 24h).

[228] Na eleição de 2022, consideramos a sondagem de 29 de setembro. O pleito ocorreu em 2 de outubro.

[229] Na eleição de 2022, incluímos a intenção de votos da quarta colocada nas pesquisas, porque houve uma troca de posição com o terceiro colocado na reta final da companha eleitoral. Ambos perderam votos nesta fase.

[230] Não incluímos o pleito de 2014 por considerar a perda de eleitores da terceira colocada dentro da margem de erro das pesquisas (+/- 2,0%).

futebol de pontos corridos, faz-se mais importante do que os debates e as propostas eleitorais, que ficam relegados a segundo plano (BRUGNAGO; CHAIA, 2014). O estudo conduzido por Santos, Marques e Fontes (2020) identificou que as pesquisas de intenção de voto foi o tema de maior destaque dos três grandes jornais do país em suas reportagens sobre o pleito presidencial de 2018, promovendo uma abordagem jornalística conhecida como "corrida de cavalos."

Uma consequência dessa característica de disputa eleitoral refere-se ao tipo de mensagem veiculada por candidatos em desvantagem nas pesquisas ou sendo ameaçados por outros, optando por *mensagens de ataque* (ROSSINI *et al.,* 2016). Nesse sentido, a campanha de Bolsonaro em 2018 pode ser considerada exceção, porque, mesmo depois de conquistar a liderança nas pesquisas eleitorais, suas mensagens de ódio e de ataques, estratégia ligada ao seu perfil extremado, não arrefeceram.

5

OS CANDIDATOS

Na figura metafórica que adotamos, os candidatos são representados pelas seções da corredeira após sua repartição. Um fluxo político favorável a um candidato atua no sentido de aumentar sua seção da corredeira, visto que direciona mais água naquele sentido. Como já se discutiu, ressaltamos a relevância do personalismo em contextos eleitorais com baixa identidade partidária, fato especialmente intenso no Brasil.

O personalismo na política, desencadeado pela mudança nas relações entre eleitores, partidos e mídia – a qual, por sua vez, erodiu os alinhamentos partidários e o voto de clivagem[231] –, apresenta-se como um fenômeno generalizado nas democracias representativas modernas.

> A personalização da política engloba dois supostos processos. Primeiro, as personalidades dos candidatos ocupam o centro do palco e se tornam o foco da atenção dos eleitores. Em segundo lugar, as personalidades individuais dos eleitores, em vez de suas posições sociais em vários grupos de interesse, tornam-se decisivas para a escolha política. (CAPRARA *et al.*, 2006, p. 2, tradução nossa[232]).

Com isso, ganha importância o discurso ideológico superficial e vago que converge para a tipologia do tipo *catch-all*[233] e priorizam-se figuras políticas proeminentes e com forte apelo popular (GARZIA, 2017).

O eleitor, no segundo turno, decide-se em relação a dois candidatos ou votar em branco/nulo, enquanto no primeiro turno, diante de um amplo leque de opções, como no caso dos pleitos eleitorais do Brasil, reduz sua oferta normalmente a um número restrito de alternativas, empregando o *processamento heurístico*[234], que é particularmente útil àqueles cuja articulação da consciência política estruturou uma identidade ideológica ou uma

---

[231] Também conhecido como voto classista.

[232] *"The personalization of politics encompasses two presumed processes. First, the personalities of candidates capture center stage and become the focus of voters' attention. Second, the individual personalities of voters, rather than their social locations in various interest groups, become decisive for political choice."*

[233] Pega-tudo ou abrangente (tradução nossa).

[234] Ver o estágio da heurística do modelo heurístico-sistemático apresentado no Capítulo 1.

identidade partidária. Os menos articulados costumam selecionar entre os nomes mais conhecidos do grande público. Dessarte, em nossa metáfora, o condutor do caiaque, após esse processamento, por via de regra decide seguir seu caminho optando entre duas ou, no máximo, três seções da corredeira. A pesquisa de Lourenço (2007) aponta para essa mesma direção, ou seja, eleitores indecisos definem o voto a partir da escolha entre poucos candidatos.

Nunes (2004) pontua um "esvaziamento da política" e o fortalecimento da relação, cada vez mais capitalista e menos ideológica, entre o candidato, representando o produto a ser negociado, e o eleitor-consumidor, cujo voto corresponde à moeda de troca.

> Essa tendência acaba se tornando praticamente hegemônica, em função do esvaziamento da política, entendida no seu aspecto essencial, que seria o cenário das representações ideológicas, dos ideais da humanidade para a vida coletiva e suas práticas. Essa situação, aliada à tradição do mundo ocidental e do culto aos valores capitalistas [onde o consumismo está no centro de tudo], explica a transformação das campanhas eleitorais em campanhas publicitárias, onde a mercadoria é o político e o voto é a moeda simbólica que se quer obter. (NUNES, 2004, p. 358).

Alguns candidatos extrapolam a dimensão do partido a que estão afiliados, porque desenvolveram, quer em nível local, regional ou nacional, uma ampla base eleitoral, que lhes permite colocar seu nome à frente da ideologia ou das políticas partidárias, arregimentando com isso, um tipo de voto denominado *voto pessoal*, que impulsiona suas campanhas eleitorais. Cain *et al.* (1987), citados por Zittel (2017, p. 668, tradução nossa[235]), definem esse voto como "aquela parte do apoio eleitoral de um candidato que se origina em suas qualidades pessoais, qualificações, atividades e histórico." Lourenço (2007) destaca a importância da proximidade entre o candidato e o eleitor, seja pela afinidade de ideias, seja por suas atitudes em prol do eleitor.

Em um sistema partidário como o do Brasil, em que o grande número de agremiações dificulta distingui-los ideologicamente e onde a troca de partidos não é incomum, o vínculo entre muitos candidatos e seus partidos fica em segundo plano, e a disputa é caracterizada mais pelo personalismo do que pelo partidarismo. Thomassen e Rosema (2009) identificaram que,

---

[235] *The personal vote is widely considered "that portion of a candidate's electoral support that originates in his or her personal qualities, qualifications, activities, and record."*

em sistemas multipartidários, a identidade partidária do eleitor varia mais frequentemente em função da escolha do candidato do que em sistemas bipartidários ou com poucos partidos políticos. Garzia (2017, p. 647, tradução nossa), citando Lobo (2006, 2008) e Van der Brug e Mughan (2007), acrescenta que, quando se trata de ideologia, a literatura existente parece concordar em identificar os eleitores de direita como mais propensos a votar com base na personalidade do líder do que os de esquerda.

Em tempos de mídia social, ocupar esse espaço é especialmente útil para difundir e firmar o nome do candidato como uma marca diferenciada e popular no eleitorado. O crescimento das redes permitiu a comunicação direta dos candidatos com o eleitorado, dispensando a intermediação dos partidos e de outros veículos de massa, como a televisão. Além de informação farta, as imagens dos candidatos estão cada vez mais presentes na internet, através de vídeos no YouTube ou blogs pessoais.

A superexposição midiática dos candidatos proporcionada pelas redes sociais passou a transcender o período de campanha eleitoral. Dessarte, dispor de uma rede de seguidores digitais tornou-se um importante trunfo eleitoral para os candidatos promoverem o prolongamento das campanhas eleitorais para além do calendário eleitoral, mantendo assim, uma visibilidade estendida e ininterrupta na rede. A intensa presença do candidato Jair Bolsonaro nas redes sociais, antes mesmo do início oficial da campanha eleitoral de 2018, em certa medida abasteceu o eleitorado com informações mínimas sobre suas ideias e propostas de governo, minimizando, ao menos para seus asseclas, a necessidade de debates que detalhassem um plano de governo mais estruturado, reduzindo assim sua importância.

Durante o período intereleitoral, candidatos que dedicam pouca atenção à construção de redes virtuais que propiciem formar vínculos com influenciadores para divulgar conteúdo político, têm menores condições de se estabelecer como lideranças políticas junto ao eleitorado digital (ALBUQUERQUE *et al.,* 2016). Essa exposição contínua fornece aos eleitores aquilo que Popkin (1991) chama de *racionalidade de baixa informação*, composta pelo conhecimento das experiências passadas e da vida diária do candidato – complementadas pelas notícias divulgadas pela mídia e pela campanha eleitoral –, que funcionam como atalhos cognitivos e habilitam um raciocínio intuitivo que auxilia a decisão do voto. Ademais, esse conhecimento prévio diminui o nível de incerteza do eleitor, facilitando uma avaliação retrospectiva e deixando-o menos susceptível ao fluxo político. Atalhos informacionais, baseados na opinião de pessoas de confiança ou com notório prestígio, são utilizados por eleitores pouco interessados ou com pouca informação sobre campanhas e ajudam na decisão do voto (LINHARES; SIMIONI, 2021).

No ambiente de multiplicidade e volatilidade de opiniões das redes sociais, o apoio de influenciadores digitais, com grande poder de construção da opinião pública em suas esferas de atuação, tornou-se um importante ativo político para os candidatos. Devido à sua capacidade de congregação horizontal, conquistada por meio do carisma e da credibilidade perante seus seguidores, esses formadores de opinião conseguem criar uma sensação de poder da candidatura, nem sempre condizente com a realidade, que atrai eleitores indecisos ou fragmentados em sua consciência política e os leva a apoiar o candidato, evitando assim que se sintam isolados ou apoiando um candidato fadado ao insucesso. Esse fenômeno, baseado no *Efeito Bandwagon* é mais frequente às vésperas do pleito eleitoral.

No contexto brasileiro, muitas vezes o eleitor precisa valer-se de outros meios para compor sua avaliação dos candidatos. Na ausência de uma identificação ideológico-partidária estruturada e de pouco conhecimento sobre o ambiente político, o eleitor fundamenta sua decisão de voto em uma imagem difusa do candidato, projetada a partir dos seus valores pessoais e de critérios mais pragmáticos, como o desempenho do governo. Esse eleitor também usa a sensibilidade para apreender a realidade e, de forma intuitiva e emocional, chegar a uma decisão de voto, que se dá por afinidade de identidade, a partir de uma imagem concebida do candidato.

> O modo intuitivo de identificação e escolha política é muito singular: cada eleitor seleciona, pinça elementos e imagens do seu universo de símbolos e, em cada processo, o eleitor estabelece intuitivamente as identificações a partir dos elementos simbólicos selecionados. Frente a frustrações, situações agradáveis ou desagradáveis, novas experiências, os elementos selecionados podem mudar como um caleidoscópio. A montagem deste conjunto fragmentário, heterogêneo e variável de símbolos e imagens é feita de forma que lembra a linguagem do inconsciente, livremente associativa e fortemente simbólica. Inúmeras possibilidades de construção destes conjuntos de símbolos podem ser realizadas de acordo com as opções singulares do sujeito eleitor. (SILVEIRA, 1994, p. 113).

As decisões eleitorais desse tipo de eleitor, constituídas a partir de fragmentos pinçados da narrativa política e associadas às suas experiências materiais e imediatas, não guardam uma estruturação cognitiva que evidencie unidade lógica, podendo levar, em uma mesma eleição, a votos em candidatos com perfis ideológicos opostos. Silveira (1994, p. 106) explica que "a contradição que existe do ponto de vista de uma lógica política não é percebida quando se pensa a política a partir de um princípio intuitivo."

Radmann (2002, p. 12) acrescenta que "o eleitor dotado de sua razão, na esperança de dias melhores, utiliza-se dos mecanismos de que dispõe: os princípios morais lógicos e a imagens que possui do candidato, no seu quadro de referência valorativo." Nesses casos, é importante lembrar que essa decisão está mais susceptível ao fluxo político, o que torna esse tipo de voto mais volúvel e, portanto, integrante do grupo do voto flutuante. Na concepção de Silveira, esses eleitores

> Não sabem explicar racionalmente suas escolhas porque elas não foram feitas a partir de critérios racionais do pensamento discursivo e analítico, mas sim através de uma forma de conhecimento intuitiva, uma apreensão da realidade através da sensibilidade, que possibilita, em um olhar, a captação das imagens necessárias à decisão eleitoral. (SILVEIRA, 1994, p. 102).

O eleitor, desprovido de um conhecimento mais estruturado sobre o contexto político, orienta seu voto pela imagem difusa que concebe do candidato, e o explica através de assertivas amplas, prolixas e sem explicação lógica e organizada, a exemplo de "porque eu gosto dele", "porque é assim", "porque é o melhor", "porque eu acredito nele", etc. Uma de nossas entrevistadas[236], quando indagada por que avaliava que o candidato Lula tinha tido o pior desempenho no debate promovido pela TV Bandeirantes[237], simplesmente relatou: "é por questões ... eu sou muito do movimento anti--Lula mesmo" (informação verbal)[238]. A mesma entrevistada fez a seguinte análise sobre o desempenho do candidato Ciro Gomes nas entrevistas realizadas pela CNN e pelo SBT:

> O Ciro fala muito bonito, mas é o que eu falei. Ele se colocou num negócio assim: quem não quer um, não quer o outro[239], vota em mim. Então, né? Ele mete o pau nos dois. E assim: eu acho que ele ora bem, ele fala bem, mas eu tenho certeza que ele não vai ser um bom presidente. Por que? Por causa disso. (informação verbal)[240].

---

[236] As entrevistas estão apresentadas no Capítulo 7.2.3.

[237] Em parceria com a TV Cultura, *Folha de S. Paulo* e UOL, realizado em 28 de agosto de 2022.

[238] Fornecida por Crisólita, participante da pesquisa longitudinal, na Onda 5.

[239] A entrevistada refere-se aos candidatos Lula e Bolsonaro.

[240] Fornecida por Blenda, participante da pesquisa longitudinal, na Onda 6.

A relação afetiva entre o candidato e o eleitor é um elemento estruturante do voto. Quando o vínculo se estabelece apenas no nível emocional, sem uma conexão partidária ou ideológica, o comportamento eleitoral tende a ser instável e volátil, conforme descreve Cervi (2012, p. 133): "A influência de aspectos como simpatia e proximidade afetiva fazem com que a direção do voto possa mudar de maneira rápida e com maior frequência, dependendo, para isso, apenas da capacidade de sedução dos diferentes candidatos."

5.1 A imagem do candidato

A imagem que o eleitor constrói de cada candidato influencia o modo de o condutor avistar as seções da corredeira e de escolher seu caminho, sendo resultado, como temos apresentado, de processos cognitivos e afetivos, envolvendo elementos objetivos e subjetivos, tais como: a sintonia entre o candidato e o eleitor em relação a crenças, valores, ao seu posicionamento ideológico e seu posicionamento perante temas importantes de campanha, da sua origem, história, carisma, *herança de incumbência* (avaliação retrospectiva), de seus atributos simbólicos (personalidade, aparência, etc.), das suas coligações partidárias, das emoções e sentimentos emotivos que despertem no eleitor (que também dependerá da paridade ideológica e partidária entre ambos) e da sua habilidade em gerar confiança no eleitor de que poderá atender às suas necessidades materiais e emocionais de forma mais eficiente do que os demais candidatos (avaliação prospectiva). Quanto mais articulada for a consciência do sujeito, mais complexa será essa análise, uma vez que se respaldará em vários desses elementos. Já o sujeito pouco articulado apoiará sua análise em dimensões valorativas ligadas a conceitos de moralidade, julgando o candidato pelos atributos simbólicos da sua imagem, formulados a partir de sentimentos, intuições e percepções e não de juízos políticos estruturados (RADMANN, 2002). Essa análise passa por um processo de validação coletiva, como aponta a pesquisadora:

> Os eleitores realizam suas decisões a partir de uma avaliação/percepção construída em seu imaginário social e confirmada por uma representação coletiva em torno de um candidato. Através de sua rede de relações, o eleitor procura compartilhar sentimentos e percepções similares a respeito de um candidato com outros eleitores. (RADMANN, 2002, p. 15).

A partir do momento que o candidato é escolhido, muitos eleitores passam a depositar sua confiança nele de forma quase incondicional.

> [...] há uma propensão, por parte dos eleitores, à internaliza-
> ção tanto dos atributos simbólicos dos candidatos, quanto
> das suas proposições. Quando o eleitor emotivo acredita
> num candidato, torna-se um defensor da candidatura e da
> idoneidade do candidato e passa a reproduzir o discurso
> e os argumentos difundidos pela campanha do candidato.
> (RADMANN, 2002, p. 19).

Algumas pesquisas indicam que o eleitor emprega um número bastante restrito de dimensões para desenvolver uma imagem mental do político relacionada aos seus atributos pessoais. Garzia (2017) explica que, com base nos estudos de Kinder (1986)[241], as pesquisas da ANES[242] passaram a considerar uma bateria de traços de atributos com apenas quatro dimensões: competência, liderança, integridade[243] e empatia. As percepções a partir desses traços correlacionam-se com as avaliações do tipo *termômetro de sentimento*, que representam uma medida geral da percepção dos eleitores sobre candidatos, tendo-se tornado a medida preferida nos estudos da ANES nas últimas décadas.

A aparência física ajuda a compor a imagem do candidato e ganha importância na avaliação dos eleitores, na ausência de outras informações sobre o candidato (RIGGLE *et al.,* 1992). Não à toa, os candidatos investem na aparência pessoal, buscando uma imagem revitalizada e vigorosa. Timbancaya (2020, p. 14) identificou, a partir das pesquisas de diferentes autores, que os traços faciais são usados pelos eleitores para inferir características de personalidade dos candidatos, sendo a competência o atributo mais valorizado. Características masculinas, que sugerem domínio, são preferidas em tempos de guerra, ao passo que características femininas, relacionadas à sociabilidade, em tempos de paz. Borba (2005) destaca, além da imagem da competência e da honestidade, a associação do candidato com a imagem partidária.

> A identificação com imagens políticas, de forma partidária,
> que no período bipartidário da política brasileira estrutu-
> ravam-se fortemente entre as ideias de "partido do povo" e
> "partido do governo" ou entre "partido dos pobres" e "partido
> dos ricos", no contexto pluripartidário pós-1979 estrutura-
> vam-se principalmente através das imagens do candidato a
> partir de atributos como competência e honestidade. (BORBA,
> 2005, p. 161).

---

[241] Ver: Presidential Character Revisited, de Donald R. Kinder. *In: Political Cognition*, de Richard R. Lau e David O. Sears.

[242] American National Election Study.

[243] Incluída na dimensão *integridade* está a honestidade, característica muito valorizada pelos eleitores deste país.

A projeção dos aspectos físicos e de personalidade dos candidatos, em detrimento de seu conteúdo programático ou ideológico, é favorecida pelas propriedades da comunicação em veículos como a televisão ou a internet. A atratividade física de uma pessoa é compreendida pela psicologia social como uma característica do capital humano. O mecanismo denominado *Estereótipo de Atratividade* faz com que pessoas atraentes sejam vistas como mais perseverantes, ambiciosas, trabalhadoras, autoconfiantes, inteligentes, competentes, honestas, confiáveis, criativas, empáticas e simpáticas, o que certamente traz implicações importantes em relação à percepção do eleitorado, proporcionando vantagens significativas aos candidatos com maior atratividade física, conforme atestam alguns estudos[244], sendo potencialmente mais relevante para candidatos pouco conhecidos[245], e ainda, ajudando a atrair mais votos de eleitores indecisos. Em função desse mecanismo e de uma suposta melhor receptividade dos jornalistas, candidatos mais atraentes podem parecer mais autoconfiantes, ativos, agressivos e mais convincentes porque se sentem mais seguros de sua superioridade e de seus pontos de vista do que seus concorrentes menos atraentes (KLEIN; ROSAR, 2017). Os autores advertem que a benesse da beleza física não impacta da mesma forma candidatos e candidatas.

> Candidatos e seus partidos se beneficiariam mais significativamente da atratividade do que candidatas e seus partidos e, em casos extremos, a atratividade exuberante de uma candidata poderia realmente piorar suas chances de vitória eleitoral. (KLEIN; ROSAR, 2017, p. 692, tradução nossa[246]).

Fator de considerável relevância na disputa eleitoral, a herança de incumbência abrange questões pragmáticas fundamentadas nas teorias do voto retrospectivo e do voto econômico. Ela representa o patrimônio eleitoral do candidato, o qual é herdado do governo anterior. Isso ocorre tanto quando o candidato é o gestor em exercício tentando a reeleição (herança direta), quanto quando o candidato é apoiado pelo governo incumbente (herança indireta). O desempenho da economia tem grande peso nessa análise retrospectiva e no voto do eleitor (KRAMER (1971), RENNÓ; SPÁKANOS (2006) e CORIOLANO; SANDOVAL (2021)).

---

[244] A avaliação da atratividade física do candidato pode ser contaminada pela afinidade partidária do respondente. Para minimizar essa interferência, é necessário empregar técnicas estatísticas apropriadas.

[245] Estudos indicam que a atratividade física impacta a primeira impressão que as pessoas causam.

[246] "[...] *male candidates and their parties would benefit more significantly from great physical attractiveness than would female candidates and their parties. In extreme cases, great attractiveness in female candidates could actually worsen their chances of election victory.*"

Em relação ao atendimento das necessidades do eleitor, Nunes (2004) alerta para a instrumentalização da mídia por candidatos que atuam na área e que pretensamente se posicionam como defensores dos "desejos e expectativas" do eleitor.

> No caso dos radialistas que ingressaram na política, observa-se como o rádio e a televisão são instrumentalizados em suas campanhas, convertendo-se num porta-voz não das aspirações populares, mas das candidaturas. Essas candidaturas estão associadas a estratégias que resultam em alguma utilidade para o ouvinte e/ou telespectador, no atendimento de suas necessidades e interesses. Daí a preferência pelo gênero "prestação de serviços", onde o candidato radialista, ou que passa por radialista, pode demonstrar como é necessário, como pode atender aos "desejos" e "expectativas" do ouvinte que se transforma, então, em eleitor. (NUNES, 2004, p. 365-366).

5.2 A seleção da estratégia de campanha

Como a relevância das diversas variáveis que compõem os determinantes do voto alterna-se nos diferentes pleitos presidenciais, cabe à equipe de coordenação de campanha do candidato analisar o tabuleiro eleitoral para identificar os determinantes capitais do momento e definir as melhores estratégias de campanha que dialoguem com o eleitorado, em especial com o grupo dos eleitores flutuantes, a fim de persuadi-lo a votar em seu candidato. Vale lembrar que a campanha eleitoral é o momento de (i) cristalizar os vínculos de identificação e confiança com eleitores simpatizantes ao candidato, reforçando sua imagem através de seus atributos simbólicos e (ii) estabelecer vínculos com novos eleitores, sejam eles do grupo dos indecisos ou até mesmo de simpatizantes pouco convictos de candidatos adversários. No Capítulo 7, identificaremos as variáveis relevantes identificadas pela modelagem estatística das eleições de 2018 e 2022, utilizando os dados referentes às pesquisas do ESEB de 2018 e 2022.

O gráfico a seguir, elaborado a partir da pesquisa do Datafolha[247] sobre a eleição de 2018, apresenta o grau de importância atribuído aos atributos do candidato (propostas e vida política) e aos meios de informação, segundo a percepção do eleitorado.

---

[247] Para os determinantes apresentados no gráfico, a pergunta feita na pesquisa foi: "Pensando nessa eleição, você diria que tem muita importância, um pouco de importância ou nenhuma importância na decisão do seu voto?"

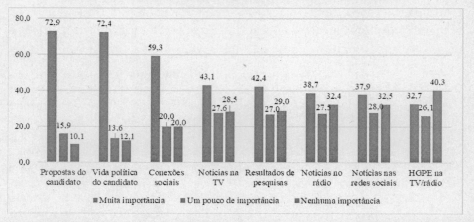

Gráfico 16 – Grau de importância para a decisão do voto (2018)

Fonte: Elaborado pelo autor com base na pesquisa do Datafolha 4619 do banco de dados do Cesop. Valores porcentuais.

Os elementos relacionados aos atributos do candidato, com avaliação na categoria "muita importância" obtiveram resultados próximos, com 72,9% e 72,4% para as propostas do candidato e vida política, respectivamente. Vale ressaltar que as informações sobre os candidatos são obtidas por meio das conexões sociais do sujeito ou dos veículos de mídia. As conexões sociais, abrangendo as conversas com familiares, amigos ou colegas, apareceram em destaque, com 59,3% de avaliação muito importante, à frente da informação obtida através dos diferentes veículos de mídia. Quanto a esses veículos, sobressaiu a televisão, com 43,1% de "muita importância", seguida pelo rádio e pelas redes sociais, com 38,7% e 37,9%, respectivamente. O HGPE, na televisão ou no rádio, apareceu em último lugar, com apenas 32,7% dos eleitores considerando-o muito importante, e sem "nenhuma importância" para 40,3% dos eleitores. Vale destacar o baixo ranqueamento das redes sociais nesse levantamento, atrás da televisão e até do rádio, o que talvez se explique pelo descrédito da população devido à profusão de fake news que contaminaram as redes sociais nessa eleição. Interessante destacar também a alta porcentagem de eleitores – 42,4% – que consideram o resultado das pesquisas eleitorais muito importante para a decisão do voto.

O *Modelo Estratégico* é uma teoria de comunicação política que associa os efeitos de campanha com a competição entre as estratégias de mensagens dos diferentes candidatos. Essa perspectiva reconhece a capacidade das interações estratégicas não apenas entre candidatos concorrentes mas entre candidatos e a imprensa, para criar diferentes contextos de campanha, incorporando, portanto, o efeito condicionado por outros atores da elite, representados pelos veículos de mídia. Assim sendo, ao planejar uma campanha eleitoral, a equipe de marketing político do candidato deve antecipar não apenas as prováveis estratégias de seus concorrentes mas o tratamento das notícias pelos meios de comunicação (IYENGAR; SIMON, 2000).

Figueiredo, Aldé, Dias e Jorge (1997, p. 186-187) desenvolveram um "modelo de retórica da persuasão eleitoral" que avalia a estrutura competitiva de eleições majoritárias e a forma como os candidatos elaboram suas estratégias de comunicação da campanha. Nesse modelo, de evidente embasamento na escola econômica de Downs, a retórica ideal para o candidato incumbente seria "o mundo atual está bom e ficará ainda melhor"; enquanto para o desafiante "o mundo atual está ruim, mas ficará bom." Segundo os autores, o argumento eleitoral teria a seguinte estrutura: (i) a descrição da situação atual, apreciada ou depreciada conforme a posição do candidato na disputa, sendo, portanto, "um construto inferido do mundo atual real", (ii) a projeção ficcional de um cenário futuro pós-eleitoral – mundo desejado *versus* indesejado – trabalhando assim com os conceitos de voto retrospectivo e voto prospectivo, (iii) a proposição do candidato como a melhor alternativa para atingir o mundo desejado e (iv) a incumbência do candidato e seus apoiadores como garantidores da realização desse mundo desejado.

Figueiredo *et al.* (1997) identificaram as seguintes estratégicas para os competidores. Para o incumbente: a postura acima da disputa, evitando ataques aos oponentes, a ênfase nas realizações, legitimando a visão do *mundo bom*, os seus atributos de carisma e competência, os encontros e endossos de lideranças e partidários e o uso de símbolos do cargo. Para o desafiante: o apelo para a mudança, contestando o mundo presente, a ofensiva em relação a temas relevantes, a visão otimista do futuro, os ataques à administração incumbente e aos adversários e as comparações entre os adversários.

Na eleição de 2022, a criação da realidade paralela por Bolsonaro teve o claro propósito de enquadrar seu governo na visão do mundo bom que ficaria ainda melhor, fugindo dos ataques dos adversários sobre a realidade desfavorável ao candidato incumbente. Glaser e Salovey (1998, p. 158, tradução nossa[248]) acrescentam que os "candidatos que falam de forma mais otimista, ou seja, atribuem eventos negativos a causas externas, específicas

---

[248] *"Candidates who speak more optimistically (i.e., attribute negative events to external, specific, and transient causes) have greater chances of success."*

e transitórias, têm maiores chances de sucesso." Como sabemos, essa estratégia foi amplamente usada por Bolsonaro durante todo seu mandato e na campanha de 2022.

Nas campanhas de 2006 e 2010, valendo-se do bom desempenho da economia e das políticas de redistribuição de renda, o PT focou seu discurso na melhora da condição de vida do eleitor, enquanto o PSDB evitou o embate sobre o mundo presente que lhe era inconveniente, enfatizando as questões morais e político-administrativas, valendo-se da narrativa midiática favorável, que em 2006 retroalimentou o discurso do seu candidato e, em 2010, manteve "sua postura crítica em relação ao governo, ao PT e ao presidente Lula, privilegiando a pauta política e cultural (questão da religiosidade e do aborto) em detrimento da econômica, que era mais favorável às hostes governistas" (AZEVEDO, 2011, p. 99).

6

AS PESQUISAS DE CAMPO

O presente projeto utilizou dois tipos de pesquisas complementares para atingir o objetivo de desenvolver um modelo de comportamento eleitoral apropriado ao atual contexto sociopolítico do país: (i) pesquisas do tipo quantitativo seccional (*surveys*), baseadas em dados secundários e (ii) pesquisa qualitativa longitudinal, com dados primários. Além disso, pela impossibilidade de investigar todos os aspectos inerentes ao comportamento eleitoral, conforme indicados nos capítulos anteriores, nossas análises apoiaram-se em trabalhos acadêmicos desenvolvidos por outros pesquisadores, citados ao longo do texto, e em nossa pesquisa de mestrado, apresentada no Capítulo 7, seção 7.1.4, *A consciência política e o voto*.

6.1 A pesquisa quantitativa

Pesquisas do tipo *survey* seccional quantitativo não são adequadas para aprofundar temas complexos, nem tampouco para estabelecer relações de causalidade, mas permitem inferir comportamentos universais (populacionais) a partir da análise de dados de grupos amostrais. Tais pesquisas dão representatividade a modelos comportamentais, como no nosso caso, uma vez que permitem analisar o universo a partir de uma amostra representativa extraída do mesmo. Em virtude da impossibilidade de realizar individualmente pesquisas de tal monta, utilizar bancos de dados ligados a centros de estudo de opinião pública tornou-se uma prática comum na área do comportamento eleitoral. No Brasil, pesquisadores utilizam os dados disponibilizados pelo Cesop[249], assim como os pesquisadores da América Latina utilizam os do Lapop[250] (Latinobarómetro), os do EUA do Anes[251] e os da Europa do Eurobarômetro[252]. Além de inúmeras pesquisas de opinião pública realizadas por institutos como o Datafolha e o Ibope[253], o diretório

---

[249] Centro de Estudos de Opinião Pública, da Universidade Estadual de Campinas (Unicamp).

[250] Latin American Public Opinion Project, ligado à Universidade Vanderbilt.

[251] American National Election Studies, ligado às universidades de Stanford e Michigan.

[252] Ligado à Comissão Europeia, com suporte técnico da TNS Opinion.

[253] Em janeiro de 2021, as atividades do Ibope foram encerradas e seus executivos fundaram o Ipec (Inteligência em Pesquisa e Consultoria Estratégica).

do Cesop disponibiliza as pesquisas conduzidas pelo ESEB: *surveys* pós-eleitorais realizados a cada quatro anos, com início em 2002, totalizando seis edições ou ondas até o presente momento.

Optamos pelas pesquisas do ESEB por serem mais completas que as dos institutos tradicionais e por também apresentarem alto rigor metodológico, como, por exemplo, a utilização de cotas amostrais expressivas, que asseguraram uma margem de erro entre +/- 2 pontos porcentuais para os totais da amostra, com margem de confiança de 95%. Selecionamos as últimas duas ondas, referentes aos pleitos de 2018 e 2022, pela proximidade temporal e, especialmente, por se diferenciarem das eleições anteriores em função da ascensão da extrema direita – fenômeno de âmbito global – e da consequente mudança do embate político entre o PT e o PSDB – protagonistas por décadas da cena política do país – para a polarização radicalizada entre o bolsonarismo e o petismo. A pesquisa ESEB 2018 (5ª. Onda), identificada no banco de dados do CESOP pelo código CESOP-IBOPE/BRASIL18.NOV-04622, realizada em parceria com o Ibope Inteligência, abrangeu 2506 entrevistas realizadas entre 10 e 24 de novembro de 2018 e a ESEB 2022 (6ª. Onda), com o código CESOP-QUAEST/BRASIL22.NOV-04810, em parceria com a Quaest Consultoria e Pesquisa, realizou 2001 entrevistas entre 19 de novembro e 4 de dezembro de 2022.

O universo dessas pesquisas foi composto por eleitores brasileiros de 16 anos ou mais e a seleção da amostra representativa desse universo abrangeu as cinco regiões do país, estratificada por Estado e seleção dos municípios realizada de forma probabilística, conforme o método PPT (Probabilidade Proporcional ao Tamanho), sendo conduzidas de forma presencial nos domicílios dos entrevistados. Maiores detalhes sobre o processo de seleção, distribuição de cotas e diferenças metodológicas entre os *surveys* seguem-se aos questionários dessas pesquisas, disponíveis no banco de dados do Cesop.

As questões do ESEB usadas em nossa pesquisa estão relacionadas nos dois quadros a seguir.

Quadro 2 – Questões do ESEB usadas no modelo estatístico (eleição de 2018)

Variável	Detalhamento da questão
Região de residência *Categorias* *11 a 17→Norte* *21 a 29→Nordeste* *31 a 35→Sudeste* *41 a 43→Sul* *50 a 53→Centro-Oeste*	UF 12 ( ) Acre 27 ( ) Alagoas 16 ( ) Amapá 13 ( ) Amazonas 29 ( ) Bahia 23 ( ) Ceará 53 ( ) Distrito Federal 32 ( ) Espírito Santo 52 ( ) Goiás 21 ( ) Maranhão 51 ( ) Mato Grosso 50 ( ) Mato Grosso do Sul 31 ( ) Minas Gerais 15 ( ) Pará 25 ( ) Paraíba 41 ( ) Paraná 26 ( ) Pernambuco 22 ( ) Piauí 33 ( ) Rio de Janeiro 24 ( ) Rio Grande do Norte 43 ( ) Rio Grande do Sul 11 ( ) Rondônia 14 ( ) Roraima 42 ( ) Santa Catarina 35 ( ) São Paulo 28 ( ) Sergipe 17 ( ) Tocantins
Faixa etária	D1a. Qual é a sua idade? |____|____| anos 1( ) 16 e 17 anos 2( ) 18 a 24 anos 3( ) 25 a 34 anos 4( ) 35 a 44 anos 5( ) 45 a 54 anos 6( ) 55 a 64 anos 7( ) 65 anos ou mais
Gênero	D02. Sexo 1( ) Masculino 2( ) Feminino
Escolaridade *Categorias:* *1→sem instrução* *2 a 5→ Fundamental* *6 e 7→ Médio* *8 e 9→ Superior 10→* *Pós-graduação*	D3. Escolaridade: Até que série o(a) sr(a) estudou e concluiu? 01( ) Analfabeto/ Nunca frequentou escola 02( ) Primário incompleto (até 3ª série ou 4º ano do ensino fundamental) 03( ) Primário completo (4ª.série ou 5º ano do ensino fundamental) 04 ( ) Ginásio incompleto (até 7ª série ou 8º ano do ensino fundamental) 05( ) Ginásio completo (8ª série ou 9º ano do ensino fundamental) 06( ) Colegial incompleto (até 2ª série do ensino médio) 07( ) Colegial completo (3ª série do ensino médio) 08( ) Ensino universitário incompleto ou especialização (técnico após ensino médio) 09( ) Ensino universitário completo 10( ) Pós-graduação ou mais
Renda familiar	D09. O(a) sr(a) poderia me dizer qual é aproximadamente a renda mensal do seu domicílio, isto é, a soma da renda mensal de todos os membros do seu domicilio. R$ _____ 9999998 ( ) Não sabe 9999999 ( ) Não respondeu/recusa Para quem não sabe ou recusou dizer a renda espontaneamente: D09a. E em qual destas faixas está a renda total da sua família no mês passado, somando as rendas de todas as pessoas que moram com você, inclusive a sua? 01 ( ) Até R$ 954,00 (até 1 salário mínimo) 02 ( ) Mais de R$ 954,00 até R$ 1.908,00 (mais de 1 até 2 salários mínimos) 03 ( ) Mais de R$ 1.908,00 até R$ 4.770,00 (mais de 2 até 5 salários mínimos) 04 ( ) Mais de R$ 4.770,00 até R$ 9.540,00 (mais de 5 até 10 salários mínimos) 05 ( ) Mais de R$ 9.540,00 até R$ 14.310,00 (mais de 10 até 15 salários mínimos) 06 ( ) Mais de R$ 14.310,00 até R$ 19.080,00 (mais de 15 até 20 salários mínimos) 07 ( ) Mais de R$ 19.080,00 (mais de 20 salários mínimos) 98 ( ) NS 99 ( ) NR

Variável	Detalhamento da questão
Cor/raça	D12a. O IBGE - Instituto que faz os Censos no Brasil - usa os termos preto, pardo, branco, amarelo e índio para classificar a cor ou raça das pessoas. Qual desses termos descreve melhor a sua cor ou raça? 1 ( ) Preto 2 ( ) Pardo 3 ( ) Branco 4 ( ) Amarelo 5 ( ) Índio 8 ( ) NS 9 ( ) NR
Autoposicionamento Ideológico (AI) *Categorias:* *0, 1→extrema esquerda* *2, 3→esquerda* *4, 5, 6→centro* *7, 8→direita* *9, 10→extrema direita* *95, 98→ indefinido*	Q.18. Novamente pensando em esquerda e direita na política, como o(a) sr(a) se considera? Lembrando que zero significa que o(a) sr(a) é de esquerda e 10 que o(a) sr(a) é de direita. 95. Não sabe o que é direita ou esquerda 98 - Não sabe se é de esquerda ou direita 97 - NR 99 – missing
Sentimento parti-dário (apenas em relação ao PT) *Categorias:* *0 a 3→Rejeição* *4 a 6→Indiferença* *7 a 10→Afinidade*	Q15 Por favor, use uma nota de 0 a 10 para indicar o quanto O(A) SR(A) gosta do partido que eu vou mencionar, sendo que zero significa que O(A) SR(A) NÃO gosta do partido de jeito nenhum e dez que O(A) SR(A) gosta muito. 96 Não conhece o partido 98 Não sabe avaliar 97 NR 99 Missing *Apenas Q1501 (PT)*
Identidade religiosa *Categorias agrupadas:* *2, 10→ Matriz africana[254]* *7, 8, 9, 95→ Outras[255]*	D10. Por favor me indique qual dessas é a sua religião. Caso não encontre nesta lista, você pode me falar diretamente qual religião é a sua? 01 ( ) Budista 02 ( ) Candomblé 03 ( ) Católica 04 ( ) Espírita kardecista, espiritualista 05 ( ) Evangélica[256] 06 ( ) Judaica 07 ( ) Mórmon, Adventista, Testemunha de Jeová 08 ( ) Santo Daime, Esotérica 09 ( ) Seicho-No-Ie, Messiânica, Perfeita Liberdade 10 ( ) Umbanda 95 ( ) Outra _____ 96 ( ) É ateu/agnóstico/ Não acredita em Deus 97 ( ) Não tem religião 98 ( ) NS 99 ( ) NR

---

[254] Inclui: Candomblé e Umbanda.

[255] Inclui: Mórmon, Adventista, Testemunha de Jeová, Santo Daime, Esotérica, Seicho-No-Ie, Messiânica e Perfeita Liberdade.

[256] Inclui: Assembléia de Deus, Batista, Bola de Neve, Brasil para Cristo, Comunidade Cristã, Congregacional Cristã do Brasil, Deus é Amor, Evangelho Quadrangular, Igreja de Cristo, Igreja Internacional da Graça, Igreja Mundial do Poder de Deus, Luterana, Metodista, Pentecostal, Presbiteriana, Protestante, Renascer em Cristo, Sara Nossa Terra e Universal do Reino de Deus.

Variável	Detalhamento da questão
Engajamento religioso (ER)	D11. Sem considerar batizados e casamentos, com que frequência o(a) sr(a) vai à missa ou culto religioso? 01 ( ) Mais de uma vez por semana 02 ( ) Uma vez por semana 03 ( ) Uma ou duas vezes por mês 04 ( ) Algumas vezes por ano 05 ( ) Raramente 06 ( ) Nunca vai à missa ou culto religioso 98 ( ) NS 99 ( ) NR
Percepção sobre a economia	Q11. O(A) sr(a) considera que a situação econômica atual do país está: _____ que nos últimos doze meses? 1 – Muito melhor 2 – Um pouco melhor 3 – Igual 4 – Um pouco pior 5 – Muito pior 7. Não respondeu 8. Não sabe 9. MISSING
Meios de informação (MEI): *frequência*	Q02. E com qual intensidade o(a) sr(a) acompanha política na TV, no rádio, nos jornais ou na internet: Muita intensidade, alguma intensidade, pouca intensidade, ou não acompanha política? (RU) 1. Muita intensidade 2. Alguma intensidade 3. Pouca intensidade 4. Não acompanho 8. Não sabe 7. Não respondeu 9. MISSING
Meios de informação (MEI): *preferência geral*	P25. Qual destes meios o(a) sr(a) mais utiliza para se informar sobre política? 1-Jornais e Revistas 2-Noticiário da TV 3-Rádio 4-Blogs da internet 5-Redes sociais, Facebook, Twitter, Whatsapp 6-Conversa com amigos e familiares 7-Conversa com colegas de trabalho 8-Busca no Google 9-Não se informa sobre política 88) NS 99) NR
Meios de informação (MEI): *rede social preferida*	P26. Qual destas redes sociais o (a) sr(a) mais utiliza para se informar sobre política? 1-Facebook 2-Twitter 3-YouTube 4-WhatsApp 5-Instagram 6-Outra (espontânea - não especificar) 7- Não uso redes sociais (espontânea) 97 Não se informa sobre política em redes sociais (espontânea) 98 NÃO SABE 99 NÃO RESPONDEU

Variável	Detalhamento da questão
Influenciadores	P27. Aqui estão algumas ações que as pessoas consideram importantes para decidir o voto para presidente. Nesta eleição, qual delas foi a mais importante para o(a) sr(a) decidir o seu voto para presidente? Assistir/ Ouvir os candidatos em comícios 01 Conversas com amigos e pessoas da família 02 Conversas com colegas de trabalho/ escola 03 Debates entre candidatos na televisão 04 Informações da igreja sobre os candidatos 05 Informações de associações de moradores sobre os candidatos 06 Notícias sobre os candidatos na televisão 07 Notícias sobre os candidatos nas redes sociais 08 Notícias sobre os candidatos no rádio 09 Notícias sobre os candidatos nos jornais (impresso ou internet) 10 Resultado de pesquisas eleitorais 11 Propaganda política na televisão 12 Propaganda política no rádio 13 Notícias sobre os candidatos pelo whatsapp 14 Não votou para presidente 96 Nenhuma dessas 97 NS 98 NR 99
Avaliação institucional *Categorias:* *1, 2→Ótima ou boa* *3, 4→Regular* *5, 6→Ruim ou péssima*	P03. Agora vamos falar das instituições. Para cada uma das instituições que eu vou ler, gostaria que o(a) sr(a) avaliasse a atuação de cada uma delas. De maneira geral, como o(a) sr(a) avalia a atuação. O(a) sr(a) diria que é: 1 ótima 2 boa 3 Regular positivo (espontâneo) 4 Regular negativo (espontâneo) 5 ruim 6 péssima (8 NS, 9 NR)? a) Da Igreja Católica b) Da Igreja Evangélica c) Da Polícia Federal d) Do Governo Federal e) Da Justiça, Poder Judiciário f) Das Grandes Empresas g) Dos Partidos Políticos h) Do Congresso Nacional i) (Senado e Câmara dos Deputados)[257] j) Dos Militares, Forças Armadas k) Do Ministério Público l) Da Rede Globo m) Das outras emissoras de televisão, como a Record, SBT, etc.
Avaliação do incumbente	Q09. Na sua opinião, de uma maneira geral o Governo do Presidente Michel Temer nos últimos 2 anos foi ótimo, bom, ruim ou péssimo? 1( ) Ótimo 2( ) Bom 3( ) Regular (espontâneo) 4( ) Ruim 5( ) Péssimo 8( ) Não sabe 7( ) Não respondeu 9. MISSING
Voto declarado: *2 turno*	Q12P2-b. Em quem O(A) SR(A) votou para presidente no SEGUNDO turno?[258] 01 Fernando Haddad (PT) 02 Jair Bolsonaro (PSL) 50 - Anulou o voto 60 - Votou em branco 98 - Não sabe /Não lembra 97 - Não Respondeu 99 - missing

Fonte: Elaborado pelo autor, 2023

---

[257] Agregada a alternativa h.

[258] Desconsiderados os respondentes que assinalaram as alternativas 97, 98 ou 99.

Quadro 3 – Questões do ESEB usadas no modelo estatístico (eleição de 2022)

Variável	Detalhamento da questão
Região de residência *Categorias* *11 a 17→Norte* *21 a 29→Nordeste* *31 a 35→Sudeste* *41 a 43→Sul* *50 a 53→Centro-Oeste*	UF 12 ( ) Acre 27 ( ) Alagoas 16 ( ) Amapá 13 ( ) Amazonas 29 ( ) Bahia 23 ( ) Ceará 53 ( ) Distrito Federal 32 ( ) Espírito Santo 52 ( ) Goiás 21 ( ) Maranhão 51 ( ) Mato Grosso 50 ( ) Mato Grosso do Sul 31 ( ) Minas Gerais 15 ( ) Pará 25 ( ) Paraíba 41 ( ) Paraná 26 ( ) Pernambuco 22 ( ) Piauí 33 ( ) Rio de Janeiro 24 ( ) Rio Grande do Norte 43 ( ) Rio Grande do Sul 11 ( ) Rondônia 14 ( ) Roraima 42 ( ) Santa Catarina 35 ( ) São Paulo 28 ( ) Sergipe 17 ( ) Tocantins
Faixa etária *Categorias:* *16 e 17 anos* *18 a 24 anos* *25 a 34 anos* *35 a 44 anos* *45 a 54 anos* *55 a 64 anos* *65 anos ou mais*	D1a. Qual é a sua data de nascimento?
Gênero	D02. Sexo 1 Masculino 2 Feminino
Escolaridade *Categorias:* *1→sem instrução* *2 a 5→ Fundamental* *6 e 7→ Médio* *8 e 9→ Superior 10→* *Pós-graduação*	D3. Escolaridade: Até que serie o(a) sr(a) estudou e concluiu? 01( ) Analfabeto/ Nunca frequentou escola 02( ) Primário incompleto (até 3ª série ou 4º ano do ensino fundamental) 03( ) Primário completo (4ª.série ou 5º ano do ensino fundamental) 04( ) Ginásio incompleto (até 7ª série ou 8º ano do ensino fundamental) 05( ) Ginásio completo (8ª série ou 9º ano do ensino fundamental) 06( ) Colegial incompleto (até 2ª série do ensino médio) 07( ) Colegial completo (3ª série do ensino médio) 08( ) Ensino universitário incompleto ou especialização (técnico após ensino médio) 09( ) Ensino universitário completo 10( ) Pós-graduação ou mais 99( ) Não quis responder

Variável	Detalhamento da questão
Renda familiar	D09. O(a) sr(a) poderia me dizer qual é aproximadamente a renda mensal do seu domicílio, isto é, a soma da renda mensal de todos os membros do seu domicilio? R$_____ 97. Não sabe 98. Não respondeu/ recusa Para quem não sabe ou recusou dizer a renda espontaneamente: D09a. Apenas para fazermos uma classificação socioeconômica, você poderia me dizer em qual dessas faixas está a sua renda familiar mensal hoje? Pode falar o número da cartela, se preferir. *lembrando de somar o total de rendimentos de todas as pessoas deste domicílio, incluindo: salários, trabalho informal, bolsa-auxílio, aposentadoria ou pensão, etc.* 1. Até r$ 1.212,00 (até 1 salário mínimo) 2. De r$ 1.212,01 a r$ 2.424,00 (+ de 1 até 2 sm) 3. De r$ 2.424,01 a r$ 3.636,00 (+ de 2 até 3 sm) 4. De r$ 3.636,01 a r$ 6.060,00 (+ de 3 até 5 sm) 5. De r$ 6.060,01 a r$ 12.120,00 (+ de 5 até 10 sm) 6. De r$ 12.120,01 a r$ 18.180,00 (+ de 10 até 15 sm) 7. De r$ 18.180,01 a r$24.240,00 (+ de 15 até 20 sm) 8. Mais de r$ 24.240,00 (+ de 20 sm) 99. Não quis responder
Cor/raça	D12a. O IBGE - Instituto que faz os Censos no Brasil - usa os termos preto, pardo, branco, amarelo e índio para classificar a cor ou raça das pessoas. Qual desses termos descreve melhor a sua cor ou raça? 1 ( ) Preto 2 ( ) Pardo 3 ( ) Branco 4 ( ) Amarelo 5 ( ) Índio 97 ( ) NS 98 ( ) NR
Autoposicionamento Ideológico (AI) *Categorias:* *0, 1→extrema esquerda* *2, 3→esquerda* *4, 5, 6→centro* *7, 8→direita* *9, 10→extrema direita* *95, 96→ indefinido*	Q19. Novamente pensando em esquerda e direita na política, como o(a) sr(a) se considera? Lembrando que zero significa que o(a) sr(a) é de esquerda e 10 que o(a) sr(a) é de direita. 95. Não sabe o que é direita ou esquerda 96 - Não sabe se é de esquerda ou direita 98 - NR

Variável	Detalhamento da questão
Sentimento partidário *Categorias:* *0 a 3→Rejeição* *4 a 6→Indiferença* *7 a 10→Afinidade*	Q16. Agora gostaria de saber o que o (a) sr. (a) pensa sobre os partidos políticos brasileiros. Por favor, use uma nota de 0 a 10 para indicar o quanto o (a) sr. (a) gosta do partido que eu vou mencionar, sendo que zero significa que o (a) sr. (a) não gosta do partido de jeito nenhum e dez que o (a) sr. (a) gosta muito. Quando eu falar o nome de um partido que o (a) sr. (a) não conhece, apenas diga que não o conhece. Em relação a _____ 0. Não gosta de jeito nenhum 10. Gosta muito 96. Não conhece o partido 97. Não sabe 98. Não respondeu *Apenas para a Q16-5. PT (Partido dos Trabalhadores)*
Identidade religiosa *Categorias agrupadas:* *2, 10→Matriz africana[259]* *7, 8, 9, 95→Outras[260]*	D10. Por favor me indique qual dessas é a sua religião. Caso não encontre nesta lista, você pode me falar diretamente qual religião é a sua? 01 ( ) Budista 02 ( ) Candomblé 03 ( ) Católica 04 ( ) Espírita kardecista, espiritualista 05 ( ) Evangélica[261] 06 ( ) Judaica 07 ( ) Mórmon, Adventista, Testemunha de Jeová 08 ( ) Santo Daime, Esotérica 09 ( ) Seicho-No-Ie, Messiânica, Perfeita Liberdade 10 ( ) Umbanda 95 ( ) Outra _____ 96 ( ) É ateu/agnóstico/ Não acredita em Deus 97 ( ) Não tem religião 98 ( ) NR 99 ( ) NS
Engajamento religioso (ER)	D11. Sem considerar batizados e casamentos, com que frequência o(a) sr(a) vai à missa ou culto religioso? 01 ( ) Mais de uma vez por semana 02 ( ) Uma vez por semana 03 ( ) Uma ou duas vezes por mês 04 ( ) Algumas vezes por ano 05 ( ) Raramente 06 ( ) Nunca vai à missa ou culto religioso 97 ( ) NS 98 ( ) NR
Percepção sobre a economia	Q09. O(A) sr(a) considera que a situação econômica atual do país está: _____que nos últimos doze meses? 1 – Muito melhor 2 – Pouco melhor 3 – Igual 4 – Pouco pior 5 – Muito pior 98. Não respondeu 97. Não sabe

---

[259] Inclui: Candomblé e Umbanda.

[260] Inclui: Mórmon, Adventista, Testemunha de Jeová, Santo Daime, Esotérica, Seicho-No-Ie, Messiânica e Perfeita Liberdade.

[261] Inclui: Assembléia de Deus, Batista, Bola de Neve, Brasil para Cristo, Comunidade Cristã, Congregacional Cristã do Brasil, Deus é Amor, Evangelho Quadrangular, Igreja de Cristo, Igreja Internacional da Graça, Igreja Mundial do Poder de Deus, Luterana, Metodista, Pentecostal, Presbiteriana, Protestante, Renascer em Cristo, Sara Nossa Terra e Universal do Reino de Deus.

Variável	Detalhamento da questão
UMI (frequência de utilização dos meios de informação – jornais, sites de notícias da internet, redes sociais) *Categorias:* *0→Não acompanha* *1 a 2→ocasional* *4 a 5→frequente* *5 a 7→muito frequente*	Q02. Agora, gostaria de saber em quais tipos de meios de comunicação o (a) sr. (a) costumava acompanhar notícias durante a campanha eleitoral. Vou começar com televisão, rádio e jornal, mas não importa se o sr. (a) utilizou esses meios de forma tradicional ou online. Durante a campanha eleitoral passada, em uma semana normal, quantos dias o (a) sr. (a)_____? 0. Nenhum/ zero dias 1. Um dia 2. Dois dias 3. Três dias 4. Quatro dias 5. Cinco dias 6. Seis dias 7. Sete dias 97. Não sabe 98. Não respondeu *Apenas para:* *Q02d. Leu jornais, tanto faz se na versão impressa ou online* *Q02e. Visitou sites de notícias na internet* *Q02f. Usou redes sociais, como Facebook, Twitter, Whatsapp ou Telegram, para acompanhar as notícias sobre partidos e candidatos*
Confiança institucional (COI)	Q07. Quanta confiança o (a) sr. (a) tem nas seguintes instituições e grupos? Para cada uma delas, por favor, diga se o (a) sr. (a) tem muita confiança, alguma confiança, pouca confiança ou nenhuma confiança. 1. Muita confiança 2. Alguma confiança 3. Pouca confiança 4. Nenhuma confiança 97. Não sabe 98. Não respondeu Q07a. Congresso nacional q07b. Governo federal q07c. Judiciário q07d. Cientistas q07e. Partidos políticos q07f. Meios de comunicação tradicionais, tais como jornais, televisão ou rádio q07g. Mídias sociais, tais como facebook, Twitter, whatsapp ou telegram q07h. Igreja católica q07i. Igreja evangélica q07j. Grandes empresas q07l. Militares/ forças armadas q07m. Polícia q07n. Polícia federal q07o. Ministério público
Avaliação do incumbente	Q08. Na sua opinião, de uma maneira geral o Governo do Presidente Jair Bolsonaro nos últimos 4 anos foi ótimo, bom, ruim ou péssimo? 1( ) Ótimo 2( ) Bom 3( ) Regular 4( ) Ruim 5( ) Péssimo 97( ) Não sabe 98( ) Não respondeu
Voto declarado: *2 turno*	Q10p2-b. Em quem o (a) sr. (a) votou para presidente no segundo turno? 1. Jair Bolsonaro 2. Lula 50. Anulou o voto 60. Votou em branco 97. Não sabe/ não lembra 98. Não respondeu

Fonte: Elaborado pelo autor, 2023

As análises realizadas a partir das pesquisas do ESEB estão apresentadas no Capítulo 7: seção 7.1.3 *A análise estatística do comportamento do eleitorado (2018)* e seção 7.2.2 *A análise estatística do comportamento do eleitorado (2022)*. O perfil socioeconômico dos participantes das pesquisas de 2018 e 2022 estão apresentados nos gráficos a seguir.

Gráfico 17A – Região de residência: 2018

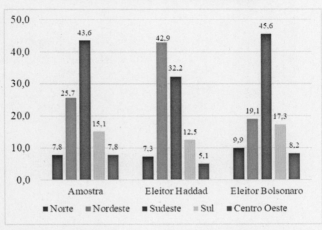

Fonte: Elaborado pelo autor com base na pesquisa do ESEB 4622 (2018) do banco de dados do Cesop. Valores porcentuais.

Gráfico 17B – Região de residência: 2022

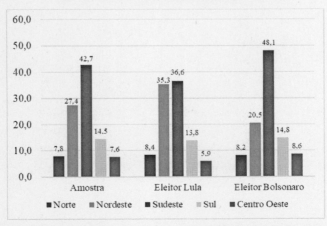

Fonte: Elaborado pelo autor com base na pesquisa do ESEB 4810 (2022) do banco de dados do Cesop. Valores porcentuais.

Gráfico 18A – Faixa etária: 2018

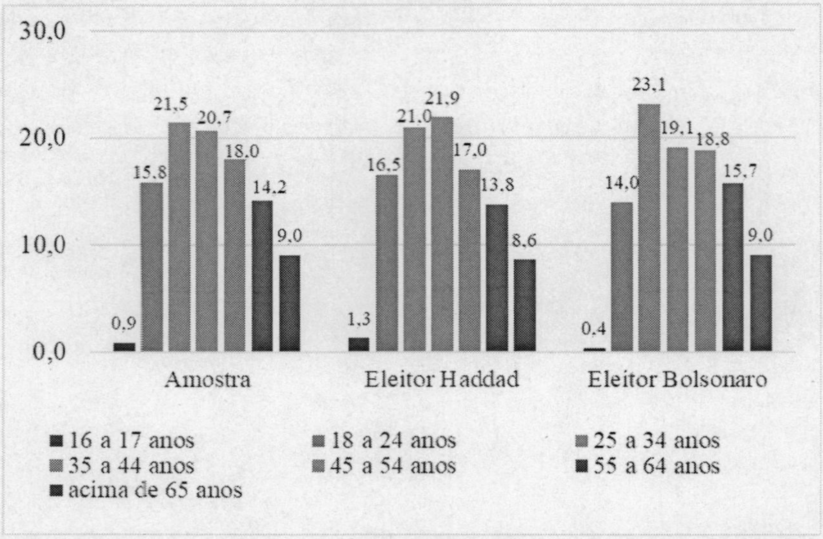

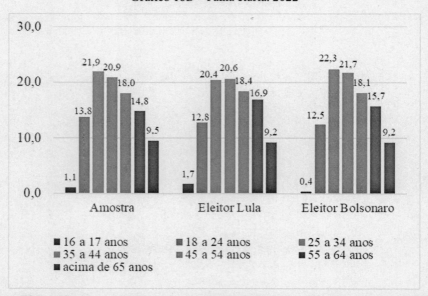

Fonte: Elaborado pelo autor com base na pesquisa do ESEB 4622 (2018) do banco de dados do Cesop. Valores porcentuais.

Gráfico 18B – Faixa etária: 2022

Fonte: Elaborado pelo autor com base na pesquisa do ESEB 4810 (2022) do banco de dados do Cesop. Valores porcentuais.

Gráfico 19A – Gênero: 2018

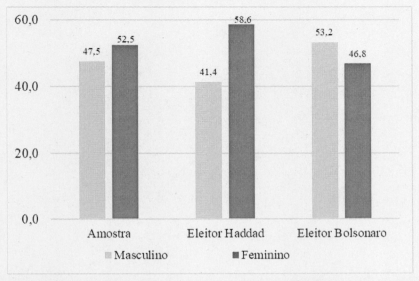

Fonte: Elaborado pelo autor com base na pesquisa do ESEB 4622 (2018) do banco de dados do Cesop. Valores porcentuais.

Gráfico 19B – Gênero: 2022

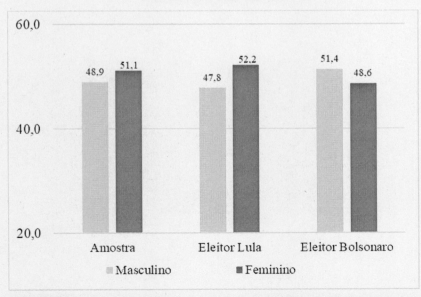

Fonte: Elaborado pelo autor com base na pesquisa do ESEB 4810 (2022) do banco de dados do Cesop. Valores porcentuais.

Gráfico 20A – Escolaridade: 2018

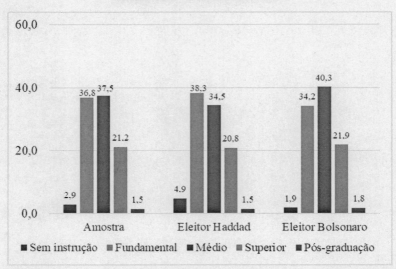

Fonte: Elaborado pelo autor com base na pesquisa do ESEB 4622 (2018) do banco de dados do Cesop. Dados da amostra referem-se apenas aos que declararam sua escolaridade. Valores porcentuais.

Gráfico 20B – Escolaridade: 2022

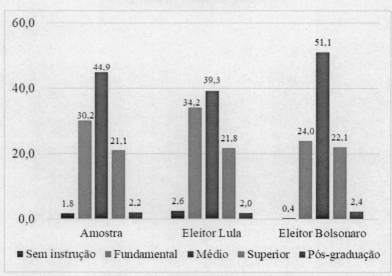

Fonte: Elaborado pelo autor com base na pesquisa do ESEB 4810 (2022) do banco de dados do Cesop. Dados da amostra referem-se apenas aos que declararam sua escolaridade. Valores porcentuais.

Gráfico 21A – Cor/raça: 2018

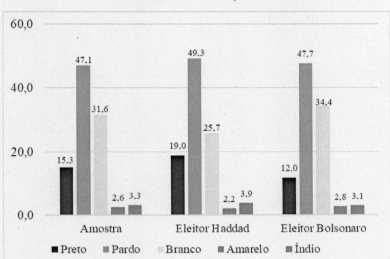

Fonte: Elaborado pelo autor com base na pesquisa do ESEB 4622 (2018) do banco de dados do Cesop. Dados da amostra referem-se apenas aos que declararam sua cor/raça. Valores porcentuais.

Gráfico 21B – Cor/raça: 2022

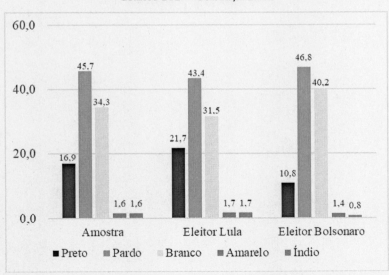

Fonte: Elaborado pelo autor com base na pesquisa do ESEB 4810 (2022) do banco de dados do Cesop. Dados da amostra referem-se apenas aos que declararam sua cor/raça. Valores porcentuais.

Gráfico 22A – Renda familiar: 2018

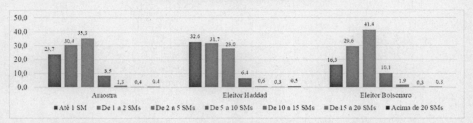

Fonte: Elaborado pelo autor com base na pesquisa do ESEB 4622 (2018) do banco de dados do Cesop. Valores porcentuais.

Gráfico 22B – Renda familiar: 2022

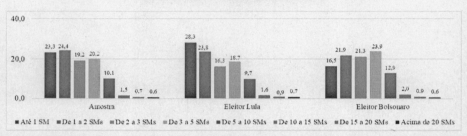

Fonte: Elaborado pelo autor com base na pesquisa do ESEB 4810 (2022) do banco de dados do Cesop. Valores porcentuais.

Gráfico 23A – Autoposicionamento ideológico (AI): 2018

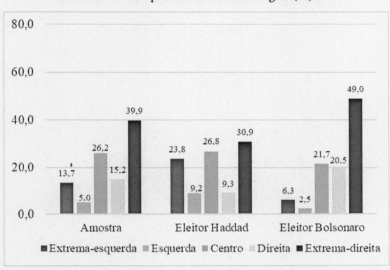

Fonte: Elaborado pelo autor com base na pesquisa do ESEB 4622 (2018) do banco de dados do Cesop. Dados da amostra referem-se apenas aos que se autodeclararam ideologicamente. Valores porcentuais.

Gráfico 23B – Autoposicionamento ideológico (AI): 2022

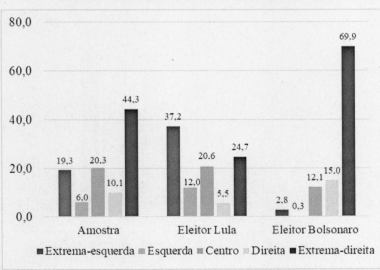

Fonte: Elaborado pelo autor com base na pesquisa do ESEB 4810 (2022) do banco de dados do Cesop. Dados da amostra referem-se apenas aos que se autodeclararam ideologicamente. Valores porcentuais.

Gráfico 24A – Sentimento em relação ao PT: 2018

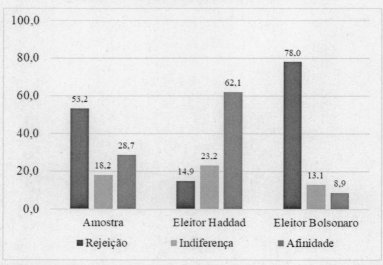

Fonte: Elaborado pelo autor com base na pesquisa do ESEB 4622 (2018) do banco de dados do Cesop. Dados da amostra referem-se apenas aos que relataram seu sentimento ao PT. Valores porcentuais.

Gráfico 24B – Sentimento em relação ao PT: 2022

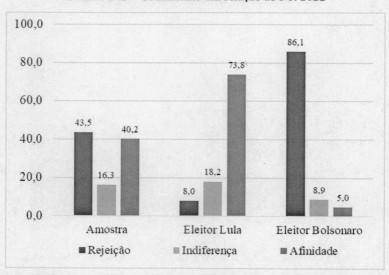

Fonte: Elaborado pelo autor com base na pesquisa do ESEB 4810 (2022) do banco de dados do Cesop. Dados da amostra referem-se apenas aos que relataram seu sentimento ao PT. Valores porcentuais.

Gráfico 25A – Identidade religiosa: 2018

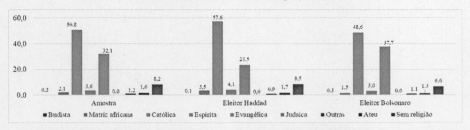

Fonte: Elaborado pelo autor com base na pesquisa do ESEB 4622 (2018) do banco de dados do Cesop. Valores porcentuais.

Gráfico 25B – Identidade religiosa: 2022

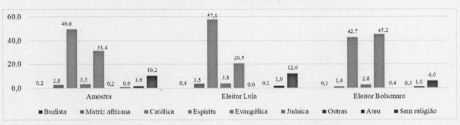

Fonte: Elaborado pelo autor com base na pesquisa do ESEB 4810 (2022) do banco de dados do Cesop. Valores porcentuais.

Gráfico 26A – Engajamento religioso (ER): 2018

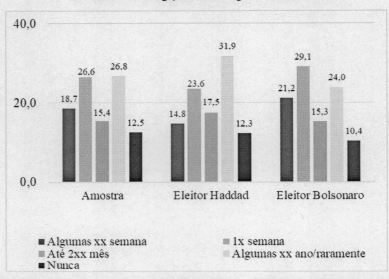

Fonte: Elaborado pelo autor com base na pesquisa do ESEB 4622 (2018) do banco de dados do Cesop. Dados da amostra referem-se apenas aos que relataram seu engajamento. Valores porcentuais.

Gráfico 26B – Engajamento religioso (ER): 2022

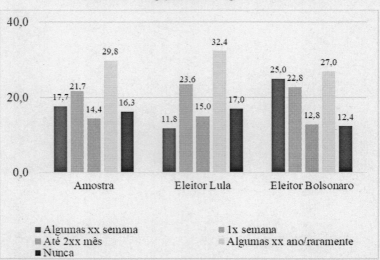

Fonte: Elaborado pelo autor com base na pesquisa do ESEB 4810 (2022) do banco de dados do Cesop. Dados da amostra referem-se apenas aos que relataram seu engajamento. Valores porcentuais.

Gráfico 27A – Percepção sobre a Economia: 2018

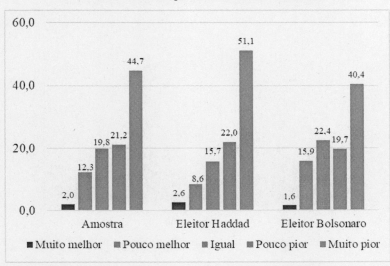

Fonte: Elaborado pelo autor com base na pesquisa do ESEB 4622 (2018) do banco de dados do Cesop. Dados da amostra referem-se apenas aos que relataram sua percepção. Valores porcentuais.

Gráfico 27B – Percepção sobre a Economia: 2022

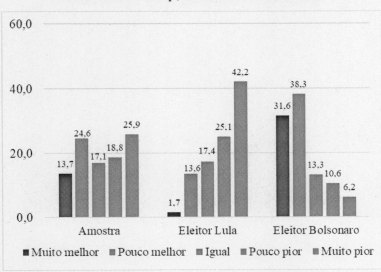

Fonte: Elaborado pelo autor com base na pesquisa do ESEB 4810 (2022) do banco de dados do Cesop. Dados da amostra referem-se apenas aos que relataram sua percepção. Valores porcentuais.

Gráfico 28A – Avaliação do incumbente: 2018

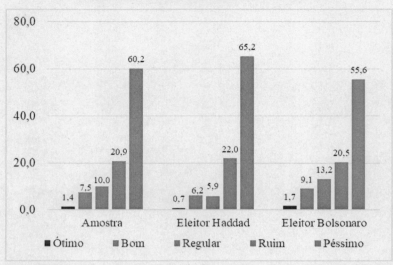

Fonte: Elaborado pelo autor com base na pesquisa do ESEB 4622 (2018) do banco de dados do Cesop. Dados da amostra referem-se apenas aos que relataram sua avaliação do incumbente. Valores porcentuais.

Gráfico 28B – Avaliação do incumbente: 2022

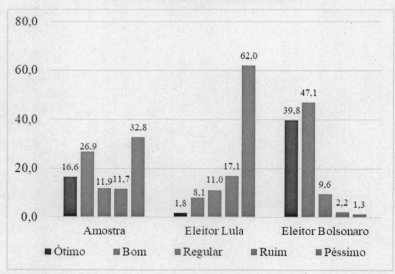

Fonte: Elaborado pelo autor com base na pesquisa do ESEB 4810 (2022) do banco de dados do Cesop. Dados da amostra referem-se apenas aos que relataram sua avaliação do incumbente. Valores porcentuais.

6.2 A pesquisa qualitativa

Pesquisas longitudinais têm a vantagem de permitir ao pesquisador acompanhar o resultado das forças que atuam sobre o indivíduo ao longo do tempo, o que é particularmente interessante quando se trata de compreender o comportamento do eleitor, especialmente no momento crítico da sua tomada de decisão. Abordagens qualitativas proporcionam o aprofundamento no comportamento humano, permitindo análises mais complexas e detalhadas das investigações empíricas. Daí partiu a decisão de aplicar esse tipo de pesquisa em eleitores indecisos, acompanhando-os entre maio e outubro de 2022. Realizamos sete ondas de entrevistas individuais com cada participante por meio de ligações telefônicas, em datas e horários pré-acordados, de acordo com sua disponibilidade, conforme o cronograma apresentado a seguir. As ligações foram gravadas e transcritas e seu conteúdo será mantido por um período de dois anos.

- Entrevista (Onda) 1: 26 a 28 maio

- Entrevista (Onda) 2: 23 a 25 junho

- Entrevista (Onda) 3: 21 a 23 julho

- Entrevista (Onda) 4: 18 a 20 agosto

- Entrevista (Onda) 5: 8 a 10 setembro

- Entrevista (Onda) 6: 29 setembro a 1 outubro

- Entrevista (Onda) 7: 20 a 22 outubro[262]

Por ser uma pesquisa qualitativa, a seleção da amostra não teve por objetivo ser representativa do conjunto de eleitores indecisos, tendo sido definida de acordo com critérios de inclusão e exclusão.

a. <u>Critérios de inclusão</u>: disponibilidade e vontade de participar da pesquisa, ser eleitor(a) com intenção de votar para presidente, ter título de eleitor válido e estar *indeciso(a)* em relação ao voto presidencial, independente de categoria de classe social, faixa etária (desde que acima de 16 anos), gênero, orientação sexual, etnia, religião, escolaridade, ocupação profissional ou estado civil.

---

[262] Esta entrevista foi complementada por meio de uma mensagem de WhatsApp enviada aos entrevistados em 31 de outubro, contendo uma pergunta para confirmar o voto no segundo turno.

b. <u>Critérios de exclusão</u>: não atender aos requisitos de inclusão, desistir de participar da pesquisa ou ter frequência de participação inferior a 80%.

A pesquisa foi divulgada no Facebook e em grupos do WhatsApp. Após a identificação de um possível participante, um contato inicial era estabelecido para pré-análise do perfil do interessado(a) e verificação do seu enquadramento no perfil desejado. A participação do interessado(a) era confirmada após a aceitação do TCLE[263] enviado pelo WhatsApp[264]. Foram inicialmente selecionados dezoito participantes[265] de ambos os sexos, sendo realizadas ao todo 108 entrevistas. Três participantes foram eliminados por não terem atingido a frequência mínima[266] acordada. Além destes, as entrevistas de outro participante não puderam ser consideradas, devido à má qualidade técnica das ligações, que prejudicou a compreensão das gravações e comprometeu a fidedignidade da transcrição. Após essas eliminações, restaram catorze participantes, apresentados no quadro a seguir por nomes fictícios, conforme estabelecido no TCLE.

Quadro 4 – Perfil dos participantes da pesquisa qualitativa

Partici-pante	Profissão	Idade[267]	Gêne-ro[268]	Estado civil	Escolari-dade	Reli-gião[269]
Ágata	Coordenadora pedagógica	42 anos	F	Casada	Pós-graduação	Católica
Ástato	Publicitário	57 anos	M	Casado	Superior	Católica
Blenda	Educadora social	44 anos	F	Divorciada	Superior	Espírita kardecista
Crisólita	Nutricionista	34 anos	F	Casada	Superior	Evangélica

---

[263] Termo de Consentimento Livre e Esclarecido.

[264] Os *prints* da tela com o consentimento dos participantes estão arquivados, pelo período de dois anos. O consentimento também foi confirmado pelos participantes no início da primeira entrevista.

[265] Para estimular a participação nas entrevistas, foi informado que haveria o sorteio de um *tablet* entre os entrevistados. O sorteio ocorreu em 5 de novembro de 2022, sendo acompanhado por alguns participantes por meio da plataforma Google Meet.

[266] Dois entrevistados participaram apenas da primeira onda e um outro apenas das primeiras duas. Um quarto participante não pôde participar da Onda 5, mas foi mantido no grupo por atender ao requisito mínimo de frequência. Ademais, essa ausência havia sido acordada desde o início das entrevistas. Os demais participantes atenderam as sete ondas de entrevistas.

[267] Conforme informado em maio de 2022.

[268] F: Feminino, M: Masculino.

[269] Mantivemos a denominação relatada pelo(a) participante.

Partici-pante	Profissão	Idade[267]	Gêne-ro[268]	Estado civil	Escolari-dade	Reli-gião[269]
Férmio	Desempregado	47 anos	M	Casado	Pós-graduação	Nenhuma
Galena	Auxiliar de escritório	53 anos	F	Casada	Superior	Católica
Germânio	Supervisor administrativo	48 anos	M	Casado	Médio	Nenhuma
Háfnio	Empresário e psicólogo	38 anos	M	Casado	Pós-graduação	Cristã
Niobite	Administradora de empresas	51 anos	F	Casada	Pós-graduação	Espírita
Opala	Gerente	35 anos	F	Casada	Superior	Católica
Ósmio	Professor e publicitário	47 anos	M	Solteiro	Pós-graduação	Espírita
Plivine	Vendedora	24 anos	F	Divorciada	Superior incompleto	Cristã
Samário	Projetista civil	28 anos	M	Solteiro	Superior	Espírita kardecista
Zincite	Cuidadora de idosos	46 anos	F	Solteira	Médio	Católica

Fonte: elaborado pelo autor, 2022.

O projeto desta pesquisa foi aprovado pelo Comitê de Ética da PUC-SP sob o parecer n. 5.675.247. Os resultados estão apresentados no Capítulo 7, seção 7.2.3 – *A definição do voto do eleitor indeciso*.

7

OS ÚLTIMOS DOIS PLEITOS PRESIDENCIAIS

7.1 A eleição de 2018

O pleito de 2018 ocorreu em um ambiente de grande descrédito institucional e de negação da política, em meio à crise da democracia liberal burguesa que assolava não só o Brasil mas o mundo todo. Nesse contexto, favorecido por ter o STF rejeitado a candidatura de Lula, então líder nas pesquisas eleitorais e favorito ao pleito, Bolsonaro sagrou-se vencedor nas urnas. O candidato soube habilmente surfar na onda da antipolítica e do antissistemismo do momento, atendendo ao clamor popular por mudanças. Vasconcelos (2021) nos recorda que "historicamente, é nas crises do capital, que se traduzem em uma crise de hegemonia, que o conservadorismo (res) surge com um discurso aglutinador em defesa da "ordem" contra o inimigo da hora." Todos esses elementos estavam presentes, esperando apenas que algum messias salvador da pátria se apropriasse do discurso.

As redes sociais tiveram papel relevante nessa disputa eleitoral, superando a propaganda eleitoral gratuita da televisão, até então o principal instrumento de informação eleitoral. Os conteúdos para as redes foram providos por diferentes fontes, como as coordenações de campanha, os produtores subcontratados, os canais tradicionais de mídia e os apoiadores voluntários (REIS; ZANETTI; FRIZZERA, 2019).

Os vídeos e memes amadores de Bolsonaro passavam a imagem de um homem sincero, simples, de "gente como a gente", com valores familiares, sem muita instrução, tosco até, despertando simpatia e criando uma sintonia identitária com os setores mais populares e conservadores da sociedade. Desafiando as implicações do *Teorema do Eleitor Mediano* de Downs, o candidato radicalizou seu posicionamento, desprezando mulheres, atacando gays e marginalizando pobres, pretos e índios. Para seus admiradores, até seu jeito ríspido e, por vezes, mal educado era visto de forma positiva, como sinal de autenticidade. Poucas vezes na história do país um presidente representou tão bem seu povo, conforme explica o sociólogo político Ivann Lago.

> O "brasileiro médio" gosta de hierarquia, ama a autoridade e a família patriarcal, condena a homossexualidade, vê mulheres, negros e índios como inferiores e menos capazes, tem nojo de pobre, embora seja incapaz de perceber que é tão pobre quanto os que condena. Vê a pobreza e o desemprego dos outros como falta de fibra moral, mas percebe a própria miséria e falta de dinheiro como culpa dos outros e falta de oportunidade. Exige do governo benefícios de toda ordem que a lei lhe assegura, mas acha absurdo quando outros, principalmente mais pobres, têm o mesmo benefício. (LAGO, 2020, n.p).

Sob o guarda-chuva do *cidadão de bem* e a bandeira do conservadorismo e do antipetismo – que incluía grupos com perfis e valores diversos, as vezes contraditórios, e até mesmo grupos hostilizados pelo candidato, como homossexuais, mulheres e pretos –, a campanha de Bolsonaro direcionou habilmente mensagens específicas para os diversos segmentos e nichos de eleitores, tendo êxito em aliciar uma multiplicidade de perfis bastante diversos dentro de uma ampla faixa do espectro ideológico. Vale lembrar que o conceito de "cidadão de bem" tem sofrido mudanças ao longo do tempo, abraçando pautas políticas como "antissistema", "contra todos os partidos", "contra todos os políticos" e "anti esquerda", cuja apropriação foi convenientemente explorada pela extrema direita no contexto eleitoral de 2018.

> [...] o "cidadão de bem" refere-se a um conjunto de condutas dos indivíduos na vida privada, a um conjunto de formas específicas de reinvindicação política na vida pública e a um conjunto particular de temas e agendas que passaram a ser consideradas como legítimos. É dessa forma que o "cidadão de bem" extrapola as formas de condutas individuais e passa a designar aqueles que não são "comunistas", "petistas" ou "de esquerda" - vistos como apoiadores da corrupção e "não trabalhadores." Trata-se de uma noção específica de pessoa e um sentimento de pertencimento a uma forma correta de estar no mundo. (KALIL, 2018, p. 9).

Para os bolsonaristas, o conceito de petista estendia-se muito além daquele que é simpatizante ao PT, incluindo todo e qualquer sujeito ideologicamente progressista ou até qualquer crítico de seu líder. Isso significa abranger simpatizantes de partidos conservadores mais próximos do centro do espectro, como o PSDB, e os veículos de comunicação de massa menos alinhados, como a Rede Globo e a *Folha de São Paulo*.

> É justo dizer que esse grupo – difuso, sem pautas comuns, mas que tinha como unidade a aversão ao petismo – desde 2015 já lotava as ruas e inflamava as redes sociais. Mas é em 2018 que eles encontram o político que finalmente consegue vocalizar toda a fúria e rejeição engasgada há quase 15 anos e que os peessedebistas se mostravam incompetentes para concretizá-la. Estamos falando aqui de neofascistas, conservadores, nostálgicos da Ditadura Militar, fanáticos religiosos, neointegralistas, profissionais de segurança. (AMORIM, 2021, n.p.).

Podemos reunir os simpatizantes de Bolsonaro em dois grandes grupos com características específicas e distintas entre si. Um grupo menor, espécie de núcleo duro de apoio ao bolsonarismo, formado por indivíduos que compartilhavam suas crenças, valores e visão de mundo, e outro, composto pelos desiludidos com a política e seus representantes, os quais, impotentes perante seus desdobramentos socioeconômicos, viram no discurso de Bolsonaro uma orientação de vida.

O termo pejorativo *petralha*[270], amplamente usado nesse pleito, tanto por bolsonaristas quanto por conservadores de outras legendas, converteu-se na prática em um xingamento que estabeleceu um vínculo patente do partido com a corrupção (CASTRO, 2020b). Associar convenientemente a corrupção ao PT, como se ela pudesse ser atributo específico de alguma agremiação partidária, pretendia desvirtuar um componente que é corriqueiro, apesar de indesejável, das relações econômicas.

> A revolta contra a corrupção é marcada pela seletividade, mas também pelo maniqueísmo. A corrupção não é entendida como um produto das relações do poder político com o poder econômico, mas como um desvio de pessoas sem caráter. [...] Seletividade e maniqueísmo marcaram não só a mentalidade da classe média, mas também a cobertura jornalística e a ação do aparelho repressivo de Estado. (MIGUEL, 2018, p. 24).

7.1.1 As fake news e a desinformação

Jair Bolsonaro e seus asseclas transformaram o espaço político em uma arena de disputa entre dois polos: de um lado, os bons cidadãos cristãos conservadores; do outro, os progressistas de esquerda: corruptos, infiéis e

---

[270] Para a definição do termo, segundo o *Washington Post*, ver: https://veja.abril.com.br/coluna/reinaldo/segundo-washington-post-petralha-e-uma-das-seis-palavras-para-entender-o-brasil-de-hoje/.

pervertidos (ALBALA; BORGES, 2018). O candidato utilizou a internet para viabilizar sua campanha, uma vez que seu partido dispunha de apenas oito segundos por bloco e onze inserções no HGPE[271]. Os ultraconservadores disseminaram na rede mensagens dirigidas a nichos ou até a perfis específicos[272], fundamentando-se em uma visão estereotipada e moralista de mundo, com foco nos sujeitos que compartilhassem essa perspectiva e nos eleitores indecisos. Em sua cruzada cultural e ideológica, o candidato empregou uma infraestrutura multiforme para propagar (des)informação na rede.

> Aos esforços de voluntários, somam-se os serviços de empresas contratadas pela campanha, numa mistura de experimentação com profissionalismo. O trabalho envolve uma articulação entre as várias redes, que desempenham tarefas distintas: difusão de propaganda, educação política, organização, etc. Essa infraestrutura midiática alia as vantagens da verticalidade (comando centralizado e comunicação estilo *broadcast*) às da horizontalidade (caráter participatório típico das redes e comunicação interpessoal), além de combinar atores humanos com o emprego intensivo de robôs. (CASTRO, 2020b, p. 276).

A estratégia intencional do candidato de proferir discursos aparentemente contraditórios permitiu-lhe apresentar diferentes versões dos fatos, conforme as características específicas dos grupos de eleitores.

> Esta forma de se comunicar e se posicionar em relação a assuntos polêmicos gerou uma reação do campo progressista, que passou a identificar nele elementos como a falta de coerência, baixa capacidade de articulação política ou ainda a presença de posicionamentos desprovidos de sentido. No entanto, ao segmentar o direcionamento de suas mensagens para grupos específicos, a figura do "mito" – como é chamado por seus eleitores – consegue assumir diferentes formas, a partir das aspirações de seus apoiadores. (KALIL, 2018, p. 2).

A partir do conceito da *câmara de eco* e dos princípios goebbelianos, o candidato difundiu suas fake news de forma repetitiva e orquestrada, valendo-se das potencialidades oferecidas pela tecnologia de informação e pela rede de telecomunicações moderna. Esses princípios incluíam (i) o ataque incessante ao inimigo, disseminando *pós-verdades* e inverdades

---

[271] A título de comparação, o PT dispunha de 2m23s por bloco e 187 inserções e Geraldo Alckmin, líder em exposição no HGPE, 5m32s com 434 inserções. Ver: https://agenciabrasil.ebc.com.br/politica/noticia/2018-08/tse-apresenta-tempos-de-radio-e-tv-de-presidenciaveis.

[272] Baseado no conceito do *micro targeting* (micromarketing).

sobre o oponente, aproveitando-se inclusive da imprensa "oficial", a fim de sufocá-lo, sem dar-lhe chances de defesa, (ii) o alerta sobre a ameaça de sua capacidade de contaminação social e (iii) sua responsabilização pelos desvios sociais, conforme sua concepção conservadora de mundo.

Durante a campanha, os seguidores de Bolsonaro ocuparam muito mais as redes sociais do que os apoiadores dos demais candidatos, indicando não apenas maior engajamento virtual, mas maior poder aquisitivo. Os simpatizantes mais engajados integraram um exército de robôs humanos que replicavam mensagens ideologizadas e fake news de impacto da campanha, principalmente por meio de grupos no WhatsApp. Diferentemente de Donald Trump, que em 2016 centralizou sua campanha no Facebook e no antigo Twitter (hoje X), dois anos depois, a máquina de propaganda neofascista de Bolsonaro aproveitou a grande utilização do WhatsApp no país, conforme apresentado no Gráfico 13, para disseminar sua campanha de desinformação.

No YouTube, de acordo com a pesquisa realizada por Reis, Zanetti e Frizzera (2019), a quantidade de vídeos com o termo Bolsonaro no título foi mais do que o dobro das menções a Lula e quase cinco vezes superiores às de Haddad. Além disso, os vídeos nas primeiras posições, independentemente do termo de busca, eram críticos aos demais candidatos, diferentemente dos que se referiam a Bolsonaro, em sua maioria elogiosos. Com uma atuação articulada entre as redes sociais, sites de notícias falsas e material de produção própria, o candidato conseguiu gerar uma fonte particular de notícias, composta, em grande parte, por fake news.

Longe de ser apenas orgânica e a despeito das denúncias, a campanha no WhatsApp foi financiada por empresários que contratavam empresas de marketing digital para efetuar disparos em massa de mensagens contra o PT. Tal ação consitiu, portanto, "Prática ilegal tanto por se tratar de doação de campanha por empresas quanto por não ter sido declarada ao TSE, conforme exige a legislação" (MELLO, 2021, p. 37). A investigação sobre o crime eleitoral, todavia, não resultou em punição à candidatura de Bolsonaro.

> Mesmo depois que o WhatsApp admitiu que durante as eleições de 2018 a plataforma havia servido, de maneira ilegal, a envios em massa, a vontade de enterrar a história prevaleceu no Tribunal Superior Eleitoral. O TSE não ouviu os repórteres, os donos das agências nem o próprio WhatsApp no início da investigação. (MELLO, 2021, p. 16-17).

A utilização de fake news não foi prerrogativa exclusiva do candidato da extrema direita, no entanto, é estarrecedora a frequência com que tal expediente foi empregado em sua campanha. A Lupa, maior agência verificadora de notícias falsas do país, identificou[273] que as dez notícias falsas mais divulgadas no primeiro turno da eleição de 2018, compartilhadas 865 mil vezes em diversos formatos e sobre variados temas, foram todas elas, direta ou indiretamente, favoráveis ao candidato Jair Bolsonaro. A agência Aos Fatos[274], por sua vez, apontou que o vídeo sobre a urna que completava automaticamente o voto em favor de Fernando Haddad era falso, tendo sido a fake news mais compartilhada na época, alcançando 732 mil repetições (MELLO, 2021). Diante da magnitude de desinformação, segundo a chefe da missão da OEA[275], a campanha de Bolsonaro foi pioneira em utilizar fake news em massa para influenciar o resultado de um pleito eleitoral[276] (JUBÉ, 2018). Vale lembrar que, na época da eleição, o nível de conscientização do eleitor quanto à amplitude e à capacidade de influência da desinformação era baixo, o que, somado ao fato de a legislação ser menos rígida, facilitou a estratégia de Bolsonaro. Somente um ano após a eleição, o WhatsApp admitiu o uso da rede para a disseminação maciça de fake news[277]. A essa altura, o estrago já estava feito e tampouco havia interesse em reparar o dano.

Em um cenário de expansão do extremismo de direita e após a campanha baseada em fake news de Trump, a mídia internacional estava atenta aos desdobramentos do fenômeno em âmbito global. O quadro a seguir apresenta alguns exemplos da repercussão mundial da campanha de desinformação de Bolsonaro.

---

[273] Ver matéria disponível em: https://piaui.folha.uol.com.br/lupa/2018/10/07/artigo-epoca-noticiasfalsas-1-turno/.

[274] Ver matéria disponível em: https://www.aosfatos.org/ noticias/nao-e-verdade-que-urna-estava-programada-para-autocompletar-voto-em-haddad/.

[275] Organização dos Estados Americanos.

[276] Em julgamento realizado em 28 de outubro de 2021, o Tribunal Superior Eleitoral (TSE) considerou que as provas apresentadas não foram suficientes para cassar a chapa Bolsonaro-Mourão, apesar de configurarem crime por desequilibrarem o processo eleitoral, pelo uso indevido das redes sociais, utilizando fake news endereçadas a adversários. Conforme matéria do site de notícias GGN em: https://jornalggn.com.br/analise/a-justica-tardou-falhou-mas-tambem-armou- uma-bela-cama-de-gato-para-2022-por-leticia-sallorenzo/?fb-clid=IwAR1dPOnccuwc R5sOY8uuRbASquH5cnupBBoB4OLFFa__IcICPbX6CWWFWkU.

[277] Ver https://www1.folha.uol.com.br/poder/2019/10/ whatsapp-admite-envio-massivo-ilegal-de-mensagens-nas-eleicoes-de-2018.shtml.

Quadro 5 – Mídia internacional destaca as fake news na campanha eleitoral de 2018

Jornal	Manchete[278]
Al Jazeera	Brasil: escândalo de fake news atinge eleição presidencial do país[279]
Clarín	Dias antes da votação no Brasil, ataque à campanha de Bolsonaro por espalhar "fake news"[280]
Corriere della Sera	Brasil: "Compra de milhões de mensagens de fake news no WhatsApp para favorecer Bolsonaro"[281]
Daily Mail	O favorito para vencer as eleições presidenciais do Brasil é acusado de inundar o WhatsApp com mensagens de 'fake news' atacando seu rival de esquerda[282]
Deutsche Welle	Alegações de manipulação contra o populista de direita Bolsonaro[283]
El País	Investigação aponta grande trama de propaganda ilegal a favor de Bolsonaro no WhatsApp[284]
Le Monde	No Brasil, Partido dos Trabalhadores lança processo contra "fake news"[285]
Telegraph	Jair Bolsonaro é acusado de criar 'rede criminosa' para divulgar fake news nas eleições brasileiras[286]
The Guardian	Empresários de Bolsonaro são acusados de campanha ilegal de fake news no Whatsapp[287]

Fonte: Elaborado pelo autor com base na matéria do site da Rede Brasil Atual. Disponível em: https://www.redebrasilatual.com.br/eleicoes-2018/2018/10/imprensa-internacional-destaca-rede-de-noticias-criminosas-de-bolsonaro/.

---

[278] Em nota de rodapé, após cada manchete, o link para acesso da respectiva matéria.

[279] https://www.aljazeera.com/news/2018/10/20/brazil-fake-news-scandal-hits-countrys-presidential-election.

[280] https://www.clarin.com/mundo/dias-balotaje-brasil-atacan-campana-bolsonaro-difundir-fake-news_0_Jxxr3ktdv.html?fbclid=IwAR30hdlL21QWu937W7BlMNsCDUcmAHMR5CXmJijTFWEJ0MrAHiF5D0D3IBk.

[281] https://www.corriere.it/esteri/18_ottobre_18/brasile-comprati-milioni-messaggi-fake-news-whatsapp-favorire-bolsonaro-a8e397e4-d2f3-11e8-aa91-90c7da029bcf.shtml.

[282] https://www.dailymail.co.uk/news/article-6294115/Front-runner-win-Brazils-presidential-election-accused-fake-news-social-media.html?fbclid=IwAR2bNMa77pWQeUnSnrKvJkiuftwbPg3MJieS2rYIA1Co0Krs6_HR-ty2mKM.

[283] https://www.dw.com/de/manipulationsvorwurf-gegen-rechtspopulisten-bolsonaro/a-45951594?fbclid=IwAR1ogReNHDCR7ZPGm6sL2Wy1Wc0OBDpe_7hRHZPAzKbDYwVX-PSngwyVrX4.

[284] https://elpais.com/internacional/2018/10/18/america/1539882904_236384.html?fbclid=IwAR1Eh2J6DVWSdcL01ZjKFhDG-yOiHNisLwNAa5puDyXQTvk0M8IrekOpzjE.

[285] https://www.lemonde.fr/ameriques/article/2018/10/19/au-bresil-le-parti-des-travailleurs-lance-des-poursuites-contre-les-fake-news_5371665_3222.html?fbclid=IwAR1CkVlyUJ4a4j_-WvlpCSGNw1b2QGUOZHF4OKj2KHwm9HT2qJHRXeqaSgg.

[286] https://www.telegraph.co.uk/news/2018/10/18/jair-bolsonaro-accused-creating-criminal-network-spread-fake/?fbclid=IwAR1EAgOQUJqg0IFkyjVg1uV8VcFWmy1jN6QyqXEbf61SfW7vV218bcfqJew.

[287] https://www.theguardian.com/world/2018/oct/18/brazil-jair-bolsonaro-whatsapp-fake-news-campaign?CMP=share_btn_link&fbclid=IwAR38sLFVV0zWHzXcuGkC-CXuKaEiA25vLfmfTMf8hByVft_WR3ZqcWSJ6_E.

Localmente, *O Globo*, ao invés de denunciar o uso expressivo de fake news pela campanha bolsonarista, em sua matéria opinativa[288] de 24 de outubro de 2018, preferiu denunciar uma suposta tentativa do PT de impugnar uma eleição que se afigurava desfavorável, acusando o partido por ter iniciado tal práxis sem, todavia, apresentar provas.

> O fato[289], noticiado pela "Folha de São Paulo", reativou o ânimo aguerrido do PT, que passou a tentar configurar a existência de uma "fraude" na eleição. [...] não se deve esquecer o pioneirismo do PT no manejo agressivo de robôs e outras ferramentas na internet, para caluniar adversários e promover candidatos. (O GLOBO, 2018, p. 2).

Ademais, o posicionamento da mídia nacional em relação às notícias e fake news direcionadas ao candidato petista Fernando Haddad transcorreu no sentido de gerar indignação ou dúvida entre os eleitores. Miguel (2018) pondera sobre o enviesamento da cobertura midiática em relação ao PT.

> Reportagens em jornais e redes de televisão, processos judiciais, investigações policiais e boatos gerados na internet retroalimentaram-se, gerando uma nuvem de informações verdadeiras, duvidosas ou indubitavelmente falsas que estigmatizava o PT – e, por consequência, toda a esquerda – como encarnação da desonestidade e do mal. Entre os rumores mais absurdos fabricados e disseminados na internet e a cobertura tendenciosa de jornais e emissoras de televisão não há uma fronteira e sim um *continuum*. A maior parte da mídia convencional não dava guarida aos boatos mais risíveis, embora alguns deles pudessem aparecer em veículos marginais que abandonaram a pretensão de credibilidade (como a revista *IstoÉ*). Mas o noticiário enviesado fomentava a visão maniqueísta do público e, assim, consolidava o ambiente mental que permitia que mesmo as falsificações mais disparatadas ganhassem foros de verdade. (MIGUEL, 2018, p. 24).

Os discursos oportunistas e eleitoreiros de Bolsonaro ecoaram no terreno fértil do antipetistismo cultivado pela mídia corporativa ao longo dos anos. Vale ressaltar que a operação Lava Jato, amplamente divulgada pela mídia e amplificada pelas redes sociais, utilizara extensivamente os princípios goebbelianos, abalando o sistema político e a estrutura socioeconômica do país (FONSECA, 2022).

---

[288] Disponível em: https://acervo.oglobo.globo.com/consulta-ao-acervo/?navegacaoPorData=201020181024.

[289] Refere-se ao uso do WhatsApp para a disseminação em massa de mensagens contra o candidato Fernando Haddad.

> A Lava Jato desestruturou também o sistema partidário brasileiro, abrindo espaço para figuras políticas consideradas *outsiders*, que sofriam resistência tanto institucionalmente, nas cúpulas partidárias, quanto entre a população, que passou a ficar cada vez mais sedenta de novos líderes e frentes. (VALLE, 2021, p. 26).

A pronta e incondicional adesão da mídia corporativa à operação Lava Jato, renunciando a sua função jornalística investigativa e deixando de expressar qualquer questionamento crítico quanto ao seu *modus operandi*, pode ser atribuída aos seus interesses políticos e econômicos. Naquele momento, optou convenientemente por ocultar do grande público as entranhas da operação, já evidentes antes mesmo da publicação da série de reportagens do site Intercept Brasil[290].

A eleição de 2018 marcou o ponto de inflexão da hegemonia da mídia tradicional, da televisão, em especial, para a internet, notadamente as redes sociais. Entre a mídia televisiva, o apoio mais explícito veio da TV Record, do bispo evangélico Edir Macedo, da Igreja Universal do Reino de Deus. O candidato contou ainda com a colaboração de sites pseudojornalísticos, como o Cidade On-line, com vasta penetração no interior do país.

Interessante observar que, em comparação com as demais emissoras de televisão, a Rede Globo apresentava índices de avaliação consideravelmente menos favoráveis, o que se explica, entre outros fatores, por seu apoio ao candidato Bolsonaro e pelo desgaste de sua imagem entre os progressistas, devido à sua oposição sistemática aos governos petistas. Apresentamos a seguir o gráfico com a pesquisa de avaliação da Rede Globo e das demais emissoras, realizada pelo ESEB logo após o pleito de 2018. Enquanto a Globo foi mal avaliada[291] por 54,1% dos entrevistados, para as demais emissoras o índice foi de 18,9%, quase três vezes menor. Quanto à avaliação positiva[292], os números também são muito díspares: 34,3% favoráveis à Globo e 63,6% às demais emissoras.

---

[290] Conhecida como *Vaza Jato*.
[291] Soma das avaliações "ruim" e "péssima."
[292] Soma das avaliações "ótima" e "boa."

Gráfico 29 – Avaliação das emissoras de televisão

Fonte: Elaborado pelo autor com base na pesquisa do ESEB 4622 (2018) do banco de dados do Cesop. Valores porcentuais, desconsiderando os que não souberam responder ou não responderam.

O candidato de extrema direita contou ainda com a complacência da mídia corporativa do país[293] que, diferentemente da mídia independente e a internacional[294], raramente o colocou nessa posição do espectro ideológico, naturalizando seu perfil autoritário e neofascista, especialmente em relação a temas como a tortura e a ditadura militar. Comparando posições ideológicas não simetricamente opostas, como a centro esquerda com a extrema direita, e perfis tão díspares quanto a do professor democrata com a do ex-militar autoritário, em 8 de outubro de 2018, às vésperas do segundo turno, o jornal *O Estado de São Paulo*, em sua coluna opinativa[295], tratou a decisão eleitoral como "uma escolha muito difícil", manchete que já entrou para os anais do jornalismo brasileiro, afirmando: "O segundo turno da eleição presidencial vai opor duas candidaturas que se nutriram dos antagonismos que hoje parecem predominar na sociedade brasileira, à esquerda e à direita." Interessante observar que, quando o periódico distorce o posicionamento ideológico do candidato de extrema direita, o faz no sentido de aproximá-lo do centro do espectro, tornando-o mais agradável ao eleitor médio; já com o candidato de centro esquerda, a distorção é feita no sentido inverso, afastando-o do centro, dando sentido, assim, à comparação disparatada. A complacência da mídia corporativa verificou-se também em relação à ausência do candidato nos debates, que alegou orientação médica, e, especialmente, pela acanhada reação ao uso maciço de fake news, mais uma vez em contraste com a mídia internacional.

---

[293] Conforme Milly Lacombe (2022), em: *Mídia deve assumir seu papel na naturalização da extrema direita no Brasil*. Disponível em: https://www.uol.com.br/esporte/colunas/milly-lacombe/2022/10/05/midia-deve-assumir-seu-papel-na-naturalizacao-da-extrema-direita-no-brasil.htm.

[294] Como exemplos, citamos o *New York Times*, a BBC, o *El País* e o *Financial Times*.

[295] Disponível em: https://opiniao.estadao.com.br/noticias/geral,uma-escolha-muito-dificil,70002538118.

Expressando sintonia com os periódicos paulistas e, a despeito do perigo para a democracia do país eleger um candidato com notório perfil autoritário, *O Globo*, em sua coluna opinativa[296] de 2 de janeiro de 2019, de forma pueril e irresponsável destacava: "A chegada ao poder, pelo voto, de um representante da esquerda e de um deputado ex-capitão do Exército, da direita – até há pouco, assumido simpatizante da ditadura –, é prova da solidez da democracia." Não foi surpreendente, ao menos para os que não colocaram os interesses econômicos à frente da razão, que o governo Bolsonaro tenha sido marcado pelas constantes ameaças de ruptura constitucional, pelo retrocesso civilizatório e pela degradação institucional, culminando na tentativa de golpe de Estado.

A pesquisa[297] realizada por Mendes e Dinis (2020) sobre a proporção da presença dos candidatos nas capas da mídia impressa concluiu que houve forte indício de viés[298] favorecendo o candidato Bolsonaro, garantindo-lhe maior visibilidade midiática no momento crucial do pleito, às vésperas da eleição, quando os indecisos definem seus votos.

> Na semana depois do primeiro turno, Jair Bolsonaro, candidato pelo PSL (Partido Social Liberal), esteve presente em 48,4% das capas levantadas, enquanto Fernando Haddad, candidato pelo PT (Partido dos Trabalhadores), apareceu em 30,6% delas. Na semana seguinte, uma antes do segundo turno, Bolsonaro apareceu em 58,1% das notícias de política, enquanto Haddad foi citado em apenas 34,3% delas [...]. Isso corrobora também com a tese defendida por Feres Júnior e Sassara (2016), que mostra o viés antipetista por parte da mídia brasileira. (MENDES; DINIZ, 2020, p. 603).

Vasconcelos (2021), após analisar os editorias dos dois maiores jornais do país, *Folha de São Paulo* e *O Globo*, no período de 7 de março de 2018 a 2 de janeiro de 2019, também chegou a conclusão semelhante.

> Os editoriais dos dois jornais no período de análise desta pesquisa deixam clara a opção pelo antipetismo que ajudou a eleger Jair Bolsonaro presidente da República. Tal narrativa propiciou um ambiente ideal para a vitória de Bolsonaro, como resposta antipetista e de negação da política. E nunca é demais lembrar que a opinião dos donos de O Globo e da Folha de S. Paulo – até pela dimensão que os dois periódicos representam

---

[296] Disponível em: https://acervo.oglobo.globo.com/consulta-ao-acervo/?navegacaoPorData=201020190102.

[297] Foram analisadas as capas dos jornais *Folha de São Paulo*, *O Estado de São Paulo*, *O Globo* e *Correio Braziliense*, de circulação nacional, e *Estado de Minas*, *O Tempo*, *Super Notícia*, *Metro* (BH) e *Hoje em Dia*, de circulação estadual.

[298] Vale lembrar que espaço cedido é considerado um determinante relevante de viés midiático.

para o campo do jornalismo – tem forte influência em todo o resto da mídia, ajudando a confirmar uma tendência histórica da grande imprensa brasileira: de construir o consenso a partir de um discurso de oposição radical aos governos de orientação trabalhista, como aconteceu com Getúlio Vargas (1951-1954), João Goulart (1961-1964) e nos governos do PT (2003-2016). (VASCONCELOS, 2021, p. 258).

Há ainda a questão dos indícios de corrupção, já evidentes na época, envolvendo a família Bolsonaro em relação à prática conhecida como "rachadinha." Bolsonaro, que se apresentava como o candidato restaurador da ética na política, contrapunha-se a Lula, o qual, aos olhos de grande parte da população era tido como o símbolo da corrupção na política. Naquele momento, não havia interesse da mídia corporativa em investigar e evidenciar os atos criminosos do candidato e de seus filhos, porque a narrativa da corrupção associada a uma agremiação, no caso o PT, precisava ser sustentada.

A expectativa da mídia corporativa em relação ao desempenho econômico de novos governos também tem recebido tratamento diferente e invariavelmente associado ao seu alinhamento às políticas neoliberais. O site Intercept Brasil[299] comparou as manchetes do jornal *Folha de São Paulo* publicadas duas semanas após a eleição de Bolsonaro, em 13 de novembro de 2018, e após a eleição de Lula, quatro anos depois, em 11 de novembro de 2022, conforme mostrado a seguir.

Figura 12 – Comparação de manchetes da *Folha de São Paulo*

Fonte: Intercept Brasil, 2022 (com base nas manchetes do jornal *Folha de São Paulo* publicadas em 13 de novembro de 2018 (esquerda) em 11 de novembro de 2022 (direita)

---

[299] Ver matéria intitulada *Bom sinal! Os Faria Limers e a Folha estão pessimistas*, disponível em: https://theintercept.com/2022/12/10/bom-sinal-os-faria-limers-e-a-folha-estao-pessimistas/.

Empregando o conceito de *priming*, o jornal seleciona uma fotografia de Paulo Guedes para ilustrar sua manchete, visto que o ministro desfrutava de maior confiança junto ao mercado em comparação a Bolsonaro. Já na segunda matéria, a figura em destaque não é o Ministro da Economia Fernando Haddad, mas o próprio presidente Lula, alvo frequente das críticas da mídia corporativa. João Filho, jornalista do site jornalístico Intercept Brasil, comenta a seguir a inclinação ideológica da *Folha de São Paulo* e suas distintas expectativas em relação aos dois governos.

> A presença de Paulo Guedes no governo Bolsonaro trouxe otimismo para a turma da Faria Lima e outros tarados pela agenda neoliberal, como os donos da Folha. O discurso golpista e fascista de Bolsonaro não atrapalhou esse otimismo. O posto Ipiranga estava ali para garantir o enxugamento do Estado com privatizações e cortes nos gastos públicos. Já a promessa de Lula de que aumentará os gastos com serviços públicos prestados aos que mais dependem do Estado — os mais pobres — dá calafrios nos faria limers e na maioria dos donos da imprensa. É o desprezo pelos mais pobres que norteia os humores dos ricos obcecados pelo Estado mínimo. (FILHO, 2022, n.p.).

7.1.2 A exploração das emoções e sentimentos

Apesar de ter vivido da política desde 1989, Bolsonaro conseguiu criar, de forma muito eficiente, uma imagem falaciosa de antipolítico e antissistema, aproveitando-se do sentimento predominante de desilusão do eleitorado com a política e os políticos. No Brasil, o autoritarismo tem-se travestido de uma imagem afetuosa e afetiva e, nessa eleição, o candidato da extrema direita soube construir um afeto autoritário, suprindo uma demanda que os partidos políticos não conseguem suprir (RIBEIRO, 2005).

O ressentimento, sensação latente nos indivíduos sujeitos a condições sociais injustas e força motriz para o questionamento e insurreição contra a ordem estabelecida, foi um elemento importante para a adesão ao autoritarismo. A campanha bolsonarista procurou atingir as emoções desses eleitores, inflamando o ressentimento, a inveja, o ódio e o medo, com o propósito de mobilizar e recrutá-los. Ademais, os preconceitos reprimidos dos "cidadãos de bem" encontraram em Bolsonaro sua válvula de escape.

> Foi algo parecido que aconteceu com o "brasileiro médio", com todos os seus preconceitos reprimidos e, a duras penas, escondidos, que viu em um candidato à Presidência da República essa possibilidade de extravasamento. Eis que ele tinha

a possibilidade de escolher, como seu representante e líder máximo do país, alguém que podia ser e dizer tudo o que ele também pensa, mas que não pode expressar por ser um "cidadão comum". (LAGO, 2020, n.p.).

Silveira (2019, p. 252) acrescenta que "as redes online permitiram que forças neorreacionárias e grupos antidemocráticos ganhassem mais força mobilizando as frustrações, a inveja e o incômodo dos misóginos, racistas e dos homofóbicos com a diversidade cultural e de gênero." A carência de afeto do sujeito-eleitor foi suprida com os sentimentos de segurança e de esperança de resgate da moralidade social e política oferecida por Bolsonaro. Sua campanha conseguiu atingir até a comunidade conservadora LGBTQIA, pela sensibilização do grupo ao sentimento de segurança. O consultor político Fernando Cerimedo afirma que "Pelo WhatsApp, começamos a enviar milhares de mensagens de *trolls* dizendo: 'Eu sou gay. Bolsonaro pode ser um nazi, mas a economia está bem e vamos viver mais seguros'. A partir dessa influência, parte da comunidade gay o apoiou" (CERIMEDO *In:* Notícias[300], 2022).

O autoritarismo respaldou-se na meritocracia enaltecida pelo neoliberalismo, identificando como imorais os considerados de esquerda e "avaliados como receptores injustos de vantagens através de mecanismos que burlam o merecimento" (CASTRO, 2020b, p. 283). Nesse grupo estão os contemplados por programas sociais como o Minha Casa Minha Vida, o Bolsa Família, os cotistas raciais, os contemplados por financiamento e crédito estudantil para a graduação superior através do Fiés e do Prouni, e até mesmo a elite cultural e intelectual favorecida por dispositivos de fomento à cultura, como a Lei Rouanet, ou à pesquisa, como o CNPq, a Capes e a Fapesp. Tanto o ressentimento quanto a inveja foram racionalizados através da indignação moral.

O ódio, estimulado pelas lideranças – prática assimilada dos movimentos nazifascistas e ingrediente importante para a coesão grupal e estigmatização do inimigo – incitou a agressividade dos simpatizantes, tanto nos movimentos de rua quanto nas redes sociais. A coesão de grupos de apoio ao candidato para disseminar informações com propósito político-eleitoral foi alimentada por gatilhos emocionais alinhados à *identidade coletiva* do grupo e pela *identificação de adversários e de interesses antagônicos*[301] e sua culpabilização. O professor João Cezar de Castro Rocha, em entrevista[302] à TV do site Brasil 247, acrescenta que

---

[300] Ver matéria de Fernando Cerimedo: *"Quiero ser el magneto de la derecha"*, disponível em: https://noticias. perfil.com/noticias/politica/fernando-cerimedo-quiero-ser-el-magnetto-de-la-derecha.phtml.

[301] Destacamos aqui apenas duas dimensões do MACP de Sandoval (2016), o que não implica a exclusão das demais dimensões.

[302] Ver https://www.brasil247.com/entrevistas/prisao-de-bolsonaro-e-um-imperativo-etico-diz-joao-cezar- -de-castro-rocha?utm_source=mailerlite&utm_medium=email&utm_campaign=bom_dia_name_as_princi- pais_noticias_desta_manha_no_brasil_247&utm_term=2024-01-06.

a extrema direita se mantém graças a oferta de um "apocalipse permanente", promovendo um contínuo *assédio cognitivo*, cujo ciclo vicioso contribui para manter a coesão de sua base de apoio. O medo, por sua vez, foi fomentado pelas fake news associadas à ameaça comunista, ao kit gay para estudantes e à legalização da união homoafetiva, da pedofilia e das drogas, entre outras.

7.1.3 A análise estatística do comportamento do eleitorado (2018)

Como mencionado no capítulo anterior, tomamos por base a pesquisa pós-eleitoral realizada pelo ESEB. O exíguo número de votos dos candidatos que não avançaram ao segundo turno, configurou uma massa de dados muito reduzida, especialmente quando tais votos são segmentados a partir das variáveis de interesse. Quando não há observações amostrais suficientes, a estabilidade matemática é comprometida e o comportamento do algoritmo fica afetado, podendo até mesmo não convergir, o que prejudica as análises estatísticas. Vale lembrar que a literatura recomenda ao menos dez observações amostrais para cada categoria de cada variável. Assim sendo, decidimos conduzir nossas investigações a partir dos dados do segundo turno das eleições, assegurando uma massa amostral[303] que permitisse a comparação estatística entre as variáveis explicativas.

Dos 2.506 eleitores entrevistados pelo ESEB, 1.923 informaram seu voto no segundo turno, sendo 1.023 para o candidato Jair Bolsonaro, 711 para o candidato Fernando Haddad e 189 votos em branco ou nulos. Apresentamos a seguir um comparativo entre o resultado da pesquisa do ESEB/2018 e o resultado das urnas.

Tabela 2 – Comparativo entre porcentagens de votos no segundo turno de 2018

Categoria	Urnas	ESEB	Variação porcentual
Jair Bolsonaro	49,9	53,2	6,6
Fernando Haddad	40,6	37,0	8,9
Brancos/nulos	9,6	9,8	2,1

Fonte: Elaborada pelo autor com base nos resultados do TSE (2018), disponível em https://sig.tse.jus.br/ords/dwapr/r/seai/sig-eleicao/home?session=215374564294610, e na pesquisa do ESEB com identificação CESOP-IBOPE/BRASIL18.NOV-04622 no banco de dados do Cesop.

---

[303] Por esse motivo, agregamos os votos em branco e nulos em uma categoria única. Ainda assim, só os mantivemos em nossas análises por não serem foco de nossa pesquisa, assumindo função apenas informativa.

Nossa análise teve por objetivo compreender o voto declarado dos participantes da pesquisa, identificando, dentre as variáveis explicativas, as que foram determinantes para o voto, o qual é a variável resposta da modelagem estatística. As variáveis explicativas foram categorizadas em variáveis identitárias (socioeconômicas), psicossociais, exógenas e relativas ao candidato governista[304]. Como a variável resposta apresentava três diferentes possíveis categorias – Fernando Haddad, Jair Bolsonaro e branco/nulo – utilizamos a abordagem multinomial, isto é, buscamos identificar a probabilidade de determinada escolha em função das variáveis explicativas. As variáveis inseridas no modelo para serem avaliadas em conjunto estão relacionadas no quadro a seguir.

Quadro 6 – Variáveis utilizadas na modelagem da eleição de 2018

Variáveis explicativas		Variável resposta
identitárias	Região de residência, faixa etária, gênero, escolaridade, cor/raça, renda familiar	voto no 2º. turno
psicossociais	AI (autoposicionamento ideológico), ER (engajamento religioso), IR (identidade religiosa), sentimento partidário (PT)[305]	
exógenas	Percepção sobre a economia, MEI (meios de informação – *frequência de uso, preferência geral, rede social preferida*), AVI (avaliação institucional[306]), influenciadores	
candidato governista	Avaliação do incumbente	

Fonte: Elaborado pelo autor, 2023

A seleção das variáveis inseridas no modelo foi feita por um algoritmo, chamado *stepwise*, que as exclui e as insere uma a uma, identificando as que estão conjuntamente mais associadas à escolha do candidato. As variáveis

---

[304] No questionário do ESEB, havia uma pergunta relacionada à avaliação dos candidatos. Essa variável foi excluída da modelagem por apresentar uma relação praticamente direta com o voto. Devido à sua considerável relevância, ela acaba desequilibrando o modelo ao diminuir a importância das outras variáveis.

[305] Decidimos avaliar apenas o sentimento partidário – afinidade, indiferença ou rejeição – em relação ao PT por ser ele o único partido com expressiva representatividade nos últimos 30 anos da vida política do País e, estatisticamente, a única categoria com suficiente massa amostral para as análises.

[306] Inclui as instituições: Igreja Católica, Igreja Evangélica, Polícia Federal, Governo Federal, Justiça/Poder Judiciário, grandes empresas, partidos políticos, Congresso Nacional, Militares/Forças Armadas, Ministério Público, Rede Globo, outras emissoras de televisão (Record, SBT, etc.).

para descarte foram selecionadas de acordo com o Critério de Informação de Akaike (CIA)[307], conforme apresentado na tabela a seguir. Como se observa na coluna CIA, a quantidade de informação perdida, eliminando as doze variáveis listadas na tabela, foi pequena, portanto, sem relevância para o modelo.

Tabela 3 – Tabela de Anova para a seleção de variáveis do modelo de comportamento de voto (2018)

	Passo	Número de parâmetros	Desvio	Número de Parâmetros Residuais	Desvio Residual	CIA
1				1679	2169,4	2657,4
2	MEI (preferência geral)	18	13,0	1697	2182,4	2634,4
3	Cor/raça	10	8,4	1707	2190,8	2622,8
4	Renda familiar	10	9,6	1717	2200,4	2612,4
5	Identidade religiosa	12	14,7	1729	2215,1	2603,1
6	Percepção da economia	10	11,5	1739	2226,7	2594,7
7	AVI (militares/FFAA)	6	3,6	1745	2230,3	2586,3
8	AVI (Congresso Nacional)	6	3,6	1751	2233,9	2577,9
9	AVI (Governo Federal)	6	4,8	1757	2238,6	2570,6
10	AVI (grandes empresas)	6	7,2	1763	2245,8	2565,8
11	AVI (Judiciário)	6	6,2	1769	2252,0	2560,0
12	AVI (partidos)	6	7,4	1775	2259,4	2555,4
13	AVI (Ministério Público)	6	7,9	1781	2267,3	2551,3

Fonte: Elaborada pelo autor, 2023

O quadro a seguir apresenta o resultado da seleção das variáveis, identificando as consideradas significativas para a explicação do voto e as irrelevantes diante das demais, que foram retiradas do modelo. As variáveis relevantes serão abordadas posteriormente. Quanto às variáveis irrelevantes, merecem destaque:

- A percepção sobre a economia. Alicerce da escola econômica, sua relevância, conforme já comentamos anteriormente, ora se verifica, ora não, como no pleito eleitoral em questão, sem demonstrar repetibilidade ao longo do tempo;

---

[307] Medidor de qualidade de modelos estatísticos baseado na teoria da informação. Em sua operação, efetua uma combinação da variabilidade explicada com o número de parâmetros e variáveis do modelo. Tanto melhor será a qualidade do modelo quanto menor for a quantidade de informação perdida.

- A forma ou o veículo de comunicação utilizados pelo eleitor para informar-se sobre política – tradicional, internet, conversas presenciais – não se mostrou relevante para o comportamento eleitoral, diferentemente da sua frequência de uso e da rede social preferida. Possivelmente, em nosso modelo, essa variável foi ofuscada pela variável influenciadores;
- A identidade religiosa foi irrelevante, porém a avaliação das igrejas católica e evangélica foi significativa para o voto;
- A avaliação dos partidos também foi irrelevante, mas o sentimento partidário em relação ao PT foi uma variável de alta relevância para o voto;
- A avaliação dos militares/FFAA também não foi relevante. Vale lembrar que, antes do governo Bolsonaro, esta instituição era a mais bem avaliada pela população, conforme apresentado no Gráfico 9, tendo uma distribuição mais equilibrada de avaliações positiva e negativa entre os eleitores de ambos os candidatos. Já a avaliação da Polícia Federal foi relevante e favorável a Bolsonaro na categoria ótima ou boa;
- Apenas as variáveis identitárias referentes à cor/raça e à renda familiar não foram determinantes para o voto. Todas as demais – região de residência, faixa etária, gênero e escolaridade – foram relevantes nesta eleição.

Quadro 7 – Resultado da seleção das variáveis

Variáveis significativas	Variáveis irrelevantes
Autoposicionamento ideológico	Cor/raça
Sentimento partidário (PT)	Renda familiar
Engajamento religioso	Identidade religiosa
Região de residência	MEI (*preferência geral*)
Faixa etária	Percepção da economia
Gênero	AVI (*militares/FFAA, Congresso Nacional, Governo Federal, grandes empresas, Judiciário, partidos, Ministério Público*)
Escolaridade	
Influenciadores	
Avaliação do incumbente	
MEI (*frequência de uso, rede social preferida*)	
AVI (*Igreja Católica, Igreja Evangélica, Polícia Federal, Rede Globo, outras emissoras de TV*)	

Fonte: Elaborado pelo autor, 2023

O modelo estatístico obtido apresenta uma média geral para a comparação entre o voto em Haddad e o voto em cada uma das outras duas opções (Bolsonaro e nulo/branco) com o impacto no voto provocado pelas variáveis selecionadas (variáveis explicativas significativas). A equação geral do modelo é dada por:

$$\ln (P(\text{voto nulo/branco})/P(\text{voto Haddad})) = \beta_{10} + \beta_{11}X_{11} + \ldots + \beta_{1n}X_{1n}$$
$$\ln (P(\text{voto Bolsonaro})/P(\text{voto Haddad})) = \beta_{20} + \beta_{21}X_{21} + \ldots + \beta_{2n}X_{2n}$$

Onde:

- **ln:** logaritmo natural;

- **β_{10} e β_{20}:** coeficientes relacionados ao intercepto, que capturam o logaritmo da chance de voto nulo/branco ou em Bolsonaro, tomando por base o voto em Haddad;

- **Demais β:** impactos no logaritmo da chance de cada uma das variáveis selecionadas no modelo para voto nulo/branco e voto em Bolsonaro;

- **X_{ij}:** valor da variável explicativa em questão;

- **X:** conjunto de variáveis.

Para interpretar o modelo, aplicamos a função inversa do logaritmo natural, que é a exponenciação na base e. Mantendo constantes as demais variáveis e tendo Haddad como referência, determinamos as estimativas[308] para a razão de probabilidades de voto nulo/branco e de voto em Bolsonaro.

A seguir, apresentamos a tabela com as variáveis pertinentes[309] (razão de probabilidades e valor-p em Bolsonaro ou nulo/branco). A estimativa da razão de probabilidades indica a chance média de uma pessoa com determinada característica votar em Bolsonaro ou em branco/nulo em vez de votar em Haddad, mantendo todas as outras variáveis constantes. O valor-p é usado para determinar se os resultados são estatisticamente significativos, sendo comparado a um nível de significância (α) de referência, normalmente fixado em 5%, ou 0,05. Destacamos em negrito as variáveis significativas ao nível de 5%. Por exemplo: a chance de um eleitor autoposicionado na

---

[308] O modelo apresenta uma tecnicalidade que é a restrição para a última categoria avaliada em cada variável. Para que o modelo possa ser estimado, ela deverá ser o negativo da soma dos coeficientes estimados.

[309] Os coeficientes estimados (estimativas, estatística Z e valor-p) para o voto em Bolsonaro ou branco/nulo estão disponíveis mediante solicitação aos autores.

extrema direita votar em Bolsonaro é 3,09 vezes maior do que a de votar em Haddad e a chance de uma pessoa com curso superior votar nulo ou em branco é 1,97 vezes maior do que a de votar em Haddad.

Tabela 4A – Razão de probabilidades e valor-p para o voto em Bolsonaro ou Branco/Nulo

Variável/categoria	Jair Bolsonaro		Nulo ou branco	
	Razão de probab.	Valor--p	Razão de probab.	Valor--p
Intercepto	1,089	0,8031	0,139	**0,0001**
ER – Nunca	0,562	**0,0302**	1,480	0,2780
ER – Algumas vezes por ano/raramente	0,493	**0,0016**	0,893	0,7215
ER – Até duas vezes por mês	0,617	**0,0440**	0,952	0,8887
ER – Algumas vezes por semana	1,002	0,9939	1,650	0,1450
ER – Uma vez na semana	0,876	0,5619	0,827	0,5666
AI – Extrema esquerda	0,467	**0,0002**	0,714	0,2101
AI – Esquerda	0,337	**0,0002**	0,519	0,0928
AI – Centro	1,038	0,8113	1,171	0,4360
AI – Direita	2,565	**< 0,0001**	1,545	0,1198
AI – Extrema direita	3,085	**< 0,0001**	0,869	0,5588
AI – Indefinido	1,663	**0,0051**	1,542	0,0640
REGIÃO – Norte	1,317	0,1776	0,816	0,5708
REGIÃO – Nordeste	0,463	**< 0,0001**	0,907	0,6277
REGIÃO – Centro-Oeste	1,398	0,1338	0,840	0,5861
REGIÃO – Sudeste	1,008	0,9516	1,284	0,1650
REGIÃO – Sul	1,277	0,1398	1,117	0,6407
FAIXA ETÁRIA – 16 e 17 anos	0,191	**0,0159**	0,457	0,4209
FAIXA ETÁRIA – 18 a 24 anos	0,714	0,1046	0,822	0,4877
FAIXA ETÁRIA – 25 a 34 anos	1,249	0,2348	0,699	0,1919
FAIXA ETÁRIA – 35 a 44 anos	1,373	0,0948	1,641	0,0567
FAIXA ETÁRIA – 45 a 54 anos	1,451	0,0520	1,693	0,0503
FAIXA ETÁRIA – 55 a 64 anos	1,658	**0,0155**	1,407	0,2559
FAIXA ETÁRIA – 65 anos ou mais	2,111	**0,0054**	1,144	0,7433
GÊNERO – Feminino	0,816	**0,0063**	0,971	0,7829
GÊNERO – Masculino	1,252	**0,0045**	1,013	0,9054

Variável/categoria	Jair Bolsonaro		Nulo ou branco	
	Razão de probab.	Valor-p	Razão de probab.	Valor-p
ESCOLARIDADE – Superior	1,054	0,7802	1,971	**0,0076**
ESCOLARIDADE – Médio	1,345	**0,0198**	1,410	0,0715
ESCOLARIDADE – Fundamental	1,071	0,5729	1,157	0,4332
SENTIMENTO PARTIDÁRIO (PT) – Afinidade	0,613	**0,0001**	0,636	**0,0401**
SENTIMENTO PARTIDÁRIO (PT) –Indiferença	1,082	0,5343	1,512	**0,0459**
SENTIMENTO PARTIDÁRIO (PT) – Rejeição	8,951	**< 0,0001**	7,898	**< 0,0001**
INFLUENCIADORES – Amigos e família	1,466	**0,0285**	0,859	0,6043
INFLUENCIADORES – Colegas	1,263	0,5240	0,311	0,1189
INFLUENCIADORES – Igreja/Ass. moradores	0,558	0,1999	0,171	0,0837
INFLUENCIADORES – Notícias da TV	1,531	0,0613	1,860	0,0721
INFLUENCIADORES – Notícias redes sociais	1,347	0,2439	1,080	0,8455
INFLUENCIADORES – Notícias rádio/jornal	0,877	0,6720	1,002	0,9955
INFLUENCIADORES – Comícios	1,171	0,5353	1,427	0,3751
INFLUENCIADORES – Debates na TV	0,830	0,2520	1,357	0,2172
INFLUENCIADORES – Pesquisas eleitorais	1,112	0,8213	1,780	0,3528
INFLUENCIADORES – Propaganda política	0,953	0,8200	1,491	0,1925
MEI (frequência de uso) – Muita intensidade	0,805	0,3168	0,459	**0,0286**
MEI (frequência de uso) – Alguma intensidade	0,860	0,4921	0,686	0,2598
MEI (frequência de uso) – Pouca intensidade	1,056	0,7705	1,382	0,2613
MEI (frequência de uso) – Não acompanho	1,064	0,7594	1,816	0,0505
MEI (rede social favorita) – Facebook	0,763	0,0962	0,740	0,2007

Variável/categoria	Jair Bolsonaro		Nulo ou branco	
	Razão de probab.	Valor--p	Razão de probab.	Valor--p
MEI (rede social favorita) – Instagram	1,686	0,1833	3,051	**0,0184**
MEI (rede social favorita) – WhatsApp	1,412	0,0907	0,790	0,4480
MEI (rede social favorita) – Twitter	0,433	0,0589	0,115	**0,0272**
MEI (rede social favorita) – YouTube	1,415	0,1742	1,819	0,0688
MEI (rede social favorita) – Outra	1,578	0,4905	3,316	0,1016
MEI (rede social favorita) – Não tem	0,892	0,5926	0,708	0,2880
MEI (rede social favorita) – Não se informa	0,663	0,0873	0,836	0,5859
AVI (Igreja Católica) – Ótima ou boa	0,599	**0,0004**	0,693	0,0652
AVI (Igreja Católica) – Regular	1,024	0,9162	1,081	0,7937
AVI (Igreja Católica) – Ruim ou péssima	0,890	0,5721	1,494	0,1360
AVI (Igreja Evangélica) – Ótima ou boa	1,006	0,9634	0,989	0,9496
AVI (Igreja Evangélica) – Regular	1,086	0,6729	0,698	0,2045
AVI (Igreja Evangélica) – Ruim ou péssima	0,719	0,0837	0,573	**0,0308**
AVI (Polícia Federal) – Ótima ou boa	1,737	**0,0002**	1,075	0,7041
AVI (Polícia Federal) – Regular	1,195	0,4031	1,366	0,2284
AVI (Polícia Federal) – Ruim ou péssima	0,818	0,3270	0,919	0,7551
AVI (Rede Globo) – Ótima ou boa	0,805	0,1964	0,853	0,4887
AVI (Rede Globo) – Regular	0,795	0,2700	1,311	0,2869
AVI (Rede Globo) – Ruim ou péssima	1,369	0,0525	0,843	0,4262
AVI (outras emissoras de TV) – Ótima ou boa	1,109	0,4946	0,662	**0,0372**
AVI (outras emissoras de TV) – Regular	1,125	0,5366	1,303	0,2554
AVI (outras emissoras de TV) – Ruim ou péssima	0,661	**0,0265**	0,951	0,8347
AVALIAÇÃO (incumbente) – Ótimo	4,475	**0,0131**	4,453	0,0578
AVALIAÇÃO (incumbente) – Bom	0,859	0,5615	1,211	0,6052
AVALIAÇÃO (incumbente) – Regular	1,243	0,3782	0,743	0,4366
AVALIAÇÃO (incumbente) – Ruim	0,539	**0,0022**	0,737	0,2738
AVALIAÇÃO (incumbente) – Péssimo	0,526	**0,0003**	0,720	0,1747

Fonte: Elaborada pelo autor, 2023

As tabelas a seguir apresentam as razões de probabilidade para o voto em Bolsonaro (Tabela 4B) e as razões invertidas para Haddad (Tabela 4C), extraídas da Tabela 4A, considerando apenas os valores-p significativos.

Tabela 4B – Razões de probabilidade para o voto em Bolsonaro (2018)

Variável/categoria	Raz. prob.	Valor-p
VÍNCULO PARTIDÁRIO (PT) – Rejeição	9,0	< 0,0001
AVALIAÇÃO (incumbente) – Ótimo	4,5	0,0131
AI – Extrema direita	3,1	< 0,0001
AI – Direita	2,6	< 0,0001
FAIXA ETÁRIA – 65 anos ou mais	2,1	0,0054
AVI (Polícia Federal) – Ótima ou Boa	1,7	0,0002
AI – Indefinido	1,7	0,0051
FAIXA ETÁRIA – 55 a 64 anos	1,7	0,0155
INFLUENCIADORES – Amigos e família	1,5	0,0285
FAIXA ETÁRIA – 45 a 54 anos	1,5	0,052
AVI (Rede Globo) – Ruim	1,4	0,0525
ESCOLARIDADE – Médio	1,3	0,0198
GÊNERO – Masculino	1,3	0,0045

Fonte: Elaborada pelo autor, 2023

No caso do candidato Haddad, como a variável – voto em Haddad – foi tomada como referência, as razões de probabilidades foram invertidas para permitir a análise a partir deste candidato. Por exemplo: eleitores na faixa etária de 16 ou 17 anos apresentaram uma chance média de 0,191 vez menor de votar em Bolsonaro do que de votar em Haddad. Tomando Haddad como referência, invertemos essa razão (1/0,191), obtendo a chance de 5,2 vezes maior de votar em Haddad do que em Bolsonaro.

Tabela 4C – Razões invertidas de probabilidade para o voto em Haddad

Variável/categoria	1/Raz.	Valor-p
FAIXA ETÁRIA – 16 e 17 anos	5,2	0,0159
AI – Esquerda	3,0	0,0002
REGIÃO – Nordeste	2,2	< 0,0001

Variável/categoria	1/Raz.	Valor-p
AI – Extrema esquerda	2,1	0,0002
ER – Algumas vezes por ano/raramente	2,0	0,0016
AVALIAÇÃO (incumbente) – Péssimo	1,9	0,0003
AVALIAÇÃO (incumbente) – Ruim	1,9	0,0022
ER – Nunca	1,8	0,0302
AVI (Igreja Católica) – Ótima ou Boa	1,7	0,0004
VÍNCULO PARTIDÁRIO (PT) – Afinidade	1,6	0,0001
ER – Até duas vezes por mês	1,6	0,044
AVI (outras emissoras de TV) – Ruim	1,5	0,0265
GÊNERO – Feminino	1,2	0,0063

Fonte: Elaborada pelo autor, 2023

O quadro a seguir apresenta os destaques extraídos do modelo em relação à eleição de 2018, conforme as três tabelas anteriores. Destacamos no quadro as variáveis mais determinantes do voto nesta eleição e as categorias das variáveis favoráveis a cada um dos dois candidatos do segundo turno. As variáveis/categorias estão relacionadas em ordem decrescente de relevância.

Quadro 8 – Destaques do modelo (2018)

Variáveis significativas bipolares[310]
SENTIMENTO PARTIDÁRIO – PT
AVALIAÇÃO (incumbente)
AI (autoposicionamento ideológico)
FAIXA ETÁRIA
GÊNERO

---

[310] Atuaram tanto a favor de Bolsonaro quanto a favor de Haddad, dependendo da categoria.

Variáveis/*categorias* favoráveis apenas a Bolsonaro	Variáveis/*categorias* favoráveis apenas a Haddad
SENTIMENTO PARTIDÁRIO (PT) – *Rejeição*	FAIXA ETÁRIA – *16 e 17 anos*
AVALIAÇÃO (incumbente) – Ótimo	AI – *Esquerda, extrema esquerda*
AI – *Extrema direita, direita, indefinido*	REGIÃO DE RESIDÊNCIA – *Nordeste*
FAIXA ETÁRIA – *65 anos ou +, 55 a 64 anos*	ER – *Algumas vezes por ano/raramente, nunca, até duas vezes por mês*
AVI (Polícia Federal) – Ótima ou Boa	AVALIAÇÃO (incumbente) – *Péssimo, ruim*
INFLUENCIADORES – *Amigos e família*	AVI (Igreja Católica) – Ótima ou Boa
ESCOLARIDADE – *Médio*	SENTIMENTO PARTIDÁRIO (PT) – *Afinidade*
GÊNERO – *Masculino*	AVI (outras emissoras de TV) – *Ruim ou péssima*
	GÊNERO – *Feminino*

Fonte: Elaborado pelo autor, 2023

Não causa surpresa que, no auge do prestígio da Lava Jato e do antipetismo, a variável mais determinante do voto nesta eleição tenha sido a rejeição ao PT. A chance média de um eleitor que rejeitava o partido de votar em Bolsonaro foi 9,0 vezes maior do que a de votar em Haddad. No outro extremo, a relevância também foi verificada, mas em intensidade muito menor. A chance média de um eleitor com afinidade pelo PT de votar em Haddad foi 1,6 vezes maior[311] do que a de votar em Bolsonaro. A rejeição partidária mostrou-se mais influente do que a afinidade partidária, como já haviam identificado Carreirão e Kinzo (2004) em seus estudos.

O autoposicionamento ideológico (AI) favoreceu ambos os candidatos, porém as maiores intensidades de apoio ocorreram de forma não simétrica entre as categorias. O maior impacto positivo para Bolsonaro veio dos eleitores autoposicionados na extrema direita (3,1 vezes), seguido pelos da direita (2,6 vezes). Até mesmo os indefinidos ideologicamente votaram mais no capitão, na razão de 1,7. Já Haddad foi mais favorecido pelos autoposicionados na esquerda (3,0 vezes) do que pelos da extrema esquerda (2,1 vezes).

Outra variável de grande relevância foi a avaliação do incumbente, no caso, do presidente Michel Temer. Entre as principais marcas de sua gestão, destacamos as reformas trabalhista e previdenciária, o limite de gastos

---

[311] Valor obtido invertendo-se a razão apresentada na Tabela 4A (1/0,613).

públicos, o programa de recuperação fiscal dos Estados, a intervenção federal no Rio de Janeiro e a turbulência econômica e política, com denúncias de corrupção envolvendo o presidente e membros de seu governo. Vale lembrar que esse tipo de avaliação, assim como as avaliações institucionais que veremos a seguir, resulta de complexos processos psicossociais, que emergem em função da exposição do sujeito a informações favoráveis ou desfavoráveis ao tema, peneiradas pela atuação do seu filtro perceptivo. Interessante observar que somente a categoria "ótimo" favoreceu Bolsonaro, demonstrando um forte apoio somente de eleitores muito satisfeitos com a agenda neoliberal do ex-presidente Michel Temer. Eleitores que avaliaram a administração Temer nesta categoria tiveram 4,5 vezes mais chance de votar em Bolsonaro. No outro extremo, eleitores que não a avaliaram bem, classificando-a como péssima ou ruim, tiveram 1,9 vez mais chance de votar em Haddad.

Nesta eleição, algumas variáveis identitárias foram preponderantes para o voto. A mais relevante entre elas foi a faixa etária. Os mais novos, de 16 ou 17 anos, votaram fortemente em Haddad (5,2 vezes mais), enquanto os mais idosos preferiram Bolsonaro. Entre a faixa etária mais alta (acima de 65 anos), a chance de votar em Bolsonaro foi 2,1 vezes maior e, na faixa de 55 a 64 anos, esta razão foi de 1,7. Até mesmo na faixa anterior, de 45 a 64 anos, houve uma razão marginal[312] de 1,5 a seu favor. Alguns estudos, como o de Peterson, Smith e Hibbing (2020), atestam a tendência de aumento do conservadorismo com a idade. A região de residência também foi um determinante importante. Morar no Nordeste significou uma chance 2,2 vezes maior de voto em Haddad. Vale lembrar que esta movimentação geográfica do eleitor do PT em direção ao Nordeste já havia sido identificada por Veiga (2007), Ribeiro *et al.* (2011) e Borges e Vidigal (2018). O gênero também influenciou o voto, ainda que em baixa intensidade. Homens votaram mais em Bolsonaro, na razão de 1,3, e mulheres em Haddad, na razão de 1,2. Possivelmente, o perfil machista e misógino do capitão foi responsável pelo desequilíbrio de votos intergêneros. A escolaridade foi significativa apenas entre os eleitores de nível médio, que votaram mais em Bolsonaro, na razão de 1,3.

O fraco engajamento religioso (ER) favoreceu Haddad. Eleitores pouco devotos, que raramente frequentavam os cultos, tiveram 2,0 vezes mais chance de votar no petista. Para os que nunca frequentavam os cultos, esta razão foi de 1,8 e, para os que os frequentavam até duas vezes por mês,

---

[312] Classificamos como marginal porque o nível de significância (α), normalmente estabelecido em 5%, ficou um pouco acima deste padrão, atingindo 5,2%, podendo ser considerado significativo estendendo-se o limite para 6%.

a razão foi de 1,6. Interessante observar que, diferentemente da eleição de 2022, o inverso não foi ressaltado pela modelagem, ou seja, o favorecimento de Bolsonaro pelas camadas mais fervorosas da população.

A Avaliação Institucional (AVI) foi pesquisada pelo ESEB na eleição de 2018. Entre as doze instituições estudadas, a Igreja Católica, a Polícia Federal e outras emissoras de TV (SBT, Record, etc., excluindo a Globo) foram consideradas relevantes. Os participantes que avaliaram a Igreja Católica como ótima ou boa tiveram 1,7 vez mais chance de votar em Haddad. Vale lembrar que o perfil religioso do eleitor de Haddad foi majoritariamente católico. O candidato também foi favorecido, na razão de 1,5, por aqueles que avaliaram como ruim ou péssima as outras emissoras de televisão, como a Record, SBT, etc., que apoiaram a campanha bolsonarista de forma mais contundente. Bolsonaro, por sua vez, foi beneficiado na razão de 1,4[313] por aqueles que avaliaram a Rede Globo na categoria ruim ou péssima e pelos que avaliaram a Polícia Federal como ótima ou boa, na razão de 1,7. Interessante observar que, apesar do conluio da Rede Globo com a operação Lava Jato, que propiciou à retirada do favorito da corrida presidencial e abriu caminho para a vitória de Bolsonaro, seus apoiadores, já naquela época, não viam a emissora com bons olhos. Os quatro gráficos a seguir apresentam as avaliações institucionais das emissoras de TV, da Igreja Católica e da Polícia Federal, tanto para a amostra como um todo quanto segmentadas de acordo com o voto do eleitor.

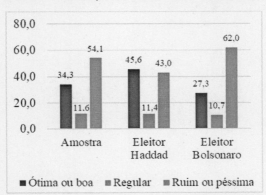

Gráfico 30A – Avaliação institucional: Rede Globo (2018)

Fonte: Elaborado pelo autor com base na pesquisa do ESEB 4622 (2018) do banco de dados do Cesop. Dados da amostra referem-se apenas aos que avaliaram a instituição. Valores porcentuais.

---

[313] Considerando um nível de significância marginal de 5,25%.

Gráfico 30B – Avaliação institucional: outras emissoras de TV (2018)

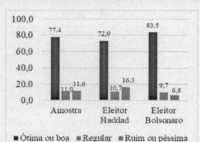

Fonte: Elaborado pelo autor com base na pesquisa do ESEB 4622 (2018) do banco de dados do Cesop. Dados da amostra referem-se apenas aos que avaliaram a instituição. Valores porcentuais.

Gráfico 31 – Avaliação institucional: Polícia Federal (2018)

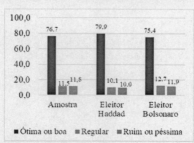

Fonte: Elaborado pelo autor com base na pesquisa do ESEB 4622 (2018) do banco de dados do Cesop. Dados da amostra referem-se apenas aos que avaliaram a instituição. Valores porcentuais.

Gráfico 32 – Avaliação institucional: Igreja Católica (2018)

Fonte: Elaborado pelo autor com base na pesquisa do ESEB 4622 (2018) do banco de dados do Cesop. Dados da amostra referem-se apenas aos que avaliaram a instituição. Valores porcentuais.

A pesquisa do ESEB 2018 questionou os eleitores sobre as ações que consideravam importantes para decidir o voto, as quais denominamos influenciadores. Dentre as mais citadas, destacaram-se os debates entre candidatos (24,9%), as conversas com amigos e membros da família (21,3%), o HGPE (11,6%), as notícias sobre os candidatos na televisão (10,5%), as notícias sobre os candidatos nas redes sociais (7,7%) e os comícios (7,7%), conforme mostrado no gráfico a seguir. O modelo de 2018 identificou como relevante as conversas com amigos e familiares. Eleitores que apontaram esses influenciadores como os mais importantes em sua tomada de decisão tiveram 1,5 mais chance de votar em Bolsonaro.

Gráfico 33 – Influenciadores: 2018

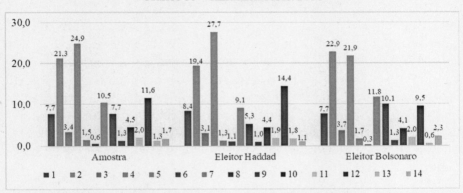

Fonte: Elaborado pelo autor com base na pesquisa do ESEB 4622 (2018) do banco de dados do Cesop. Dados da amostra referem-se apenas aos que identificaram algum influenciador[314]. Valores porcentuais.

7.1.4 A consciência política e o voto

Como vimos anteriormente, eleitores encontram-se em momentos diferentes da estruturação de sua consciência, estando mais ou menos susceptíveis ao fluxo político dependendo da autonomia que tiveram para formar suas subjetividades. Tais subjetividades os constituem como sujeitos e influenciam sua forma de pensar e agir. Eleitores mais articulados em sua

---

[314] 1: Assistir/ Ouvir os candidatos em comícios, 2: Conversas com amigos e pessoas da família, 3: Conversas com colegas de trabalho/escola, 4: Debates entre candidatos na televisão, 5: Informações da igreja sobre os candidatos, 6: Informações de associações de moradores sobre os candidatos, 7: Notícias sobre os candidatos na televisão, 8: Notícias sobre os candidatos nas redes sociais, 9: Notícias sobre os candidatos no rádio, 10: Notícias sobre os candidatos nos jornais (impresso ou internet), 11: Resultado de pesquisas eleitorais 12: Propaganda política na televisão, 13: Propaganda política no rádio, 14 Notícias sobre os candidatos pelo whatsapp.

consciência conseguem descer a corredeira eleitoral seguindo um rumo predeterminado, estando em melhores condições de enfrentar o fluxo político e conduzir seus caiaques na direção desejada, sendo, portanto, menos susceptíveis às ações de curto prazo. Por outro lado, os eleitores indecisos, os de baixa identidade ideológico-partidária, os não convictos e os menos articulados em sua consciência são mais impelidos pelo fluxo político, podendo até ser conduzidos por ele.

Em nossa pesquisa de mestrado com universitários[315], elaboramos um questionário com perguntas[316] que pudessem expressar o nível de estruturação da consciência política dos respondentes. Com essa cesta de variáveis, calculamos o escore de consciência política (ECP) para cada universitário participante do *survey*. O escore foi estruturado em uma escala de um a cinco, sendo um para baixa consciência política e cinco para alta. A partir de um modelo estatístico de regressão, identificamos a associação do ECP com quatro variáveis: o vínculo de pagamento com a instituição de ensino, a renda familiar, a religião e a cor/raça do estudante. Vale salientar que essas foram as variáveis explicativas para o ECP específico daquele grupo sob estudo. Dentre as conclusões extraídas do modelo, destacamos: (i) indivíduos de cor preta obtiveram os maiores ECPs em relação à média dos universitários (elevação média de 0,30) e (ii) indivíduos de religião evangélica obtiveram os menores ECP (redução média de 0,25).

O gráfico a seguir apresenta a intenção de voto dos grupos com os ECPs que mais se dispersaram em relação ao ECP mediano dos universitários: os evangélicos e os pretos. Identificamos um comportamento eleitoral muito distinto entre os três grupos com diferentes ECPs (mínimo, mediano e máximo). O candidato preferido dos universitários evangélicos, com 29,7% das intenções de voto, foi Jair Bolsonaro, seguida por Marina Silva, candidata com perfil evangélico, com 21,6% e Ciro Gomes, com 18,9% das intenções de voto. No outro extremo, o favorito dos universitários pretos

---

[315] Pesquisa pré-eleitoral realizada entre setembro e outubro de 2018, com 398 universitários de 10 instituições de ensino da Grande São Paulo. Para maiores informações sobre a metodologia desta pesquisa, consultar a dissertação *A internet como instrumento para a formação da consciência política de eleitores universitários e sua relação com o voto* (2019), de Rubens Vidigal Coriolano.

[316] As perguntas estavam relacionadas às variáveis: frequência com que conversa sobre política com grupos específicos, percepção sobre a importância da participação política, conhecimento sobre candidatos e seus programas de governo, contribuição da internet para o conhecimento de candidatos e seus programas de governo, contribuição da internet para o conhecimento da política do País e conhecimento sobre ideologia de direita/esquerda, ou o livro *Consciência política e socialização pela internet: o eleitor universitário* (2021), do mesmo autor em parceria com Salvador A. M. Sandoval.

foi Fernando Haddad, com 41,6% das intenções de voto, seguido por Ciro Gomes, com 20,8%, e João Amoêdo, empatado com Marina Silva, com 12,5%. Vale destacar ainda neste grupo a ausência de intenção de voto para Jair Bolsonaro e a menor dispersão entre os três grupos em relação à intenção de voto, com apenas 4,3% das intenções distribuídas entre os demais candidatos. Considerando a intenção de voto de todos os universitários, os candidatos preferidos foram: Ciro Gomes, Fernando Haddad e João Amoêdo, com 30,8%, 18,1% e 15,2%, respectivamente. A pesquisa de Coriolano (2019) indicou um voto mais conservador entre os universitários de menor ECP (evangélicos) e mais progressista entre os de maior ECP (pretos). Na média, o grupo de universitários apresentou um comportamento eleitoral mais à esquerda do espectro ideológico.

Gráfico 34 – Intenção de voto no 1º. turno, conforme o ECP

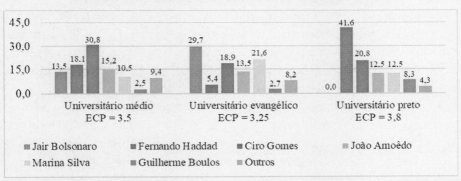

Fonte: Elaborado pelo autor com base na pesquisa de Coriolano (2019). Valores porcentuais.

7.2 A eleição de 2022

O pleito de 2022 ocorreu num momento de crise civilizatória marcada pelo crescimento do fascismo em diversas regiões do mundo, o retorno da guerra à Europa, o aumento da tensão entre as superpotências econômicas, os efeitos climáticos cada vez mais desastrosos devido ao aquecimento global, a ameaça de novas crises sanitárias com a amplitude da pandemia da Covid-19, a insegurança alimentar e a crescente desigualdade na distribuição de renda. No Brasil, o fascismo ressurgiu com força com o bolsonarismo, o qual resgatou, em maior ou menor grau, seus elementos basilares, a exemplo do totalitarismo, autoritarismo, militarismo, personalismo, intolerância social e política, propaganda e controle da informação, supremacia racial e nacionalismo, ainda que este último, tenha apenas servido de *slogan* da campanha: *Brasil acima de tudo, Deus acima de todos.*

Esta eleição colocou frente a frente dois ícones da política brasileira, campeões de carisma e rejeição, que, acima de projetos de governo, representavam diferentes projetos de sociedade. O desfecho foi a eleição mais equilibrada da Nova República. A despeito do poder avassalador da abastada máquina eleitoral montada por Bolsonaro, Lula conseguiu aglutinar as forças democráticas do país e vencer a eleição, rompendo um importante elo da engrenagem da extrema direita mundial. Além do financiamento oficial de campanha, estima-se que a campanha bolsonarista tenha recebido aportes ilegais obtidos da extrema direita internacional e usado recursos públicos[317] reeditando a antiga prática do voto de cabresto. O poder do aparato estatal é tal que colaborou para a reeleição à presidência[318] de todos os candidatos incumbentes, com exceção de Bolsonaro.

Dentre os determinantes da vitória de Lula destacam-se: o bom desempenho da economia em seus governos, ao contrário da administração Bolsonaro; a redução da pobreza por meio de programas de transferência de renda; a formação de uma coalizão democrática ampla e pluriideológica, tendo o antigo adversário político e ex-governador peessedebista de São Paulo – Geraldo Alckmin – como vice em sua chapa, contrapondo-se, assim, à extrema direita; a altíssima rejeição a Bolsonaro, maior do que a de Lula, e a emergência de uma nova percepção[319] sobre a operação Lava Jato, a partir das reportagens conhecidas como Vaza Jato, percepção que permeou setores conservadores da sociedade e culminou com a decisão do Supremo Tribunal Federal sobre a suspeição do então juiz Sergio Moro na condução da ação penal contra o ex-presidente Lula, o qual, por decorrência, recuperou os direitos políticos. A operação Lava Jato, alardeada pela mídia corporativa como "a maior operação anticorrupção do mundo", terminou por desvelar-se como "o maior escândalo judicial

---

[317] Ver matéria *Codevasf acelera entregas na campanha e libera R$ 100 mil por hora sob Bolsonaro* da *Folha de São Paulo* de 26 de outubro de 2022, disponível em: https://www1.folha.uol.com.br/poder/2022/10/estatal-sob--bolsonaro-acelera-entregas-na-campanha-e-libera-r-100-mil-por-hora.shtml.

[318] A reeleição consecutiva foi possibilitada pela Emenda Constitucional n° 16 de 4 de junho de 1997.

[319] A pesquisa realizada pelo Centro Integrado de Pesquisa e Comunicação (CIPEC) em outubro de 2021, envolvendo o ex-presidente Lula, o ex-juiz Sérgio Moro e o então presidente Jair Bolsonaro, apontou que, entre essas três figuras políticas, Lula foi considerado o mais honesto por 49,4% dos entrevistados, seguido por Bolsonaro, com 26%, e Moro, com 24%, conforme matéria do site de notícias 247, disponível em: https://www.brasil247.com/brasil/em-levantamento-com-bolsonaro-e-moro-lula-e-considerado--o-mais-honesto-para-49-ydz1tudt?fbclid=IwAR2FTcc36dPWl-0wi8FLy4TipW_uxpZo5IU5KrEZIGbii-F39RjcwSpXee1E.

da história", conforme artigo de Gaspard Estrada, diretor executivo do Observatório Político da América Latina e do Caribe (OPALC) da Sciences Po, de Paris, publicado em 9 de fevereiro de 2021 no jornal *The New York Times*[320]. Vale lembrar que a operação contribuiu para aprofundar a crise econômica do país ao desestruturar as indústrias petrolífera, nuclear e da construção civil pesada e naval.

Nunes e Traumann (2023) apontam os grupos de eleitores que majoritariamente apoiaram os dois candidatos. Em Lula, votaram os petistas, os progressistas, a população das camadas D/E e o pequeno, mas influente grupo dos liberais sociais órfãos da terceira via. Os antipetistas votaram em Bolsonaro, agrupados em empreendedores, conservadores cristãos, na população interiorana classificada como "agro" e no também pequeno, mas ruidoso grupo dos fascistas.

A mudança de apoio da Rede Globo, após sua franca adesão ao juiz Sérgio Moro e à operação Lava Jato, pode ser sintetizada na declaração do analista político Merval Pereira, considerado o porta-voz da família Marinho, no programa da GloboNews sobre a análise do debate promovido pela Rede Bandeirantes, em 17 de outubro de 2022.

> A presença do Moro como assessor do Bolsonaro no debate só mostra uma coisa: o alvo dele sempre foi o Lula. E que ele, depois de ter falado tudo isso do Bolsonaro, voltar a apoiar o Bolsonaro para derrotar o Lula é um atestado de que ele, desde o início, estava com esse objetivo. (PEREIRA *In:* GloboNews[321], 2022, n.p.).

A ascensão da extrema direita ao poder marcou uma ruptura na uniformidade das narrativas entre as redes de televisão[322] em relação à política eleitoral. A partir desse momento, emissoras como a Record, SBT, Bandeirantes e TVE, mantiveram, em maior ou menor grau, seu apoio a Bolsonaro, diferentemente da Globo, o que solapou a noção da verdade absoluta, e portanto única, que o jornalismo corporativo sustentava até então, escancarando ao cidadão comum os vieses políticos dessas empresas.

A constatação desses vieses, não apenas os das emissoras de televisão, mas os da mídia corporativa em geral, como temos apresentado,

---

[320] Ver https://www.nytimes.com/es/2021/02/09/espanol/opinion/lava-jato-brasil.html.

[321] Ver matéria *Merval traduz apoio da Globa a Lula*, disponível em: https://www.brasil247.com/blog/merval-traduz-apoio-da-globo-a-lula.

[322] Para maiores informações, ver: https://theintercept.com/2020/02/23/imprensa-bolsonaro-band-sbt-record-rede-tv/.

ajuda a explicar a perda de credibilidade dos veículos de comunicação. Logo após essa eleição, o ESEB investigou a confiança nos meios de comunicação tradicionais, como jornais, televisão e rádio. Os dados apresentados no gráfico a seguir confirmam a falta de confiança nesses veículos: 57% dos entrevistados relataram baixo nível de confiança[323] e apenas 20%, muita confiança.

Gráfico 35 – Confiança na mídia tradicional

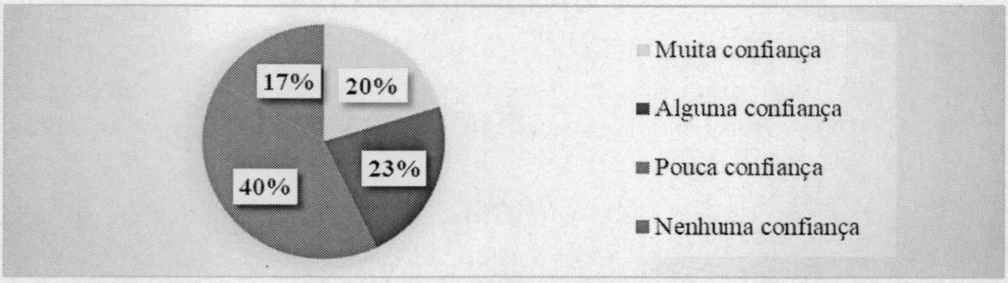

Fonte: Elaborado pelo autor com base na pesquisa do ESEB 4810 (2022) do banco de dados do Cesop. Valores porcentuais, desconsiderando os que não sabiam ou não responderam.

7.2.1 A realidade paralela

O governo Bolsonaro foi marcado por inúmeros escândalos de corrupção, pela alta mortalidade em função da gestão negacionista da pandemia da Covid-19, o repúdio à ciência e à educação, a estagnação econômica, as altas taxas de desemprego, o empobrecimento de grande parcela da população, a volta do país ao mapa da fome, as políticas ambientais que aumentaram a devastação dos biomas, da Amazônia em especial, a tensão com as instituições e o isolamento do país perante a comunidade internacional. Esse fatores, dentre outros, levaram setores da mídia corporativa a apoiar a candidatura petista, após a constatação da inépcia da terceira via, e impuseram a Bolsonaro o maior índice de rejeição entre todos os candidatos, conforme mostrado a seguir.

Tabela 5 – Rejeição dos candidatos (set 2022)

Candidato	Porcentagem
Jair Bolsonaro	37,4

---

[323] Somando as avaliações "pouca confiança" e "nenhuma confiança."

Candidato	Porcentagem
Ciro Gomes	24,4
Lula	21,3
Constituinte Eymael	4,5
Felipe d'Avila	3,2
Demais candidatos	3,9
Nenhum candidato	1,3
Todos os candidatos	1,0
Não souberam responder	3,0

Fonte: Elaborada pelo autor com base na pesquisa do Datafolha 4776 do banco de dados do Cesop.

Para tentar reeleger-se diante de um contexto altamente desfavorável e aproveitando-se do descrédito da mídia tradicional, Bolsonaro conduziu uma linha sistemática de comunicação majoritariamente direta com seus seguidores com o propósito de disseminar maciçamente fake news favoráveis ao seu governo, produzindo desse modo, uma realidade dissimulada que lhe fosse benéfica e lhe permitisse manter a coesão e o apoio dos seus seguidores. As difusas fake news da campanha de 2018 evoluíram para um sistema coeso de distorção da realidade.

> A família Bolsonaro passou a gerir um ecossistema de comunicação, que incluía as falas diárias no cercadinho do Alvorada, as lives semanais no Facebook, os tuítes ao longo do dia, os posts do Telegram feitos sob medida para serem compartilhados em grupos, as correntes de WhatsApp, o apoio de veículos tradicionais, entrevistas regulares a apresentadores populares, como José Luiz Datena, Sikêra Junior e Ratinho, e a distribuição de áudios para rádios do interior.
> O sistema era tão efizaz que, junto com o volume extraordinário de recursos do Auxílio Emergencial, ajudou a segurar a popularidade de Bolsonaro depois do desgaste causado pela má gestão da pandemia de covid-19. (NUNES; TRAUMANN, 2023, p. 47-48).

O capitão valeu-se também da permeação dos valores e da visão de mundo da extrema direita na sociedade. Vale lembrar que, diferentemente da eleição de 2018, quando Bolsonaro impulsionou a eleição de muitos parlamentares e governadores, em 2022 foi o bolsonarismo que ajudou a sustentar a campanha de Bolsonaro (CASTRO ROCHA, 2022).

A concepção e divulgação dessa realidade foi coordenada pelo chamado *Gabinete do Ódio*[324], que se tornou o canal de informação oficial do governo, cuja atividade consistia em atacar grande parte da mídia corporativa, rotulando-a de petista com o intuito de desqualificá-la e transformando as redes sociais bolsonaristas em repetidoras da narrativa oficial do governo. Assim como na eleição de 2018, o discurso extremista continuou investindo no conservadorismo, no armamentismo, na fé cristã, nos valores familiares, no anticomunismo e no sentimento de frustração e ressentimento de parte do eleitorado, mostrando mais uma vez sua eficácia. Viana (*In: NYTimes*[325], 2022, tradução nossa) afirma que "A família Bolsonaro gastou imenso tempo e esforço para construir alianças nos Estados Unidos com base em narrativas conspiratórias de extrema direita, como a ameaça do comunismo e o "marxismo cultural."

Como nenhum outro candidato, Bolsonaro usou as redes sociais para fazer sondagens diárias a fim de avaliar as narrativas mais bem acolhidas por seus seguidores (RIBEIRO *In:* Intercept Brasil[326], 2022) e utilizou a máquina do governo para fazer campanha eleitoral e difundir fake news durante todo seu mandato presidencial. De acordo com a plataforma de investigação de campanhas de desinformação *Aos Fatos*[327], em 1.407 dias de governo – até 8 de novembro de 2022 – Bolsonaro havia proferido 6.673 declarações falsas ou distorcidas, uma média de quase cinco por dia. Entre as promovidas no debate final entre os candidatos à presidência, em 28 de outubro, destaca-se a afirmação de que não houve corrupção em seu governo, a mais recorrente nesse período, repetida 249 vezes. Para a delegada da Polícia Federal Denisse Ribeiro, responsável pela investigação sobre a milícia digital bolsonarista, o grupo tinha por objetivo "manipular a audiência distorcendo dados, levando o público a erro e induzindo-o a

---

[324] O funcionamento criminoso do Gabinete do Ódio está detalhado no documento referente ao inquérito 4781 – Distrito Federal, de autoria do juiz do STF Aírton da Veiga. Disponível em: https://drive.google.com/file/d/1iw4Zgc6EblI-1AcHQgBEywTfNqPPZMsr/view.

[325] Ver matéria *The big lie is going global. We saw it in Brazil* do *NYTimes* de 14 de novembro de 2022, disponível em https://www.nytimes.com/2022/11/14/opinion/brazil-elections-bolsonaro.html.

[326] Disponível em: https://theintercept.com/2022/07/27/bolsonaro-cidadaos-comuns-robos-whatsapp/.

[327] Ver https://www.aosfatos.org/todas-as-declara%C3%A7%C3%B5es-de-bolsonaro/13324/.

aceitar como verdade aquilo que não possui lastro na realidade" (RIBEIRO *In:* GlobalVoices[328], 2022).

Até mesmo cidadãos comuns foram arregimentados por Bolsonaro para atuarem como robôs humanos nas redes sociais do WhatsApp. Ribeiro (*In:* Intercept Brasil[329], 2022) estudou como essa cooptação foi realizada, analisando mais de 350 mil mensagens, entre janeiro de 2021 e junho de 2022. O pesquisador identificou desde a gênese dos novos grupos, criados por sistemas automatizados, passando pela sua inserção em grupos bolsona-ristas já existentes e a atração de participantes desses grupos, até o convite para que um deles assumisse a sua moderação, momento em que o novo grupo passava a atuar de forma orgânica.

Os seguidores de Bolsonaro foram encorajados a desprezar a mídia corporativa tradicional, facilitando, assim, a imersão na realidade paralela. Afinal, a ausência de outras fontes formais de informação, que confrontassem a narrativa oficial, favoreceria a manipulação dos fatos. Pesquisas da Genial/Quaest mostram que os bolsonaristas passaram a se informar principalmente pelas redes sociais, evitando as emissoras de TV, em especial a Globo (NUNES; TRAUMANN, 2023). Conforme veremos na próxima seção, duas das três participantes de nossa pesquisa longitudinal, que votaram em Bolsonaro no primeiro turno, relataram terem deixado de assistir à televisão[330]. O país acabou se transformando em um laboratório mundial da extrema direita.

> Hoje, no Brasil, contamos com dezenas de milhões de bra-sileiros e brasileiras – e como diz Mário de Andrade, brasi-leiros e brasileiras como nós – que estão vivendo na ilusão, estão realmente convencidos de todo conteúdo dessa usina de desinformação, dessa máquina tóxica de produção de conteúdo com base em fake news e teorias conspiratórias, que domina a midiosfera bolsonarista. Para dizer de forma mais simples: essas pessoas estão vivendo numa dimensão paralela. [...] É a inédita criação da dissonância cognitiva coletiva deliberada, através de um conteúdo coordenado, estrategicamente produzido para desinformar e fazer circular teorias conspiratórias e fake news. O universo digital e as redes sociais possibilitaram isso e não é casual o fato de que o principal instrumento de divulgação da extrema direita

---

[328] Ver matéria *Com Bolsonaro, ataques políticos ganham legitimidade institucional no Brasil*, disponível em: https://pt.globalvoices.org/2022/10/07/com-bolsonaro-ataques-politicos-ganham-legitimidade-institu-cional-no-brasil/.

[329] Disponível em: https://theintercept.com/2022/07/27/bolsonaro-cidadaos-comuns-robos-whatsapp/.

[330] Dos onze demais entrevistados, que não votaram em Bolsonaro, todos relataram assistir a esse veículo.

bolsonarista sejam as redes sociais e plataformas digitais. (CASTRO ROCHA, 2022, n.p.).

O pesquisador cita Festinger *et al.* (1956) para expressar a aderência do eleitor bolsonarista à narrativa fantasiosa do seu líder no contexto eleitoral de 2022.

> "Um homem convicto é resistente à mudança. Discorde dele, e ele se afastará. Mostre fatos e estatísticas, e suas fontes serão questionadas. Recorra à lógica, e ele não entenderá sua perspectiva." Se você acrescentar a essa certeza paranoica o caráter coletivo da poderosa midiosfera da extrema direita, temos o caos cognitivo transformando-se em realidade alternativa. É o que vivemos no Brasil hoje. (CASTRO ROCHA, 2022, n.p).

A crise sanitária causada pela pandemia da Covid-19 levou a óbito quase setecentos mil brasileiros[331], a segunda maior mortalidade do planeta[332], óbitos em grande parte evitáveis se o governo tivesse seguido as orientações da OMS[333]. O estudo conduzido por Pechar, Bernauer e Mayer[334] (2018) mostra como funciona o comportamento do indivíduo em relação à ciência e ajuda a explicar a aderência de parte da sociedade brasileira ao negacionismo de Bolsonaro perante a eficácia da vacina no combate ao vírus da Covid-19. Usando um exemplo da área sanitária para ilustrar os resultados da pesquisa, infere-se que indivíduos à direita do espectro político tendem a refutar imposições governamentais, como a obrigatoriedade da vacinação, por considerá-la uma restrição à liberdade individual, ainda que seja para evitar o avanço da pandemia. Essa comprovação contribui para explicar a propagação das mais descabidas fake news sobre a vacina, como a absurda teoria de que ela transformaria pessoas em jacarés[335]. Vale acrescentar que a campanha de Bolsonaro contra a ciência e o ataque às instituições têm características marcadamente fascistas na medida em que buscavam centralizar em sua pessoa a

---

[331] Até 31 de dezembro de 2022. Ver https://noticias.uol.com.br/saude/ultimas-noticias/redacao/2022/12/31/covid-19-coronavirus-casos-mortes-31-de-dezembro.htm.

[332] Ver https://especiais.gazetadopovo.com.br/coronavirus/casos-no-mundo/.

[333] Organização Mundial da Saúde. Ver https://www.correiobraziliense.com.br/politica/2020/10/4882505-bolsonaro-sobre-recomendacoes-da-oms-7-a-0-para-mim-nao-perdi-nenhuma.html.

[334] A pesquisa publicada no artigo *Beyond political ideology: the impact of attitudes towards government and corporations on trust in Science* explora a relação entre duas dimensões da ideologia política – atitudes em relação a governos e a corporações, utilizando como referência a ciência da mudança climática e dos alimentos geneticamente modificados.

[335] Os professores da USP, Henrique Braga e Marcelo Módolo, comentam a declaração de Bolsonaro em: https://jornal.usp.br/artigos/virar-jacare-linguagem-figurada-nao-e-sinonimo-de-literatura/.

autoridade que o cargo lhe atribuía, conseguida a partir do descrédito à ciência e aos poderes instituídos.

Em relação ao fraco desempenho da economia, Bolsonaro adotou duas estratégias. A primeira, muito utilizada em sua gestão, foi a de não assumir a responsabilidade pelo problema, apontando causas além do controle de sua administração, como a pandemia da Covid-19, o contexto internacional, o governo petista anterior, entre outras. A estratégia surtiu o efeito desejado, ao menos em relação ao seu público-alvo, conforme mostra o gráfico a seguir a respeito da percepção do eleitorado sobre o principal responsável pela situação econômica do país. Apesar de 94% do eleitorado acreditar que o país estava em uma crise econômica, segundo o levantamento do Instituto FSB (2022), apenas 41% dos entrevistados entendiam que o governo do presidente Bolsonaro era o principal responsável, enquanto 54% entendiam que havia outros responsáveis pela situação da economia.

Gráfico 36 – Principal responsável pela situação econômica

Fonte: Instituto FSB Pesquisa, O que Pensa o Eleitor Brasileiro, rodada 2, 2022.

A segunda estratégia foi remediar o fraco desempenho da economia e mitigar o efeito dos cortes nos programas sociais. O presidente-candidato implementou medidas eleitoreiras e respaldou-se na máquina do governo para impulsionar sua indústria de fake news, contando ainda com forte apoio de considerável parte da Igreja Evangélica. Estão entre estas medidas a aprovação de um programa ampliado de transferência de renda, que perdurou durante o período final da campanha, a criação de um programa de refinanciamento de dívidas, a liberação de uma linha de crédito especial, o desbloqueio do FGTS[336] e a redução de impostos sobre os combustíveis para conter a inflação. Esse conjunto de providências gerou a falsa impressão de recuperação econômica, com percepções distintas sobre o desempenho da economia nos diferentes estratos sociais e ideológicos da sociedade, aumentando a animosidade entre eleitores adversários e provocando fissuras nas relações sociais.

Na reta final da campanha, para reverter o quadro eleitoral do primeiro turno que lhe era desfavorável, a campanha bolsonarista passou a associar o ex-presidente Lula ao crime organizado, conforme identificado pela Agência Pública[337]. Os dois casos mais notórios, que evidenciam o uso da técnica de ampliação e consolidação das fake news às vésperas dos pleitos[338], foram as falsas notícias sobre a liderança de Bolsonaro na disputa eleitoral – conforme a pesquisa de intenção de voto realizada pela Brasmarket – e o apoio do narcotraficante Marcola ao ex-presidente Lula. Apesar dos esforços do TSE em retirar tais "reportagens" do ar o mais rapidamente possível, as visualizações chegaram a milhões de usuários e o estrago, mais uma vez, já estava feito, expondo a fragilidade da rede em relação à desinformação (SILVA, 2022, n.p.).

Os institutos de pesquisa eleitoral também foram desacreditados, acusados de manipular os *surveys* em favor do candidato petista, passíveis, portanto, de boicote e desconsideração. Até mesmo a manipulação de pesquisas foi empreendida para confundir os eleitores[339]. Além de gerar descrédito entre os apoiadores de Bolsonaro, essa campanha de desqualificação acabou gerando dúvidas no cidadão comum – independentemente de sua preferência eleitoral – quanto à posição dos candidatos nas pesquisas, causando entendimentos equivocados sobre os métodos de amostragem. Conforme apresentaremos a seguir em nossas entrevistas, identificamos esse descrédito entre os eleitores indecisos em relação às pesquisas e entendimentos distorcidos sobre os procedimentos metodológicos de sondagens eleitorais de âmbito nacional. Vale lembrar que – para inferir intenções

---

[336] Limitado ao valor máximo de mil reais.

[337] Como exemplo de utilização dessa estratégia durante a primeira semana de campanha do segundo turno, destacamos os cinco tuítes com as palavras "crime" e "Lula" feitos pelo então presidente Bolsonaro. Em termos comparativos, durante os 47 dias de campanha do primeiro turno, ele fez esse tipo de tuíte apenas uma vez. Para maiores informações acessar: https://apublica.org/sentinela/2022/10/no-2o-turno-bolsonaro-aposta-em-fake-news-que-liga-lula-ao-crime-organizado/.

[338] Ver diagrama de Santos (2022) na Figura 11.

[339] Ver portal de notícias G1, disponível em: https://g1.globo.com/fato-ou-fake/eleicoes/noticia/2022/10/02/e-fake-que-g1-publicou-reportagem-com-o-titulo-pesquisa-de-boca-de-urna-mostra-bolsonaro-a-frente-de-lula.ghtml.

de voto para a presidência da República – os *surveys* selecionam amostras representativas e, portanto, de abrangência nacional.

Antevendo o risco de derrota eleitoral, Bolsonaro atravessou seu mandato atacando o sistema eleitoral, envenenando o ambiente político e confrontando as instituições do país, seguindo a cartilha de desinformação do ex-presidente Donald Trump. Ainda que as urnas eletrônicas não tivessem apresentado problemas relevantes no primeiro turno, a desinformação sobre a integridade e a transparência do sistema eleitoral intensificou-se no segundo turno. Somente no período de 1º. a 5 de outubro, o volume de mensagens sobre o tema superou o total produzido no mês anterior, conforme o levantamento[340] realizado pelo Laboratório de Humanidades Digitais da UFBA, em colaboração com o InternetLab e a UFSC. Em suas aparições públicas, o presidente frequentemente lançava suspeitas infundadas sobre a integridade das urnas eletrônicas e ameaçava não aceitar o resultado do pleito, desafiando a transição pacífica do poder, o que de fato ocorreu, conforme ilustrado na figura a seguir.

Figura 13 – Bolsonaristas protestam contra o resultado das eleições

[340] Ver matéria de Paula Cesarino Costa, ombudsman da Lupa, em: https://lupa.uol.com.br/jornalismo/2022/10/07/ombudsman-deus-e-o-diabo-na-disputa-eleitoral.

Fonte: Pilar Olivares/Reuters, 2022

> Bolsonaro tentou desacreditar o processo democrático ao descrever os protestos de seus apoiadores como fruto de "indignação e sentimento de injustiça" em relação ao resultado eleitoral. [...] As tentativas de Bolsonaro e seus apoiadores de criar incerteza sobre o futuro do Brasil podem ser a nova norma global, já que os pretensos autocratas estão adotando a Grande Mentira como uma estratégia política legítima. (VIANA *In: NYTimes*[341], 2022, n.p., tradução nossa).

7.2.2 A análise estatística do comportamento do eleitorado (2022)

Assim como no estudo sobre a eleição de 2018, utilizamos a pesquisa pós-eleitoral conduzida pelo ESEB e, conforme explicado na seção 7.1.3, realizamos nossas análises estatísticas considerando os dados referentes ao segundo turno das eleições. Dos 2.001 eleitores entrevistados, 1.656 relataram seu voto no segundo turno, sendo 835 para o candidato Luiz Inácio Lula da Silva, 718 para o candidato Jair Bolsonaro e 103 votos em branco ou nulos. A seguir, apresentamos um comparativo entre o resultado das urnas e o da pesquisa do ESEB/2022.

Tabela 6 – Comparativo entre porcentagens de votos no segundo turno de 2022

Categoria	Urnas	ESEB	Variação porcentual
Lula	48,6	50,2	3,3
Jair Bolsonaro	46,8	44,9	4,1
Branco/nulo	4,6	4,8	4,3

Fonte: Elaborada pelo autor com base nos resultados do TSE (2022), disponível em https://resultados.tse.jus.br/oficial/app/index.html#/eleicao;e=e545/resultados, e na pesquisa CESOP-QUAEST/BRASIL22.NOV-04810 do banco de dados do Cesop.

As diferenças em relação às variáveis explicativas utilizadas para compreender o voto dos participantes da pesquisa nesta eleição devem-se às mudanças no questionário do ESEB entre os pleitos de 2018 e 2022. Ao invés da variável *avaliação institucional* (AVI), o questionário desta onda utilizou a

---

[341] Ver matéria *The big lie is going global. We saw it in Brazil* do *NYTimes* de 14 de novembro de 2022, disponível em https://www.nytimes.com/2022/11/14/opinion/brazil-elections-bolsonaro.html.

variável *confiança institucional* (COI). Houve também mudanças em relação às instituições pesquisadas: saíram a *Rede Globo* e as *outras emissoras de TV* e entraram os *meios de comunicação tradicionais*, as *mídias sociais*, os *cientistas* e a *polícia* (apresentadas em negrito na nota de rodapé do quadro a seguir). Em relação aos meios de informação, permaneceu apenas a variável *frequência de uso*, com remoção das variáveis relacionadas à sua *preferência (geral e redes sociais)*. Além disso, a variável *influenciadores* não foi pesquisada nesta onda. Utilizamos novamente o voto declarado no segundo turno como variável resposta e a abordagem multinomial, conforme explicado anteriormente. O quadro a seguir apresenta as variáveis consideradas para a modelagem estatística desta eleição.

Quadro 9 – Variáveis utilizadas na modelagem da eleição de 2022

Variáveis explicativas		**Variável resposta**
identitárias	região de residência, faixa etária, gênero, escolaridade, cor/raça, renda familiar	voto no 2º. turno
psicossociais	AI (autoposicionamento ideológico), ER (engajamento religioso), IR (identidade religiosa), sentimento partidário (PT)	
exógenas	percepção sobre a economia, UMI (utilização dos meios de informação – *jornais*[342], *sites de notícias, redes sociais*), COI (confiança institucional)[343]	
candidato governista	Avaliação do incumbente	

Fonte: Elaborado pelo autor, 2023

A mesma metodologia estatística utilizada na pesquisa de 2018 foi aplicada na pesquisa de 2022 e as variáveis identificadas para descarte estão listadas na Tabela de Anova, a seguir. Como podemos observar na coluna CIA (Critério de Informação de Akaike), a quantidade de informação perdida ao eliminar cada uma das vinte variáveis apresentadas na tabela foi pequena e, portanto, considerada irrelevante para o modelo.

---

[342] Versão impressa ou on-line.

[343] Inclui as instituições: Igreja Católica, Igreja Evangélica, **polícia,** Polícia Federal, Governo Federal, Judiciário, grandes empresas, partidos políticos, Congresso Nacional, militares/FFAA, Ministério Público, **cientistas, meios de comunicação tradicionais** e mídias sociais.

Tabela 7: Tabela de Anova para a seleção de variáveis do modelo de comportamento de voto (2022)

Passo	Número de parâmetros	Desvio	Número de Parâmetros Residuais	Desvio Residual	CIA
1			1404	793,3	1297,3
2 COI (cientistas)	8	3,49	1412	796,8	1284,8
3 COI (Ministério Público)	8	4,49	1420	801,3	1273,3
4 Cor/raça	10	9,11	1430	810,4	1262,4
5 UMI (sites de notícias)	8	6,30	1438	816,7	1252,7
6 COI (polícia)	8	6,54	1446	823,3	1243,3
7 Escolaridade	10	11,41	1456	834,7	1234,7
8 COI (grandes empresas)	8	7,43	1464	842,1	1226,1
9 COI (Igreja Católica)	8	8,92	1472	851,0	1219,0
10 COI (Igreja Evangélica)	8	9,69	1480	860,7	1212,7
11 UMI (jornais)	8	10,94	1488	871,7	1207,7
12 COI (militares/FFAA)	8	10,53	1496	882,2	1202,2
13 COI (mídias sociais)	8	11,30	1504	893,5	1197,5
14 COI (Judiciário)	8	11,06	1512	904,6	1192,6
15 Renda familiar	12	20,89	1524	925,4	1189,4
16 UMI (redes sociais)	8	11,92	1532	937,4	1185,4
17 Faixa etária	12	20,02	1544	957,4	1181,4
18 Gênero	2	0,41	1546	957,8	1177,8
19 COI (meios de com. tradicionais)	8	14,43	1554	972,2	1176,2
20 COI (Polícia Federal)	8	13,84	1562	986,1	1174,1
21 COI (Congresso Nacional)	8	13,14	1570	999,2	1171,2

Fonte: Elaborada pelo autor, 2023

No quadro a seguir, apresentamos de forma sintetizada o resultado da seleção das variáveis, identificando as variáveis significativas para explicar o voto, bem como as irrelevantes que foram excluídas do modelo, conforme apresentado na tabela anterior. Ainda nesta seção, analisaremos o resultado da modelagem sob a perspectiva das variáveis relevantes. Quanto às diferenças e semelhanças das variáveis consideradas irrelevantes desta eleição em relação à de 2018, vale destacar:

- Em ambas as eleições, a frequência com que o eleitor acompanhou a política através dos diferentes veículos – jornais, sites de notícias ou redes sociais – não demonstrou ser relevante para a definição do voto;

- Diferentemente da eleição de 2018, a percepção sobre a economia mostrou-se significativa em 2022;

- Faixa etária, gênero e escolaridade deixaram de ser significativos em 2022;

- A confiança nas instituições mostrou-se irrelevante na modelagem desta eleição, com exceção do Governo Federal e partidos. Em 2018, haviam sido relevantes as avaliações sobre a Igreja Católica, Igreja Evangélica e a Polícia Federal e irrelevantes as avaliações sobre o Governo Federal e os partidos[344].

Quadro 10 – Resultado da seleção das variáveis

Variáveis significativas	Variáveis irrelevantes
Autoposicionamento ideológico	Faixa etária
Sentimento partidário (PT)	Gênero
Identidade religiosa	Escolaridade
Engajamento religioso	Renda familiar
Região de residência	Cor/raça
Percepção sobre a economia	UMI (*jornais, sites de notícias, redes sociais*)
COI (*Governo Federal, partidos*)	COI (*Congresso Nacional, Judiciário, cientistas, meios de comunicação tradicionais, mídias sociais, Igreja Católica, Igreja Evangélica, grandes empresas, militares/FFAA, polícia, Polícia Federal, Ministério Público*)
Avaliação do incumbente	

Fonte: Elaborado pelo autor, 2023

O modelo utilizado apresenta uma média geral para a comparação entre o voto em Lula e o voto em cada uma das outras opções (Bolsonaro e nulo/branco) e o impacto no voto produzido pelas variáveis selecionadas. A

---

[344] Desconsiderando a Rede Globo e as outras emissoras de TV que não foram avaliadas em 2022.

equação geral do modelo é análoga à das eleições de 2018, com a diferença de que o candidato do PT, desta vez, é Lula, sendo expressada por:

$$\ln (P(\text{voto nulo})/P(\text{voto Lula})) = \beta_{10} + \beta_{11}X_{11} + \ldots + \beta_{1n}X_{1n}$$
$$\ln (P(\text{voto Bolsonaro})/P(\text{voto Lula})) = \beta_{20} + \beta_{21}X_{21} + \ldots + \beta_{2n}X_{2n}$$

Onde:

- **ln:** logaritmo natural;

- β_{10} **e** β_{20}**:** coeficientes que capturam o logaritmo da chance de voto nulo/branco ou em Bolsonaro, tomando por base o voto em Lula;

- **Demais** β**:** impactos no logaritmo da chance de cada uma das variáveis selecionadas no modelo para voto nulo/branco e voto em Bolsonaro;

- X_{ij}**:** valor da variável explicativa em questão;

- **X:** conjunto de variáveis.

A seguir, apresentamos a tabela com as variáveis pertinentes[345] – razão de probabilidades[346] e valor-p[347] – em Bolsonaro ou em nulo/branco, com relação a Lula. Destacamos em negrito as variáveis significativas ao nível de 5% (0,05). Por exemplo, a chance de uma pessoa que rejeita o PT votar em Bolsonaro é 13,8 vezes maior do que a de votar em Lula.

Tabela 8A – Razão de probabilidades e valor-p para o voto em Bolsonaro ou Branco/Nulo

Variável/categoria	Jair Bolsonaro		Nulo ou branco	
	Razão de probab.	Valor-p	Razão de probab.	Valor-p
Intercepto	0,070	**< 0,0001**	0,002	0,7888
ER – Nunca	1,533	0,2068	2,840	0,8989
ER – Algumas vezes ano/raramente	0,868	0,6174	2,788	0,9006
ER – Até duas vezes mês	1,092	0,8017	3,621	0,8761
ER – Algumas vezes na semana	3,783	**0,0001**	14,649	0,7476

---

[345] Os coeficientes estimados (estimativas, estatística Z e valor-p) para o voto em Bolsonaro ou branco/nulo estão disponíveis mediante solicitação aos autores.

[346] Indica a chance média de uma pessoa com determinada característica votar em Bolsonaro ou em branco/nulo em vez de votar em Lula, mantendo constantes todas as outras variáveis.

[347] Usado para determinar se os resultados são estatisticamente significativos, sendo comparado a um nível de significância (α) de referência, normalmente fixado em 5% (0,05).

Variável/categoria	Jair Bolsonaro		Nulo ou branco	
	Razão de probab.	Valor--p	Razão de probab.	Valor--p
ER – Uma vez na semana	0,818	0,5055	3,877	0,8697
AI – Extrema esquerda	0,328	**0,0078**	0,317	**0,0040**
AI – Esquerda	0,053	**0,0012**	0,259	**0,0434**
AI – Centro	1,130	0,6668	1,701	**0,0378**
AI – Direita	1,897	**0,0472**	1,036	0,9303
AI – Extrema direita	3,569	**< 0,0001**	0,851	0,6124
AI – Indefinido	3,397	**0,0003**	3,063	**0,0008**
REGIÃO – Norte	0,828	0,3550	0,396	0,2292
REGIÃO – Nordeste	0,878	0,5723	1,337	0,3233
REGIÃO – Centro-Oeste	2,609	**0,0034**	1,300	0,4117
REGIÃO – Sudeste	0,635	0,3042	1,370	0,6788
REGIÃO – Sul	0,831	0,5656	0,342	**0,0299**
IDENTIDADE RELIGIOSA –Ateu/sem religião	1,457	0,4484	6,451	0,8034
IDENTIDADE RELIGIOSA – Católica	1,167	0,7012	1,474	0,9611
IDENTIDADE RELIGIOSA – Espírita	1,496	0,3392	1,509	0,9585
IDENTIDADE RELIGIOSA – Evangélica	3,263	0,0894	3,965	0,8551
IDENTIDADE RELIGIOSA – Matriz Africana	0,819	0,7978	0,997	0,9966
IDENTIDADE RELIGIOSA – Outra	2,514	0,3844	11,168	0,7474
SENTIMENTO PARTIDÁRIO (PT) – Afinidade	0,710	0,0912	0,548	**0,0140**
SENTIMENTO PARTIDÁRIO (PT) – Indiferença	1,423	0,1092	2,256	**0,0003**
SENTIMENTO PARTIDÁRIO (PT) – Rejeição	13,766	**< 0,0001**	4,913	**< 0,0001**
PERCEPÇÃO (economia) – Muito melhor	2,235	0,0589	0,656	0,6575
PERCEPÇÃO (economia) – Um pouco melhor	1,084	0,7472	1,240	0,5607
PERCEPÇÃO (economia) – Igual	0,722	0,2260	1,754	0,1110
PERCEPÇÃO (economia) – Um pouco pior	0,516	**0,0132**	0,871	0,7026
PERCEPÇÃO (economia) – Muito pior	0,628	0,1253	1,775	0,1189

Variável/categoria	Jair Bolsonaro		Nulo ou branco	
	Razão de probab.	Valor--p	Razão de probab.	Valor--p
COI (Governo Federal) – Muita confiança	0,917	0,7814	0,353	**0,0256**
COI (Governo Federal) – Alguma confiança	1,694	0,0831	0,984	0,9637
COI (Governo Federal) – Pouca confiança	1,698	0,0512	1,319	0,3358
COI (Governo Federal) – Nenhuma confiança	1,270	0,4665	1,989	**0,0372**
COI (partidos) – Muita confiança	1,088	0,8872	1,021	0,9774
COI (partidos) – Alguma confiança	0,807	0,6568	0,507	0,2115
COI (partidos) – Pouca confiança	1,161	0,7216	0,776	0,5336
COI (partidos) – Nenhuma confiança	2,710	**0,0220**	1,715	0,1948
AVALIAÇÃO (incumbente) – Ótimo	17,602	**< 0,0001**	0,000	0,9382
AVALIAÇÃO (incumbente) – Bom	6,700	**< 0,0001**	18,148	0,8917
AVALIAÇÃO (incumbente) – Regular	1,117	0,6996	7,512	0,9243
AVALIAÇÃO (incumbente) – Ruim	0,209	**< 0,0001**	4,158	0,9463
AVALIAÇÃO (incumbente) – Péssimo	0,047	**< 0,0001**	1,234	0,9915

Fonte: Elaborada pelo autor, 2023

As tabelas a seguir apresentam as razões de probabilidade para o voto em Bolsonaro (Tabela 8B) e as razões invertidas para Lula (Tabela 8C), extraídas da Tabela 8A, considerando apenas os valores-p significativos.

Tabela 8B – Razões de probabilidade para o voto em Bolsonaro (2022)

Variável/categoria	Raz. prob.	Valor-p
AVALIAÇÃO (incumbente) – Ótimo	17,6	< 0,0001
VÍNCULO PARTIDÁRIO (PT) – Rejeição	13,8	< 0,0001
AVALIAÇÃO (incumbente) – Bom	6,7	< 0,0001
ER – Algumas vezes na semana	3,8	0,0001
AI – Extrema direita	3,6	< 0,0001
AI – Indefinido	3,4	0,0003
COI (partidos) – Nenhuma confiança	2,7	0,022
REGIÃO – Centro-Oeste	2,6	0,0034

| PERCEPÇÃO (economia) – Muito melhor | 2,2 | 0,0589 |
| AI – Direita | 1,9 | **0,0472** |

Fonte: Elaborada pelo autor, 2023

Como o voto no candidato Lula foi tomado como referência, as razões de probabilidades precisam ser invertidas para ser possível a análise a partir deste candidato. Por exemplo: eleitores autoposicionados na esquerda do espectro ideológico apresentaram uma chance média de 0,053 vez menor de votar em Bolsonaro do que em Lula. Para inverter a ordem de referência, basta inverter a razão. Assim, invertendo o valor 0,053, podemos afirmar que a chance média de eleitores autoposicionados na esquerda de votar em Lula foi 18,9 (1/0,053) vezes maior do que a de votar em Bolsonaro.

Tabela 8C – Razões invertidas de probabilidade para o voto em Lula

Variável/categoria	1/Raz.	Valor-p
AVALIAÇÃO (incumbente) – Péssimo	21,3	**< 0,0001**
AI – Esquerda	18,9	**0,0012**
AVALIAÇÃO (incumbente) – Ruim	4,8	**< 0,0001**
AI – Extrema esquerda	3,0	**0,0078**
PERCEPÇÃO (economia) – Um pouco pior	1,9	**0,0132**

Fonte: Elaborada pelo autor, 2023

No quadro abaixo, apresentamos os destaques extraídos do modelo para a eleição de 2022, de acordo com as três tabelas anteriores. Destacamos as variáveis mais determinantes de voto e as categorias das variáveis favoráveis a cada um dos candidatos do segundo turno. As variáveis/categorias estão relacionadas em ordem decrescente de importância.

Quadro 11 – Destaques do modelo (2022)

Variáveis significativas bipolares[348]
AVALIAÇÃO (incumbente)
AI (autoposicionamento ideológico)

---

[348] Atuaram tanto a favor de Bolsonaro quanto a favor de Haddad, dependendo da categoria.

Variáveis/*categorias* favoráveis apenas a Bolsonaro	Variáveis/*categorias* favoráveis apenas a Lula
AVALIAÇÃO (incumbente) – Ótimo, bom	AVALIAÇÃO (incumbente) – *Péssimo, ruim*
SENTIMENTO PARTIDÁRIO (PT) – *Rejeição*	AI – *Esquerda, extrema esquerda*
ER – *Algumas vezes na semana*	PERCEPÇÃO (economia) – *Um pouco pior*
AI – *Extrema direita, indefinido, direita*	
COI (partidos) – *Nenhuma confiança*	
REGIÃO DE RESIDÊNCIA – *Centro-Oeste*	

Fonte: Elaborado pelo autor, 2023

Comparada à eleição anterior, a quantidade de variáveis significativas destacadas pela modelagem estatística neste pleito foi significativamente menor, principalmente quando consideradas as favoráveis aos candidatos petistas: foram apenas três em 2022 e nove em 2018. Essa diferença pode ser atribuída a força da variável *avaliação do incumbente* na modelagem. Diferentemente da eleição de 2018, desta vez o incumbente buscava a reeleição.

A avaliação do incumbente foi a variável mais proeminente desta eleição e com alto poder de impacto sobre o voto de ambos os candidatos. Considerando os extremos, o eleitor que avaliava péssima a administração de Jair Bolsonaro tinha em média 21,3 vezes[349] mais chance de votar em Lula, enquanto o que considerava sua gestão ótima, 17,6 vezes mais chance de votar em Bolsonaro. Passando para as categorias intermediárias, o eleitor que avaliava ruim a gestão do incumbente tinha 4,8 vezes mais chance de votar em Lula e o que a avaliava como boa, 6,7 vezes mais chance de votar em Bolsonaro.

O autoposicionamento ideológico foi o segundo preditor de voto mais forte para Lula. O eleitor que se autoposicionava na esquerda e na extrema esquerda tinha respectivamente 18,9 e 3,0 vezes mais chance de votar em Lula. Já Bolsonaro foi mais favorecido pelo eleitor de extrema direita do que pelo de direita, nas razões de 3,6 e 1,9, respectivamente. Interessante observar que até mesmo o eleitor indefinido ideologicamente o apoiou, na razão de 3,4, índice maior até do que a dos autoposicionados na direita.

---

[349] Valor obtido invertendo a razão de probabilidades tendo Lula como referência, ou seja 1/0,047.

Com o aumento da polarização ideológica, o antipetismo, uma das bandeiras do bolsonarismo, intensificou-se entre os apoiadores de Bolsonaro. Em 2022, o eleitor antipetista teve 13,8 vezes mais chance de votar em Bolsonaro. Vale ressaltar o efeito desestruturante da Lava Jato sob o sistema partidário do país, como apontam Valle (2021) e Fonseca (2022), e o da cobertura midiática desfavorável ao PT (MUNDIM, 2014; DELGADO, 2015; ZHANG, 2021), configurados no sentimento negativo entre os eleitores conservadores, notadamente entre os bolsonaristas, em relação ao partidarismo. Vale observar ainda que a frente ampla pela democracia liderada por Lula para derrotar o neofascismo conseguiu arrebanhar não apenas petistas ou progressistas mas também conservadores que não queriam a permanência de Bolsonaro. Por essa razão, diferentemente da eleição anterior, a afinidade pelo PT não se destacou na modelagem estatística desta eleição.

Em relação à confiança institucional, variável não pesquisada na eleição de 2018, das 14 instituições analisadas, apenas os partidos foram considerados relevantes pelo modelo. Eleitores sem nenhuma confiança partidária tiveram 2,7 vezes mais chance de votar em Bolsonaro. O gráfico a seguir apresenta não apenas a baixa confiança partidária entre os eleitores de forma geral, mas também a menor confiança partidária entre os eleitores de Bolsonaro. Enquanto 44,1% dos bolsonaristas não tinham nenhuma confiança nos partidos, para os eleitores de Lula, essa porcentagem era de 32,2%. No outro extremo, muita confiança partidária era compartilhada por 2,4% dos eleitores de Bolsonaro e por 6,2% dos eleitores de Lula.

Gráfico 37 – Confiança institucional: partidos (2022)

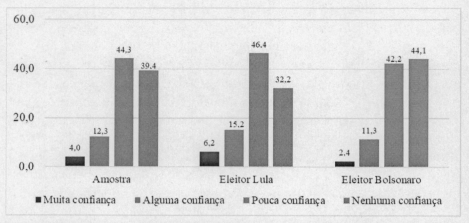

Fonte: Elaborado pelo autor com base na pesquisa do ESEB 4810 (2022) do banco de dados do Cesop. Dados da amostra referem-se apenas aos que relataram sua confiança. Valores porcentuais.

Se na eleição anterior o fraco engajamento religioso (ER) destacou-se no modelo, favorecendo o candidato Haddad, na de 2022 o modelo evidenciou a preferência do eleitor altamente fervoroso por Bolsonaro. O fiel que frequentava o culto semanalmente teve 3,8 vezes mais chance de votar neste candidato, evidenciando o impacto do sólido apoio das principais igrejas evangélicas a Bolsonaro. Vale lembrar, como identificado por Siuda-Ambroziak (2018), a maior assiduidade dos fiéis evangélicos aos cultos e o seu conservadorismo em relação aos valores, conforme verificado por Bohn (2004).

Em virtude dos baixos índices de crescimento do PIB, do aumento do desemprego e do retorno do país ao mapa da fome, a economia foi um dos assuntos em destaque na época. O modelo apontou apenas a percepção "um pouco pior" sobre a economia como significativa. Esse resultado pode ser compreendido considerando a base de comparação estabelecida pela pergunta do questionário do ESEB, a qual se referia aos "últimos 12 meses", ou seja, a comparação deveria ser feita com o ano anterior, quando a situação econômica já era ruim. O eleitor com a percepção de que a economia estava "um pouco pior" teve 1,9 vez mais chance de votar em Lula. A percepção "muito melhor" destacou-se marginalmente[350] a favor de Bolsonaro na razão de 2,2. Esses eleitores possivelmente se sensibilizaram com as medidas econômicas eleitoreiras adotadas pelo presidente, as quais visavam favorecer

---

[350] Em nível de significância de 0,0589.

os mais atingidos pela política neoliberal de seu governo e proporcionar uma sensação de recuperação da economia, conforme já discutido.

A clivagem regional mostrou-se mais uma vez relevante. Se, na eleição anterior, o modelo destacou o favorecimento de Haddad na região Nordeste, nesta o modelo apontou que o Centro-Oeste beneficiou Bolsonaro na razão de 2,6, indicando que candidato conseguiu capturar o voto do eleitor peessedebista que havia migrado para a Região. O crescimento dos votos no candidato petista no Sudeste contribuiu para diminuir a importância relativa do voto nordestino nesse candidato.

7.2.3 A definição do voto do eleitor indeciso

Eleitores com consciência mais fragmentada são muito mais susceptíveis a eventos de curto prazo e podem carecer de respaldo social para decidirem o voto, como veremos nas seções a seguir. Além disso, tendem a levar mais tempo para tomar uma decisão eleitoral do que os eleitores de consciência mais articulada. A pesquisa de Coriolano (2019) constatou maior porcentagem de indecisos no grupo de universitários com ECP[351] mais baixo.

Por estarem mais sujeitos a fatores de curto prazo e decidirem eleições equilibradas, costumam ser o alvo prioritário das campanhas eleitorais. Na contramão da tendência de crescimento global (LISI, 2010), a eleição presidencial de 2022 no Brasil foi marcada por baixíssimos níveis de indecisão eleitoral, o que, em grande medida, se devem à intensa polarização que dominou, desde a eleição de 2018, a cena política e a mídia do país, tendo à frente as figuras carismáticas dos candidatos Bolsonaro e Lula.

O gráfico a seguir apresenta um comparativo entre os níveis de indecisão nos meses que antecederam os pleitos eleitorais do país, desde a eleição de 1994 até a eleição de 2022. Comparado às demais eleições, o nível de eleitores indecisos em junho de 2022 só não foi menor que o verificado às vésperas da eleição de 2006, com valores de 3,7% e 3,5%, respectivamente. Se, por um lado, a negação da política e a discriminação partidária, verificadas a partir da eleição de 2006, atuaram no sentido de gerar apatia, elevando os níveis de abstenção eleitoral, como vimos anteriormente, a polarização política provocou efeito inverso sobre a indecisão do voto. Outro ponto a considerar refere-se ao uso sem precedentes da máquina pública em que o presidente Bolsonaro, durante seus quatro anos de mandato, incorreu para fazer campanha eleitoral, mantendo em alta o clima de disputa. Vale

---

[351] Escore de consciência política.

ressaltar ainda que as duas maiores porcentagens de indecisão às vésperas dos pleitos – 8,0% e 10,7% – ocorreram nas primeiras duas eleições do período analisado, em 1994 e 1998, respectivamente, e que no período seguinte, entre 2002 e 2018, a diferença entre a porcentagem de indecisos às vésperas das eleições foi menor que 2 p.p., com máximo de 5,4% em 2014 e mínimo de 3,5% em 2006.

Gráfico 38 – Evolução da porcentagem de eleitores indecisos nas eleições presidenciais

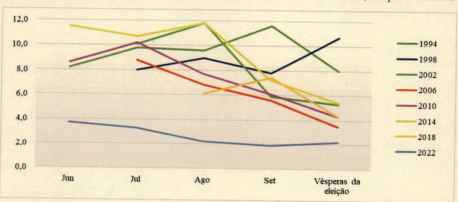

Fonte: Elaborado pelo autor com base nas pesquisas[352] do Datafolha e Ibope (2002) do banco de dados do Cesop. Valores porcentuais em relação à pergunta estimulada. Nas pesquisas com mais de uma situação eleitoral, optou-se pela que melhor representou a composição final dos candidatos que concorreram aos pleitos.

Conforme descrito no Capítulo 6 – Pesquisas de Campo –, acompanhamos um grupo de catorze eleitores indecisos, de maio a outubro de 2022, realizando uma série de sete ondas de entrevistas que visavam compreender quais fatores externos afetaram os processos psicossociais e conduziram esses indivíduos da incerteza à decisão do voto. O gráfico a seguir apresenta a cronologia da decisão de voto do grupo de participantes da pesquisa no primeiro turno da eleição.

---

[352] Foram utilizadas as pesquisas: 0347, 0352, 0364, 0372, 0379 (1994); 0873, 0868, 0906 (1998); 01729, 01739, 01690, 01692 (2002); 02536, 02538, 02541, 02546 (2006); 03363, 03291, 03289, 03285, 03284 (2010); 03821, 03822, 03834, 03836, 03864 (2014); 04572, 04573, 04576 (2018); 04772, 04773, 04774, 04778, 04780 (2022).

Gráfico 39 – Evolução da decisão do voto no primeiro turno da eleição de 2022

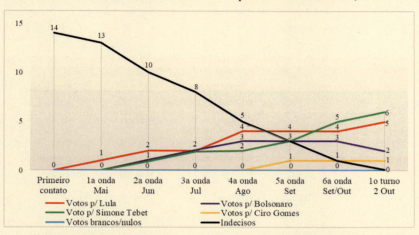

Fonte: Elaborado pelo autor com base na pesquisa longitudinal, 2022

No instante zero – ocasião do primeiro contato com os participantes – todos os catorze eleitores estavam indecisos (representados pela linha preta). Com o passar das semanas, todos foram escolhendo algum candidato, o que zerou o número de indecisos e resultou em nenhum voto em branco ou nulo (linha azul) no primeiro turno. Merece destaque o excelente desempenho da candidata Simone Tebet (linha verde) entre o grupo de entrevistados, ganhando força na sexta onda, às vésperas da eleição, quando seu nome já estava fixado e fortalecido entre os eleitores, em função, especialmente, de seu bom desempenho nos debates eleitorais. Já Lula (linha vermelha), por ter um nome bastante conhecido entre os eleitores, ascendeu com mais rapidez nas intenções de voto.

Exibimos, a seguir, o perfil e a análise individualizada dos participantes da pesquisa longitudinal, delineados a partir das entrevistas. Algumas ondas específicas de determinados candidatos não foram incluídas em suas seções por não acrescentarem informações relevantes.

7.2.3.1 A eleitora Ágata

No início das entrevistas, Ágata tinha 42 anos, trabalhava como coordenadora pedagógica, era pós-graduada, casada e católica. Sentia-se satisfeita com a vida e apresentava, nos últimos três anos, uma situação financeira estável. Entendia que a educação era o principal problema do país, tema recorrente em suas observações e que certamente influenciou seu voto. Dava muita importância àquelas eleições, mas reconhecia seu desinteresse pela política, o que a tornava extremamente crítica em relação à sua consciência política.

> *Não é uma coisa que é cultural da minha parte, eu não me interesso e sou apartidária. Eu nunca me interessei e eu acho que, por nunca ter tido esse interesse, desde pequena, na minha educação, eu acabei que deixando de lado. [...] Eu não tenho assim essa questão política na veia.* (informação verbal)[353]

> *Porque são eles, né? Que vão fazer todo o direcionamento, não só o presidente, mas o Senado, né? Toda essa questão política que vai poder trazer uma melhoria pro país.* (informação verbal)[354]

Não estava muito otimista e desejava um país menos corrupto para que os recursos do orçamento público pudessem chegar à educação, à saúde, aonde realmente precisasse. Demonstrava confiança no sistema eleitoral, não acreditando que as eleições pudessem ser fraudadas. Acreditava também nas pesquisas eleitorais, mas entendia que "elas acabam influenciando a nossa votação" (informação verbal)[355].

Informava-se sobre política principalmente através da internet (redes sociais), apesar de avaliar sua credibilidade como regular. As mídias virtuais mais acessadas eram o WhatsApp, o Instagram e o Facebook. Associava o enviesamento das redes sociais aos algoritmos que sitiavam os internautas em bolhas virtuais.

> *Dependendo de quem a gente segue, se ele já tem um partido político, já acaba recebendo mais informações. E eu, até por conta do meu esposo, dele ser contra a questão do Bolsonaro e tudo, então eu vejo mais questões positivas do PT do que, né? Do PL, né? Do partido do atual presidente.* (informação verbal)[356]

Seu marido era uma importante referência sobre política por sua proximidade, seu conhecimento e visão abrangente.

> *Ele vai atrás, ele escuta podcast e está muito mais bem informado que eu. [...] Ele sempre traz aí as duas vertentes. Então, se a gente vai comentar sobre o presidente atual ou o partido eleitoral X ou Y, ele sempre está trazendo tanto as questões positivas e negativas*

---

[353] Fornecida na Onda 1.

[354] Fornecida na Onda 7.

[355] Fornecida na Onda 1.

[356] Fornecida na Onda 3.

> *de ambos os partidos. Então, por isso que me interessa conversar com ele.* (informação verbal)[357].

> *Então, normalmente eu não converso sobre política com amigos e pessoas assim, máximo, com meu marido. E eu confio na fonte. Colocaria aí um nove*[358]. (informação verbal)[359].

Afirmava confiar também na informação transmitida pela televisão, preferindo os noticiários Band News e Jornal Nacional, mas percebia o enviesamento político da emissoras, cujo enviesamento estendia-se à mídia escrita.

> *Eu assisti o dia do Lula e eu assisti também o dia do Bolsonaro*[360]. *Então, eu não sei se é porque o Bonner*[361] *não estava muito feliz com o governo também, então ele pegou pesado com o Bolsonaro.* (informação verbal)[362].

> *Pra gente poder realmente, assim, dar crédito, a gente precisa não somente ler. Ah eu teria que ler a Folha, o Estadão, pra saber o que um está falando do outro. [...] Então por isso que eu acredito que as fontes não são totalmente seguras. Nem revista Exame, Veja, Folha, Estadão, porque, querendo ou não, tem ainda essa questão de assumir a responsabilidade partidária dessas fontes. Isso engloba também outros meios de comunicação. A gente sempre tem que ouvir vários pra poder tirar a sua conclusão, né.* (informação verbal)[363]?

Confiava pouco no HGPE e, quando assistia ao programa, dava preferência às propagandas dos dois principais candidatos.

> *Ah é muito comercial. Eu não consigo acreditar cem por cento, não. E ali tem muita propaganda que num, né? Que é mais marketing do que efetivamente eles conseguiriam fazer.* (informação verbal)[364].

> *Que eu mais me recordo, até porque às vezes a gente aumenta o volume do Lula e do Bolsonaro, que eu sempre gosto de entender aí a disputa dos dois, né? Porque também a gente sabe que, nesse horário, fica um querendo comer o outro.* (informação verbal)[365].

---

[357] Fornecida na Onda 2.

[358] Avaliação da credibilidade da informação obtida através da socialização presencial, em uma escala de 0 a 10.

[359] Fornecida na Onda 4.

[360] Série de entrevistas com os principais candidatos realizada pela Rede Globo.

[361] William Bonner, âncora e entrevistador da emissora.

[362] Fornecida na Onda 5.

[363] Fornecida na Onda 2.

[364] Fornecida na Onda 5.

[365] Fornecida na Onda 6.

Ao avaliar a melhor campanha do HGPE, demonstra sentir a influência do seu filtro perceptivo.

> *Então, até por conta de já não ter muito ... não gostar muito do Bolsonaro, então a gente acaba já tendo essa predisposição de acreditar que a campanha do Lula foi melhor.* (informação verbal)[366].

Avaliava os debates e entrevistas como os veículos com maior credibilidade e os que mais influenciavam a sua decisão de voto.

> *Eu já dou uma pontuação nove[367], porque ali, por mais que eu sei que eles já sabem as perguntas, [...] então eu acredito que, mesmo que eles estejam um pouco preparados, ainda é uma surpresa assim. Não que eles falem totalmente a verdade.* (informação verbal)[368].

Acreditava que os meios de comunicação atuavam em conjunto, como um reforço de sua predisposição política.

> *Então, pra mim, é o conjunto delas. [...] Eu acredito que o debate e essas conversas entre amigos e algumas informações que a gente vai pegando pelo Instagram, Facebook, é que vai complementando ainda mais a minha opinião no meu candidato.* (informação verbal)[369].

A seguir, apresentamos o gráfico com a evolução da avaliação da Ágata sobre os principais candidatos[370] e, na sequência, alguns fatos relevantes relatados nas sete ondas de entrevistas que ajudam a explicar seu comportamento eleitoral.

---

[366] Fornecida na Onda 5.

[367] Avaliação da credibilidade da informação dos debates eleitorais, em uma escala de 0 a 10.

[368] Fornecida na Onda 5.

[369] Fornecida na Onda 7.

[370] Não incluímos a avaliação do juiz Sergio Moro por ela ter sido realizada apenas na Onda 1. Quando consideramos relevante fornecer elementos relacionados ao apoio do entrevistado em relação ao juiz e à operação Lava Jato, adicionamos esta avaliação ao texto de nossa análise, na Onda 1.

Gráfico 40 – Evolução da avaliação dos candidatos[371]: Ágata

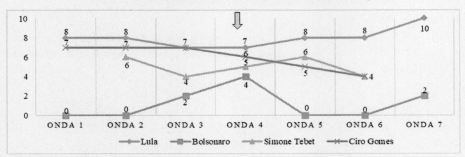

Fonte: Elaborado pelo autor com base na pesquisa longitudinal[372], 2023.

Onda 1

Ágata classifica seu conhecimento dos candidatos como baixíssimo e, espontaneamente, só se lembra dos candidatos Lula e Bolsonaro, este último já rejeitado em função de sua má gestão, o que faz com que a entrevistada o desconsidere para um novo mandato presidencial.

Onda 2

Ainda só reconhece espontaneamente os dois principais candidatos e uma terceira "que estava passando na rádio, mas eu esqueci o nome dela, é uma mulher também ... que já faz parte do Senado" (informação verbal). Só lembra o partido do ex-presidente Lula e sua confiança no candidato é apenas regular[373]. Não deposita confiança alguma em Bolsonaro.

Onda 3

Seu nível de informação para decidir o voto sobe para regular, mas continua se lembrando apenas dos dois principais candidatos, apesar de já identificar seus partidos políticos. Volta a afirmar sua rejeição por Bolsonaro "por conta de eu não estar feliz com o mandato dele" (informação verbal), e o percebe como o candidato mais citado de forma negativa nos jornais televisivos, destacando sua possível relação com o assassinato do tesoureiro do PT.

---

[371] Conforme a pergunta: Qual sua avaliação geral dos candidatos, usando uma escala de 0 a 10? A seta no gráfico indica o momento da tomada de decisão de voto do primeiro turno.

[372] As avaliações faltantes indicam que a entrevistada preferiu não opinar sobre o candidato naquele momento. Na onda 7, após a realização do primeiro turno, apenas os candidatos Bolsonaro e Lula, que passaram para o segundo turno, foram avaliados.

[373] Pontuação seis em um escala de zero a dez.

> *Aí eu não sei se é uma questão de querer derrubar o governo atual, se realmente é fato ou fake sabe, mas eu percebo que tem o maior envolvimento dele. [...] Aí parece que teve o envolvimento, não sei se o Bolsonaro recebeu alguém da família, né? Do que matou lá o tesoureiro. Então, eu vi que tem aí algum envolvimento. (informação verbal).*

Onda 4

Ágata consegue, pela primeira vez, identificar os quatro principais candidatos, além do candidato Felipe D'Ávila, identificando inclusive seus partidos políticos. E, pela primeira vez também, sabe quem lidera as pesquisas eleitorais.

Passa a incluir, além da saúde e educação, o desemprego entre as pautas importantes da eleição, o qual é mais um tema desfavorável ao candidato situacionista. Sua confiança em Bolsonaro continua baixíssima[374] e a confiança em Lula, sobe para sete. A avaliação geral mais alta de Bolsonaro, conforme apresentada no gráfico, pode ter sido influenciada pelo quesito plano de governo, que obteve pontuação regular (cinco).

Decide o voto a favor de Lula, um voto útil calçado na sua insatisfação com o atual governo.

> *Pelas pesquisas que eu ando acompanhando, a gente tem os dois, né? Vai ser entre Lula e Bolsonaro. E como eu não me agrado ao atual governo, a minha decisão foi por esse motivo maior. (informação verbal).*

Onda 5

Nessa altura da campanha, o destaque fica por conta dos debates. Percebe Lula tendo um melhor desempenho, em função de sua maior articulação política e de sua gestão na educação, tema muito sensível para Ágata.

> *Ele é mais articulado na resposta, ele consegue, ele desvia assim, até algumas informações que foi perguntado pra ele, sobre o Alckmin, por exemplo. Então, politicamente, ele consegue demonstrar mais seriedade na resposta dele do que o próprio Bolsonaro, que acaba, até por conta dele ser muito explosivo, ele se contradiz muito, né? Então, por isso que eu acredito que o Lula se saiu melhor. (informação verbal).*

---

[374] Zero, numa escala de zero a dez.

> *Mas sempre eu sou a favor de quando tem o debate, é saber o que eles vão fazer pela educação do país, a questão social, né? ... e até pelo Bolsonaro não acreditar na pesquisa, na ciência. Então eu tenho essa predisposição até pelo Lula, porque eu sei do que ele conseguiu fazer na época dele, na gestão até da Dilma, coisas que nenhum presidente conseguiu: o aumento de pessoas na educação superior. Até pelos projetos, né? Que o PROUNI foi uma ação do próprio Lula, que eu acho isso formidável.* (informação verbal).

A avaliação geral de Lula sobe um ponto, refletindo, provavelmente, o bom desempenho que Ágata lhe atribuiu nos debates e entrevistas. No sentido oposto, Bolsonaro despenca para zero, em consequência do seu fraco desempenho nas entrevistas e das notícias negativas circulando nas redes sociais.

> *Ele não conseguia dar a resposta. E tudo, né? Colinha na mão, a forma que ele se dirigia as pessoas, até você vê a grosseria, no tom da palavra dele.* (informação verbal).

> *O que mais me chamou a atenção foi essa questão sobre a quantidade de imóveis que a família do Bolsonaro adquiriu em dinheiro vivo.* (informação verbal).

Onda 6

Ágata mostra-se totalmente confiante em seu voto em Lula e destaca a possibilidade da sua vitória ainda no primeiro turno, conforme indicam as pesquisas eleitorais. E volta a mencionar as diferenças na gestão da educação nos governos Lula e Bolsonaro.

> *A questão que foi muito debatida na época que o Lula foi presidente, foi a educação no país, como ela tinha sido muito beneficiada e que, no atual governo, a descrença que hoje o atual governo tem, em diminuir recurso pra área da educação e não acreditar na pesquisa, na ciência.* (informação verbal).

A queda na sua avaliação da candidata Tebet talvez se explique pela sua estratégia de ataque aos adversários, nivelando-os, ao invés de conduzir a uma agenda mais propositiva.

> *Inclusive a própria Simone, ela fala: não vote no ladrão, não vote no fascista e aí vão mudar. Então, assim, eu vejo que não eu não consigo mensurar nada de importante.* (informação verbal).

A figura a seguir apresenta o primeiro sentimento que veio à cabeça de Ágata em relação aos candidatos. Observa-se que a entrevistada, assim como vários dos demais, empregou palavras para exprimir sentimentos. Os programas sociais do governo Lula levam-no a ser associado a "povo", enquanto o governo extremista de Bolsonaro é ligado ao "terror."

Figura 14 – Primeiro sentimento que vem à cabeça de Ágata sobre os candidatos

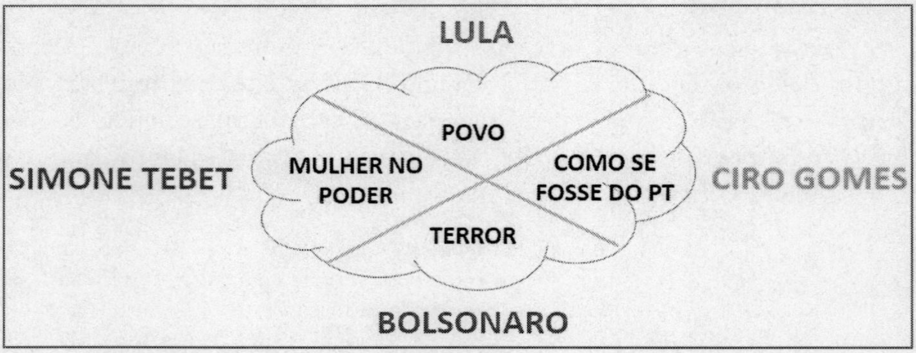

Fonte: Elaborada pelo autor com base na pesquisa longitudinal, 2023.

<u>Onda 7</u>

Ágata volta a expressar seu descontentamento com as redes sociais em relação à falta de respeito com a opinião política alheia.

> *É agressivo. As pessoas não sabem conversar sobre política. É um assunto que deveria estar dentro das escolas, ensinando não o partido em si, mas ensinando o quanto é importante a democracia no país, mas existe hoje um desrespeito. Você não pode nem colocar a sua opinião numa rede social que você é massacrado. (informação verbal).*

Mostra-se totalmente segura quanto ao voto agora no segundo turno, mais uma vez para Lula. Sua identificação em relação ao candidato cresce na reta final da campanha e novamente Ágata destaca a questão da educação, justificando sua avaliação máxima para o candidato.

> *Então eu acredito assim: que ele já teve uma experiência muito positiva no país, quando ele governou e através de todo o pensamento, que vai ao encontro ao meu, da questão da educação, que houve, assim, uma grande melhoria. Foram pensamentos muito bons, na criação até do PROUNI, que você traz essa pessoa que*

> *precisava de uma formação para as faculdades, independente se é pública ou privada, mas traz essa oportunidade para o estudante. E eu acredito que ele, por ser uma pessoa muito otimista, uma pessoa que influencia outras pessoas, que tem um carisma muito grande aqui e internacionalmente falando.* (informação verbal).

Destaca a notícia negativa para o candidato Bolsonaro do episódio com as meninas venezuelanas[375] e ainda uma matéria do UOL sobre a presença nos debates finais do ex-juiz Sérgio Moro em apoio a Bolsonaro, o que segundo a matéria, indicaria

> *Que o Lula era de fato inocente, que foi toda uma trama forjada aí pelo próprio Moro, porque ele seria, e foi, o ministro da Justiça lá do Bolsonaro na época.* (informação verbal).

A pequena melhora na avaliação de Bolsonaro pode estar relacionada às suas eventuais "boas intenções", conforme Ágata descreve em sua avaliação final.

> *Então, ele não foi o meu presidente. Na última eleição, eu não votei nele, então eu nunca acreditei nele. Eu acredito que a postura dele é uma postura inadequada. [...] Ele infelizmente age como um cidadão normal que não tem o cargo que tem. Então fala e desacredita de muitas coisas importantes, como a ciência, a própria vacina que ele desacreditou, e essa postura dele, por mais que ele possa ter boas intenções em alguns aspectos, mas a postura dele, essas questões aí de compra de imóvel com dinheiro vivo, essa proteção do filho. Então, isso tudo me leva a crer que ele não é uma pessoa que vai poder governar esse país tão bem quanto o Lula.* (informação verbal).

Síntese do comportamento eleitoral de Ágata

Ágata não era uma pessoa politicamente engajada, não expressava ser ideologicamente orientada, nem tampouco ligada a algum partido político. Sua principal referência sobre política era o marido, em quem depositava confiança e admiração. Desde o início das entrevistas, demonstrou simpatia por Lula, em função dos programas sociais implementados em seu governo e, sobretudo, por sua gestão na área da educação, tema que lhe era muito caro, até pela sua profissão. Quanto a Bolsonaro, sua análise retrospectiva, especialmente em relação ao seu posicionamento contrário à ciência e à educação, levou-a a rejeitá-lo. Seu filtro perceptivo influenciou na avaliação do desempenho dos dois principais candidatos durante os eventos de

---

[375] Para maiores informações, acessar: https://www.correiobraziliense.com.br/politica/2022/10/5044582-pintou-um-clima-fala-de-bolsonaro-sobre-meninas-venezuelanas-repercute.html.

campanha, fortalecendo sua confiança em Lula e intensificando sua objeção a Bolsonaro. Os debates entre candidatos e as conversas em seu círculo social, especialmente com o marido, contribuíram para reforçar sua percepção sobre a política e seu voto, pragmático e retrospectivo, privilegiou o candidato por quem sentia afinidade programática.

7.2.3.2 O eleitor Ástato

Ao ser contatado, Ástato tinha 57 anos, era publicitário, com nível de escolaridade superior, casado e católico. Sua situação financeira havia melhorado nos últimos três anos, mas se sentia insatisfeito com a vida. A esperança do povo brasileiro era seu destaque positivo em relação ao país, a mesma que ele sentia a cada eleição, e que se decepcionava em seguida, levando-o a vivenciar o ciclo de esperança e desilusão.

> *A gente não tem segurança, a gente não tem educação, a gente não tem nada. Então, não tem como você ficar bem numa situação dessa, né?* (informação verbal)[376].

> *É o que a gente pensa que vai melhorar, né?* (informação verbal)[377].

Mostrou-se um eleitor extremamente descrente e desinteressado pela política. Sua avaliação contraditória sobre a importância do voto, mais do que reflexo de seu ceticismo, era o prenúncio de um possível desfecho de decisão eleitoral.

> *Olha, atualmente é zero[378], a gente vê que há muita fala fácil e pouco acontecimento.* (informação verbal)[379].

> *A questão de votar é essencial, é necessário e como eu disse, né? A coisa tomou uma proporção que hoje em dia tanto faz você votar ou não: a coisa vai continuar da mesma forma. Olha, pra não dizer que eu vou dar zero, eu dou três[380].* (informação verbal)[381].

Para Ástato, o tema mais importante naquela eleição era a economia, em especial o preço dos combustíveis, e os principais problemas do país eram a segurança, a saúde e a educação. Acreditava no sistema eleitoral

---

376 Fornecida na Onda 7.

377 Fornecida na Onda 7.

378 Avaliação do nível de interesse por política do entrevistado, em uma escala de zero a dez.

379 Fornecida na Onda 1.

380 Avaliação do valor que o entrevistado atribui ao ato de votar, em uma escala de zero a dez.

381 Fornecida na Onda 1.

e não imaginava que as eleições pudessem ser fraudadas. A respeito das pesquisas eleitorais, teceu críticas não apenas quanto à sua credibilidade mas quanto à sua inferência sobre o eleitor.

> *Acho que tudo é forjado, né, cara? Quando eles querem, eles forjam tudo.* (informação verbal)[382].

> *Acho que isso acaba realmente induzindo as pessoas, a quem não tem tanta cultura política, quem não tem tanto candidato. Então muitas pessoas, sem analisar o candidato, ah vamos ver a pesquisa. Eu mesmo ... ah quem estiver na frente eu vou votar. Aí você vê a consequência, né?* (informação verbal)[383].

Suas principais fontes de informação eram as redes sociais – Facebook, WhatsApp e Instagram – e os portais de notícias – UOL, IG e Globo.com – até por trabalhar em casa, sendo bastante ativo nas redes. Não tinha costume de ler jornais e revistas impressos e, em relação aos jornais televisivos, sua avaliação da credibilidade do veículo variou entre nenhuma e média. Sobre a mídia relatou: "Então, muitas vezes parcial a algum candidato (informação verbal)[384]. Quando assistia aos telejornais, evitava as matérias políticas.

> *Jornais ultimamente eu não estou acompanhando, que é só tranqueira que aparece e debate eu evito assistir cara, eu peguei ranço desses caras, infelizmente.* (informação verbal)[385].

> *Na verdade, quando entra nesse quesito, ou eu mudo o canal ou eu desligo. Eu ponho a minha atenção pra outro lugar.* (informação verbal)[386].

Apesar da avaliação negativa dos debates, acabou decidindo o voto após assistir ao debate da Rede Bandeirantes. Não acompanhava o HGPE por não acreditar na informação transmitida nos programas.

> *Eles enfeitam bem o pavão pra poder vender.* (informação verbal)[387].

> *Os caras parecem que estão em outro país, em outro planeta. Eles não estão no Brasil.* (informação verbal)[388].

---

[382] Fornecida na Onda 7.

[383] Fornecida na Onda 1.

[384] Fornecida na Onda 1.

[385] Fornecida na Onda 1.

[386] Fornecida na Onda 1.

[387] Fornecida na Onda 3.

[388] Fornecida na Onda 5.

Por fim, evitava os temas políticos em sua socialização presencial, procurando limitar esse tipo de conversa e restringindo-a aos entes mais próximos, como sua esposa ou o primo professor, que considerava muito culto, apesar de fanático. Criticava a falta de credibilidade das fontes em que as pessoas buscavam informação e a hostilidade nas redes sociais.

> *Olha, umas vão muito pelo WhatsApp, outras vão pela internet, outras vão de boca a boca. Então é bem complicado, né? A gente nunca sabe o que é certo, o que é errado, quem tá falando certo, quem tá falando errado. É meio complicado.* (informação verbal)[389].
>
> *Eu evito conversar porque ficou tão esquisito, cara, que as pessoas falam: se você não vota em um é porque você é outro. Você só sabe que existem dois candidatos. Então, e não é isso, né? [...] Eu evito, pra não passar nervoso.* (informação verbal)[390].
>
> *Pelo WhatsApp tem um grupo da minha família. Isso aí é bolsonarista roxo, cara; então os caras ali já levanta a bandeira. Aí você não pode falar nada, ou você retruca, você é contra, ou você apoia e você tá OK, você tá do lado dos caras, né? [...] Então, quando eu vejo, eu nem comento, não posto nada pra justamente evitar problemas.* (informação verbal)[391].

A seguir, o gráfico da evolução da avaliação de Ástato sobre os principais candidatos e os fatos que ajudam a explicar sua decisão de voto.

Gráfico 41 – Evolução da avaliação dos candidatos[392]: Ástato

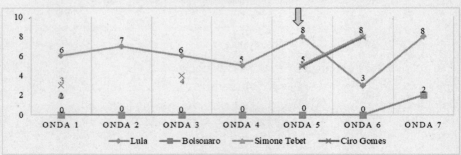

Fonte: Elaborado pelo autor com base na pesquisa longitudinal[393]

---

[389] Fornecida na Onda 2.
[390] Fornecida na Onda 2.
[391] Informação na Onda 3.
[392] Conforme a pergunta: Qual sua avaliação geral dos candidatos, usando uma escala de 0 a 10? A seta no gráfico indica o momento da tomada de decisão de voto do primeiro turno.
[393] As avaliações faltantes indicam que o entrevistado preferiu não opinar sobre o candidato naquele momento. Na onda 7, após a realização do primeiro turno, apenas os candidatos Bolsonaro e Lula, que passaram para o segundo turno, foram avaliados. Na Onda 1, a pontuação dois refere-se a avaliação da candidata Simone Tebet e a pontuação 3, ao candidato Ciro Gomes. Na Onda 3, a pontuação quatro refere-se ao candidato Ciro Gomes.

Onda 1

Apesar de seu desinteresse, Ástato apresenta bom nível de informação sobre política, sobre as pesquisas eleitorais e identifica os quatro principais candidatos à presidência, sabendo o partido dos candidatos Lula e Ciro Gomes. Rejeita Bolsonaro "pela incapacidade intelectual e de gestão" e afirma a respeito da disputa eleitoral:

> *Olha, os demais possíveis candidatos aí, creio que só vão aí pra fazer número. Porque, pra mim, a eleição vai ficar entre ele[394], o Bolsonaro e o Lula.* (informação verbal).

Sua resposta "nenhum" à pergunta sobre o candidato com mais notícias positivas nos jornais de televisão é um exemplo de sua visão cética sobre os políticos. Em relação ao candidato com mais notícias negativas, seu destaque é Bolsonaro.

> *Nossa, essa daí, tem de baciada, né? O próprio presidente, cada semana, é uma coisa que ele acha, que ele põe em pauta, pra tirar o foco de alguma coisa que ele fez errado.* (informação verbal).

Sua avaliação de Lula é muito diversa, considerando os diversos quesitos, variando de zero na confiança do candidato "por tudo o que aconteceu" até dez em campanha nas mídias, onde "sempre foi forte, falando como profissional da área", e preparo para o cargo: "como ele já foi presidente por duas vezes [...], o cara sabe onde está pisando" (informação verbal).

Onda 2

Ástato mostra-se confuso e desmotivado no meio da profusão de notícias discordantes em função da polarização eleitoral.

> *Olha, é tanta coisa que a gente tá vendo por aí que a gente já nem sabe o que tá certo e o que tá errado e isso desmotiva qualquer um, né?* (informação verbal).

Faz duras críticas ao perfil de Bolsonaro e à sua campanha nas mídias, o que dá sentido à sua rejeição ao candidato.

> *Tá completamente despreparado, descontrolado. Fala uma coisa e faz outra e é meio complicado.* (informação verbal).

> *Ele tá tentando fazer o que ele fez da outra vez. [...] Porém, a gente sabe que ele fala uma coisa, ele prega uma coisa, e faz outra, né? Então, completamente falsa.* (informação verbal).

---

[394] Refere-se ao candidato Ciro Gomes.

Sobre Lula, enumera aspectos divergentes que podem explicar suas avaliações distintas sobre o candidato.

> *Ah, então, acho que eram[395] muito radicais, mas eu creio que essa eleição caiu no colo deles. Então, eu acho que a credibilidade do Lula, embora tenham acontecido várias coisas, tenha dado uma melhorada. Não que seja cem por cento, mas, em vista do que tá acontecendo, tudo por aí. É aquela velha história do Maluf, né? Roubou, mas fez e tem muita gente que tem, tem muitas coisas aí, entendeu?* (informação verbal).

Onda 3

Na justificativa de Ástato sobre sua indecisão eleitoral, observa-se, mais uma vez, seu descrédito em relação aos políticos.

> *A gente ainda não sabe proposta nenhuma, não sabe que mentira que vai vir pra cima, qual a realidade que vai vir pra cima.* (informação verbal).

Contradizendo sua afirmação da primeira onda, relata estar assistindo diariamente aos jornais Bom Dia São Paulo, da Globo, e o Bora São Paulo, da Bandeirantes, o que poderia explicar seu bom conhecimento de política. Seu destaque negativo novamente vai para o candidato Bolsonaro.

> *Essa semana foi o lance da reunião que ele fez com os embaixadores pra falar sobre a credibilidade das urnas no Brasil, sendo que o cara tá lá, há mais de vinte anos eleito pela urna eletrônica. E agora o cara diz que é fraude. Então, ele é uma fraude, concorda?* (informação verbal).

Onda 4

Em função de sua exacerbada autocrítica e por ainda não ter escolhido um candidato, há pouco mais de um mês do primeiro turno, considera nulo seu conhecimento para decidir o voto, apesar de conhecer razoavelmente os candidatos e o contexto político. Afirma que vai anular o voto porque não tem simpatia por nenhum candidato e acrescenta Lula à sua lista de rejeitados. Sua confiança no candidato é turva, refletindo a disputa de narrativas envolvendo a Operação Lava Jato e seus desdobramentos.

> *Por tudo que aconteceu, é complicado, né? Pelo que ele já foi presidente tudo, a gente deveria até confiar um pouco mais, porém o que aconteceu, isso tudo a gente não sabe realmente o que é verdade, o que não é.* (informação verbal).

---

[395] Os membros do Partido dos Trabalhadores.

Onda 5

Ástato percebe-se mais bem informado e, embora sem muita convicção ou confiança na candidata, define o voto em Simone Tebet após assistir ao debate da Bandeirantes[396]. Entre votar no candidato com moral polêmica e votar na candidata da terceira via que é "uma incógnita", opta por aquela que lhe transmite mais sensatez e objetividade.

> *Embora eu tenha dito que eu não conhecia nada, mas eu acabei assistindo ao debate. [...] É uma via diferente. [...] Como eu disse, a gente não conhece, porém, do que tem aí, cara, é o que se apresentou mais pé no chão. [...] Mais objetiva, procurou não discutir muito e propor aquilo que ela estava ali pra fazer no debate.* (informação verbal).

> *Olha, embora eu vá votar nela, cara, mas assim, pra mim, é uma incógnita. A gente não sabe o que vai acontecer.* (informação verbal).

Quanto a Bolsonaro, o pior no debate, em sua opinião, externa mais críticas.

> *Ele, na minha opinião, não articula um pensamento, não articula uma palavra. Ele foge das coisas. Assim, é deprimente.* (informação verbal).

Onda 6

Às vésperas do primeiro turno, os primeiros sentimentos que vêm à cabeça de Ástato em relação aos candidatos estão representados na figura a seguir. Os dois principais candidatos da terceira via, e até mesmo Lula, são qualificados positivamente. Já Bolsonaro é percebido como "péssimo."

Figura 15 – Primeiro sentimento que vem à cabeça de Ástato sobre os candidatos

Fonte: Elaborada pelo autor com base na pesquisa longitudinal, 2023.

---

[396] Debate em parceria com a TV Cultura, *Folha de S. Paulo* e UOL, ocorrido em 28 de agosto de 2022.

Onda 7

Ástato confirma o voto em Tebet no primeiro turno. A saída de sua candidata da disputa, parece ter acentuado seu desinteresse pela eleição. Seu descrédito pelos políticos é patente no comentário sobre a fonte de informação com maior influência em sua decisão eleitoral.

> *Na verdade, cara, eu estou completamente alheio a tudo, cara. Perdi completamente a vontade de tudo. Depois de tudo o que aconteceu, da forma que as coisas aconteceram, né?* (informação verbal).

> *Eu acho que qualquer uma[397], porque, na verdade, os caras falam uma coisa e entregam outra.* (informação verbal).

Relata não ter assistido aos debates nem conversado de política com os amigos. A única notícia sobre as eleições que lhe chamou a atenção refere-se ao uso político do feriado de Nossa Senhora Aparecida pelo presidente Bolsonaro.

> *Na verdade, a situação que chama mais a atenção foi que os caras usaram o feriado pra fazer campanha política. Isso daí eu achei completamente deplorável.* (informação verbal).

Seu descrédito em relação aos políticos fala mais alto e Ástato afirma que vai anular o voto. Quanto a Lula, apesar de bem avaliado, suas dúvidas em relação ao candidato se sobrepõem.

> *O PT a gente já sabe como agiu e o Bolsonaro a gente tá vendo como age. Então fica complicado, né? A situação meio complicada.* (informação verbal).

> *Ah, creio que seja o mais preparado, né? Como eu já disse em outra entrevista, porém, por tudo que aconteceu, [...] por mais que ganhe e venha a ganhar a eleição, creio que por isso a gente sempre fica com o pé atrás, né? Então, eu acho que é meio complicado nesse sentido.* (informação verbal).

Síntese do comportamento eleitoral de Ástato

As experiências frustrantes de Ástato em relação aos políticos e às eleições o levaram a viver ciclos de esperança e desilusão e prejudicaram a formação de sua identidade política. Seu desinteresse pela política fez com que evitasse informar-se melhor sobre as campanhas. Considerava Bolsonaro despreparado, descontrolado e incapaz intelectual e administrativamente. Já o turbilhão de notícias conflitantes do fluxo político o

---

[397] Fonte de informação.

confundia e prejudicava sua análise em relação a Lula. Sua avaliação do candidato foi muito variável durante as entrevistas, variando de ruim na Onda 6 a muito boa nas ondas imediatamente anterior e posterior a esta. Sua baixa confiança em Lula, ao compará-lo ao ex-governador Paulo Maluf, que "roubou mas fez", refletia a influência da operação Lava Jato. No entanto, reconhecia seu preparo para o cargo. Ao se predispor a assistir a um debate, definiu seu voto e procurou uma solução além da política convencional, decidindo-se pela candidata Simone Tebet, considerada "coerente", porém classificada como "uma incógnita." Sua nova esperança amparou-se, portanto, na insegurança do desconhecido, que lhe pareceu melhor do que uma provável desilusão em apostar no conhecido e já reprovado. Apesar de sua maior rejeição a Bolsonaro e mesmo tendo avaliado Lula de forma muito positiva às vésperas do segundo turno, sua aversão à política e desconfiança em relação aos políticos prevaleceram, levando-o a romper o ciclo de esperança e desilusão. A anulação do voto no segundo turno foi um ato de protesto em relação à política.

7.2.3.3 A eleitora Blenda

Blenda trabalhava como educadora social, cursava o último ano do curso de Tecnologia em Logística, tinha 44 anos, era divorciada com um filho pequeno, espírita kardecista dedicada às ações sociais do centro que frequentava. Sua situação financeira havia melhorado nos últimos três anos e estava satisfeita com a vida. Valorizava a liberdade de expressão e tinha uma visão positiva sobre o país, apesar dos seus problemas.

> Olha, eu acho que o Brasil tava muito afundado, quando terminou o negócio do PT. O Bolsonaro deu uma equilibrada, não digo que está bom, entendeu? Mas deu uma melhorada em relação a desemprego, essas coisas. Não foi uma enorme melhorada, mas melhorou bem. Tanto que eu arrumei emprego, depois que ele entrou no poder, mas eu acho que tem muito pra melhorar, principalmente na área social, né? (informação verbal)[398].

Interessava-se por educação e saúde, mas não se sentia muito atraída por política, apesar de achar importantíssimo votar. Em suas colocações, identificamos, além da liberdade de expressão, a defesa de algumas das pautas da extrema direita, como imputar vitimização aos oprimidos.

---

[398] Fornecida na Onda 7.

> *Eu acho que o povo está muito se importando aí com esse negócio de mimimi de classificação sexual, essas coisas aí e não dá importância pras coisas que realmente têm, de fome, de um ajudar o outro, sabe? Então, eu acho que todo mundo é igual, independente da cor, de religião, sabe?* (informação verbal)[399].

Tinha dúvidas quanto à confiança das urnas eletrônicas e acreditava que se houvesse fraude na apuração dos votos, certamente favoreceria Lula. Esperava que isso não ocorresse para que "o povo acolhesse já o resultado" (informação verbal)[400]. Mesmo julgando que as pesquisas eleitorais eram importantes, só na Onda 5 afirmou estar informada sobre o resultado das pesquisas, quando passou a desacreditá-las, percorrendo um percurso de negação crescente.

> *É, são boas, né? Pra gente ter uma ideia de como tá. Eu acho importante, eu acho muito bom.* (informação verbal)[401].
>
> *Olha, as pesquisas dizem que é o Lula, mas eu não acredito muito nessas pesquisas.* (informação verbal)[402].
>
> *Não acredito nas pesquisas. Pra mim, é tudo meio que manipulado, sabe? Eu não acompanho,* não. (informação verbal)[403].

Seus principais meios de informação eram a socialização presencial com seus parentes e amigos e a socialização virtual pelas redes sociais, já que não confiava nos jornais televisivos, como os da Rede Globo.

> *Então, pra mim, a Globo eu não confio muito, porque eu acho que a Globo é tipo comprada, tá? Eles falam mais pelos interesses deles. [...] Tem muito também do que eles veem de bom pra eles, sabe? O que eles querem passar.* (informação verbal)[404].

Não confiava muito na informação que circulava pelas redes, em especial no Facebook e Instagram, onde não tinha um perfil pessoal. Já em relação ao seu grupo familiar do WhatsApp, sua confiança era máxima.

> *Ah, eu acho que tem muita, muito fake, sabe? Principalmente no Facebook, tem muita fake news. De todos os candidatos, não só de Bolsonaro. De Lula tem muita coisa que é mentirosa.* (informação verbal)[405].

---

[399] Fornecida na Onda 7.

[400] Fornecida na Onda 7.

[401] Fornecida na Onda 1.

[402] Fornecida na Onda 5.

[403] Fornecida na Onda 6.

[404] Fornecida na Onda 3.

[405] Fornecida na Onda 1.

> *Eu não participei, mas a minha irmã participa do grupo do Bolsonaro, né? Então eu já vi através dela, vi algumas coisas, mas eu não participo de nenhuma. Ela tem a rede social Facebook, Instagram do Bolsonaro. Eu não sei bem como que é, um negócio que ela tem, que é do Bolsonaro. [...] Ela posta na rede social, Facebook, Instagram dela, eu acabo vendo. (informação verbal)[406].*

> *Acredito que é dez[407] porque a gente fala: ó, você viu essa notícia? E cada um dá a sua opinião, sabe? Então, é mais pelo que cada um viu e a gente tirando dúvidas um do outro. Eu acho legal porque, às vezes, alguém sabe alguma coisa, vem falar e a gente pesquisa se é verdade, entendeu? (informação verbal)[408].*

Sua socialização presencial era mais frequente com seus familiares. Além da irmã, ressaltou o pai e a tia, que moravam juntos e gozavam de sua mais alta confiança. Esta última, sua preferida para as conversas.

> *Ah, é que, assim, a minha irmã é bolsonarista, sabe? E a minha família praticamente toda contra o PT, então é só mais ou menos sobre isso[409], né? Eu não vou muito pela cabeça deles, eu gosto de ver ... estudar e ver pela minha cabeça, entendeu? (informação verbal)[410].*

> *A minha tia lê bastante, eu achava uma pessoa muito inteligente, né? E, sei lá, ela está sempre por dentro, às vezes eu não tenho tempo, que eu trabalho bastante e ela lê tudo e conta, sabe? As vezes que eu não posso ver, ela está me contando. Eu confio nela e sei que ela é inteligente. Ela lê de verdade, ela pesquisa, entendeu? (informação verbal)[411].*

Embora declare que não ia "muito pela cabeça deles", não apenas os ouvia, mas considerava a opinião dos seus familiares, com quem sentia sintonia de ideias.

> *Eu mais escuto porque, como eu falei, eu não tenho muito tempo de ler essas coisas, então eu mais escuto as informações que eles me dão, né? Que eles leram, que eles pesquisaram. Então eu mais escuto. Eu dou a minha opinião, mas eu mais escuto. (informação verbal)[412].*

---

[406] Fornecida na Onda 1.

[407] Avaliação da credibilidade da informação do WhatsApp, considerando uma escala de 0 a 10.

[408] Fornecida na Onda 3.

[409] Refere-se ao tema das conversas.

[410] Fornecida na Onda 2.

[411] Fornecida na Onda 2.

[412] Fornecida na Onda 4.

> *Das pessoas que eu mais ouço, que são os meus familiares, eu concordo sempre. Eles têm a mesma cabeça que eu.* (informação verbal)[413].

Não assistia ao HGPE nem o considerava muito confiável, e sobre os jornais da televisão e mídia impressa relatou:

> *Eu num tô assistindo mais televisão, sinceramente eu só vejo canal pago, sabe? Eu não tô vendo mais Globo, essas coisas, sabe? Eu, por isso que eu falei, eu vejo as minhas fontes, é mais da internet, Google, conversa das pessoas ou até revista. Eu num vejo mais televisão.* (informação verbal)[414].

> *Antigamente, eu gostava muito da revista Veja, mas, ultimamente, eu acho que eles enchem mais a bola de certos candidatos do que de outro. Como se tivessem sido comprados, sabe? O Globo também, o jornal ... depende do jornal também, pra mim não tem muita credibilidade. Então, é poucas coisas que a gente lê, que dá pra acreditar, que num seja motivado por outras coisas, sabe? Que não seja comprado. Então, eu não confio muito, não.* (informação verbal)[415].

Apresentamos a seguir o gráfico da evolução da avaliação de Blenda sobre os principais candidatos e os fatos por ela relatados nas diversas ondas.

Gráfico 42 – Evolução da avaliação dos candidatos[416]: Blenda

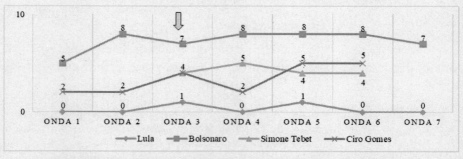

Fonte: Elaborado pelo autor com base na pesquisa longitudinal[417], 2023.

---

[413] Fornecida na Onda 4.
[414] Fornecida na Onda 1.
[415] Fornecida na Onda 4.
[416] Conforme a pergunta: Avalie os candidatos, considerando uma escala de 0 a 10. A seta no gráfico indica o momento da tomada de decisão de voto do primeiro turno.
[417] As avaliações faltantes indicam que a entrevistada preferiu não opinar sobre o candidato naquele momento. Na onda 7, após a realização do primeiro turno, apenas os candidatos Bolsonaro e Lula, que passaram para o segundo turno, foram avaliados.

Onda 1

Blenda consegue identificar espontaneamente os candidatos Bolsonaro, Lula, Doria[418] e "outro, agora que eu não lembro o nome" (informação verbal), lembrando convictamente apenas do partido de Lula. Faz o primeiro relato de sua rejeição a Lula, inclui Doria em seu rol de preteridos e destaca os candidatos mais mencionados nas redes sociais.

> *Porque, pra mim, os dois já deixaram a marca deles e já fizeram o que tinha que fazer, entendeu? Então, eu acho que não tem coisa de bom que eles possam fazer. Eles já tiveram a oportunidade deles e não fizeram, entendeu?* (informação verbal).

> *O Lula tá sendo mais criticado, né? E o Bolsonaro tem muita gente a favor dele, tem contra também, mas tem muita gente que defende ele. [...] pelo que eu tô vendo por enquanto, assim por cima, né? Que eu não me aprofundei ainda.* (informação verbal).

Onda 2

Blenda rejeita agora os candidatos Lula e Ciro Gomes. No relato a seguir, percebe-se um tom mais agressivo em relação a Lula, tom que se manterá até a última entrevista.

> *Olha, nem no Lula nem no Ciro. O Lula, pra mim, ele é um bandido, um ladrão, na minha opinião, entendeu? E o Ciro Gomes também, eu num gosto dele, sabe? Eu acho que ele deixa a desejar. Não gosto da pessoa dele. E o trabalho dele e tudo que eu já soube dele, né?* (informação verbal).

Onda 3

Blenda mostra-se mais informada, conseguindo lembrar o nome de vários candidatos, inclusive o partido dos quatro principais postulantes à presidência. Em seu círculo de amizades do WhatsApp, Bolsonaro tem sido o candidato com mais comentários positivos e Lula com mais negativos. Decide-se por Bolsonaro, o "melhorzinho" e único capaz de derrotar Lula, por quem sente grande rejeição.

> *Tenho pesquisado muito sobre os outros, né? Sobre aquela Simone Tebet, né? [...] Pra mim, o Bolsonaro é o melhorzinho. Não que seja bom, mas é o melhorzinho.* (informação verbal).

---

[418] Vale observar que o candidato havia desistido da candidatura alguns dias antes da entrevista.

Onda 5

O debate organizado pela Rede Bandeirantes visto posteriormente pela internet, fica aquém das expectativas da Blenda, mas serve de reforço para sua decisão de voto. Ressalta sua confiança em Bolsonaro e a senioridade de Lula, tema explorado pela mídia bolsonarista.

> *Achei esse debate bem furado. Eu só vi um atacando o outro, um falando mal do outro e plano de governo, mesmo, a maioria não deu.* (informação verbal).

> *Eu acho que, por mais que seja atacado, pelo menos ele[419] tem um plano de governo viável, entendeu? Uma coisa possível e é isso, porque os outros, muitos inventaram números que não existe[420], alguns nem plano de governo deram, só fizeram atacar.* (informação verbal).

> *Porque, pra mim, ele[421] já passou da idade, ele tinha que pagar os pecado que ele fez pro Brasil. E ele não tem um plano de governo, se for ver pelo debate dele. O cara já deu o que tinha que dar, eu acho.* (informação verbal).

Sobre o desempenho dos líderes nas pesquisas no debate, relata:

> *O Lula é zero[422] porque ele não falou nada. Ele não tem nem plano de governo. Ele só sabe xingar os outros.* (informação verbal).

> *Olha, pela proposta que ele[423] fez, eu vejo que é tudo viável, então eu dou um nove[424]. Tudo que ele falou é uma coisa que pode ser feita, entendeu?* (informação verbal).

Assiste às entrevistas promovidas pela Globo e CNN e considera que Lula, Tebet e Ciro Gomes não têm plano de governo. Destaca positivamente Bolsonaro e Ciro Gomes, além de Lula negativamente. Seu menosprezo por Lula é verificado em sua justificativa da avaliação geral do candidato: "pode colocar um pro coitado (informação verbal)."

Onda 6

Blenda afirma que os debates e as conversas pessoais foram as fontes que mais influenciaram seu processo de tomada de decisão. Às vésperas do primeiro turno, explica sua motivação de voto em Bolsonaro:

---

[419] Refere-se ao candidato Bolsonaro.

[420] Refere-se ao candidato Ciro Gomes.

[421] Refere-se ao candidato Lula.

[422] Avaliação da credibilidade do candidato no debate, numa escala de zero a dez.

[423] Refere-se ao candidato Bolsonaro.

[424] Avaliação da credibilidade do candidato numa escala de zero a dez.

> *Pesou mais ... é que, infelizmente, no Brasil, a gente tem que ver o menos pior, né? Não tem um bom. Então, pra mim, isso é o menos pior.* (informação verbal).

Como de costume, não assiste ao debate do SBT ao vivo, mas se informa depois pelas redes sociais e com os familiares, fazendo a seguinte avaliação do desempenho dos candidatos:

> *O Lula, ele só vai nos debates na Globo porque eles tipo deixam ele falar o que ele quer, entendeu? Pegam leve com ele. Nas outras emissoras, ele não vai[425]. Ah, o Ciro Gomes é aquele negócio, ele se colocou num lugar assim: quem não gosta do Bolsonaro e do Lula, vote em mim. Então ele mete o pau nos dois, entendeu? Então é aquele cara tipo em cima do muro. [...] A Tebet, eu acho que ela quer lacrar. Ela quer lacrar em cima de todo o mundo, só que ela só se ferra, porque, toda vez que ela fala alguma coisa, os caras têm resposta e fecham a boca dela. Então, e o Bolsonaro está sendo tolhido por todos os lados, né? [...] Porque, depois do Lula, ele que está em primeiro lugar, ele tá concorrendo com o Lula. Então eu prefiro ele, porque eu vejo que ele, só tem gente massacrando ele, assim mesmo ele está se defendendo, ele está lá, firme e forte, entendeu?* (informação verbal).

A figura a seguir apresenta o primeiro sentimento que veio à cabeça de Blenda em relação aos candidatos. Considera Bolsonaro a "única opção" para derrotar o "bandido" Lula. Os candidatos coadjuvantes, Ciro Gomes e Simone Tebet, são taxados pejorativamente de "palhaço" e "coitada", respectivamente.

Figura 16 – Primeiro sentimento que vem à cabeça de Blenda sobre os candidatos

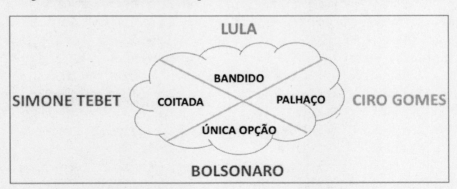

Fonte: Elaborada pelo autor com base na pesquisa longitudinal, 2023.

---

[425] Em relação aos debates ocorridos até essa entrevista, vale observar que o candidato não compareceu ao do SBT, mas compareceu ao da Bandeirantes.

Onda 7

O assunto que predomina nas conversas pessoais de Blenda é o último debate[426], considerado "o único que prestou" porque "teve mais oportunidade de os dois lados falar, se expressar" (informação verbal). Mostra-se um pouco pessimista em relação ao futuro do país e temerosa com a eleição, atribuindo às forças transcendentais seu resultado.

> *Eu acho que, dependendo do resultado, vai mudar bastante, sabe? Eu estou até com medo, estou até bem apreensiva com essas mudanças, mas, é como eu falei, tem que pensar em colocar na mão de Deus, né?* (informação verbal).

Sua forte rejeição a Lula e a avaliação positiva de Bolsonaro, apesar das suas restrições, estão evidentes em sua avaliação final.

> *Eu num confio nele[427], porque, como eu te falei, já esteve no poder e já mostrou que não presta, entendeu? Pra mim, eu não acredito em mudanças repentinas de uma pessoa. [...] Ele é uma pessoa que não tem caráter.* (informação verbal).

> *Então, o Bolsonaro é aquilo lá, né? Ele é o único. O problema dele é falar demais, entendeu? Ele é muito grosseiro, fala demais, mas não que ele seja de todo ruim, entendeu? Como eu falei, ele não é maravilhoso, mas, dos dois, ele é o melhor, é o que eu acho. Eu acho que ele pode fazer até um mandato melhorzinho, entendeu?* (informação verbal).

Síntese do comportamento eleitoral de Blenda

Blenda acreditava que a situação do país tinha melhorado com Bolsonaro, convicção reforçada pelo fato de ter conseguido um emprego. Afirmava ter pouco interesse por política e recentemente havia deixado de assistir à televisão aberta e seus jornais bem como ler a mídia impressa, atitude incentivada pelo bolsonarismo. Assim, sua família antipetista servia como fonte primária de informação. Acompanhava os perfis da irmã bolsonarista nas redes sociais e trocava informações sobre política com a família através de um grupo do WhatsApp. Esse convívio social propiciou o desenvolvimento de uma forte rejeição a Lula e sua adesão às narrativas da extrema direita disseminadas nas redes sociais, como a desconfiança das urnas eletrônicas, a percepção de vitimização dos sexualmente oprimidos, o etarismo contra Lula e o descrédito em relação à mídia tradicional e às sondagens eleitorais. Sua percepção de Lula

---

[426] Promovido pela Bandeirantes em 16 de outubro.

[427] Refere-se ao candidato Lula.

como criminoso alinhava-se à imagem divulgada pela mídia corporativa há anos e que foi adotada pelo bolsonarismo. Quanto às pesquisas, observou-se seu crescente desmerecimento à medida que o pleito se aproximava e os resultados não favoreciam seu candidato. Apesar de ter relatado não simpatizar tanto com Bolsonaro, a quem classificava como "o melhorzinho" e "o menos pior", o candidato tornou-se a "única opção" de voto para quem não desejava a vitória de Lula. O debate organizado pela Rede Bandeirantes serviu de reforço à sua decisão de voto útil, ocasião em que a atuação de seu filtro perceptivo mostrou-se evidente, seja na crença sobre a viabilidade de todas as propostas de Bolsonaro, seja no entendimento de que apenas este candidato tinha um plano de governo, diferentemente de Lula, Tebet e Ciro Gomes.

7.2.3.4 A eleitora Crisólita

Crisólita tinha 34 anos, era nutricionista com formação superior, casada e evangélica. Estava satisfeita com a vida, tinha uma situação financeira estável, com melhora nos últimos meses e expectativa otimista para o futuro. Valorizava a diversidade, achava a segurança pública a questão mais negativa do país e desaprovava a atuação dos defensores dos direitos humanos em relação aos criminosos.

> *Eu acho que o Brasil está bem dividido em questões sociais, mas, de forma geral, eu gosto ... Eu acho bom o jeito que ele está se encaminhando, mas tem que melhorar. Acho que a pandemia atrapalhou muito, muito, muito. [...] Eu acho que, agora que passou a pandemia, vai melhorar.* (informação verbal)[428].

> *Que tenha voz a segurança também, pra gente poder andar na rua tranquilamente, sem ser assaltada.* (informação verbal)[429].

Relatou ter grande interesse por política e, naquele momento, os assuntos mais importantes para Crisólita eram a economia, mais especificamente a inflação, por conta dos "preços exorbitantes", além da saúde, em função da pandemia, e da educação. Confiava no sistema eleitoral, apesar de imaginá-lo violável, e achava que o voto – essencial em si – era mais uma obrigação que um direito.

> *Principalmente economia, porque, com a economia ruim, você tem a saúde ruim, você tem educação ruim, tudo ruim, então, principalmente, a economia.* (informação verbal)[430].

---

[428] Fornecida na Onda 7.

[429] Fornecida na Onda 7.

[430] Fornecida na Onda 6.

> *Já que as pessoas querem ter direito aos benefícios públicos, então elas têm por obrigação participar da escolha dos governantes.* (informação verbal)[431].

Achava as pesquisas eleitorais importantes, ainda que manipuladoras. Se, por um lado, mostrou-se bem informada sobre seus resultados, por outro, confusa em relação aos números conflitantes e sem conhecimento quanto à metodologia de pesquisas de abrangência nacional.

> *Até pra que sejam[432] jogadas na mídia e pra se tentar influenciar de alguma forma quem tem como meio de entender um pouco sobre política, só a televisão. Então, quem assiste só à programação, de tanto tu ver aquele tipo de notícia, mesmo que seja falsa ou não, ela acaba acreditando naquilo.* (informação verbal)[433].

> *Na internet, a gente vê muito que o Bolsonaro está na frente. Aí a gente assiste à televisão, fala que o Lula está na frente. A gente fica meio assim ... Na verdade, eu não confio muito nessas pesquisas.* (informação verbal)[434].

> *Eu acho que depende muito, porque eu já vi pesquisa que está o Lula e já vi pesquisa que está o Bolsonaro. [...] Aí eu acho que depende da região que faz a pesquisa. Eu acho que as duas podem estar corretas, mas depende muito da região que ela é feita. Tem localização que o pessoal é Lula, sem tirar nem pôr, e tem outras regiões que as pessoas, a maioria, prefere o Bolsonaro, né? Acho que depende da região que ela foi feita.* (informação verbal)[435].

Pra Crisólita, os debates eram a fonte de informação com maior influência em sua decisão de voto, enquanto a internet e os jornais da TV, suas fontes mais frequentes. Em função do seu trabalho, acompanhou partes do HGPE pela internet. Assistia assiduamente aos jornais televisivos matinais da TV Anhanguera[436] e, com alguma frequência, ao Jornal Nacional. Considerava a emissora tendenciosa, favorável ao candidato Lula, mas, ainda assim, a avaliava positivamente.

> *Olha, a credibilidade deles é alta, só que eu também acho que eles puxam muito pro lado de um candidato e atacam muito pelo outro, né?* (informação verbal)[437].

---

[431] Fornecida na Onda 1.

[432] Refere-se às pesquisas eleitorais.

[433] Fornecida na Onda 1.

[434] Fornecida na Onda 5.

[435] Fornecida na Onda 4.

[436] Afiliada da Rede Globo no Estado de Goiás.

[437] Fornecida na Onda 3.

> *Com certeza, eles desfavorecem o atual presidente, o Bolsonaro.*
> *Eles atacam, eles sempre mostram só o lado ruim. [...] Costumam*
> *favorecer o Lula.* (informação verbal)[438].

Não depositava muita confiança nas redes sociais, mas participava do WhatsApp, Facebook, X, Instagram e Telegram. Para Crisólita, confiável na internet apenas os sites de jornais corporativos, salvo quando divulgavam pesquisas eleitorais.

> *Porque, acredito eu, que muitos jornais assim, manipulam muito,*
> *né? Dependendo de qual pesquisa eles fazem, eles falam que um*
> *está na frente; depois, em outro jornal, eles falam que é outro que*
> *está na frente. Então, a gente não tem muita credibilidade pra*
> *isso.* (informação verbal)[439].

Preferia não conversar sobre política com pessoas com ideias divergentes "pra não gerar atrito" (informação verbal)[440]. Na socialização familiar, onde opiniões diversas conviviam, conversava mais frequentemente com seus pais e irmão sobre temas como o preço dos combustíveis e a campanha de vacinação, que acabavam levando à política. Em relação aos pais, de quem discordava politicamente, procurava mais escutar para evitar discussões e se informar com eles.

> *Aqui em casa, é todo mundo muito dividido. Assim, a gente*
> *não briga, mas cada um tem seu político, a família não é unida*
> *em política, não. [...] Inclusive uma vai votar na Simone, o*
> *outro vai votar no Lula, os outros que é Bolsonaro.* (informação verbal)[441].

> *Eu escuto o que eles têm pra falar dos candidatos, porque, como*
> *eles têm mais tempo de assistir à televisão do que eu, eles acabam*
> *sabendo de mais coisas que estão acontecendo. Acabam sendo uma*
> *fonte de informação pra mim.* (informação verbal)[442].

Quanto à credibilidade da informação recebida dos familiares, expressou opiniões distintas ao longo do tempo. Possivelmente em função da diversidade de posições políticas da família, em que alguns membros poderiam gozar de maior credibilidade do que outros. A confiança em seus pais, por exemplo, com quem não concordava politicamente, era menor.

---

[438] Fornecida na Onda 3.

[439] Fornecida na Onda 3.

[440] Fornecida na Onda 1.

[441] Fornecida na Onda 4.

[442] Fornecida na Onda 4.

> *Bom, as fontes deles[443] são as mesmas das minhas, né? Televisão ou internet mesmo, então nove e meio[444]. Porque, às vezes, a gente tem que confiar no que a gente vê, né?* (informação verbal)[445].
>
> *Nos meus pais eu confio, mas eles dizem só o que veem na televisão (risos). É sete[446].* (informação verbal)[447].

A seguir, o gráfico da evolução de sua avaliação dos principais candidatos.

Gráfico 43 – Evolução da avaliação dos candidatos[448]: Crisólita

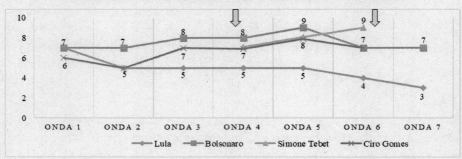

Fonte: Elaborado pelo autor com base na pesquisa longitudinal[449], 2023.

Onda 1

Crisólita acredita estar muito bem informada sobre as eleições, mas só identifica os candidatos Lula e Bolsonaro. "Os outros eu ainda não vi quem são" (informação verbal). E também só sabe o partido de Lula, por quem tem grande rejeição. Mostra-se indecisa em relação ao voto, apesar de internamente já identificar preferências e questioná-las.

> *[...] eu fico ponderando, né? E aí, como que vai ser? Será que ...? Sempre tem aquele será. Então, a gente vai aguardando as cenas dos próximos capítulos pra ... até decidir.* (informação verbal).

---

[443] Refere-se à família como um todo.
[444] Avaliação da confiança na informação dessa fonte, em uma escala de zero a dez.
[445] Fornecida na Onda 2.
[446] Avaliação da confiança na informação dessa fonte, em uma escala de zero a dez.
[447] Fornecida na Onda 4.
[448] Conforme a pergunta: Avalie os candidatos, usando uma escala de 0 a 10. As setas no gráfico indicam o momento da tomada de decisão de voto do primeiro turno. Após uma primeira tomada de decisão, Crisólita muda seu voto às vésperas do primeiro turno.
[449] As avaliações faltantes indicam que a entrevistada preferiu não opinar sobre o candidato naquele momento. Na onda 7, após a realização do primeiro turno, apenas os candidatos Bolsonaro e Lula, que passaram para o segundo turno, foram avaliados.

Percebe Bolsonaro como o candidato mais criticado nos telejornais, mas a seu ver, a responsabilidade pelos problemas do país não deveria ser imputada exclusivamente a ele. Já nas redes sociais, identifica a maioria das críticas dirigidas a Lula.

> *[...] eles estão focando muito em questão da inflação, dos preços do combustível super alto, cesta básica alta e problemas de saúde por causa da pandemia. Aí eles sempre focam muito colocando o único culpado disso tudo fosse o presidente e a gente sabe que o presidente só está lá como mero nome, não manda em tudo. Quem governa não é o presidente.* (informação verbal).

> *Nas redes sociais, eu vejo muito o pessoal defendendo o Bolsonaro e atacando o Lula. Isso eu vejo muito, constantemente. Assim o público, né? Porque quem mesmo ... quem faz os posts, estão falando mal do Bolsonaro. [...] Lógico que sempre tem um falando mal do Bolsonaro e defendendo o Lula. Só que assim, em proporção, falam melhor do Bolsonaro e pior do Lula.* (informação verbal).

Na sua avaliação dos candidatos, destaca-se a pontuação nove e meio para a confiança em Bolsonaro e no ex-juiz Sergio Moro[450].

Onda 2

Crisólita aponta que a falta de campanhas informativas facilita o uso da desinformação transformada em munição para ataques aos adversários, agindo como complicador do processo de tomada de decisão de voto, prática realizada inclusive pela campanha de Bolsonaro.

Vale destacar a queda na avaliação de confiança em Bolsonaro, que cai para a pontuação seis, e do seu preparo para o cargo, agora pontuado em cinco. Ainda assim, mantém a avaliação geral no candidato.

Onda 3

Sua percepção do seu grau de informação para decidir o voto vem caindo desde a primeira onda. Apesar de agora ser apenas razoável, consegue identificar os quatro principais concorrentes e seus partidos, com exceção do partido de Bolsonaro. Sobre sua rejeição a Lula, explica:

> *Porque eu acho que, por conta de toda a trajetória dele, de questões judiciais, essas coisas, eu acho que ele não deveria voltar ao poder. Na verdade, eu acho que perdeu muito o Brasil em termos de*

---

[450] O candidato entrou na relação dos avaliados apenas na primeira onda.

> *justiça, perdeu muita credibilidade, porque a pessoa é condenada, depois eles retiram a condenação dele, e ele ainda vai lá concorrer à presidência do país? Eu acho que acabou com a credibilidade.* (informação verbal).

Volta a comentar o enviesamento da mídia televisiva, apesar de também fazer ressalvas sobre as fake news nas redes virtuais.

> *Na televisão, o pessoal defende muito ele[451] e, nas redes sociais, sempre tem lá mais positivo pro Bolsonaro e muito comentário negativo pro Lula. Mas, é igual eu falo, o que eles colocam de fake news, também não dá pra gente acreditar em tudo que vê.* (informação verbal).

Onda 4

Crisólita percebe-se novamente bem informada e, apesar de não muito confiante, relata sua intenção de voto.

> *Mas vai depender muito assim ... Não cem por cento[452]. [...] Hoje eu votaria, bem provável que eu votaria no Bolsonaro. Não que eu ache que ele seja o ideal.* (informação verbal).

Acrescenta a sua justificativa de rejeição a Lula, argumentos da narrativa difundida nas redes sociais.

> *Porque, primeiro de tudo, ele já teve a chance dele e **ele deixou o Brasil num mau estado**. Eu não concordei com a atitude dele, não só dele como do PT em geral, em relação a tirar investimentos daqui e gastar dinheiro com outros países.* (informação verbal, grifo nosso).

Onda 5

Crisólita afirma que seu grau de certeza em votar no candidato Bolsonaro é muito alto, um voto anti-Lula. Ressalta a atuação de Simone Tebet, a "mais coerente, os outros brigaram bastante" (informação verbal) no debate da Rede Bandeirantes, do qual viu partes na internet. Em sua avaliação dos candidatos, destaque para a alta confiança na candidata, com pontuação nove, a mesma de Bolsonaro.

Onda 6

Reafirma seu voto útil em Bolsonaro, mas relata, pela primeira vez, sua preferência pela emedebista.

---

[451] Refere-se ao candidato Lula.

[452] Refere-se à confiança da entrevistada na sua decisão de voto.

CORREDEIRAS DA DEMOCRACIA: O VOTO SOB A PERSPECTIVA PSICOSSOCIAL

> *Eu queria votar na Simone, mas já que a briga é entre os dois.* (informação verbal).

Nesse período, consegue assistir ao HGPE e relata suas impressões das propagandas de Lula e Tebet, a pior e a melhor em sua opinião, respectivamente.

> *Na minha opinião, pra mim, eu não engulo tanta mentiraiada dele. Na verdade, os dois principais[453] falam muita mentira.* (informação verbal).

> *Eu acho que a Simone fez uma ótima campanha. Acho que assim, que ela merecia a oportunidade. Seria a melhor opção entre os candidatos, mas, assim, acho que, quem sabe futuramente ela consiga se reerguer mais. [...] A clareza e a transparência dela e o fato do cuidado, da força de vontade de ter mais cuidado com a população mais desfavorecida e, principalmente, dela não ter ficha suja igual aos outros.* (informação verbal).

Os dois candidatos que lideram a disputa eleitoral são seus destaques no debate da Rede Globo em relação à economia, tema que lhe é fundamental. Reconhece o desempenho positivo da administração Lula, contradizendo o que afirmara anteriormente, e apresenta a justificativa da pandemia, a qual explicaria o fato de Bolsonaro ter deixado o "país bem falido."

> *Sendo mais prática em relação ao que eles falam no debate, o Lula se destaca nessa posição. Porque eu sei que, nesse período que o Bolsonaro foi presidente, como teve a pandemia, **vejo um país já bem falido**. Ele pegou um período bem difícil, que prejudica bastante ele em relação à economia. E, assim, sendo mais prática, visivelmente, se a gente for observar só o que é falado nos debates, o Lula se destaca, porque ele fala muito da parte boa dele presidente.* (informação verbal, grifo nosso).

Os sentimentos de Crisólita sobre os candidatos estão apresentados a seguir e ajudam a explicar seu voto. As atitudes intempestivas de Bolsonaro soam-lhe como as de um sujeito "um pouco louco." Lula gera "repulsa", Ciro Gomes, desprezo e Simone Tebet apresenta-se como a "esperança" de um país melhor.

---

[453] Refere-se aos candidatos Lula e Bolsonaro.

Figura 17 – Primeiro sentimento que vem à cabeça de Crisólita sobre os candidatos

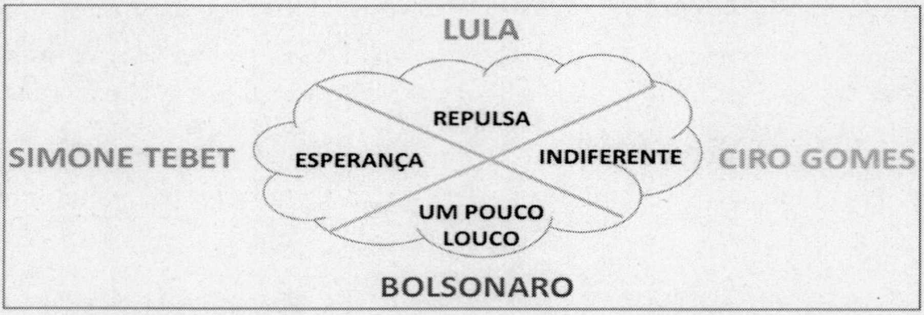

Fonte: Elaborada pelo autor com base na pesquisa longitudinal, 2023.

Onda 7

O sentimento de esperança falou mais alto e Crisólita mudou o voto às vésperas do primeiro turno. Para o segundo turno, reafirma sua intenção de voto em Bolsonaro e relata o medo da vitória de Lula, em função da ameaça comunista, assunto frequentemente discutido em seu círculo de amizades.

> *Assim, é porque no meu círculo, tanto de trabalho, quanto social, a maioria é Bolsonaro. Então assim, as pessoas conversam muito a respeito do medo do Lula ganhar, ele vai assim, ficar repetindo Cuba, Venezuela, entendeu?* (informação verbal).

Em sua avaliação final dos candidatos, evidencia-se sua crescente ojeriza a Lula que, a seu ver, esconde os pensamentos, e sua aprovação a Bolsonaro, ainda que com restrições, o qual, de forma inversa, os expõe de forma exagerada. No caso de Lula, com o acirramento da polarização da campanha eleitoral, observamos uma degradação da sua avaliação ao longo das entrevistas, iniciando com pontuação sete na Onda 1, a mesma de Bolsonaro, e finalizando com três na Onda 7.

> *Eu não gosto dele. Eu acho ele muito falso nas palavras dele. Acho que ele esconde bastante a realidade dos pensamentos dele ... Não gosto! Não gosto nem da voz dele.* (informação verbal).

> *Em relação à política de governo, até que eu gosto. Só acho ele bem, assim, sem educação às vezes, mas eu acho que é porque ele fala demais o que passa pela cabeça e isso prejudica bastante ele.* (informação verbal).

Síntese do comportamento eleitoral de Crisólita

A internet, os telejornais e a socialização eram importantes fontes de informação para Crisólita. Em seu convívio familiar, concorriam preferências políticas variadas, mas, com prevalência dos bolsonaristas, que também eram maioria em seu ambiente de trabalho. Muitas de suas crenças demonstravam a assimilação das diversas narrativas desse grupo. Tinha grande interesse por política e preocupava-se com a economia, especialmente em relação à inflação. Acreditava que os problemas da nação não eram de responsabilidade exclusiva do presidente e que a pandemia havia prejudicado bastante o desempenho de sua administração, mas que a situação do país melhoraria com seu término. Em relação à segurança pública, outro tema de seu interesse, desaprovava a postura dos defensores dos direitos humanos em relação aos criminosos. Além disso, não acreditava na inviolabilidade do sistema eleitoral e questionava a lisura das pesquisas eleitorais as quais, na sua visão, serviam como instrumento de manipulação eleitoral. Sua explicação da diferença nos resultados apresentados na internet e na televisão demonstra seu desconhecimento da metodologia utilizada nesse tipo de pesquisa. Sua rejeição por Lula foi crescente ao longo das entrevistas, chegando ao ponto de repudiar até o som da sua voz. Por outro lado, a atuação do juiz Moro na Lava Jato rendeu-lhe um crédito muito alto de confiança. Também elevada era sua confiança no principal concorrente de Lula, Jair Bolsonaro. Percebia que o candidato Lula havia deixado o país "num mau estado", mas, de forma contraditória, reconheceu, após o debate da Rede Globo, que a economia foi a "parte boa" de sua administração. A importância dos debates em sua decisão eleitoral pôde ser observada pela sua crescente identificação com a candidata Simone Tebet, considerada a "mais coerente" no debate da Rede Bandeirantes. Crisólita passou a valorizar sua clareza, transparência, comprometimento social e, principalmente, sua reputação ilibada, que se alinhava aos seus valores morais, éticos e religiosos. Em dúvida entre o pragmatismo do voto útil em Bolsonaro e a esperança do voto identitário, mudou sua decisão em favor de Tebet às vésperas da eleição. No segundo turno, a repulsa por Lula e o medo da ameaça comunista prevaleceram, e seu voto de exclusão foi para Bolsonaro, mesmo considerando-o irascível, mal-educado e "um pouco louco."

7.2.3.5 O eleitor Férmio

Férmio tinha 47 anos, havia trabalhado no setor da construção civil e como microempresário no comércio varejista, mas estava sem ocupação profissional no momento. Era pós-graduado, casado e agnóstico. Sua situação financeira havia piorado e estava insatisfeito com a vida e com o país.

> *O que eu não gosto ... da conjuntura de hoje e tudo. Governo, ideologia, tudo. O que eu gosto ... que ainda eu acho que está rodando um pouquinho é ainda, economia. Educação tá zero, saúde. Eu acho que tudo, segurança pública, mas é também reflexo da pandemia, né?* (informação verbal)[454].

> *Desejo que acabe um pouco essa corrupção real. Diferente do que falem que está acabando e o pessoal investir mais em educação, entendeu? E pra ver se ... o emprego, né? Pra tentar fazer o país girar.* (informação verbal)[455].

Dizia-se apartidário e seu interesse por política variava com o contexto eleitoral. Valorizava o voto, apesar de defender o voto não obrigatório, e confiava no sistema eleitoral.

> *Eu nunca fui ligado muito em política. Então, depende do ... Acho que vai muito dos candidatos que estão concorrendo. Se tem o interesse ou não neles pra poder me interessar mais.* (informação verbal)[456].

> *Acho que você tem que escolher os candidatos corretos, mas quando você tem a opção de candidato correto.* (informação verbal)[457].

> *As urnas não são invioláveis. [...] Mas eu tenho plena confiança no sistema eleitoral. [...] Não pode ser fraudada. É o que eu falo, pode ter problemas pontuais, entendeu?* (informação verbal)[458].

Seus temas mais importantes eram a economia e a educação. Apesar de fazer críticas às pesquisas eleitorais, mostrou-se informado sobre os resultados das sondagens ao longo das entrevistas, apesar de demonstrar desconhecimento em relação à metodologia de *surveys* de abrangência nacional, como os de intenção de voto para presidente.

> *Eu acho que leva você a escolher um candidato pela pesquisa e não pela verdade dele. Você vai pela massa.* (informação verbal)[459].

> *Eu acho que ... não que ela seja muito tendenciosa, eu acho que ela é mal feita. A região que é feita, eles pegam uma quantidade muito pequena de amostragem, entendeu? Tipo ... eles lançam uma*

---

[454] Fornecida na Onda 7.

[455] Fornecida na Onda 7.

[456] Fornecida na Onda 1.

[457] Fornecida na Onda 1.

[458] Fornecida na Onda 7.

[459] Fornecida na Onda 1.

> *pesquisa e a amostragem foi feita no Nordeste só. Eu acho que isso está errado. A pesquisa ... o Brasil é muito grande. Então, eu acho que tinha que ser feito um total melhor, mais distribuído. Você vê lá, foi lançado, mas a pesquisa só foi feita em tal região. Isso eu acho que não deveria nem ser publicado.* (informação verbal)[460].

A fonte de informação com maior influência em seu voto eram os debates e as mais frequentes, a socialização presencial e os jornais televisivos. Preferia os matinais da CNN e a Band News, além da Globo e da Jovem Pan, apesar de sua baixa credibilidade. "Ultimamente tá difícil se acreditar em alguma coisa" (informação verbal)[461]. Férmio era mais um dos entrevistados que percebia o enviesamento político da mídia.

> *Só os que são muito dirigidos pro jornal, tipo Jovem Pan, muito focado pra Bolsonaro, e alguns mais focados pra Lula, do tipo Globo. A gente sente que tem um foco mais voltado pra positivo pro Lula.* (informação verbal)[462].

Acompanhava também as notícias por meio do conteúdo digital de jornais como a *Folha de São Paulo* e *O Estado de São Paulo* e participava das mídias sociais Facebook, Instagram e WhatsApp, apesar de avaliar em baixo grau sua credibilidade. Confiança maior depositava no seu círculo mais íntimo de amizades, "pessoas até de um grau alto de conhecimento" (informação verbal)[463], e, em especial, no seu companheiro, porque "as fontes dele são mais seguras" (informação verbal)[464].

Sua avaliação dos candidatos ao longo das entrevistas está apresentada no gráfico a seguir e, na sequência, os principais fatos relatados em cada onda da pesquisa.

---

[460] Fornecida na Onda 7.

[461] Fornecida na Onda 3.

[462] Fornecida por Férmio na Onda 6.

[463] Fornecida na Onda 2.

[464] Fornecida na Onda 4.

Gráfico 44 – Evolução da avaliação dos candidatos[465]: Férmio

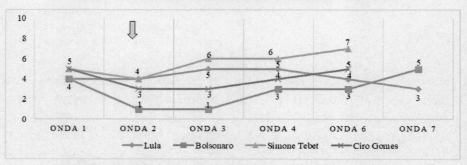

Fonte: Elaborado pelo autor com base na pesquisa longitudinal[466].

Onda 1

Férmio acredita estar bem informado para decidir o voto e consegue identificar o nome dos candidatos Lula, Bolsonaro, Ciro Gomes e uma "mulher", de cujo nome não se recorda. Com convicção, só se lembra do partido de Lula. Em função de sua rejeição aos dois principais candidatos, *ser candidato da terceira via* integra sua heurística de seleção inicial, para uma posterior análise dos escolhidos a fim de chegar à decisão de voto.

> *Sei que tem ela, o Doria saiu, então eu não sei as outras vias que estão, porque esses são os do meu interesse principal de estar fazendo filtro [...] Mas eu vou ter que pesquisar[467], porque eu estava na verdade, minha via era mais pra Doria, ou do outro do Rio Grande do Sul[468].* (informação verbal).

Aponta o candidato Bolsonaro como o mais citado negativamente na mídia televisiva, por estar mais em evidência, e a candidata Simone Tebet, a mais citada positivamente nas redes digitais. Em sua avaliação dos candidatos, destaca-se a pontuação zero para Bolsonaro no quesito preparo para o cargo.

---

[465] Conforme a pergunta: Avalie os candidatos, usando uma escala de 0 a 10. A seta no gráfico indica o momento da tomada de decisão de voto no primeiro turno.

[466] As avaliações faltantes indicam que o entrevistado preferiu não opinar sobre o candidato naquele momento. Na onda 7, após a realização do primeiro turno, apenas os candidatos Bolsonaro e Lula, que passaram para o segundo turno, foram avaliados. O entrevistado não participou da Onda 5 por estar viajando.

[467] Refere-se à candidata Tebet.

[468] Refere-se a Eduardo Leite, que acabou se candidatando ao governo desse Estado.

Onda 2

Férmio consegue identificar os quatro principais candidatos e relata, sem muito entusiasmo, sua intenção de voto a favor da candidata da terceira via, Simone Tebet, um voto anti-Bolsonaro e anti-Lula.

> *Eu não simpatizo com nenhum dos outros candidatos e ela é uma candidata nova. Então, das atuais que estão agora, seria ela. Não sei se aparece alguém aí, até definir quem vai ser mesmo. [...] Eu não quero anular meu voto de primeiro turno. Eu quero votar em alguém que seja contra as duas outras vias. [...] Para não ir os dois. É que eu não quero ficar entre a cruz e a espada.* (informação verbal).

Vale destacar sua escolha por uma candidata que não lhe desperta muita confiança (pontuação cinco) e que, no geral, é mal avaliada (pontuação quatro). Afirma já ter visto seu plano de governo, quesito em que é mais bem avaliada, com pontuação seis, mas "nada dela na mídia" (informação verbal).

Onda 3

Férmio aponta o clima de hostilidade nas redes sociais e destaca a pouca evidência de Tebet, contrastando com Lula, o mais bem citado em seu círculo de amizades.

> *Acabei de compartilhar um*[469] *essa semana e já foi um caos.* (informação verbal).

> *É engraçado que a minha candidata nunca é comentada. Acho que ninguém no meu grupo quer essa via. Todo mundo quer, mas ninguém comenta. Mas acho que o melhorzinho, que está sendo mais comentado por enquanto, por incrível que pareça, é o Lula.* (informação verbal).

Já sabe o partido da sua candidata e agora acredita estar muito certo sobre seu voto. Reafirma que, no primeiro turno, não votaria em Lula ou Bolsonaro.

> *O Lula por ... já passou, sabe, eu já conheço e o Bolsonaro porque está passando e não quero ele de volta.* (informação verbal).

Onda 4

Sua confiança na candidata Tebet vem aumentando desde a Onda 2, atingindo agora um alto grau de confiança, com pontuação sete.

---

[469] Refere-se a um post publicado na rede social.

Onda 5

Não participa desta onda por estar em férias, viajando.

Onda 6

Em suas redes sociais, Tebet ganha mais visibilidade e aprovação e Lula exibe uma certa uniformidade de opiniões. Na sua socialização presencial, o senso comum é favorável à terceira via e a Lula em um provável segundo turno com Bolsonaro.

> *A Tebet é a que está mais positivo, porque eu acho que o grupo que eu mais participo, que vão votar nela, que é o grupo que lá pelo primeiro turno pelo menos, vão tentar votar nela.* (informação verbal).

> *Não de forma positiva, mas de forma menos negativa em relação ao Bolsonaro, mas não de forma positiva. Tipo, seria, vai, um voto errado, mas certo.* (informação verbal).

> *O grupo que a gente, que eu participo mais próximo, tudo queria uma terceira via. [...] Agora é a certeza de quem é o melhor, quem é o menos pior. Que no caso aí, é unânime que seria o Lula.* (informação verbal).

Às vésperas do primeiro turno, seus sentimentos em relação aos principais candidatos estão apresentados na figura a seguir. Férmio pretende votar na candidata que lhe dá esperança de um país melhor. Sua rejeição pelos candidatos Lula e Bolsonaro ocorre de forma e intensidade distintas. Enquanto o primeiro não lhe inspira confiança, o segundo lhe suscita raiva. Ciro Gomes, que poderia ser uma opção de terceira via, é associado à incerteza, talvez em função de seu posicionamento político ambíguo.

Figura 18 – Primeiro sentimento que vem à cabeça de Férmio sobre os candidatos

Fonte: Elaborada pelo autor com base na pesquisa longitudinal, 2023.

Onda 7

Com o resultado do primeiro turno, Férmio sente-se desassistido em relação à representação política e insatisfeito com os extremismos dos simpatizantes das outras vias.

> *Eu acho que está muito polarizado. Então, quem é esquerda é esquerda, quem é direita é direita, e quem ficou no meio tá largado.* (informação verbal).

> *Eu tenho amigos de esquerda, de direita, de centro. [...] Cada um apoiando o seu candidato num tal ponto, que acha que é o principal, e sempre atacando um lado sendo corrupto, o outro não, o outro é mais honesto e invertendo, que o outro vai virar um ditador se continuar e o outro vai liberar tudo e vamos virar um comunismo.* (informação verbal).

Não está totalmente decidido em como votar no segundo turno mas, diante das opções e da profusão de fake news, o mais provável é que Férmio anule o voto.

> *Não, talvez decidir não. Provavelmente eu vou anular. [...] Que eu não concordo com nenhum dos dois candidatos. Nem com a posição política, ideológica, nem nada.* (informação verbal).

> *Voltaram muitas fake news dos candidatos. Os dois, entendeu? Tiveram que se retratar. Eu acho isso que pesou mais em tudo também.* (informação verbal).

A sondagem eleitoral mais recente a que teve acesso mostra uma vantagem mais confortável para Lula, criando expectativa de vitória do candidato, fato que talvez reforce sua intenção de anular o voto.

> *Então, a última que eu vi, que eu acho que era real, o Lula tava com cinquenta e dois, se eu não me engano, e o Bolsonaro quarenta e seis.* (informação verbal).

> *Eu não sei te dizer quem será o ... quem vai ... Pelas pesquisas, com certeza o Lula, mas eu não sei te falar ao certo, não.* (informação verbal).

Sua percepção sobre Bolsonaro, comparativamente a Lula, melhora após assistir ao debate organizado pela Rede Bandeirantes, o que reverbera em sua avaliação final dos candidatos, conforme apresentado no gráfico da evolução de sua avaliação dos candidatos. Vale destacar que sua avaliação final de Bolsonaro é, pela primeira vez, melhor que a de Lula[470].

---

[470] As pontuações dos candidatos Bolsonaro e Lula foram cinco e três, respectivamente.

> *Nossa, por incrível que pareça, quem se saiu melhor eu acho que foi o Bolsonaro. Porque eu acho que ele foi mais, foi consistente em respostas, entendeu? Tinha argumentações. E, vamos dizer, no meu ponto de vista, eu achei que o Lula tava perdido, e não sabia nem o que tava fazendo lá. Eu acho que lá não é palanque pra ficar fazendo piadinhas, então eu achei meio perdido. Os dois, mas eu acho que o Bolsonaro ainda se saiu um pouquinho melhor. Não que eu concorde com ele.* (informação verbal).

Sua frustração com as opções eleitorais deste pleito é notória, bem como seu desagrado em relação aos dois candidatos do segundo turno. Para Férmio, Bolsonaro é incompetente, além de falar demais, e Lula não lhe transmite confiança.

> *Tem os conhecidos, os que já foram, os que estão tentando; mas não tem um candidato que você fala: Pô! Tem uma pessoa ali que pode dar um futuro pro país e tá difícil.* (informação verbal).

> *Ele[471] foi mau gestor, ele tomou decisões erradas, ele é ... acho que ele quer tomar partido das coisas que não seria nem a questão dele tomar partido de certas coisas lá. Pra isso que você tem ministros. E deveria falar pouco.* (informação verbal).

> *Eu acho que, se tivesse outro candidato do PT lá, eu teria mais confiança do que no próprio Lula. Talvez eu até votaria no PT. Eu não tenho nada contra o PT em si, mas eu acho que o Lula não me passa confiança.* (informação verbal).

No contato feito após a eleição para confirmar o voto, Férmio relata sua mudança de decisão, motivada por um fato político de última hora. Pelo visto, a violência extremada dos bolsonaristas assustou este eleitor.

> *Eu ia votar nulo, mas, depois do acontecimento de sábado com a Zambelli[472], decidi votar no Lula.* (informação verbal)[473]

Síntese do comportamento eleitoral de Férmio

Férmio não tinha muito interesse em política e defendia o voto não obrigatório. Dizia-se apartidário, mas tinha identidade ideológica definida. Sentia sintonia e confiança nas informações obtidas em seu círculo de con-

---

[471] Refere-se a Bolsonaro.

[472] Episódio ocorrido na véspera do segundo turno, em que a deputada federal Carla Zambelli, correligionária de Bolsonaro, saiu correndo pelas ruas dos Jardins – bairro nobre de São Paulo – com uma arma em punho, ameaçando um simpatizante de Lula. Maiores informações em: https://jornalistaslivres.org/de-arma-na-mao-carla-zambelli-corre-atras-de-homem-negro-que-gritou-amanha-e-lula/.

[473] Fornecida após as eleições, em 31 de outubro de 2022.

vívio mais próximo, especialmente em seu companheiro, e demonstrou estar inteirado sobre o contexto eleitoral, o que tornou possível a rápida decisão eleitoral. Sua heurística o direcionou a algum candidato da terceira via, em função de sua alta rejeição aos dois principais postulantes, opinião reforçada em seu convívio social. Enquanto Lula não lhe inspirava confiança, Bolsonaro suscitava sua raiva e Ciro Gomes, apesar de representar uma alternativa à polarização eleitoral, também não lhe transmitia confiança por seu comportamento belicoso e posicionamento ambíguo. Nesse contexto, Simone Tebet despontou como a mais citada positivamente nas redes sociais de Férmio, chamando a atenção por ser uma nova candidata, que representava renovação no cenário político, trazendo a esperança por um país melhor. Sua decisão de voto foi rápida, embora inicialmente sem muita convicção ou confiança na candidata. Sem candidato que o representasse no segundo turno e insatisfeito com a quantidade de fake news nas redes sociais, sua decisão inicial foi pela anulação do voto. Todavia, a violência extrema do bolsonarismo, escancarada na atitude truculenta da deputada Zambelli na véspera da eleição, fez com que Férmio abandonasse a neutralidade política em favor de Lula, o preferido em seu núcleo social para este turno.

7.2.3.6 A eleitora Galena

Galena tinha 53 anos, era auxiliar de escritório com nível superior, casada e católica. Sua situação financeira era estável, estava satisfeita com a vida e otimista com o futuro do país. Achava que o país "poderia melhorar somente em relação à moradia" (informação verbal)[474] e sentia-se mal em ver "um monte de morador de rua na rua" (informação verbal)[475].

Não tinha muito interesse por política, mas achava importantíssimo votar e estava ansiosa pelo resultado das eleições. Confiava piamente nas urnas eletrônicas e acreditava que as pesquisas eleitorais eram importantes, mostrando-se bem informada sobre seus resultados.

> Porque realmente nunca me interessei, desde adolescente, nunca fui afoita para a política. (informação verbal)[476].

> Não vejo a hora que chegue dia trinta de outubro, pra que realmente se defina todo o status democrático do país, entendeu? Ou vai ser esquerda duma vez ou vai ser direita duma vez. (informação verbal)[477].

---

[474] Fornecida na Onda 7.

[475] Fornecida na Onda 7.

[476] Fornecida na Onda 1.

[477] Fornecida na Onda 7.

Os assuntos mais importantes para Galena eram a saúde e a educação, a qual, em sua opinião, refletia a economia.

> *Eu acho que a economia, que está muito difícil de reduzir um monte de coisa. Sabe esses impostos? Eles não entram em acordo se os impostos sobem, se os impostos descem. Se desce, prejudica a educação, porque a economia é educação.* (informação verbal)[478].

Nas redes sociais, participava[479] do Facebook e WhatsApp. Não lia mídia impressa, apesar de avaliar sua credibilidade em alto grau. Suas principais fontes de informação sobre a eleição eram o HGPE e os jornais de televisão, com preferência para o Jornal Nacional e o BandNews. Sobre a credibilidade dos telejornais, tinha restrições aos da Globo. Costumava também assistir pela internet ao programa de debates Prós e Contras, da Jovem Pan.

> *Olha, da BandNews, OK. Agora da Globo, não sei. Tem hora que eles parecem que eles encobrem muita coisa, parece que o jornalismo deles ... eu não sei se eles querem mostrar demais ou esconder de menos, entendeu? Esconder mais e mostrar menos, não sei.* (informação verbal)[480].

Sua socialização presencial era mais frequente com o marido, em quem confiava, apesar das constantes divergências e discussões.

> *O meu esposo ... dá vontade de socar a cara dele (risos). [...] Não entendo, mas eu discordo.* (informação verbal)[481].

> *É porque ele fala mais de política do que eu, mas, quando ele começa a me falar muitas coisas, então a gente acaba discutindo sobre essas coisas, discutindo... Eu mais ouço do que falo.* (informação verbal)[482].

Apontou o HGPE e os debates como as fontes que mais influenciaram em seu processo de tomada de decisão de voto. Todavia, no primeiro turno, tomou a decisão após assistir à série de entrevistas da Globo.

Na sequência, a evolução de sua avaliação dos principais candidatos e os principais fatos observados em cada onda.

---

[478] Fornecida na Onda 4.

[479] Na Onda 1, afirmou que não participava de redes sociais. Possivelmente, a explicação do que fosse participar desse tipo de mídia não tivesse sido bem entendida naquele momento.

[480] Fornecida na Onda 3.

[481] Fornecida na Onda 2.

[482] Fornecida na Onda 4.

Gráfico 45 – Evolução da avaliação dos candidatos[483]: Galena

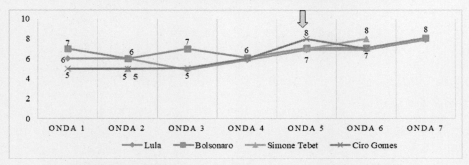

Fonte: Elaborado pelo autor com base na pesquisa longitudinal[484].

Onda 1

Galena entende estar muito mal informada para decidir o voto, lembrando, espontaneamente, apenas de Lula e Bolsonaro e de seus partidos políticos. Rejeita ambos, mas sem muita convicção ou ênfase.

> O Luiz Inácio, pela trajetória do passado dele, porque, até então, **não foi comprovado nada, dizem que não foi comprovado**, mas, apesar de dizerem o que ele fez foi ótimo pras escolas, não sei. Eu ainda tenho as minhas dúvidas e o Bolsonaro, pela trajetória do que está acontecendo, porque tudo o que ele fala vira um estrondo e eu acho isso um absurdo dentro da política. (informação verbal, grifo nosso).

Aponta Bolsonaro como o mais citado negativamente nos jornais televisivos. Vale destacar que, apesar de afirmar que não votaria no candidato, lhe atribui a mais alta pontuação (sete).

Onda 2

Seu conhecimento dos candidatos aumenta consideravelmente, já conseguindo se lembrar de vários candidatos e de seus partidos, ainda que não de forma precisa de todos.

---

[483] Conforme a pergunta: Avalie os candidatos, usando uma escala de 0 a 10. A seta no gráfico indica o momento da tomada de decisão de voto do primeiro turno.

[484] As avaliações faltantes indicam que a entrevistada preferiu não opinar sobre o candidato naquele momento. Na onda 7, após a realização do primeiro turno, apenas os candidatos Bolsonaro e Lula, que passaram para o segundo turno, foram avaliados. A avaliação da candidata Simone Tebet na Onda 2 foi 5. Nas Ondas 1, 3 e 4, a entrevistada preferiu não avaliá-la. A avaliação do candidato Bolsonaro na Onda 2 foi obtida pelo cálculo da média das avaliações dos quesitos confiança no candidato, campanha nas mídias, preparo para o cargo e plano de governo.

> É, eu tô estudando, entendeu? Eu preciso me politizar, pelo amor de Deus. (informação verbal).

Muda o foco de rejeição, direcionando-o agora ao candidato Ciro Gomes.

> *Porque eu não, nunca gostei do trabalho dele, nunca ... não me alinho à linguagem dele. [...] Que nem na outra eleição, ele teve muitos processos, sabe? Então, é uma coisa que não sei. (informação verbal).*

Onda 3

Galena identifica bem os candidatos e seus partidos e justifica sua indecisão por ainda estar "estudando as besteiras que eles falam" (informação verbal). Também está a par do resultado das sondagens eleitorais, justificando seu conhecimento:

> *O Lula, com quarenta e quatro por cento. [...] É porque essa[485] aí, eu acabei de ver no site agora e acabei de assistir um ... como é que chama? Na Jovem Pan ... Prós e Contras, que estava falando sobre **idade presidenciável**. (informação verbal, grifo nosso).*

Sua rejeição volta a focar em Lula. Internamente, Galena não consegue chegar a um entendimento conclusivo sobre sua culpa em relação aos crimes que lhe foram imputados.

> ***Quem eu não votaria de forma nenhuma? Eu acho que eu fico com Lula.*** *Não sei, porque, a partir do momento que o cara foi condenado, que o cara foi preso. Chegou lá no Supremo, os caras acabaram tirando ele. Falaram assim: não, vamos tirar todas as acusações. Pra mim, ele não virou santo, entendeu? (informação verbal, grifo nosso).*

Acredita também, sem muita convicção, que Bolsonaro tem tido mais notícias positivas e Lula negativas, na mídia televisiva. Já no Facebook, Lula é o mais comentado[486], tanto positiva quanto negativamente.

> *Eu não sei se eu ouvi, acho que eu ouvi. Teve coisas boas que eu já ouvi do Jair Bolsonaro, coisas boas, e teve coisas ruins que eu vi do Lula. (informação verbal).*

---

[485] Refere-se à pesquisa eleitoral.

[486] Vale ressaltar que sua percepção do candidato mais comentado positiva e negativamente no Facebook alternou bastante entre Lula e Bolsonaro ao longo das entrevistas.

> *Eu acho que o que se fala, mais do que eu vejo no Facebook, é o Lula. Eu penso que o pessoal é muito petista, eu acho. [...] tem uns que são a favor e tem uns que são contra ele, então acho que eu vejo mais é em relação ao Lula, mas tem muita gente comentando coisas boas e tem muita gente também chamando ele de umas coisas **que realmente ele fez, que ele roubou,** que foi preso e assim vai.* (informação verbal, grifo nosso).

Destaca-se na avaliação final dos candidatos a maior diferença na pontuação entre Bolsonaro e Lula de todas as entrevistas, mas, ainda assim, de apenas dois pontos.

Onda 4

Galena afirma agora que não votaria apenas em Roberto Jefferson.

> *Eu tava fazendo uma pesquisa, porque eu faço uma pesquisa de meia em meia hora, eu faço alguma coisa. Aí eu estava vendo que, como é o nome dele? Jefferson ... Jefferson, é isso mesmo que eu vi aqui. [...] Só nele, que eu achei um absurdo. Os outros, eu não tenho nada contra, nem a favor. [...] Sabe um cara que já foi condenado em um monte de coisa? Eu acho que ele num passa no meu crivo, não.* (informação verbal).

Na avaliação dos principais candidatos, destaca-se a mesma pontuação seis para os três que lideram as pesquisas. Mostra-se esforçada para conhecer melhor o contexto político e poder avaliar a candidata Tebet[487], a quarta mais bem posicionada nas pesquisas.

> *Eu não consigo avaliar essa mulher, porque essa mulher, até que eu gosto desta criaturinha, sabe que eu gosto dela. Vamos ver se eu consigo avaliar na próxima semana, que eu quero assistir ... nem que eu durma em cima, mas quero assistir os horários políticos.* (informação verbal).

Onda 5

Galena muda de opinião, uma vez mais, sobre os candidatos em quem não votaria.

> *Se ele fosse continuar a ser candidato, seria esse Bivar aí. Eu não votaria de jeito nenhum, ainda bem que ele saiu. E o Eymael que, coitadinho, nunca ganha. Não ia ganhar dessa vez também.* (informação verbal).

---

[487] A candidata foi avaliada anteriormente apenas na Onda 2.

Ressalta positivamente a candidata Tebet nos programas do HGPE. Já nos telejornais, aponta Bolsonaro como o mais citado negativamente.

> *Porque eu acho que ela é muito clara, ela é muito lúcida nas coisas que ela faz, fala. Ela é mais transparente.* (informação verbal).

> *É que metem tanto o pau no cara ... que não dá pra lembrar de tudo que ele faz. Que ele só faz besteira, mesmo.* (informação verbal).

Após assistir à série de entrevistas da Rede Globo, decide o voto, ainda que sem muita convicção, destacando as pautas do seu candidato que mais lhe chamaram a atenção.

> *Da Globo eu assisti [...] foi por isso que eu me decidi a ele.* (informação verbal).

> *Se eu não mudar até lá, tá bom. [...] No Ciro Gomes.* (informação verbal).

> *Nas coisas que ele falou, sabe? Sobre enxugamento de máquina do Estado, sabe? Sobre as coisas que ele quer pro futuro do Brasil, que mesmo que daqui quatro anos ele saia, mesmo se candidatando, que ele quer deixar o seu sucessor, ele quer deixar tudo encaminhado pros próximos sucessores, ele quer dar uma organizada. Apesar que todo mundo fala isso, né?* (informação verbal).

Destaca-se a alta avaliação de todos os candidatos, com pontuação sete, excetuando seu candidato, com pontuação oito.

Onda 6

Simone Tebet é agora a melhor avaliada e sua decisão de voto está incerta.

> *Era o Ciro Gomes, eu acho que é nele ainda, não sei. Eu já nem sei mais, se eu vou votar nele.* (informação verbal).

Solicitada a expressar o primeiro sentimento que viesse à cabeça sobre os candidatos, Galena argumenta:

> *Acho difícil isso, não consigo assim não.* (informação verbal).

A figura a seguir apresenta o quadro de sentimentos de Galena em relação aos principais candidatos à presidência da república. A dificuldade da entrevistada em expressar seus sentimentos em relação aos candidatos ajuda a explicar sua dificuldade em fazer sua escolha eleitoral.

Figura 19 – Primeiro sentimento que vem à cabeça de Galena sobre os candidatos

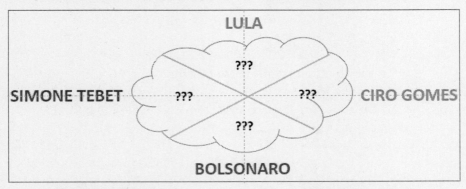

Fonte: Elaborada pelo autor com base na pesquisa longitudinal, 2023.

Onda 7

Em relação às notícias a que teve acesso recentemente, destaca um vídeo do YouTube sobre Rodrigo Garcia[488] e o resultado de uma pesquisa eleitoral.

> O que está mais agora em evidência, dentro disso tudo, é que a direita foi a que ganhou no primeiro turno. Então, tudo depende agora pra focar na eleição, entendeu? Pra focar pra presidência mesmo. (informação verbal).

> Eu vi hoje, acho que saiu ontem pelo Correio Braziliense, que o Bolsonaro, ele está com cinquenta e dois por cento. Ele subiu, ele ultrapassou o Lula. Que o Lula, até antes de ontem, tava com mais de cinquenta por cento. (informação verbal).

Vale ressaltar que, não obstante esta pesquisa, Galena acredita que Lula será eleito presidente. Confirma o voto no primeiro turno em Ciro Gomes e afirma estar em dúvida agora, mas "propensa a votar no Bolsonaro" (informação verbal), destacando valores que pesaram nessa decisão, como a ordem e a democracia. Galena consegue assim associar a democracia a Bolsonaro, apesar de, em sua avaliação final, qualificá-lo como autoritário. Interessante notar ainda sua alta avaliação final dos dois candidatos, ambos com pontuação oito.

> Os dois vieram desse jeito. Ou engole um, ou engole o outro. [...] Você me engole na corrupção e você me engole por eu ser autoritário, por eu ser mal educado, entendeu? Bem assim os dois, é. (informação verbal).

---

[488] Vale lembrar que o governador, após derrota na disputa pelo governo de São Paulo, declarou seu apoio "incondicional" a Bolsonaro. Para maiores informações ver: https://exame.com/brasil/rodrigo-garcia-declara-apoio-a-bolsonaro-e-tarcisio-no-segundo-turno/.

O Lula, eu acho que ele fez uma má gestão, sabe? Ele não é um bom gestor e, do Bolsonaro, é que ele não tem nenhum cuidado com as palavras dele. (informação verbal).

Síntese do comportamento eleitoral de Galena

Galena não tinha muito interesse por política e não a compreendia bem. Sem uma consciência política mais articulada, guiava-se pela intuição, baseada em suas crenças e valores, tendo dificuldade em fazer uma construção simbólica estruturada dos atores políticos que os associasse à sua visão de mundo. Por conta disso, estava muito exposta às forças do momento, o que se refletia em suas constantes mudanças de opinião, sua falta de convicção nas decisões e sua volatilidade eleitoral. Suas principais fontes de informação eram os jornais televisivos e o HGPE. Participava do Facebook e WhatsApp e assistia ao programa de debates bolsonarista Prós e Contras da Jovem Pan. Discutia frequentemente com o marido, que, apesar das divergências políticas, contava com sua confiança. Em meio a um contexto extremamente conturbado e polarizado, e mesmo com propostas eleitorais tão distintas, Galena avaliava os dois principais candidatos de forma muito próxima. Sua rejeição por Lula era confusa e obscura. Não conseguia julgar com certeza se ele esteve envolvido nos esquemas de corrupção e, na dúvida, preferia condená-lo. Seus valores morais não permitiam apoiar um candidato com tal passado, além de não avaliar positivamente sua administração, apesar das opiniões contrárias que ouvia. Em relação a Bolsonaro, sua percepção, além de confusa, era contraditória. Achava-o mal-educado, intempestivo e autoritário, mas o associava à democracia e à ordem. Ciro Gomes, inicialmente rejeitado por suas realizações mal avaliadas e sua linguagem incomum, começou a crescer na Onda 4. Na onda seguinte, destacou-se após a série de entrevistas na Rede Globo, momento em que Galena decidiu votar nele, seduzida por sua proposta de reduzir o aparato estatal, um dos fundamentos do neoliberalismo. Tebet só começou a ser avaliada de forma contínua a partir da Onda 5, superando os demais na onda seguinte por sua clareza, transparência e lucidez nos debates. Sua percepção positiva da candidata, entretanto, não foi suficiente para superar um possível preconceito de gênero que a fizesse mudar a decisão de voto. No segundo turno, intencionava votar em Bolsonaro, ainda que sem muita convicção. Dez dias após a última entrevista, no dia seguinte à eleição, quando contatada para confirmar o voto, Galena relatou ter mudado de ideia. Uma influência de última hora, possivelmente do marido, a motivou a votar em Lula.

7.2.3.7 O eleitor Germânio

Germânio tinha 48 anos, era supervisor administrativo, com curso médio, casado e agnóstico. Sua situação financeira havia piorado nos últimos anos e sentia-se muito insatisfeito com a vida.

> *O Brasil de hoje? Está ruim, viu, professor. Fome, a miséria assolando o Brasil. As coisa no Brasil tudo cara, expectativa de renda, muito pouca. [...] Gosto de morar aqui, só não gosto dos governo que estão comandando o Brasil.* (informação verbal)[489].

Expressou ter alto interesse por política, achava o voto importantíssimo para o país e confiava totalmente no sistema eleitoral com urnas eletrônicas.

> *Pra melhora para o Brasil, para toda a população. E um bem-estar para todo mundo, sempre há melhoras, não é?* (informação verbal)[490].

> *Porque, do jeito que está o país, precisa de muita mudança. Do jeito que está, está indo por água abaixo.* (informação verbal)[491].

> *Não tem esse negócio de fake e eu acredito cem por cento na pesquisa.* (informação verbal)[492].

Mostrou-se informado sobre os resultados das pesquisas eleitorais, que serviam de parâmetro para a sua avaliação dos candidatos.

> *Porque é só quando acontece as pesquisas, a gente fica sabendo qual que é o nível do candidato.* (informação verbal)[493].

> *Eu acho que a pontuação dele[494], não só na pesquisa, mas que eu vejo aí, não é um cara confiável.* (informação verbal)[495].

Na eleição, os assuntos que lhe despertavam maior interesse eram a saúde, a fome[496] e o emprego, tendo como principais fontes de informação os jornais de televisão e a internet, por onde acompanhava as transmissões da BandNews FM. Assistia também aos jornais da Rede Globo, a respeito dos quais sua confiança variou muito ao longo das entrevistas. Afirmava

---

[489] Fornecida na Onda 7.

[490] Fornecida na Onda 1.

[491] Fornecida na Onda 7.

[492] Fornecida na Onda 7.

[493] Fornecida na Onda 1.

[494] Refere-se ao candidato Ciro Gomes.

[495] Fornecida na Onda 5.

[496] Em certas entrevistas, empregou a palavra "alimentação."

não usar as redes sociais, apesar de manter contato com o entrevistador através do WhatsApp. Não confiava no HGPE nem na mídia impressa e, por isso, não a utilizava. Também não confiava na informação obtida pela socialização presencial, à exceção de seu irmão, sua fonte mais assídua.

> ...ele tem bastante conhecimento das coisas. Então, sempre a gente fica falando da crise do país. Então a gente fica falando de política. (informação verbal)[497].

> Ele tem uma mente muito aberta, ele conhece bem mesmo da política; então, eu confio muito nele. (informação verbal)[498].

O gráfico a seguir apresenta a evolução da avaliação de Germânio sobre os candidatos ao longo das entrevistas.

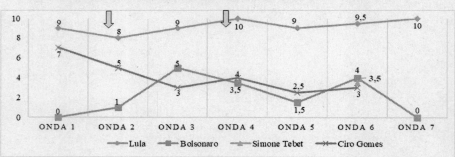

Gráfico 46 – Evolução da avaliação dos candidatos[499]: Germânio

Fonte: Elaborado pelo autor com base na pesquisa longitudinal[500].

Onda 1

Germânio está pouco informado sobre o contexto eleitoral e, espontaneamente, só consegue se lembrar de dois candidatos à presidência da República – Lula e Bolsonaro – identificando apenas o partido de Lula. Afirma que não votaria para presidente apenas em Luciano Huck[501], por achá-lo inexperiente.

---

[497] Fornecida na Onda 2.
[498] Fornecida na Onda 4.
[499] Conforme a pergunta: Avalie os candidatos, usando uma escala de 0 a 10. As setas no gráfico indicam o momento da tomada de decisão de voto do primeiro turno. Após decidir-se na Onda 2, Germânio recua de sua decisão, decidindo-se em definitivo na Onda 4.
[500] As avaliações faltantes indicam que o entrevistado preferiu não opinar sobre o candidato naquele momento. Na onda 7, após a realização do primeiro turno, apenas os candidatos Bolsonaro e Lula, que passaram para o segundo turno, foram avaliados. O entrevistado avaliou a candidata Simone Tebet apenas na Onda 6, com pontuação três e meio.
[501] Em 16 de junho de 2022, o apresentador anunciou que não disputaria as eleições. Ver: https://www.cnnbrasil.com.br/politica/luciano-huck-diz-que-nao-sera-candidato-a-presidencia-em-2022/.

Aponta Lula como o mais citado positivamente nos jornais da televisão e Bolsonaro, negativamente.

> *É da inflação, que ele[502] falou que ia lutar firme contra a inflação no Brasil.* (informação verbal).

> *É a respeito da saúde. Da saúde, a respeito da vacina da Covid. Ele[503] foi contra no começo, então daí passou uma coisa negativa pro presidente.* (informação verbal).

Vale destacar, na sua avaliação do ex-juiz Sergio Moro, a pontuação mínima no quesito confiança.

Onda 2

Apesar de conhecer apenas os dois principais candidatos e sem muita convicção, Germânio decide-se a favor de Lula, por entender que o desempenho do seu governo foi melhor, notadamente em relação ao controle da inflação.

> *Porque eu acho que, no mandato dele, quando foi bem melhor do que o do Bolsonaro e dos outros que também já teve lá.* (informação verbal).

Como não tem muito conhecimento dos demais candidatos, sua rejeição permanece restrita a Luciano Huck.

Onda 3

Continua conseguindo identificar somente os candidatos Lula e Bolsonaro. Sentindo falta de mais informações, Germânio recua e se diz indeciso novamente, apesar de manter certa preferência por Lula.

> *Porque eu não acompanhei os outros objetivos dos outros candidatos direito. [...] Eu estou em dúvida entre esses dois, porque os outros não tive um acompanhamento.* (informação verbal).

> *Tá, mas, por enquanto as informações mais correta é pelo Lula.* (informação verbal).

Em sua avaliação dos candidatos, destaca-se o acentuado aumento na pontuação do candidato Bolsonaro, notadamente em relação à sua campanha nas mídias, o que talvez justifique seu recuo em relação à decisão de voto.

---

[502] Refere-se ao candidato Lula.

[503] Refere-se ao candidato Bolsonaro.

Onda 4

Germânio expressa sua rejeição a Bolsonaro por estar sendo um "mau presidente." Acredita que agora está muitíssimo bem informado e decide-se novamente pelo candidato Lula, "pela questão financeira quando ele foi presidente aqui no Brasil" (informação verbal). Sua percepção é reforçada nas conversas com o irmão.

> Então a gente fala, a gente entrou em comentário, que na gestão dele foi bem melhor do que tá sendo na gestão agora. (informação verbal).

Onda 5

Germânio não assiste ao debate promovido pela Rede Bandeirantes, nem as séries de entrevistas da Rede Globo e da CNN, mas assiste aos programas do HGPE, destacando positivamente a campanha de Lula, e os jornais da televisão, apontando Lula e Bolsonaro como os mais citados, de forma positiva e negativa, respectivamente.

> Bom, teve a que eu ouvi do Luiz Inácio Lula, que ele falou que vai mexer muito na parte da infraestrutura aqui do Brasil. (informação verbal).

> É a notícia das mansões, né? Que os filhos dele[504] comprou e tá sendo tudo vedado. (informação verbal).

Ainda consegue apenas identificar, de forma espontânea e convicta, os candidatos Lula e Bolsonaro.

> Eu não sei te falar, professor, eu sei dos nome, mas, assim definido, é mais esses dois aí. E em quem eu vou votar mesmo é no Lula. (informação verbal).

Rejeita o candidato Ciro Gomes por não ser confiável, o que, em sua opinião, se refletia em sua posição desvantajosa nas pesquisas eleitorais. Vale ressaltar que sua confiança em Ciro, com pontuação dois, é maior que a em Bolsonaro, com pontuação zero, porém Bolsonaro não está incluído em suas rejeições. Destaca-se ainda em sua avaliação a pontuação máxima no quesito confiança do candidato Lula.

Onda 6

Continua assistindo ao HGPE e aos jornais da Globo, tendo como destaque positivo o candidato Lula.

---

[504] Refere-se ao candidato Jair Bolsonaro.

> *Bom, porque, pelos objetivos que ele passou, é os objetivos que está precisando aqui no Brasil, que o Bolsonaro deixou a desejar. [...] Que ia abaixar, ia dá um fim na pobreza, diminuir a pobreza e colocar a comida mais barata no prato do brasileiro. [...] A positiva do Lula, que o Lula vai abaixar o valor do combustível e, mais uma vez eu vou falar, reduzir a fome do Brasil. (informação verbal).*

Já Bolsonaro é associado à corrupção e ao descaso no combate à epidemia da Covid-19.

> *A pior dele é que ele falou, que ele não teve roubo, que o negócio da vacina, ele não deixou a desejar vacina, né? Que era pra ele ter, na época da pandemia, que era pra ele ter ajudado e ele falou que ele não, que ele ajudou também na vacina. Porém ele mentiu muito, que, no começo das vacina, da pandemia, ele não ajudou o povo brasileiro. (informação verbal).*

Dos diversos debates, assiste ao da Rede Globo, apontando a fome como tema principal e Lula, com o melhor desempenho, por ter sido "mais objetivo". Todavia, não assiste às entrevistas com os candidatos promovidas pela CNN e pelo SBT.

A figura a seguir apresenta o quadro de sentimentos de Germânio em relação aos principais candidatos à presidência da república. Lula é o único candidato que inspira a sua confiança. Bolsonaro e Tebet são associados à desconfiança, chamada de "inconfiança" pelo entrevistado, e Ciro Gomes posicionado em um nível intermediário.

Figura 20 – Primeiro sentimento que vem à cabeça de Germânio sobre os candidatos

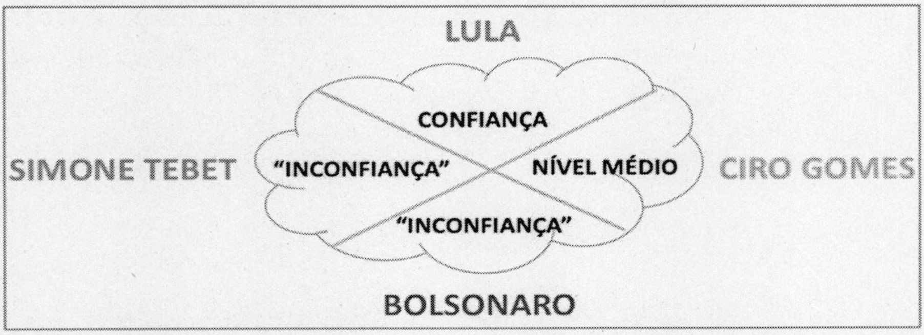

Fonte: Elaborada pelo autor com base na pesquisa longitudinal, 2023.

Onda 7

Apesar das dificuldades que vem enfrentando, Germânio está otimista quanto ao futuro do país, o que se reflete em sua avaliação final sobre Lula. Já sua insatisfação com a vida é canalizada no candidato Bolsonaro.

> *Ah, como ele já foi um bom presidente, eu acho que ele vai voltar a ser melhor ainda.* (informação verbal).

> *Mentiroso, não tem moral, não tem respeito, é um cara sem caráter.* (informação verbal).

Síntese do comportamento eleitoral de Germânio

Germânio nutria expectativas elevadas em relação àquelas eleições, esperançoso por uma mudança que pudesse melhorar o bem-estar da população, especialmente no que diz respeito à redução da fome, tema constantemente abordado em suas entrevistas e preponderante em sua decisão de voto. Sua avaliação de Lula foi sempre alta devido à prosperidade verificada em seu governo, o que gerava um importante nível de confiança no candidato ex-presidente. Decidiu-se rapidamente por ele, recuando, em seguida, por sentir que precisava de mais informações, voltando a optar pelo mesmo candidato na Onda 4. A instabilidade de Germânio quanto à sua decisão de voto ocorreu em um momento de avanço na sua avaliação de Bolsonaro, especialmente em relação à sua campanha nas mídias, refletindo a fragmentação de sua consciência, que o deixava exposto a fatores de curto prazo. No entanto, a comparação retrospectiva entre o governo dos dois presidentes, reforçada pela opinião do irmão, sua maior referência política, foi determinante em sua decisão. Vale lembrar que sua situação financeira havia piorado consideravelmente nos últimos anos. Apesar de ter uma consciência política fragmentada que o impedia de compreender o complexo contexto político, seu cotidiano, duramente afetado pelos efeitos da conjuntura econômica, o levou a responsabilizar e punir o candidato incumbente. Seu voto racional foi direcionado ao único candidato em quem via a possibilidade de realizar seu desejo de um futuro melhor para si e para o país.

7.2.3.8 O eleitor Háfnio

Háfnio tinha 38 anos, era empresário, psicólogo pós-graduado, casado e cristão. Sua situação financeira havia melhorado nos últimos anos e estava satisfeito com a sua vida, mas insatisfeito com o país.

> *Estou satisfeito com o país de hoje? Não, nem um pouco. Ah porque eu acredito na equidade, na pluralidade das pessoas e ultimamente está se pregando muito ódio, né? E falta empatia, em olhar para o próximo. Hoje, quando as pessoas se posicionam enquanto voto, partido, sobre de que lado que está, é muito o olhar individual, né? Hoje eu sou empresário, estou bem, só que eu não posso olhar só pro meu ... fazer política só pra mim, eu tenho que ver meu vizinho do lado, meu vizinho da frente, meu vizinho de trás, pra entender por que eu não posso só pensar em mim. (informação verbal)[505].*

> *Que eu destaco do país? Eu acho que, assim ... é a beleza dele em si. Só, né? Pensando no desgoverno que a gente tem, acredito que nada foi de tanto impacto que eu possa me orgulhar. (informação verbal)[506].*

Tinha alto interesse por política e achava o voto importantíssimo. Acreditava que as urnas eleitorais eram confiáveis e seguras por serem auditáveis e gostava das sondagens eleitorais porque serviam de base para a tomada de decisão em caso de voto útil. Vale destacar que, após o resultado do primeiro turno, sua confiança nas pesquisas foi abalada. Ademais, assim como alguns outros entrevistados, mostrou não ter conhecimento da metodologia de *surveys* de abrangência nacional

> *[...] porque são as pessoas que vão nos representar, que vão, além de nos representar, criar ações, políticas públicas e direcionar o nosso país. Então, assim, é de extrema importância quem está lá, ser uma pessoa coerente. (informação verbal)[507].*

> *Eu acho que ela[508] deveria ser mais ... ter mais pluralidade, no sentido de ... ah como que eu posso falar? Na diversidade de pessoas, regiões, idades, nessa questão que eu digo de pluralidade, diversidade e com mais pessoas. Que, às vezes, a gente se resume a algumas cem pessoas, duzentos pessoas, que talvez não traga a realidade. (informação verbal)[509].*

Saúde e educação eram seus temas mais relevantes e suas principais fontes de informação política, os debates entre candidatos e os jornais de televisão. Acreditava que os debates, as entrevistas com os candidatos e os jornais *online* eram as fontes que mais atuavam no seu processo de tomada de decisão eleitoral. Assistia assiduamente aos diversos jornais da Rede Globo,

---

[505] Fornecida na Onda 7.

[506] Fornecida na Onda 7.

[507] Fornecida na Onda 1.

[508] Refere-se às pesquisas eleitorais.

[509] Fornecida na Onda 7.

tendo alta confiança nesse veículo, e participava do Instagram, Facebook e WhatsApp, cuja credibilidade se sustentava em função de suas conexões com canais de confiança.

> *Quando a gente fala de rede social, fica complicado da gente acreditar ... as informações colocadas, se não for por fontes seguras.* (informação verbal)[510].

> *Como essas fontes são colocadas por pessoas e eu sigo alguns canais de credibilidade, vou colocar um sete[511], porque tem muita informação ainda como fake news.* (informação verbal)[512].

Não lia jornais e revistas impressos por princípios ecológicos, mas assinava as versões online de *O Estado de São Paulo* e da *Folha de São Paulo*. Fazia restrições ao HGPE, por acreditar que a informação divulgada tinha o propósito de agradar ao público-alvo.

> *Eu acredito que a gente pode contribuir com o meio ambiente: quanto menos papel, melhor, menos lixo.* (informação verbal)[513].

> *Ah, vou colocar seis[514], porque muita da informação é manipulada. A pessoa fala o que os outros querem ouvir, não aquilo que a gente quer. Quer dizer, que a gente precisa.* (informação verbal)[515].

Sua socialização presencial era mais frequente com o marido e a irmã, ambos de sua confiança.

> *O posicionamento dela [...] ela não tem essa questão de acreditar naquilo que é pertinente. Ela pesquisa o que é real, então é uma fonte de informação pra mim.* (informação verbal)[516].

O gráfico a seguir apresenta a avaliação de Háfnio sobre os candidatos ao longo das entrevistas.

---

[510] Fornecida na Onda 6.
[511] Avaliação da credibilidade da informação das redes sociais, em uma escala de zero a dez.
[512] Fornecida na Onda 3.
[513] Fornecida na Onda 2.
[514] Avaliação da credibilidade da informação do HGPE, em uma escala de zero a dez.
[515] Fornecida na Onda 5.
[516] Fornecida na Onda 4.

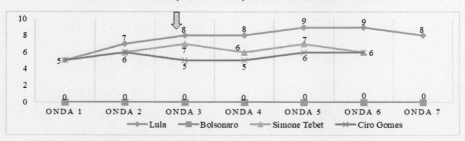

Gráfico 47 – Evolução da avaliação dos candidatos[517]: Háfnio

Fonte: Elaborado pelo autor com base na pesquisa longitudinal[518].

Onda 1

Háfnio acredita estar bem informado para votar e enumera os candidatos Bolsonaro, Ciro Gomes, Doria[519] e Lula, lembrando-se apenas dos partidos dos últimos dois. Seus candidatos rejeitados são Bolsonaro e Lula, ambos muito mal avaliados em relação à confiança, com pontuação zero e dois, respectivamente.

> Ah porque é uma guerra de ego muito grande e são dois opostos, que eu não sei se eles estão ali pra um derrubar o outro ou se, realmente, estão a fim de uma proposta pra população. (informação verbal).

Para Háfnio, o candidato Doria, por ser ex-prefeito e depois governador, é o mais bem citado nos jornais televisivos e Lula, possivelmente o segundo. No outro extremo, desponta Bolsonaro, por sua negligência com a saúde e com as minorias. Aponta o mesmo enviesamento em relação aos candidatos nas redes sociais de que participa.

Onda 2

Háfnio identifica os quatro principais candidatos e o partido da maioria deles. Sua confiança em Lula aumenta, pontuando-o com sete, a mais alta entre os candidatos avaliados. Sua rejeição agora restringe-se a Bolsonaro, pelo seu posicionamento, personalidade e caráter. Está indeciso entre o voto útil e o voto no candidato mais desejado no momento.

---

[517] Conforme a pergunta: Avalie os candidatos, usando uma escala de 0 a 10. A seta no gráfico indica o momento da tomada de decisão de voto do primeiro turno.

[518] As avaliações faltantes indicam que o entrevistado preferiu não opinar sobre o candidato naquele momento. Na onda 7, após a realização do primeiro turno, apenas os candidatos Bolsonaro e Lula, que passaram para o segundo turno, foram avaliados.

[519] Vale lembrar que, na época da primeira onda, João Doria já havia desistido da candidatura.

> *Porque eu tenho que pensar no segundo turno. Então, eu não sei se eu me posiciono já no primeiro, pra que o ... ganhe força pro segundo, ou se eu posso ser mais assertivo agora e correr o risco de outro candidato, que não me satisfaz, estar lá.* (informação verbal).

Onda 3

Háfnio decide o voto a favor de Lula, um voto útil anti-Bolsonaro, e se diz muito seguro quanto à sua decisão.

> *Eu acredito se a gente não focar no presidente hoje mais adequado, pensando naquele que eu não votaria, que seria o Bolsonaro, eu acredito que daria a chance pro Bolsonaro ir pra um segundo turno, com outro mais fraco.* (informação verbal).

Nos jornais televisivos, destaca o nível de polarização política, que vem estimulando a violência social, e as notícias negativas sobre Bolsonaro.

> *Ah essa rixa política dos eleitores, sobre até esse crime[520] que teve aí por questão política, que me chama a atenção, porque a gente tem que pensar no crescimento, desenvolvimento do país, e agora essas rixas sem necessidade, algo que me choca muito.* (informação verbal).

> *É corrupção, demitiu um, coloca outro no um, mexe naquilo, se posiciona totalmente errado. Incoerente, é isso[521].* (informação verbal).

Onda 4

Háfnio reitera a justificativa de sua decisão de voto em favor de Lula e exprime sua aversão por Bolsonaro.

> *Além de estratégia, porque, assim, eu não tenho tanta afinidade assim com o PT. Só que eu tenho menos afinidade com outros partidos, que do Ciro e Tebet, por exemplo. Eu não, não posso usar esse termo, jogar o voto fora. Só que, pra que não haja a possibilidade do excelentíssimo presidente, que está hoje pra ganhar, eu prefiro dar força pra um outro candidato.* (informação verbal).

> *Pode falar palavrão? O cara é escroto, ele é muito sem noção, falta visão, falta humildade, falta amor, falta, assim ... falta tudo naquele cara.* (informação verbal).

---

[520] Refere-se ao assassinato do tesoureiro do PT durante sua festa de aniversário.

[521] Refere-se a Bolsonaro.

Onda 5

Destaque para a sua avaliação da campanha eleitoral de Lula, com pontuação máxima, bem como a pontuação nove nos quesitos: confiança, preparo para o cargo e plano de governo. A candidata Tebet também sobe em sua avaliação, possivelmente em função de seu desempenho no debate promovido pela Rede Bandeirantes, a melhor, em sua opinião.

> *Ah eu acredito que a fala, a segurança, os projetos. São falas sem alfinetar o outro, são falas mais concisas.* (informação verbal).

Onda 6

Sua justificativa para escolher o programa de Bolsonaro como o pior e o de Lula como o melhor no HGPE é um exemplo de atuação do filtro perceptivo.

> *O pior foi o Bolsonaro. Eu gostei bastante da do Lula. Por questão de afinidade com as propostas. São ideias apresentadas que não condiz com aquilo que eu acredito. Isso quando falo do Bolsonaro, e quando eu falo do Lula, é ao contrário.* (informação verbal).

Às vésperas da eleição, Háfnio reflete sobre suas motivações para a decisão de voto, um voto não apenas pragmático, mas ideológico.

> *O que me pesou é eu ser mais assertivo no meu voto e **ter pessoas que possam me representar, enquanto ideias de proposta de governo**. [...] Eu tinha te dado uma outra resposta inicialmente, mas vai passando, vai ficando mais próximo, a gente vai ... a gente assiste, escuta, lê, e isso me fez ter certeza, por esse motivo.* (informação verbal, grifo nosso).

A figura a seguir apresenta a percepção do entrevistado quanto aos seus sentimentos sobre os principais candidatos. Sua rejeição a Bolsonaro é tão forte a ponto de provocar nele o sentimento de ódio. Lula aparece como a salvação para o país que, no momento, lhe desagrada profundamente. Os candidatos da terceira via não empolgam e são vistos como possibilidades para futuros pleitos.

Figura 21 – Primeiro sentimento que vem à cabeça de Háfnio sobre os candidatos

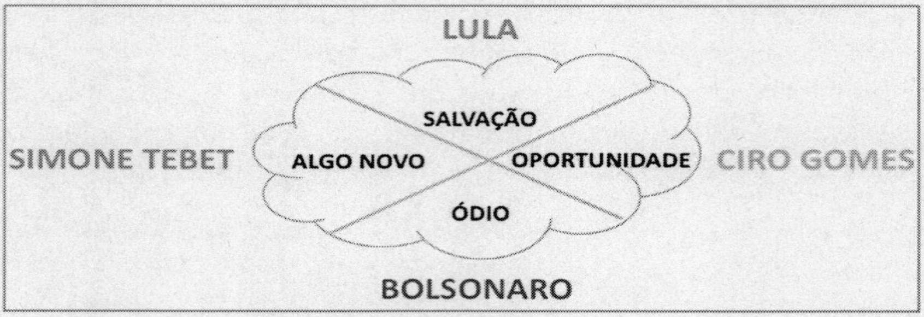

LULA

SIMONE TEBET — SALVAÇÃO / ALGO NOVO — OPORTUNIDADE / ÓDIO — CIRO GOMES

BOLSONARO

Fonte: Elaborada pelo autor com base na pesquisa longitudinal, 2023.

Onda 7

Dentre as notícias negativas das últimas semanas, aponta os cortes na saúde, o assédio de Bolsonaro às adolescentes venezuelanas, suas constantes mentiras e sua tentativa de aumentar os ministros do STF para instrumentalizar a instituição. De positivo, aponta os discursos de Lula e seu otimismo em relação ao país, apesar de seu desalento em relação ao voto de minorias discriminadas.

> *Acho que ele traz veracidade no discurso dele. Ele, além de trazer veracidade, ele traz empatia. Acho que essa é a palavra. Ele traz empatia no discurso dele.* (informação verbal).

> *Olha, otimista eu tô muito e espero que ele se concretize no dia trinta[522], mas, às vezes, eu fico muito desanimado de ver que pessoas passando por alguma situação de discriminação ainda vota no fulano de lá[523].* (informação verbal).

Em sua avaliação das eleições, destaca a polarização entre os principais candidatos e seu voto de exclusão no segundo turno.

> *Essa polarização é algo que é lamentável. É muito lamentável, né? Eu não queria nem um nem o outro no poder. Dentro das opções que eu tenho hoje, o Lula é o melhor candidato.* (informação verbal).

Síntese do comportamento eleitoral de Háfnio

Háfnio preocupava-se com a equidade social, o bem-estar alheio, a discriminação das minorias, a conservação do meio ambiente e com a violência gerada pela polarização política. Seus valores e identidade pessoal

---

[522] Refere-se ao segundo turno das eleições.

[523] Refere-se a Jair Bolsonaro.

foram determinantes para a decisão de voto. Tinha alto interesse por política, além das áreas de saúde e educação. Em seu convívio social, destacavam-se o marido e a irmã. Desde o início das entrevistas, demonstrou estar bem informado sobre o quadro eleitoral. Na Onda 1, sua confiança em Bolsonaro e Lula era muito baixa, mas, enquanto a avaliação geral de Bolsonaro permaneceu baixíssima, a avaliação de Lula, que começou em um patamar mediano, rapidamente se desprendeu da avaliação dos demais. Na Onda 2, a confiança e avaliação geral de Lula já eram as mais altas entre os principais candidatos. Naquela altura, sua indecisão residia entre o voto útil e o voto no candidato preferido, ainda indefinido. Ciro Gomes e, especialmente, Simone Tebet, que poderiam ter sido opções, não decolaram nas pesquisas eleitorais. Na Onda 3, quando optou por Lula, sua decisão se enquadrava mais como voto útil, uma vez que seu principal objetivo era evitar o fortalecimento de Bolsonaro no segundo turno e sua reeleição, visto que o candidato era absolutamente rejeitado e classificado como "sem noção", sem visão, sem humildade e sem amor. A medida que as propostas dos candidatos foram apresentadas nos eventos de campanha, ficou evidente que, além do voto útil, havia uma afinidade de valores com o candidato, ou seja, seu voto, mais do que pragmático, teve um componente ideológico.

7.2.3.9 A eleitora Niobite

Niobite tinha 51 anos, era administradora de empresas, pós-graduada, casada e espírita. Estava satisfeita com a vida e sua situação financeira estável nos últimos anos. Gostava do país e apontava o crescimento da pobreza como resultado da má gestão pública.

> Hoje, o Brasil, eu acho que ele ainda é um bom lugar pra se morar, o que eu gosto daqui realmente são as pessoas e a liberdade de escolha que você tem, né? A liberdade de você ter acesso a muitos produtos, informações. Isso a gente ainda tem: liberdade. Eu gosto muito do clima daqui e das pessoas. (informação verbal)[524].

> Aumentou a fome, o índice de fome no país. Isso é extremamente triste, né? (informação verbal)[525].

Achava o voto importantíssimo para fazer "valer sua cidadania" e interessava-se bastante por política. Valorizava as pesquisas eleitorais e acreditava no sistema eleitoral.

---

[524] Fornecida na Onda 7.

[525] Fornecida na Onda 7.

> *Eu procuro ver os programas de cada candidato quando eu vou votar e eu normalmente me interesso em votar pelo sexo feminino, que eu acho que é muito defasado com relação ao masculino. (informação verbal)[526].*

> *Eu acho que elas[527] são importantes porque muitas vezes elas também influenciam no voto das pessoas indecisas. (informação verbal)[528].*

> *Eu acho que é extremamente confiável. A tecnologia, ela vem pra ajudar, né? Eu acho que não tem que ser questionado isso[529]. (informação verbal)[530].*

Seus assuntos mais caros eram a política internacional, a economia e o meio ambiente e suas fontes mais usuais de informação, as redes sociais e os jornais de televisão. Já os debates e os jornais online, com destaque para o UOL, eram os mais importantes para definir o voto. Participava das plataformas do Instagram, Facebook, WhatsApp e LinkedIn e assistia à CNN, sua mídia televisiva preferida e mais confiável, apesar de achá-la tendenciosa. Pela mídia impressa, que não lia habitualmente, desenvolveu uma confiança seletiva. Não assistia aos programas do HGPE por não confiar na informação.

> *Eu acho que a CNN é um pouco imparcial, né? Na verdade, ela tem o favorito dela. (informação verbal)[531].*

> *Eu acho que isso depende do jornal e da revista. Tem alguns que não são confiáveis. Por exemplo, uma revista que eu acredito que seja mais confiável, seria uma Veja. Um jornal mais confiável, Folha, né? Os demais eu ficaria meio com receio também das opiniões. (informação verbal)[532].*

Seu relato sobre a menção dos telejornais a respeito dos candidatos à eleição de 2022, evidencia sua percepção do enviesamento político das emissoras.

> *Bom, negativo, sem dúvida alguma, foi o Bolsonaro, né? E positiva, eu acredito mais o Lula, mas também, vai também do jornal que eu assisto, né? Eu acredito que tenha influência nisso. (informação verbal)[533].*

---

[526] Fornecida na Onda 1.

[527] Refere-se às pesquisas eleitorais.

[528] Fornecida na Onda 1.

[529] Refere-se às urnas eletrônicas.

[530] Fornecida na Onda 7.

[531] Fornecida na Onda 1.

[532] Fornecida na Onda 2.

[533] Fornecida na Onda 6.

Seu marido e a filha eram as pessoas da família com quem mantinha socialização presencial mais frequente.

> [...] eu confio na opinião delas e eu confio também nas fontes que elas vão buscar pra ter como referência pra conversa. (informação verbal)[534].

Apresentamos a seguir a evolução da avaliação de Niobite sobre os candidatos.

Gráfico 48 – Evolução da avaliação dos candidatos[535]: Niobite

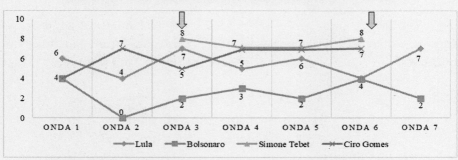

Fonte: Elaborado pelo autor com base na pesquisa longitudinal[536].

Onda 1

Niobite acredita estar muito bem informada sobre o contexto eleitoral e já demonstra rejeição por Bolsonaro.

> Pra presidente eu sei dos dois principais; eu estou esperando sair uma terceira via aí. Eu sei que é o Luiz Inácio, né? O Lula e o Bolsonaro. São os dois principais. [...] Tem a Simone Tebet. (informação verbal).

> Eu não votaria no Bolsonaro, porque eu acho que ele foi um péssimo presidente. Ele conseguiu colocar a sujeira por baixo do tapete. (informação verbal).

---

[534] Fornecida na Onda 2.
[535] Conforme a pergunta: Avalie os candidatos, considerando uma escala de 0 a 10. As setas no gráfico indicam os momentos da tomada de decisão de voto do primeiro turno.
[536] As avaliações faltantes indicam que a entrevistada preferiu não opinar sobre o candidato naquele momento. Na onda 7, após a realização do primeiro turno, apenas os candidatos Bolsonaro e Lula, que passaram para o segundo turno, foram avaliados.

Acredita que Lula tem tido mais notícias positivas na mídia televisiva e Bolsonaro negativas, destacando suas *lives* "batendo de frente" com os demais poderes. O candidato também tem sido mais negativamente citado em seu círculo virtual, em meio à disputa de narrativas que domina o contexto político. Apesar de rejeitá-lo, admira sua campanha eleitoral.

> *Eu acho que, como na última eleição, eu acho que é muito polarizada a eleição, e aí você ouve de tudo, né? Tanto de um lado quanto do outro. Você fica no meio, por isso que você fica meio indeciso.* (informação verbal).

> *Ele é maravilhoso nas mídias.* (informação verbal).

Destaca-se ainda sua completa desconfiança em relação a Lula, contrastando com Moro, o mais confiável entre os candidatos avaliados, com pontuação oito, até mesmo em relação a Bolsonaro, com pontuação cinco.

Onda 2

Niobite continua indecisa, enquanto avalia a opção da terceira via, e a percepção de seu nível de informação despenca. Rejeita agora os dois principais candidatos, qualificados como "extremos", em sintonia com a narrativa da mídia corporativa.

> *Bom, os dois principais candidatos, eu não gosto e eu não quero votar. Então, eu estava tentando achar uma terceira opção. [...] Eu não sei também se a terceira via será a mais ideal pra mim. Então, ainda estou em dúvida.* (informação verbal).

> *Nos dois principais, tanto o Lula quanto o Bolsonaro, porque eu acho que eles são extremos, né? E eu acho que eles dividem a população, eles causam essa divisão aí.* (informação verbal).

Sua confiança no candidato Bolsonaro cai para o nível mais baixo e em Lula sobe um pouco, para a pontuação dois. Já o preparo de Lula para o cargo é avaliado como "péssimo."

Onda 3

Niobite identifica espontaneamente os quatro principais candidatos, mas não sabe o partido de Simone Tebet, justamente da candidata por quem, sem muita convicção, decide o voto.

> *E da Simone, eu também não sei o partido, porque eu não me atentei a isso.* (informação verbal).

CORREDEIRAS DA DEMOCRACIA: O VOTO SOB A PERSPECTIVA PSICOSSOCIAL

> *Bom, os dois que estão liderando pra mim não faz muito ... não tenho interesse. Eu acho que a proposta deles não agrega nada. Eu acho que está na hora de mudar, né? E aí, eu dei uma olhada também nos outros candidatos, né? E ela foi quem mais me chamou atenção, porque ela mostra umas propostas relativamente novas. Inclui também ... e outra, né? Ela é do sexo feminino. Isso me inclinou pra talvez votar nela.* (informação verbal).

Embora Niobite perceba os posicionamentos conflitantes de Bolsonaro e Lula, a polarização e a violência política reforçam sua rejeição aos candidatos.

> *Agora eu estou mais atenta também ao que ele[537] fala e eu percebo que ele só prioriza algumas classes, né?* (informação verbal).

> *Mais de eventos que ele[538] está fazendo com algumas classes que não têm tanto apoio do atual presidente.* (informação verbal).

> *Aquele episódio de violência[539] também, isso me marcou bastante. Porque eu acho que o Brasil tá muito polarizado, né? [...] Eu fiquei meia chocada com isso. Eu achei que a gente tá atingindo, assim, graus extremos de violência.* (informação verbal).

Onda 5

No debate promovido pela Rede Bandeirantes, aponta Ciro Gomes e Simone Tebet como os melhores e critica a postura de Lula e de Bolsonaro.

> *Eles deveriam ter mais postura perante os outros candidatos, né? E eu achei que eles ficavam se digladiando e falando muito pouco do plano de governo.* (informação verbal).

Desaprova também a postura de Bolsonaro no feriado da Independência do Brasil e das aquisições suspeitas de sua família, ao passo que reconhece Tebet por abraçar uma causa que lhe é cara.

> *Como o candidato Jair Bolsonaro usou como se fosse comício, né? Uma data nacional, né? Que ele usou como comício, isso, assim, eu vi três jornais, os três falavam disso.* (informação verbal).

> *Principalmente a compra dos imóveis em dinheiro vivo pelos familiares dele.* (informação verbal).

> *Ela tenta falar sobre meio ambiente, né? Uma coisa que os outros candidatos quase não falam.* (informação verbal).

---

[537] Refere-se a Bolsonaro

[538] Refere-se a Lula.

[539] Refere-se ao contador petista assassinado em sua festa de aniversário.

Esses acontecimentos, dentre outros, podem ter influenciado sua confiança em Bolsonaro, que cai novamente para a pontuação mínima.

Onda 6

Assiste a parte do debate promovido pela CNN, destacando temas que notoriamente são desfavoráveis ao presidente-candidato.

> *Ah, se falou muito sobre as vacinas, né? [...] e sobre renda de pessoas mais necessitadas.* (informação verbal).

A figura abaixo apresenta a percepção emocional de Niobite. A candidata de sua escolha é associada ao sentimento de segurança, algo que Lula e Bolsonaro não lhe proporcionam. No caso de Lula, o sentimento primevo de Niobite remete ao seu ganho de confiança, o qual vem progredindo desde a primeira onda, passando de nenhuma confiança para certa desconfiança.

Figura 22 – Primeiro sentimento que vem à cabeça de Niobite sobre os candidatos

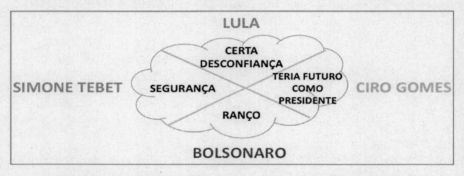

Fonte: Elaborada pelo autor com base na pesquisa longitudinal, 2023.

Onda 7

Na última hora, Niobite mudou a decisão de voto do primeiro turno, favorecendo o voto útil.

> *Porque eu comecei a ler algumas publicações na internet. Tem uma pessoa[540] que eu considero, assim, muito sábia politicamente e, pra democracia, seria melhor que o Lula ganhasse. Aí eu optei*

---

[540] Pelo WhatsApp, em 19 de novembro de 2022, a entrevistada relatou que uma das influenciadoras digitais a quem seguia era a comentarista política Gabriela Prioli. Em pesquisa no Youtube, identificamos que, em 27 de setembro, Prioli publicou um vídeo intitulado É a hora do voto útil? Disponível em: https://www.youtube.com/watch?v=P8zaQpy0fFo.

> *em mudar meu voto nos últimos minutos. Aí eu acho que a gente tem que pensar mesmo, porque a Simone Tebet não ia ter chances, né?* (informação verbal).

Insatisfeita com debates cujo mote são os ataques políticos e não as discussões programáticas, Niobite decide não acompanhar os últimos debates entre os candidatos.

> *Então, eu não assisti nenhum dos dois debates, porque eu mesma me dei esse presente (risos). Eu não gosto da maneira como eles conduzem os debates. Então, eu fico muito nervosa, eu decidi não assistir. [...] Não se fala muito sobre programa de governo, se fala mais de atacar, atacar. E eu acho que isso não é proveitoso, sabe?* (informação verbal).

Na reta final de campanha, destaca a exploração da religião para fins eleitorais e o apoio de Tebet a Lula.

> *Eu acho que o que mais me chamou a atenção foi ... isso pra ambos os lados, né? Tanto do Bolsonaro quanto do Lula, né? É essa caça de votos utilizando a parte de religião.* (informação verbal).

> *Como eu já sou simpatizante da Simone Tebet, né? Eu achei que esse apoio foi muito importante pra ele, porque ela está sinalizando um outro olhar. Por exemplo, eu vi que, dentre muitas coisas que ela orientou, ela comentou com o Lula pra ele usar branco, não usar vermelho. Porque tem muitas pessoas que, como eu, no caso, não são simpatizantes do PT.* (informação verbal).

Em sua avaliação final dos candidatos, evidencia sua preferência por Lula em função de seu compromisso com os problemas sociais e seu melhor preparo para o cargo.

> *Eu não acho ele[541] muito confiável, mas, em comparação ao outro candidato, ele é um pouco mais preparado. Pelo menos nas questões sociais.* (informação verbal).

> *Eu acho ele[542] totalmente despreparado pro cargo. E a gente já viu isso agora, né? Como ele conduz, ele é um cara que perante ... internacionalmente ele é muito mal visto. E a parte social, de como ele conduz o lado social, também é péssimo.* (informação verbal).

> *Porque não quero, eu acho assim, em todos os sentidos, pra mim o Bolsonaro, ele não foi um bom presidente, principalmente na parte do lado humano, o lado de meio ambiente, que, pra mim, é muito importante.* (informação verbal).

---

[541] Refere-se a Lula.

[542] Refere-se a Bolsonaro.

Síntese do comportamento eleitoral de Niobite

Interessada por política, em especial pela política internacional, além de economia e meio ambiente, Niobite atribuía o crescimento da pobreza e da fome à ineficiência da administração pública. Rejeitava Bolsonaro e não confiava em Lula, considerando-os responsáveis pela polarização e desordem social. Ademais, assimilara a narrativa da mídia dominante de que os dois representavam extremos opostos no espectro político. Nas eleições, preocupava-se em que seu voto retratasse sua identidade de gênero para haver melhor distribuição dos cargos políticos. Esse quadro de rejeições e desejos criou uma grande oportunidade para a candidata da terceira via mais bem posicionada nas pesquisas eleitorais, Simone Tebet. Informou-se rapidamente sobre a candidata e, sentindo afinidade com suas propostas de governo, definiu o voto na terceira onda, um voto identitário, anti-Bolsonaro e anti-Lula. Apesar da decisão tomada, manteve-se atenta aos discursos dos dois principais candidatos, percebendo as diferenças de posicionamentos e condenando a postura hostil entre eles. A proposta de cunho social e ambiental de Lula alinhava-se às suas causas, fazendo com que sua descrença no candidato diminuísse. Influenciada por uma comentarista política de sua confiança, mudou de opinião às vésperas do primeiro turno, optando pelo voto útil em Lula.

7.2.3.10 A eleitora Opala

Opala tinha 35 anos, era casada, católica, com formação superior e, nos últimos anos, havia ascendido profissionalmente para uma posição gerencial, o que melhorou sua situação financeira. Estava satisfeita com a vida e otimista em relação ao país. Elegia questões econômicas como a inflação, a pouca oportunidade de emprego e o baixo crescimento como os principais desafios do país, e a criatividade e a resiliência como virtudes admiráveis do povo brasileiro. Sua identidade progressista manifestava-se em seu anseio por um país com menos desigualdade social.

> O principal problema do país é a economia, né? Onde as coisas estão absurdamente caras. Cada vez mais caro, tudo muito caro. Hoje em dia, você não consegue ir pra um supermercado com cem reais e voltar com uma sacola cheia. (informação verbal)[543].

> O que eu gosto no Brasil é que nós, brasileiros, a gente consegue ... somos criativos, né? [...] Que nem, caiu o número de pessoas com carteira assinada, mas aumentou o número de pessoas que

---

[543] Fornecida na Onda 7.

> *aprenderam a viver com recursos próprios, né? Abriram negócios e foram vender algumas coisas aí, de porta em porta.* (informação verbal)[544].

> *Eu desejo pro país, um país mais igualitário, mais justo, onde os impostos sejam cobrados de acordo com a renda da pessoa.* (informação verbal)[545].

Tinha grande interesse por política e achava o voto e as pesquisas eleitorais importantes, mostrando-se bem informada sobre seus resultados.

> *O meu nível de interesse por política seria pra poder avaliar e até mesmo tentar entender como será o nosso futuro dentro do ponto de vista econômico e social.* (informação verbal)[546].

> *Acho de extrema importância votar porque assim a gente vai estar, de uma certa forma, participando no direcionamento do futuro do nosso país.* (informação verbal)[547].

Os jornais televisivos, especialmente o Hora 1, da Rede Globo, e a internet eram suas principais fontes de informação e os debates, a fonte mais importante quanto à influência sobre o voto. Nas redes sociais, sua participação era passiva para não gerar polêmica. Não confiava no HGPE, indicando a necessidade do eleitor de ampliar as fontes de informação para obter notícias mais precisas.

> *Pro eleitor, pra ele ter certeza do candidato que ele vai escolher, ele precisa pesquisar, ele precisa estudar, ir atrás das notícias passadas pra poder fundamentar sua decisão de voto, porque o que eles falam, muita coisa não condiz com a realidade.* (informação verbal)[548].

Evitava discussões sobre política, por entender que a opinião de cada pessoa sobre um candidato refletia apenas uma avaliação pessoal. Nem mesmo com a sogra, de quem era próxima, a conversa fluía de forma agradável.

> *Por exemplo, se eles falam do Bolsonaro, se você tem uma certa empatia, gosta do governo dele, a sua opinião sobre ele vai ser só positiva. Não vai ser negativa. Você não vai avaliar ele pelo prisma da negatividade. Só vai falar coisas boas. [...] Eu procuro até evitar, pra não influenciar na minha decisão.* (informação verbal)[549].

---

[544] Fornecida na Onda 7.

[545] Fornecida na Onda 7.

[546] Fornecida na Onda 1.

[547] Fornecida na Onda 1.

[548] Fornecida na Onda 5.

[549] Fornecida na Onda 4.

> *Como ela gosta muito do Bolsonaro, eu fico meio assim ... "E aí, que você acha?" Tipo, ela fica tentando provar pra mim que ele é uma pessoa boa. [...] Porque parece que a corrupção, ela está no sangue dos nossos superiores, dos nossos presidentes, deputados. Então, quando uma pessoa chegar pra mim e falar não há corrupção, eu falo que há. Aí eu já fico, já não gosto muito de entrar no assunto, porque ela vai defender o ponto de vista dela e eu o meu, e torna assim uma coisa muito chata.* (informação verbal)[550]

Não costumava ler jornais e revistas impressos, porque acreditava que a manipulação midiática prejudicava sua credibilidade.

> *Eu acredito que, por mais que seja uma fonte segura, ela possa ser de certa forma manipulada, mediante o interesse daquele jornal específico.* (informação verbal)[551]

A evolução da avaliação de Opala sobre os candidatos ao longo das entrevistas está apresentada no gráfico a seguir.

Gráfico 49 – Evolução da avaliação dos candidatos[552]: Opala

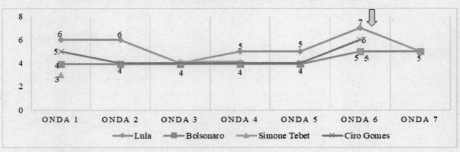

Fonte: Elaborado pelo autor com base na pesquisa longitudinal[553].

Onda 1

Opala considera-se pouco informada para decidir o voto. Espontaneamente, cita os candidatos Lula, Bolsonaro e Ciro Gomes e seus partidos e manifesta rejeição por Bolsonaro.

---

[550] Fornecida na Onda 4.
[551] Fornecida na Onda 4.
[552] Conforme a pergunta: Avalie os candidatos, usando uma escala de 0 a 10. A seta no gráfico indica o momento da tomada de decisão de voto do primeiro turno.
[553] As avaliações faltantes indicam que a entrevistada preferiu não opinar sobre o candidato naquele momento. Na onda 7, após a realização do primeiro turno, apenas os candidatos Bolsonaro e Lula, que passaram para o segundo turno, foram avaliados. Na Onda 1, a candidata Simone Tebet foi avaliada com pontuação três e, na Onda 6, com pontuação cinco.

> *[...] preciso pesquisar mais, participar de mais debates, das pro-*
> *pagandas, preciso me informar mais pra poder formalizar uma*
> *decisão concreta.* (informação verbal).
>
> *Eu não votaria no Bolsonaro, porque as formas dele direcionar a*
> *nossa política é muito rígida, é muito militarista e eu não concordo*
> *com isso.* (informação verbal).

Nas redes sociais de que participa, Bolsonaro tem sido mais comentado de forma negativa e Lula, de forma positiva.

> *Bom, eu vejo bastante comentários sobre o Lula, assim como eu*
> *vejo crítica também, mas eu vejo mais coisas positivas sobre ele*
> *ultimamente do que negativas.* (informação verbal).

Onda 2

Opala afirma que precisa analisar melhor as propostas de cada candidato para poder definir o voto e, por ainda não se sentir bem informada, recua em relação à sua rejeição por Bolsonaro, mantendo essa posição ao longo das entrevistas.

Onda 3

Destaca Lula como o mais citado positivamente nos jornais de TV, amealhando apoios políticos para o segundo turno, e Bolsonaro negativamente, por conta do seu extremismo.

Opala faz uma análise das alternativas do quadro sucessório, esclarecendo sua dificuldade em tomar uma decisão, uma vez que não acredita na retomada econômica a partir da administração desses políticos. Seu nivelamento na avaliação dos candidatos pode ser reflexo desse seu descrédito.

> *Os que têm mais experiência, que é o Lula, Bolsonaro, Ciro, né? A*
> *proposta deles não me atrai ainda. Acredito que eles no poder não*
> *vão conseguir fazer grandes mudanças diante da crise econômica*
> *que o país está passando, né? O Bolsonaro, ele já pegou meio que o*
> *Brasil quebrado financeiramente. Então, as mudanças que ele fez*
> *não surtiu muito efeito. Aí vem a pandemia também, que acabou de*
> *quebrar: aquilo que já estava ruim, ficou pior. E os novos, né, eles*
> *não têm muita experiência na questão de se tornarem candidatos*
> *à presidência. Então, isso daí tá deixando um pouco em dúvida*
> *do que fazer, né? Eu não consigo enxergar uma grande mudança*
> *diante dos candidatos que nós temos aí.* (informação verbal).

Onda 4

Destaca Lula dos demais candidatos em relação a sua campanha na mídia e seu preparo para o cargo e justifica sua avaliação de Bolsonaro por ele não honrar suas promessas de campanha, conforme a matéria do portal de notícias G1.

> *Quero até fazer uma ressalva, que no dia 27 de julho, no portal do G1, né? Saiu uma notícia que, em três anos e meio de mandato do Jair Bolsonaro, ele cumpriu uma em cada três promessas feitas durante a campanha eleitoral de 2018. Ou seja, de cinquenta e oito compromissos assumidos, ele só conseguiu cumprir vinte e um, que correspondente a trinta e seis por cento. Tá? Então, toda essa minha notinha aí, avaliada principalmente com base nessa avaliação, nessa pesquisa aqui do portal G1.* (informação verbal).

Onda 5

Opala não assiste ao debate da Rede Bandeirantes nem às entrevistas com os candidatos. Apenas acompanha postagens da revista *Época*, da *IstoÉ* e do portal G1 no Instagram e relata sentir-se insegura em relação aos candidatos que lideram as pesquisas eleitorais.

> *Eu me vejo entre a cruz e a espada, né? Porque o Lula teve toda aquela questão do desvio de verbas tal, utilização do dinheiro público de uma maneira indevida. Tanto é que teve vários processos, né? Aquela história do Mensalão e tal. Agora o Bolsonaro, eu não confio nas coisas que ele fala, porque muitas coisas que ele disse na campanha anterior, né? Que iria aplicar no governo dele. Não foi concluída, não foi feita de uma maneira correta. Então eu não sinto segurança no Bolsonaro, nas coisas que ele fala, né? E até acho também que ele é muito agressivo com a forma dele conduzir as nossas relações, tanto aqui no Brasil como relações internacionais, frente aos presidentes de outros países. E o Lula, porque o Lula, ele desvia recursos demais, demais, demais. Ele ajuda de uma certa forma a população mais pobre, né? Com auxílios, com Bolsa Família e tal, e, por outro lado, ele tira com uma mão muito grande, vamos dizer assim. Então, eu não vejo aí um futuro muito bom pro nosso país.* (informação verbal).

Onda 6

Por acreditar em uma provável vitória de Lula, menospreza seu voto. Sem nenhum candidato destacado que lhe agrade e, às vésperas da eleição, Opala ainda está indecisa, mesmo manifestando alguma preferência por Lula, o candidato de quem tem feito as melhores avaliações.

> *Mas, de verdade, você vê que é indiferente, porque o Lula está à frente das pesquisas, né? Tudo indica que ele vai ganhar esse primeiro turno e ... Nossa gente, que eleição difícil que vai ser esse ano, porque os dois candidatos, eles não me agradam e estou me vendo aí, como uma parte dos brasileiros, sem perspectiva de melhora aí pro futuro. (informação verbal).*

> *[...]nós estamos tão ruins de opção que eu estou em dúvida se eu voto no Lula ou no branco. (informação verbal).*

Sobre o debate da CNN, critica as "trocas de farpas" entre Bolsonaro e Lula e a atitude machista de Bolsonaro em relação à jornalista Vera Magalhães. Exalta o desempenho de Ciro Gomes, o que pode ter rendido sua melhor avaliação ao longo das entrevistas. Em relação à economia, seu tema predileto, apesar da impressão negativa que lhe causa Lula, ressalta sua capacidade de captação de recursos internacionais.

> *Pelo posicionamento dele, né? Ele[554] foi sempre muito conciso nas explicações dele sem ofender os demais candidatos, sem citar os delitos dos demais candidatos, como, por exemplo, o Bolsonaro. (informação verbal).*

> *Aí que tá, todos eles deram um parecer nada muito interessante, viu? Mas vamos dizer aí, vai, o Lula, porque, como eles dizem, ele rouba, mas ele tem boas relações internacionais. Ele consegue fazer com que dinheiro estrangeiro entre aqui no Brasil, de uma forma ou de outra. (informação verbal).*

Na figura a seguir, embora a entrevistada não tenha expressado sentimentos, mas palavras para qualificar os candidatos, observa-se que a única delas com cunho notadamente negativo é *ditador*, associada ao candidato Bolsonaro. Opala afirma que "ele me lembra muito a ditadura" (informação verbal). Lula, em função do seu posicionamento político, é associado a *povo* e Tebet a *futuro*, "uma perspectiva aí pro futuro" (informação verbal). Possivelmente, a perspectiva de um futuro melhor, segundo relato anterior da entrevistada.

---

[554] Refere-se ao candidato Ciro Gomes.

Figura 23 – Primeiro sentimento que vem à cabeça de Opala sobre os candidatos

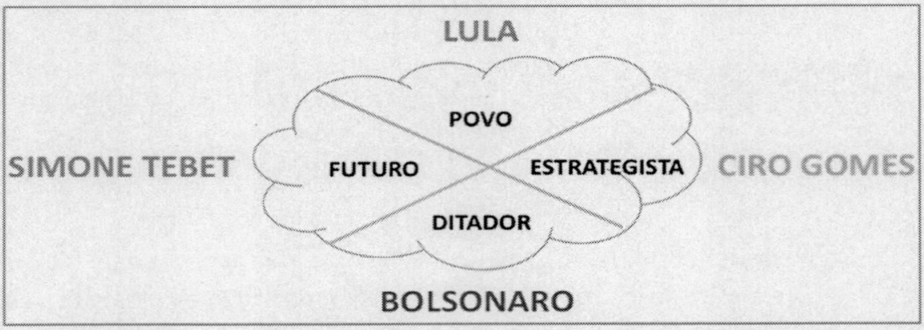

Fonte: Elaborada pelo autor com base na pesquisa longitudinal, 2023.

<u>Onda 7</u>

A perspectiva de um futuro melhor falou mais alto e Opala decidiu-se por Simone Tebet. No debate da Bandeirantes entre os candidatos do segundo turno, aponta pequena vantagem para Bolsonaro, em função das denúncias de corrupção no governo Lula.

> *Na minha opinião, ambos se saíram bem. Bom, vamos dizer que acredito que o Bolsonaro tenha sido um pouco melhor. Porque o Bolsonaro, ele teve bastante coisas a favor dele ... que foram graves na época da gestão do Lula. Teve muita denúncia a respeito de desvio de verba. Esse foi um ponto muito favorável pro Bolsonaro.* (informação verbal).

Na avaliação final dos dois candidatos, Opala justifica sua decisão de voto para o segundo turno e manifesta sua consternação com a eleição.

> *Lula, eu acredito que ele é um candidato experiente, né? Que ele tem um olhar mais voltado pro povo, pra população pobre mesmo. Ele trabalha muito na questão da inclusão social, na questão de empregos. Eu vejo por parte dele mais atenção com as questões mais emergentes voltadas às pessoas carentes mesmo. Agora, com relação ao Bolsonaro, eu acredito que, nesse mandato dele, ele não favoreceu muito aos pobres.* (informação verbal).

> *Foi o que o Lula fez na época em que ele foi presidente, né? Que ele deu participação pra inclusão social, com relação ao FIES, com relação à oportunidade das pessoas pobres terem mais acesso à faculdade. Na época também do Lula, teve mais aumento da questão dos empregos, né? Então, isso daí pesou bastante.* (informação verbal).

Ah, sei lá, de verdade, se eu pudesse, eu não votaria, porque é ridícula a nossa eleição aí de 2022. Temos dois candidatos que, sinceramente, não me agradam. Não ... Vou votar em um candidato que tem muita coisa errada aí, fez muita coisa errada no nosso país, mas, na época em que ele governou, a gente não tinha tanta ... não passava tanto aperto, tanta necessidade, as coisas não eram tão caras, né? Como é hoje. Então, de verdade, pra mim, nessas eleições, eu vou tá votando sem alegria, sem patriotismo, apenas por questões de que haja um olhar mais atencioso pra população pobre. (informação verbal).

Síntese do comportamento eleitoral de Opala

Opala era interessada por política, preocupada com a economia e ansiosa por um país mais justo socialmente, o que refletia sua identidade ideológica progressista. Não simpatizava com Bolsonaro por seu perfil autoritário, pelas promessas não cumpridas e pela maneira como conduzia a política externa do país, mas o isentava, ao menos parcialmente, do desempenho econômico insatisfatório. Também não acreditava que os outros candidatos fossem capazes de recolocar a economia nos trilhos, nem mesmo Lula, com sua capacidade de captação de recursos externos. Apreciava suas políticas de inserção social voltada aos desassistidos, mas sua pecha de corrupto lhe desagradava muito. O escândalo do *Mensalão* e seu histórico de condenações minavam sua confiança no candidato. Dessarte, sua apreensão da realidade a fazia sentir-se entre "a cruz e a espada." Mostrou-se cautelosa e, por não se sentir representada, ainda que manifestasse certa preferência por Lula, decidiu-se somente às vésperas do primeiro turno. Seu voto de esperança acabou sendo direcionado para a candidata que acreditava poder proporcionar um futuro melhor ao país. No segundo turno, seu alinhamento ideológico e sua avaliação retrospectiva sobre o governo dos dois candidatos, tanto na área econômica quanto na área social, determinaram sua escolha por Lula.

7.2.3.11 O eleitor Ósmio

Ósmio tinha 47 anos, era professor e publicitário, pós-graduado, solteiro e espírita. Apresentava uma situação financeira estável nos últimos anos e estava insatisfeito com sua vida e com o país, citando, dentre outros problemas, a da falta de engajamento social, condição em que se enquadrava, de acordo com sua autocrítica.

> *O que eu acho do Brasil de hoje, que ele está num momento bastante ruim, né? Bem, simplesmente ele tá retrocedendo em alguns aspectos. [...] Um país que tem tudo pra dar certo, mas que, por problemas de gestão, isso não acontece.* (informação verbal)[555].

> *O que eu não gosto no país é essa falta de investimento por parte dos gestores e a questão do engajamento social, né? E eu me incluo nesse pacote. Acho que o povo brasileiro podia ser engajado.* (informação verbal)[556].

Interessava-se por política, entendida como uma forma de compreender o contexto em que vivemos, e que, através das eleições, poderíamos buscar soluções para o país, daí sua importância. Acreditava no sistema eleitoral, qualificando-o como uma "referência pro mundo todo", e era crítico das pesquisas eleitorais.

> *Uma tentativa de compreender o cenário atual e buscar a melhor solução pro país.* (informação verbal)[557].

> *É uma decisão que ajuda a construir o país, a democracia enfim, uma tentativa de fazer o país mudar.* (informação verbal)[558].

> *Eu não acho importante, porque ela[559] pode levar a uma tendência, a um comportamento a princípio não calculado. Assim, as pessoas podem se deixar influenciar por essa pesquisa.* (informação verbal)[560].

Seus assuntos mais considerados eram a economia e a segurança pública e suas principais fontes de informação, os debates e os telejornais, com preferência para os da CNN e os da Globo News, além do Jornal Nacional, do Jornal da Band e Jornal da Record, veículos bem avaliados quanto à credibilidade. Por meio desses jornais, tinha acesso às notícias dos candidatos, o que lhe permitia identificar seus posicionamentos em relação aos diversos temas. Ósmio percebia um desmerecimento da Rede Globo em relação a Bolsonaro.

> *É sabido que alguns candidatos, eles são meio que preferidos, então, naturalmente, a Globo vai colocar o Jair Bolsonaro em evidência negativa.* (informação verbal)[561].

---

[555] Fornecida na Onda 7.

[556] Fornecida na Onda 7.

[557] Fornecida na Onda 1.

[558] Fornecida na Onda 1.

[559] Refere-se à pesquisa eleitoral.

[560] Fornecida na Onda 1.

[561] Fornecida por Ósmio na Onda 6.

Participava ativamente das mídias sociais WhatsApp, Instagram, X e, com menor frequência, do Facebook. Não lia mídia impressa, tendo impressões distintas quanto à sua credibilidade: muita alta para a *Folha de São Paulo* e *O Estado de São Paulo* e baixa para *Veja*. Tinha alta consideração e sintonia de ideias com os pais e apreciava as conversas sobre política, não apenas com eles, mas com seus primos e amigos, a fim de "entender o ponto de vista deles e colocar meu ponto de vista também" (informação verbal)[562].

O gráfico seguinte apresenta sua avaliação dos quatro principais candidatos ao longo das entrevistas.

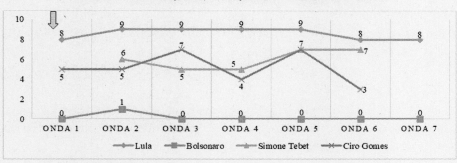

Gráfico 50 – Evolução da avaliação dos candidatos[563]: Ósmio

Fonte: Elaborado pelo autor com base na pesquisa longitudinal[564].

Onda 1

Ósmio acredita estar razoavelmente bem informado sobre o contexto eleitoral, identifica espontaneamente os candidatos Lula, Bolsonaro e Tebet e já manifesta, ainda que sem muita convicção, sua intenção de voto[565] em Lula e sua rejeição por Bolsonaro.

> *Ele é um desequilibrado. É incompetência, falta de maturidade, de gestão, enfim: o país tá estagnado, né? O país ficou estacionado durante quatro anos e ele só sabe terceirizar a culpa. Ele não assume a responsabilidade.* (informação verbal).

---

[562] Fornecida na Onda 2.
[563] Conforme a pergunta: Avalie os candidatos, usando uma escala de 0 a 10. A seta no gráfico indica o momento da tomada de decisão de voto do primeiro turno.
[564] As avaliações faltantes indicam que o entrevistado preferiu não opinar sobre o candidato naquele momento. Na onda 7, após a realização do primeiro turno, apenas os candidatos Bolsonaro e Lula, que passaram para o segundo turno, foram avaliados.
[565] Lembrando que o participante estava indeciso em seu primeiro contato, ocorrido em 10 de maio de 2022.

Aponta Bolsonaro como o mais mencionado de forma negativa nos telejornais devido à sua inaptidão administrativa, destacando, em especial, a alta dos preços dos combustíveis. Por outro lado, relata que Lula é amplamente mencionado de forma positiva no X. Destaca ainda a forte presença dos dois candidatos nas redes sociais, que lhes rendem boas avaliações nesse quesito, com pontuação oito para Bolsonaro e dez para Lula[566].

Onda 2

Ósmio identifica espontaneamente os quatro principais candidatos e os partidos de Lula e Bolsonaro e sente-se bem mais confiante em relação à decisão de voto, um voto anti-Bolsonaro. Em sua socialização presencial, a disputa entre os dois principais candidatos é o tema dominante, sendo Lula considerado "o principal candidato a derrubá-lo" (informação verbal).

Onda 3

Ósmio destaca a estratégia de Bolsonaro de atacar as urnas eletrônicas, promovendo, inclusive, uma reunião com representantes diplomáticos para desacreditar o sistema eleitoral do país.

> *A principal, assim, é esta questão da fraude nas urnas que o presidente lá, insiste em afirmar que as urnas são fraudadas e ele não troca o disco, né? Tá sempre usando isso como argumento pra justificar o desespero dele.* (informação verbal).

> *Por conta de todo esse absurdo, né? Essa última reunião que ele fez aí com os embaixadores, que até agora tá rendendo, né? Todo mundo desconsiderando a fala dele. Eu acredito na urna. Enfim, vários embaixadores aí dando declaração de que continuam acreditando no sistema de voto do Brasil.* (informação verbal).

Onda 4

Além de Bolsonaro, Ósmio agora manifesta sua rejeição pelo candidato José Maria Eymael.

> *Por conta das convicções político-religiosas, enfim, extremistas, mais por conta disso. O Bolsonaro também, por conta da sua falta de competência pra presidir um país.* (informação verbal).

---

[566] Vale ressaltar que, na maioria das entrevistas seguintes, sua alta avaliação neste quesito não será mantida.

Onda 5

Ósmio assiste a partes do HGPE, citando positivamente os programas de Lula e de Tebet. Dentre os assuntos abordados nas propagandas, aponta a compra de imóveis em espécie pela família Bolsonaro e o uso político do feriado da Independência.

> As denúncias contra o Bolsonaro lá, dos muitos imóveis comprados em dinheiro vivo e a tentativa deles de desmentir essa informação. [...] Recentemente, Lula e Ciro Gomes manifestando aí, se manifestando por conta desse episódio do 7 de setembro, a insatisfação deles. Foi usado como palanque político, sendo que teria que ser um evento neutro, né? Presidente, não candidato. (informação verbal).

Acompanha também parte do debate da Bandeirantes, destacando, na economia, "a busca do Lula de querer trazer de volta aquilo que foi perdido aí, durante esse governo atual" (informação verbal) e a postura firme e equilibrada do candidato, contrastando com a de Bolsonaro.

> Clareza nas respostas, na questão do próprio equilíbrio emocional. Aí você via uma certa tranquilidade naquilo que ele respondia, diferente, por exemplo, do Bolsonaro, que tá sempre atacando, né? Sempre, né? Tentando, de alguma forma, manipular por meio do ataque. Ele não, ele sempre se mostrando seguro. (informação verbal).

> Por trazer todo esse desequilíbrio emocional, né? Eh, enfim, tentar vender uma informação de algo que ele não fez, né? Tentar mostrar os inúmeros pontos positivos do governo dele, que não tiveram. (informação verbal).

Em relação aos telejornais, ressalta os ataques de Bolsonaro ao STF e, novamente, às urnas eletrônicas. Elenca também algumas das propostas dos candidatos mais bem citados nesse veículo de mídia.

> Simone Tebet buscando mais a valorização da mulher, né? Enquanto trabalho, questões sociais. O Ciro Gomes trazendo ali algumas propostas econômicas e o Lula também buscando esse equilíbrio aí entre o social, né? A questão do salário mínimo, aumentar de acordo com o desempenho da inflação. (informação verbal).

Vale destacar suas menções positivas ao candidato Ciro Gomes e sua alta avaliação no quesito preparo para o cargo, com pontuação oito, que possivelmente contribuíram para um novo pico em sua avaliação geral. Tebet também sobe em sua avaliação geral, favorecida pelas suas avaliações em confiança na candidata e campanha nas mídias, com pontuações oito. Já as referências sempre negativas a Bolsonaro mantêm sua avaliação do candidato no mais baixo nível.

> *Pela incompetência dele, pelo desequilíbrio emocional. Agora tivemos o evento aí, de 7 de setembro. Ele mostrou, mais uma vez, o quanto ele é incapaz de administrar um país.* (informação verbal).

Onda 6

Ósmio afirma que experiência e programa de governo são os requisitos que balizam sua escolha eleitoral. Assiste a algumas das entrevistas com os candidatos no Programa do Ratinho e destaca Lula e Bolsonaro como tendo a melhor e a pior performance, respectivamente.

> *É a questão do desempenho mesmo. O Bolsonaro traz informações meio que alienadas, né? Esse ponto de vista de governo cristão, a questão da família e traz uma interpretação que, na prática, a gente viu que não foi verdade, né? O cuidado com a pandemia, enfim, trata como se fosse algo que ele fez um bem danado pra nação e a gente sabe que não. Ah, então, por isso foi péssimo. E o Lula é a questão do ... Ele teve o melhor desempenho porque, como eu disse, ele traz ali bastante segurança na fala dele, mesmo diante de questões polêmicas, a exemplo das prisões e das acusações que ele sofreu. Ele se mostra muito seguro na posição dele e traz um programa de governo mais consistente.* (informação verbal).

Nos jornais televisivos, destaca uma matéria sobre tecnologia de segurança das urnas eletrônicas. Quanto ao HGPE, faz uma síntese dos melhores e piores programas.

> *Eu vou colocar a mais recente, que foi falando aí, sobre tecnologia das urnas. A questão da segurança, de novo né? Desmentindo questões apresentadas pelo Jair Bolsonaro sobre essa falta de segurança. E as reportagens falavam que não, são urnas seguras, o novo modelo de urna.* (informação verbal).

> *A Simone Tebet e o Lula, como os melhores. E o Bolsonaro e o padre lá, Kelmon lá, foram os piores. [...] No caso do Lula, pela consistência e do seu programa de governo. No caso da Simone Tebet, é uma proposta que beneficia o cidadão brasileiro, né? Não sei se tudo ali que ela promete é viável, mas existe uma boa intenção, é isso né? Estes são os candidatos bem avaliados. E, no caso do Bolsonaro, pelo devaneio dele, né? O total descontrole emocional dele, que ele deixa claro a todo instante isso. E o padre Kelmon, porque ele está perdido, né? Ele caiu de paraquedas nessa*

história de presidência e nem ele direito sabe o que ele está fazendo. (informação verbal).

A próxima figura apresenta seus sentimentos em relação aos candidatos.

Figura 24 – Primeiro sentimento que vem à cabeça de Ósmio sobre os candidatos

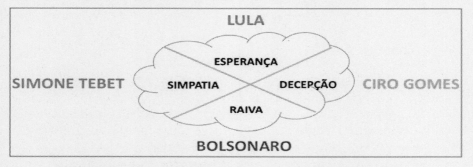

Fonte: Elaborada pelo autor com base na pesquisa longitudinal, 2023.

Quanto a Ciro Gomes, sua decepção é explicada pelos ataques que dirigiu a Lula em seus programas do HGPE, reverberando negativamente nos grupos virtuais de que Ósmio participa. Essa decepção reflete-se na pior avaliação do candidato em toda a série de entrevistas.

> *A principal, nos últimos dias, foi essa mudança de postura do Ciro Gomes, né? De atacar mais o Lula, uma certa ... meio que debandada pro lado do Bolsonaro, é mais isso.* (informação verbal).

Onda 7

Ósmio aponta o resultado da pesquisa eleitoral da empresa PRAS Marketing, favorável a Bolsonaro, e afirma não estar muito bem informado sobre o resultado de outras pesquisas eleitorais. Relata ainda não acreditar que as pesquisas sejam plenamente confiáveis.

> *Eu acredito, mas também não. Eu desacredito, mas também não acredito. Eu penso que elas podem ter aí, um caráter de manipulação, né? Dependendo da fonte, da origem daquela pesquisa. Infelizmente, a gente vive um contexto em que esses dados podem ser manipulados, né?* (informação verbal).

Vale ressaltar a pontuação máxima em relação ao preparo de Lula para o cargo em todas as entrevistas, preparo que impulsionou sua confiança no candidato. Em sua análise final sobre os dois principais candidatos, destaque para a avaliação contrastante sobre suas administrações.

> *Um candidato[567] que teve aí os seus contratempos, mas que, no passado, fez de fato o país evoluir, né? Ele trouxe benefícios pro país. E foi dada a ele a oportunidade de voltar e hoje, de fato, ele é a melhor solução pra tirar o atual governo e pra voltar as coisas ao eixo.* (informação verbal).

> *É um incompetente, inadequado, é, enfim, não tem um ponto, um ponto assim, falar assim, teve esse aspecto do governo dele[568] que eu achei positivo. Nada. Foram quatro anos jogados no lixo.* (informação verbal).

Síntese do comportamento eleitoral de Ósmio

Ósmio avaliou os dois principais candidatos de forma absolutamente distinta e consistente ao longo das entrevistas, com pontuações bastante elevadas para Lula e baixíssimas para Bolsonaro, a quem considerava desequilibrado, imaturo e pseudoalienado, chegando a ponto de nutrir o sentimento de raiva em relação ao candidato. Acreditava que, por conta de sua incompetência administrativa, o país havia retrocedido nos últimos anos. Desenvolveu simpatia por Simone Tebet e se decepcionou com Ciro Gomes, cuja avaliação foi a mais instável entre os quatro candidatos. Essa oscilação deveu-se provavelmente aos momentos de modulação de seus ataques a Lula, os quais repercutiram negativamente nos grupos de relacionamento virtual do entrevistado. Demonstrou conhecimento do contexto eleitoral, sendo o primeiro entrevistado a definir o voto já na primeira onda. Seu voto anti-Bolsonaro favoreceu o único candidato capaz de derrotá-lo e reacender sua esperança em um país melhor. O perfil seguro e experiente de Lula, a avaliação positiva de seu governo e a consistência de seu programa de governo foram outros determinantes para o voto.

7.2.3.12 A eleitora Plivine

Plivine tinha 24 anos, trabalhava como vendedora, cursava o nível superior, era divorciada e cristã. Sua situação financeira havia melhorado nos últimos anos, sentia-se satisfeita com a vida e otimista com o país, o qual achava alegre e acolhedor. Apontava a economia e a saúde como áreas passíveis de melhoria.

> *Eu acredito que, nesse ano, tem melhorado muito, as filas diminuíram e está tudo mais organizado. Mas, sendo mais direto, não tem tanta bagunça como tinha antes.* (informação verbal)[569].

---

[567] Refere-se a Lula.

[568] Refere-se a Bolsonaro.

[569] Fornecida na Onda 7.

Eu acredito que tem muitas inflações, tem muitas coisas que poderiam ser revisadas. [...] nós temos muitas coisas boas e a gente acaba não usufruindo devido ao alto custo desnecessário. (informação verbal)[570].

Talvez dar uma atenção maior pela causa da saúde, pela causa da forma como as pessoas têm sido tratadas nos diversos lugares. Passar a ter um canal de atendimento maior. (informação verbal)[571].

Não se interessava por política, mas sua preocupação com a economia foi observada algumas vezes ao longo das entrevistas. Achava importantíssimo votar, porque, "se você não se posiciona, a outra pessoa se posiciona por você" (informação verbal)[572], e valorizava as pesquisas eleitorais, por despertarem o interesse pela política, pela busca de informação sobre os candidatos. Todavia, absteve-se no segundo turno e, em todas as entrevistas, mostrou-se desinformada sobre os resultados das pesquisas. Na última onda, declarou não confiar nas pesquisas por poderem apresentar muita "falcatrua".

Eu não conheço muito, então, por não conhecer, eu acabo não me interessando. (informação verbal)[573].

Eu acho que é importante, sim, até porque a gente consegue ... Se aquele candidato que a gente não concordava está na frente, a gente precisa ... nos incentiva a pesquisar mais sobre ele. Portanto, a gente vai procurar saber mais. (informação verbal)[574].

Eu acredito ser uma intenção boa, assim, pra gente se basear um pouquinho, mas não é uma coisa que pode ser levada em noventa por cento de consideração. Não dá pra colocar tanta credibilidade em cima disso. (informação verbal)[575].

Suas principais fontes de informação eram a socialização virtual e presencial, por meio das redes sociais e das conversas com amigos e familiares, respectivamente. Não acompanhou o HGPE e assistiu apenas a pequenas partes dos debates e das entrevistas pelas redes sociais. Também não acompanhava os telejornais, dado que tinha deixado de assistir à televisão havia cerca de dois anos, nem lia os impressos, nem mesmo pela internet.

Na época que eu assistia, eles aumentam muito, eles distorcem muito o que está de fato dizendo, então a credibilidade da televisão fica em uma média sete[576], assim, porque passa a informação, mas não completa. Acaba extrapolando. Eu tenho televisão em casa,

---

[570] Fornecida na Onda 7.

[571] Fornecida na Onda 7.

[572] Fornecida na Onda 1.

[573] Fornecida na Onda 1. Refere-se à política.

[574] Fornecida na Onda 1.

[575] Fornecida na Onda 7.

[576] Avaliação da entrevistada, em uma escala de 0 a 10.

> *mas eu só ligo quando eu vou colocar filme, alguma coisa assim. Não assisto à TV, não tenho antena, entendeu? [...] Quando eu vou na casa de alguém, eu vejo passando algum flash, assim, mas é coisa rápida, nem olho.* (informação verbal)[577].

> *Antes quando eu lia, quando eu ouvia, eu sei que muita coisa ali é exagerada. Muita coisa é mais pra chamar a atenção de um público.* (informação verbal)[578].

A entrevistada utilizava o WhatsApp como instrumento de trabalho, o que a mantinha conectada quase o dia inteiro, e avaliava sua credibilidade e a do Instagram de regular para alta.

> *Eu trabalho com WhatsApp. Eu acordo e já pesquiso no WhatsApp. [...] Instagram, em torno de umas dez horas.* (informação verbal)[579].

> *WhatsApp, eu avalio em seis[580]. [...] O Instagram, acho que fica no sete também, porque, na verdade, pessoas que geralmente vai repassando uma notícia falsa e até você descobrir que é verdade ou não.* (informação verbal)[581].

A igreja que frequentava tornara-se uma fonte de informação política importante, apesar de não ser frequente, e a líder do grupo, uma amiga da sua mais alta confiança.

> *Porque, assim, como cada um tem um princípio, a gente tem uma confiança em certas amizades. E dependendo do posicionamento da pessoa, do nível de confiança, influencia um pouco. Não tanto, mas, sim, um pouco. Um pouco mais que rede social, que talvez não tenha tantas certezas, pode ser fake, pode ser coisa aumentada.* (informação verbal)[582].

> *Porque algumas vezes que eu ouvi ela falando e depois eu fui pesquisar algumas coisas, era verdade. Algumas coisas que eu ouvia ela falando. E a forma como ela fala, dá pra sentir uma firmeza, sabe? Dá pra gente uma firmeza de que a pessoa sabe do que ela está falando.* (informação verbal)[583].

---

[577] Fornecida na Onda 3.

[578] Fornecida na Onda 2.

[579] Fornecida na Onda 1.

[580] Avaliação da credibilidade em uma escala de zero a dez.

[581] Fornecida na Onda 1.

[582] Fornecida na Onda 7.

[583] Fornecida na Onda 2.

Ela é psicóloga, tem o estudo, ela tá lendo e vendo vídeo sobre isso o tempo todo. (informação verbal)[584].

Relata, a seguir, sua experiência de apropriação da informação nesse ambiente.

É assim: eu estou no meio da roda e eu escuto falar. Não que eu faça perguntas, mas eu escuto muito falar. (informação verbal)[585].

Eu concordo, mas em partes. Algumas coisas eu discordo, mas só não falo. (informação verbal)[586].

Eu não tenho muita certeza do que eles falam, porque eu tenho mais certeza quando eu vejo matérias e quando eles olham e me mostram, sabe? Me mostram o real fato que está acontecendo. (informação verbal)[587].

Ah, eu escutei muito sobre os planos de governo[588], né? Saber algumas coisas que já passaram e algumas coisas que está por vir. (informação verbal)[589].

Apresentamos a seguir a avaliação de Plivine sobre os candidatos ao longo do tempo.

Gráfico 51 – Evolução da avaliação dos candidatos[590]: Plivine

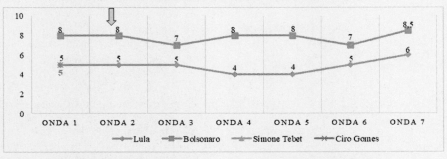

Fonte: Elaborado pelo autor com base na pesquisa longitudinal[591].

---

[584] Fornecida na Onda 4.
[585] Fornecida na Onda 2.
[586] Fornecida na Onda 2.
[587] Fornecida na Onda 2.
[588] Refere-se ao plano de governo do candidato Bolsonaro.
[589] Fornecida na Onda 2.
[590] Conforme a pergunta: Avalie os candidatos, usando uma escala de 0 a 10. A seta no gráfico indica o momento da tomada de decisão de voto do primeiro turno.
[591] As avaliações faltantes indicam que a entrevistada preferiu não opinar sobre o candidato naquele momento. Na onda 7, após a realização do primeiro turno, apenas os candidatos Bolsonaro e Lula, que passaram para o segundo turno, foram avaliados. A avaliação do candidato Ciro Gomes na Onda 1 foi cinco. Nas demais ondas, a entrevistada relatou desconhecer o candidato. Também relatou desconhecer a candidata Simone Tebet.

Onda 1

Plivine acredita estar muito mal informada para poder decidir o voto e Bolsonaro é o único candidato que sabe, com certeza, estar na disputa eleitoral. Apesar de não conhecê-lo bem, sente confiança no candidato, respaldada nas referências de seus amigos.

> É, eu sei muito pouco. Não adianta falar que sei, se não sei. (informação verbal).

> Só o Bolsonaro. [...] É, eu soube do Lula, mas eu não sei se é verdade. (informação verbal).

> Eu não conheço muito ele, mas alguma coisa, assim, que meus amigos, que eles dizem ... algumas coisas que eu vi, eu confio: oito[592]. (informação verbal).

Lamenta que Lula, o candidato em quem não confia, esteja sendo o mais mencionado positivamente nas redes sociais de que participa[593] e, apesar de seu pouco conhecimento político, já manifesta sua rejeição pelo candidato.

> Como eu falei, eu não sei nada de política, mas algumas coisinhas que eu sei, eu vou contra o que ele pensa. [...] Eu sou cristã, então eu sou contra o aborto. (informação verbal).

Onda 2

Plivine tem conversado com amigos da igreja e feito pesquisas na internet. Dessarte, sente-se mais informada e decide-se por Bolsonaro.

> Algumas pesquisas que eu fiz, que eu vi que tem a mesma linha de raciocínio [...] Algumas foi em rede social, mas em sites confiáveis e outras foram aqueles sites de pesquisa, do Google mesmo. (informação verbal).

> Pesou mais o lado de que as pessoas ao meu redor, que conhece um pouco melhor e sabem... me mostrou que ele acredita em muitas coisas que eu acredito também. Então, eu sei que é uma forma de ter praticamente ... o raciocínio é bem parecido, né? Eu gosto disso, eu quero ter uma pessoa que tenha a mesma linha de raciocínio que a minha. (informação verbal).

---

[592] Avaliação da confiança no candidato, em uma escala de zero a dez.

[593] Nas entrevistas seguintes, a entrevistada relata haver equilíbrio de menções positivas e negativas entre os dois principais candidatos.

Sua rejeição por Lula também é fundamentada nessas pesquisas e nas opiniões de amigos, além da incompatibilidade de valores.

> *De acordo com algumas pesquisas que eu fiz, pessoas que já votaram e coisas que ele acredita, que eu não acredito e não apoio. (informação verbal).*

Onda 3

Continua identificando apenas Bolsonaro e Lula como candidatos à presidência. No caso de Lula, sabe seu partido político, mas não tem certeza se está concorrendo.

Destaca uma informação postada por um amigo nas redes sociais sobre a redução de preço dos combustíveis, que teria ocorrido graças ao voto do presidente Bolsonaro[594], revelando desconhecimento sobre a divisão da atribuição de responsabilidades entre os poderes Executivo e o Legislativo.

> *Um amigo publicou que o preço da gasolina tinha diminuído, que foi o que o Bolsonaro que tinha votado. Eu não sei se foi ele. Enfim, no post né, que ele tinha acabado de atualizar. (informação verbal).*

Onda 4

Plivine está um pouco mais informada sobre as eleições, já conhece o partido do seu candidato e identifica espontaneamente o candidato Ciro Gomes, apesar de não conhecer nada sobre ele. Reafirma sua intenção de voto em Bolsonaro, fruto de um alinhamento de crenças e de visão de mundo, e inclui Ciro Gomes entre seus rejeitados.

> *Algumas coisas que ele[595] apoia, que vai a favor da minha visão, do que eu acredito. A favor da família, a favor da saúde, a favor da segurança. (informação verbal).*
>
> *Porque, do Ciro, não sei nada sobre ele. Porque o Lula, ele vai contra aquilo que eu acredito. (informação verbal).*

Onda 5

Apesar de manter sua intenção de voto em Bolsonaro, Plivine relata que ainda não está totalmente decidida.

---

[594] Trata-se, no caso, da sanção presidencial sem vetos a Lei Complementar 192/22 aprovada pelo Legislativo. Para maiores informações ver https://www.camara.leg.br/noticias/857797-SANCIONADA-LEI-COM-MUDANCAS-EM-REGRAS-DO-ICMS-SOBRE-COMBUSTIVEIS.

[595] Refere-se ao candidato Bolsonaro.

Pra ser bem sincera, eu estou mais decidida do que eu estava antes, mas ainda estou na dúvida. Ainda não falei: ah é certeza. (informação verbal).

<u>Onda 6</u>

Na antevéspera do primeiro turno, em função de informações sobre Bolsonaro colhidas nas redes sociais, a hesitação de Plivine em quem votar aumenta.

Eu estava com certeza de um e agora eu não tenho mais certeza. Só que, também, eu não quero votar no outro. (informação verbal).

Seu desinteresse e desconexão com a política são tão grandes que, ao ser alertada para a proximidade das eleições, exclama: "Eu nem sabia, meu Deus!" (informação verbal).

A figura abaixo apresenta o sentimento de Plivine quanto aos dois principais candidatos, aqueles que conhecia melhor e sobre os quais conseguiu fazer esta apreciação. Por seu alinhamento de crenças e de identidade religiosa, Bolsonaro é associado à esperança, possivelmente a esperança de um país que privilegia os valores familiares, a moralidade cristã e a segurança pública. Já Lula é visto com tristeza por representar a negação de suas crenças e valores.

Figura 25 – Primeiro sentimento que vem à cabeça de Plivine sobre os candidatos

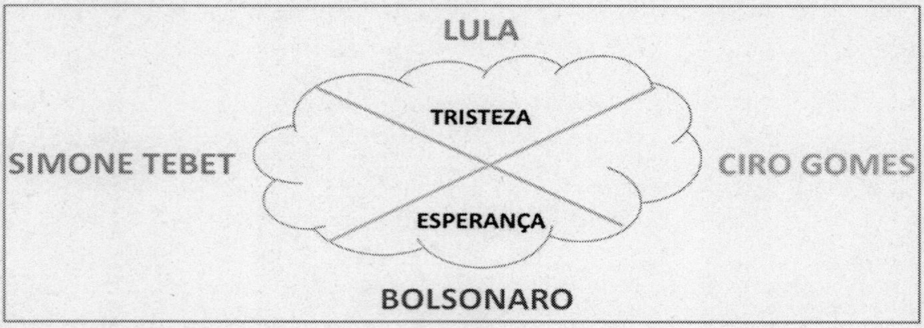

Fonte: Elaborada pelo autor com base na pesquisa longitudinal, 2023.

<u>Onda 7</u>

Apesar das dúvidas que surgiram no final do primeiro turno, Plivine confirma o voto.

> *Olha, eu fiquei muito receosa, mas acabei votando no Bolsonaro, sim. Mas eu confesso que eu não tinha certeza, não. Eu tava em dúvida, se eu votava em branco, nulo, ou se eu votava nele. Mas eu sei que voto em branco é abdicar do nosso direito, né? Então ... (informação verbal).*

Referindo-se à decisão do TSE de vetar as emissoras que publicam fake news[596], Plivine reproduz a narrativa bolsonarista disseminada nas redes sociais.

> *Eu fiquei intrigada com a censura. Pelo que tem ocorrido ultimamente, pelo menos segundo o rumor, como eu falei pro senhor. Eu não acredito tanto, até eu pesquisar mais a fundo. Como eu não pesquisei, fiquei sabendo por cima sobre ... Assim, têm ocorrido umas censuras, tanto de rádio, tanto de sites, televisores. (informação verbal).*

No segundo turno, afirma que votaria novamente em Bolsonaro, mas por precisar afastar-se do seu domicílio eleitoral na data da eleição, justificará sua falta às urnas. Em sua avaliação final dos candidatos, evidencia-se, mais uma vez, sua rejeição por Lula e sua simpatia por Bolsonaro, ainda que reconheça suas falhas.

> *Eu não votaria nele, nem pra que fosse, tipo, um professor pra estudar, porque o que ele acredita e o que ele tem feito não tem me auxiliado em nada. Pelo menos, eu não tenho visto algo que pode me agregar. (informação verbal).*

> *Eu acredito que ele tem seus erros, pode melhorar sim, óbvio. Tem muita coisa pra ser alterada na visão dele, mas tem muitas coisas ... ele tá no caminho certo. (informação verbal).*

Síntese do comportamento eleitoral de Plivine

Plivine acreditava que o país estava mais organizado e em crescimento, embora lamentasse a inflação. As pesquisas eleitorais, inicialmente consideradas importantes, passaram a ser vistas como fraudulentas, em sintonia, portanto, com a narrativa da extrema direita. Sua interação social, realizada tanto de forma presencial quanto virtual, era fundamental para obter informações, já que não assistia à televisão havia dois anos e não lia mídia escrita. Frequentava os cultos religiosos nos quais, além de preceitos religiosos, recebia orientações políticas. O relato de sua conversa com

---

[596] Para maiores informações ver: https://www.brasildefato.com.br/2022/10/20/jovem-pan-chama-de-censura-decisao-do-tse-que-veta-que-emissora-divulgue-informacoes-falsas.

a líder de sua igreja, de quem se tornou próxima, é bastante revelador do *modus operandi* de sua doutrinação política. A pouca estruturação de sua consciência política não lhe permitia compreender o complexo jogo político-eleitoral e, mergulhada em uma realidade paralela, tornou-se alvo fácil da manipulação política. Seu desinteresse pelo assunto e sua autorreclusão informacional provocaram um profundo desconhecimento do contexto eleitoral, a ponto de incapacitá-la de avaliar os candidatos Ciro Gomes[597] e Simone Tebet, impossibilitando-a de, ao menos, considerá-los como opções de voto. Mesmo identificando espontaneamente apenas os dois principais candidatos, decidiu-se rapidamente na segunda onda por Jair Bolsonaro, um candidato sobre quem não tinha muita informação, escolhendo-o com base apenas nas referências de amigos, a partir das quais inferiu seu alinhamento identitário com o candidato. Por outro lado, Lula lhe despertava tristeza por acreditar que ele negava seus valores morais e cristãos. Apesar da hesitação eleitoral de última hora causada por notícias desfavoráveis ao seu candidato, sua subjetivação da materialidade, a partir das informações recebidas ao longo da campanha, havia cristalizado sua rejeição por Lula bem como sua identificação com Bolsonaro, e, assim, seu voto privilegiou o candidato que poderia salvaguardar os valores familiares, a moralidade cristã e a segurança pública. No segundo turno, embora na primeira onda tivesse expressado a importância de votar, absteve-se.

7.2.3.13 O eleitor Samário

Samário tinha 27 anos, era projetista civil com nível superior, solteiro e espírita kardecista. Nos últimos anos, sua situação financeira havia melhorado, mas estava insatisfeito com a vida. Tinha do país a seguinte impressão:

> *Pra mim, o principal problema do país é a corrupção. No geral, não só na política, mas na própria população. E o que eu gosto é que é um país extremamente grande, rico e que tem grandes possibilidades de prosperar, tanto financeiramente quanto culturalmente e socialmente. Pra mim, ele é riquíssimo em todas essas áreas. E o que eu não gosto é, além da corrupção, como eu já comentei, é a questão da falta de segurança e do pouco investimento nas áreas de saúde, educação, economia.* (informação verbal)[598].

---

[597] O candidato Ciro Gomes foi avaliado apenas na Onda 1. Nas demais ondas, a entrevistada relatou não conhecê-lo bem.

[598] Fornecida na Onda 7.

Economia e educação eram temas importantes para Samário, mas a política não lhe despertava muito interesse.

> *Porque eu realmente não tenho tanta gana ou tanta vontade de pesquisar sobre, porque eu sinto... eu nunca fui incentivado a isso. Eu acho que é mais esse o motivo.* (informação verbal)[599].

Achava o exercício do voto importantíssimo e defendia o voto facultativo. Apesar de reconhecer a inconveniência causada pelo *Efeito Bandwagon* e demonstrar desconhecimento de sua metodologia, valorizava as sondagens eleitorais e confiava no sistema eleitoral.

> *Eu acho importante, porque isso dá um direcionamento pra população, ainda mais quando eu acredito que muitas pessoas, ainda hoje em dia, não pesquisam muito sobre, mas também por outro ponto, isso pode ser perigoso por criar um ... Como que fala? Trazer as pessoas prum voto em massa em alguém que está ganhando, não porque pesquisou alguma coisa sobre alguém.* (informação verbal)[600].

> *É que elas, dependendo do momento e do local que são feitas as pesquisas, têm um resultado mais favorável a um ou a outro candidato.* (informação verbal)[601].

> *Pra mim, é um sistema mais confiável, tanto até que algumas pesquisas ou entrevistas que eu vi, é considerado um sistema bem confiável em vários países do mundo.* (informação verbal)[602].

Não acessava a informação política pela mídia impressa, tendo como fontes principais as conversas pessoais e o HGPE, que acompanhava matinalmente pelo rádio, já que também não tinha costume de assistir à televisão. Além disso, acompanhava os debates políticos, que teriam grande relevância em sua decisão de voto, como veremos adiante.

> *Porque a propaganda é onde cada um fala, vamos meio que dizer, o que eles querem, né? Porque é só eles isolados e gravados e o debate é o, vamos dizer assim, que seria um confronto direto.* (informação verbal)[603].

---

[599] Fornecida na Onda 1.

[600] Fornecida na Onda 1.

[601] Fornecida na Onda 7.

[602] Fornecida na Onda 7.

[603] Fornecida na Onda 7.

Além do pai, tinha um grupo de amigos com quem gostava de se socializar e com quem, ocasionalmente, discutia assuntos relacionados à política e às eleições.

> *A motivação é eles entenderem pontos de vista e terem uma abertura pra discussões, não necessariamente brigas, mas discussão.* (informação verbal)[604].

> *O fato dele[605] assistir mais jornal do que eu, consumir mais essa mídia e ter um canal aberto de conversa comigo.* (informação verbal)[606].

Conectava-se à internet, mas sem muito interesse pela leitura de matérias políticas ou por publicações sobre o tema nas redes sociais de que participava, como o Instagram, o WhatsApp e o YouTube. Nesse último, eventualmente acessava *podcasts* sobre a campanha eleitoral.

> *Eu acho que eu tô conectado nas redes sociais o dia inteiro, não que eu mexa o dia inteiro nelas, mas eu dependo delas, principalmente do WhatsApp.* (informação verbal)[607].

> *Em relação à política, eu tento ser neutro. Porque eu também não tenho uma opinião de quem votar, ou do que expor o que pra mim de algum candidato, que eu acho certo.* (informação verbal)[608].

> *Algumas pequenas olhadas, não ler a fundo. O que aparece nas páginas iniciais do Google, principalmente pelo celular. Que aparece notícias.* (informação verbal)[609].

O gráfico a seguir apresenta a avaliação de Samário sobre os candidatos ao longo da pesquisa e, na sequência, seus principais fatos relatados a cada onda.

---

[604] Fornecida na Onda 2.
[605] Refere-se ao pai.
[606] Fornecida na Onda 4.
[607] Fornecida na Onda 1.
[608] Fornecida na Onda 1.
[609] Fornecida na Onda 1.

Gráfico 52 – Evolução da avaliação dos candidatos[610]: Samário

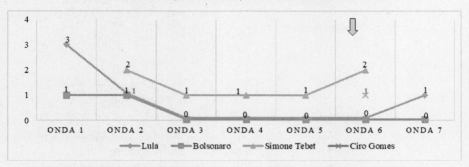

Fonte: Elaborado pelo autor com base na pesquisa longitudinal[611].

Onda 1

Samário acredita estar bem pouco informado para decidir o voto. Menciona espontaneamente os candidatos Lula e Bolsonaro, cujos governos avalia negativamente, assim como João Doria, todos os quais ele rejeita.

> Porque eu acredito que os dois governos foram, na minha opinião, foram péssimos. Por um tempo, o governo do Lula pode ter sido bom em algumas coisas, mas acredito que teve muita corrupção também e muita coisa errônea. E eu acho que ter essa liberdade de se reeleger com, vamos dizer assim, tentando passar o pano em cima das coisas do[612] ..., não é, tipo, pra mim, não é certo. Já no caso do Bolsonaro, as ideias que ele tem de governo não batem com algo que eu acredito. Como a liberação de armas, ou a questão da volta da ditadura, de algumas coisas que ele fala, enfim, nesse sentido. (informação verbal).

Sobre as menções dos dois candidatos nas redes sociais, avalia:

> Eu acho que o Bolsonaro ainda está mais negativo. Tanto até porque o meio de pessoas que eu tenho convivência, na mídia social e Instagram, não gostam ou não apoiam o presidente. Logo me aparecem mais coisas relacionadas a ser contra ele. (informação verbal).

---

[610] Conforme a pergunta: Avalie os candidatos, usando uma escala de 0 a 10. A seta no gráfico indica o momento da tomada de decisão de voto do primeiro turno.

[611] As avaliações faltantes indicam que o entrevistado preferiu não opinar sobre o candidato naquele momento. Na onda 7, após a realização do primeiro turno, apenas os candidatos Bolsonaro e Lula, que passaram para o segundo turno, foram avaliados. A pontuação do candidato Ciro Gomes foi um nas Ondas 2 e 6. Nas demais ondas, o entrevistado preferiu não avaliá-lo.

[612] Questionado sobre o que seria esse "passar o pano em cima das coisas do", explica: "De coisas errôneas que foram acontecendo durante o governo. E, às vezes, ficou escondido, só que veio a mídia, enfim ..." (informação verbal).

Na sua avaliação da confiança dos candidatos, destacam-se as pontuações quatro para Sérgio Moro e Ciro Gomes, as mais altas, e, no outro extremo, um para Bolsonaro e Lula.

Onda 2

Samário ainda não conseguiu ver as propostas dos candidatos, percebe-se mal informado, mas já se sente seguro para avaliar os candidatos Ciro Gomes e Simone Tebet. Essa última, a menos pior de todos, na sua opinião. Também não tem acompanhado as pesquisas eleitorais, não sabendo, portanto, como está o desempenho dos candidatos nas sondagens.

Onda 3

Ainda não se sente suficientemente bem informado para avaliar as campanhas na mídia e os planos de governo de nenhum candidato. Reafirma sua rejeição por Bolsonaro e por Lula por achá-los "os menos preparados pra reger o Brasil" (informação verbal) e aponta o constante aumento dos combustíveis como tema de destaque nas mídias sociais.

Onda 4

Identifica espontaneamente os candidatos Lula, Bolsonaro e Tebet e os partidos dos primeiros dois. Acredita, sem muita convicção, que Lula esteja liderando as pesquisas eleitorais. Simone Tebet, que parece ser sua preferida, é avaliada com pontuação um, a melhor entre os candidatos, e a única cujos quesitos – campanha nas mídias e plano de governo – Samário sabe avaliar, ambos também com pontuação um.

Onda 5

Não tem assistido ao HGPE iniciado há duas semanas, mas agora consegue identificar espontaneamente os quatro principais candidatos. Assiste apenas ao início do debate promovido pela rede Bandeirantes e, em relação às entrevistas da Rede Globo e da CNN, só acompanha a participação de Bolsonaro na Globo, insuficiente, portanto, para que possa fazer comparações entre os candidatos. Continua não conseguindo avaliar os quesitos campanha na mídia e plano de governo dos candidatos, dessa feita nem de Simone Tebet.

Onda 6

Samário assiste ao HGPE pelo rádio, destacando a proposta de Tebet para criar uma taxa única, e o debate da Bandeirantes pela internet, ressaltando negativamente o desempenho do padre Kelmon e positivamente o das candidatas Soraya Thronicke, mas, principalmente, o de Simone Tebet. Aponta como assuntos mais importantes do debate a educação e a equidade de gênero.

> *Em relação ao padre, porque, pra mim, claramente ele foi colocado ali pelo Bolsonaro pra dar votos e visualização pra ele e, das duas outras candidatas, pelas propostas e pelo que elas falaram durante o debate.* (informação verbal).

> *O mais importante foi a educação. E também a questão de inclusão das mulheres como um todo, por igualdade com os homens no mercado de trabalho e em tudo.* (informação verbal).

Relata ter-se inteirado sobre as propostas da candidata Tebet pelas redes sociais e, mais informado sobre o contexto eleitoral, toma a decisão de voto em seu favor. Expõe, a seguir, os eventos que contribuíram para essa resolução.

> *Um pouco do que eu consegui ver sobre as propostas dela. E, principalmente, por eu ter conseguido assistir, não ao vivo, não enquanto acontecia, mas posteriormente, os debates políticos da Band e do SBT.* (informação verbal).

Na figura abaixo, apresentamos os sentimentos de Samário em relação aos candidatos. Sua análise retrospectiva dos governos Lula e Bolsonaro, leva-o a julgá-los despreparados para um novo mandato. Ciro Gomes é visto como inconsistente, talvez pela incongruência entre seu posicionamento atual, de franco ataque ao principal candidato de esquerda, e sua história política e a de seu partido. Para Tebet, ao invés de um sentimento, atribui-lhe a palavra que exprime seu desejo político: renovação.

Figura 26 – Primeiro sentimento que vem à cabeça de Samário sobre os candidatos

Fonte: Elaborada pelo autor com base na pesquisa longitudinal, 2023.

Onda 7

Samário sente-se desalentado com essa eleição, visto que os finalistas não lhe agradam, o que se evidencia em sua avaliação final.

> *Por mais que a gente estaria tirando o presidente, que, na minha opinião, foi péssimo em todos os graus, estaríamos elegendo alguém que também não, pra mim, não tem a menor capacidade de voltar a coordenar o país, de voltar a ser presidente do país.* (informação verbal).

> *O que eu acho é que ele[613] pode tentar tirar o Bolsonaro do poder, mas eu não acho que ele é a esperança do Brasil.* (informação verbal).

> *Eu acho que ele[614] é uma pessoa de caráter péssimo, até por questões sociais, e se esconde atrás da doutrina dele, da religião, né? Que ele diz ter pra justificar coisas, sendo que não são justificáveis as coisas que ele faz.* (informação verbal).

No segundo turno, em função de sua maior rejeição a Bolsonaro, fruto da incompatibilidade de valores e visão de mundo do presidente, seu voto acaba indo para Lula.

> *É o péssimo despreparo do atual presidente e a péssima gestão e todas as suas ideologias que são extremamente contrárias ao que eu concordo.* (informação verbal).

Síntese do comportamento eleitoral de Samário

Samário manteve-se apático ao longo da campanha, demonstrando elevado desinteresse e desinformação quanto a política e eleições, possivelmente devido à sua desilusão com os governos dos dois principais postulantes ao cargo máximo do país. Seu descrédito em relação aos políticos em geral refletiu-se na avaliação extremamente baixa dos quatro candidatos ao longo das entrevistas. Em sua socialização presencial com os amigos e nos grupos virtuais de que participava, onde predominavam os lulistas, procurava manter uma postura de neutralidade, até por não ter posição política definida. Não se identificava com as ideias de Bolsonaro, com sua política armamentista e seu enaltecimento à ditadura militar, mas desaprovava a candidatura de Lula por achar que ela "passava o pano" em seu governo marcado pela corrupção. Sua maior confiança era depositada no juiz Sergio Moro[615], demonstrando seu apoio à operação Lava Jato. Na

---

[613] Refere-se a Lula.

[614] Refere-se a Bolsonaro

[615] A mais alta, assim como a de Ciro Gomes, com pontuação quatro na Onda 1.

Onda 2, Simone Tebet já se destacava dos demais candidatos, tendo sido a única não pontuada com zero, e cujo plano de governo e campanha na mídia prontificou-se a avaliar na Onda 4. Na véspera do primeiro turno, após se informar um pouco sobre sua proposta de governo e, principalmente, assistir aos debates entre os candidatos, decidiu apoiá-la. Nesses debates, destacou questões relacionadas à educação e à equidade de gênero. Sua avaliação positiva do desempenho das candidatas nos debates e, especialmente, sua escolha por Tebet ratificaram seu descontentamento com os políticos tradicionais e seu desejo de renovação na política. No segundo turno, sentindo-se desesperançoso e sem representação política, direcionou seu voto de exclusão ao candidato por quem sentia menos rejeição, apesar de seu passado de condenações, enfatizando, assim, sua completa incompatibilidade ideológica com Bolsonaro.

7.2.3.14 A eleitora Zincite

Zincite tinha 46 anos, escolaridade de nível médio, trabalhava como cuidadora de idosos, era solteira e católica. Estava satisfeita com a vida e sentia que os momentos mais difíceis já haviam passado. Na sua opinião, a violência era o principal problema do país, mas também lhe geravam preocupação a saúde e a educação.

> A saúde, né? Que não está tão benéfica pra todos nós, né? Ah, esse assalto que anda tendo, né? [...] Fora outros itens, né? (informação verbal)[616]?

Não se interessava muito por política nem pelas eleições devido a frustrações passadas. Sua explicação sobre a importância das pesquisas eleitorais demostra não apenas seu desconhecimento sobre sua finalidade mas sua desilusão com a política, percorrendo, a cada eleição, o cíclico sentimento de esperança-decepção-esperança, de Radmann (2002).

> Sim, pra gente ter uma noção, né? De como está, o que eles realmente, né? Vai mostrar pra gente o que eles querem, né? Mas sabemos que, no fundo, metade do que eles falam, não vai... só fica na fala, né? Não fica, a gente não vê o que eles prometem com a gente, né? A gente vê alguns detalhes, só não tudo. (informação verbal)[617].

---

[616] Fornecida na Onda 4.

[617] Fornecida na Onda 1.

> *Pra ver se o nosso país melhora, né? Quem sabe um dia a gente conserta, né? [...] A gente tem que votar pra ver quais...pesquisar também, né? Quais são, o que eles oferecem, né? Mas daí, depois o que oferecem na hora, é só no voto, né? Porque depois, na realidade, a gente não vê eles dizer nada disso, né? [...] Entra, sai, entra, sai, e o Brasil nada de ter uma estabilidade que a gente precisa. Como escolinha, médico, exames. Aí a gente acaba partindo às vezes pros exames com particular, né? Porque é muito demorado.* (informação verbal)[618].

Suas principais fontes de informação eram a socialização presencial e a internet, apesar de pouco participar das redes sociais, e as fontes que mais pesavam em seu processo de tomada de decisão, os debates e as conversas pessoais. Ocasionalmente, discutia política com a irmã e o cunhado, mais informados sobre o assunto. Havia ainda uma pessoa, na casa onde trabalhava, que a fazia refletir sobre essas questões.

> *Porque cada um vai conversando, vai dando uma opinião, né? E a gente vai se encaixando, né?* (informação verbal)[619].

> *Ah porque, às vezes, eles são mais assim ... vê mais televisão, jornal do que eu, né? Então a gente senta, conversa, aí eu pergunto alguma coisa sobre isso.* (informação verbal)[620].

> *Quando dá, eu converso com o Telúrio[621], quando está passando assim ... a gente está na sala e dá pra mim, da gente conversar um pouco sobre isso. [...] Cada um tem uma opinião, né? Ele tem a opinião dele, eu tenho a minha, mas a gente acaba conversando um pouco sobre isso. [...] Nem concordo e nem discordo, né? Fico meio naquela, pensando, e aí a hora que eu vou sentar e procurar pra ver ... se bate realmente, o que a pessoa disse.* (informação verbal)[622].

Não lia mídia impressa e, em relação aos jornais televisivos, assistia com frequência ao jornal de notícias locais SPTV, da Rede Globo, mas sempre de forma truncada.

> *Porque assim: eu assisto lá[623], mas, ao mesmo tempo, eu não presto muita atenção, porque toda hora eu tenho que estar levantando, né? Então, focar mesmo... Assim, hoje eu sentei e vi tudo? Não! Não vou mentir pra você.* (informação verbal)[624].

---

[618] Fornecida na Onda 1.

[619] Fornecida na Onda 7.

[620] Fornecida na Onda 4.

[621] Nome fictício da pessoa com quem conversava em seu trabalho.

[622] Fornecida na Onda 2.

[623] Refere-se à casa onde trabalhava como cuidadora de uma idosa.

[624] Fornecida na Onda 1.

A avaliação de Zincite sobre os candidatos ao longo das entrevistas está apresentada no gráfico a seguir.

Gráfico 53 – Evolução da avaliação dos candidatos[625]: Zincite

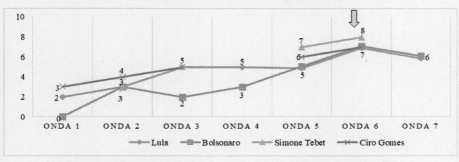

Fonte: Elaborado pelo autor com base na pesquisa longitudinal[626].

Onda 1

Zincite não consegue, espontaneamente, identificar os candidatos à presidência. Lembra-se apenas do nome do ex-prefeito Bruno Covas, falecido havia mais de um ano, que acredita estar concorrendo.

> *Assim você me pegou. Agora, assim, por nome, eu não sei te dizer, não.* (informação verbal).

> *Só sei que um deles é o Covas, né? [...] Me parece, não sei.* (informação verbal).

Percebe-se pouco informada e está indecisa quanto ao voto.

> *Porque, até agora, eu não parei pra analisar quem é que está, quais são, né? O que eles vão ... o que eles estão passando pra gente, né? O que eles estão colocando em papel, né? Então, por enquanto, ainda não sentei pra ver realmente quem é, né? Os candidato ainda.* (informação verbal).

Não sabe quem lidera as pesquisas eleitorais para presidente. Descreve, a seu modo, ter visto uma pesquisa no jornal SPTV, da Rede Globo, mas que, provavelmente, referia-se à eleição para governador, por se tratar de um jornal local.

---

[625] Conforme a pergunta: Avalie os candidatos, usando uma escala de 0 a 10. A seta no gráfico indica o momento da tomada de decisão de voto do primeiro turno.

[626] As avaliações faltantes indicam que a entrevistada preferiu não opinar sobre o candidato naquele momento. Na onda 7, após a realização do primeiro turno, apenas os candidatos Bolsonaro e Lula, que passaram para o segundo turno, foram avaliados. Na Onda 2, a candidata Simone Tebet foi avaliada com pontuação três.

> *Ah, teve essa semana que passou lá os candidato, que agora não me recordo direito, né? Que tá a quantia de pessoal, que já está com seu voto, os anulados, os sem dúvidas, mas foi bem rápido, eu nem pude prestar bem atenção, né? (informação verbal).*

Após assegurar-se de que Bolsonaro está na disputa presidencial, relata sua rejeição pelo candidato, fazendo, de forma equivocada, uma referência à guerra entre a Rússia e a Ucrânia.

> *Ah porque, pra mim, bem dizer, ele não fez nada pro Brasil e nem está fazendo. Está tendo a guerra lá no Estados Unidos. Ele sabe, não tomam ... tudo bem que são diferente, né? Mas deveria ter uma conexão entre eles pra isso acabar, né? Porque só está morrendo gente, gente, gente ... e o Brasil não faz nada. (informação verbal).*

Na sua avaliação dos candidatos, Bolsonaro destaca-se negativamente com a mais baixa pontuação – zero – nos quesitos confiança, plano de governo e avaliação geral. Sua confiança no candidato Lula também é extremamente baixa, com pontuação um. Já Sérgio Moro, o mais bem avaliado nesse quesito, é pontuado com três, assim como Ciro Gomes.

Onda 2

Ainda indecisa e um pouco mais informada, Zincite consegue citar espontaneamente o nome dos dois principais candidatos e acrescenta Lula à sua lista de rejeitados.

> *[...] por enquanto ainda, não posso ser bem concreta, ainda não sei ainda muita informação sobre eles. O Bolsonaro a gente sabe, o Lula também, né? O Lula já foi candidato, né? E o Bolsonaro está sendo agora, né? Então, alguma coisa assim, a gente já analisa que não vai ser boa a coisa de novo, né? (informação verbal).*

Também demonstra ter conhecimento de uma sondagem eleitoral recente.

> *A que eu vi ontem, parece que era o Lula, né? Depois o segundo, o Bolsonaro? Mais ou menos isso que passou, não foi? (informação verbal).*

Sua confiança em Bolsonaro, Ciro Gomes e Lula aumenta[627], o que possivelmente elevou a avaliação geral desses candidatos. Por ter tido alguma informação sobre Simome Tebet, a avalia pela primeira vez, o que só voltará a ocorrer na Onda 5.

---

[627] As pontuações sobem para dois, quatro e três respectivamente.

Onda 3

Sem muito tempo para se informar sobre política e desanimada com as notícias recentes, Zincite continua indecisa.

> *Ah é que você [...] cada hora a gente escuta, né? Agora eu estou meia desinformada, que eu mudei de emprego, né? Mas cada hora você vê uma notícia ruim na televisão, né? Isso desanima você.* (informação verbal).

Considera insuficientes as notícias divulgadas nos telejornais e, confundindo a eleição federal com a estadual, afirma que Hatid[628] (sic) liderava as pesquisas eleitorais para presidente.

> *Ah, na minha opinião, acho que deveria divulgar um pouco mais, né? Apesar que ainda não começou os debates, essas coisa toda, né? Mas acho que deveria ter uma coisa a mais referente, pra gente começar a ficar meio ciente, né?* (informação verbal).
>
> *Acho que era o Hatid, né? Que eu vi um pedacinho ontem no meu Instagram. Acho que é o Hatid, se eu não me engano.* (informação verbal).

As recentes notícias impactam negativamente sua avaliação de Bolsonaro. Volta a considerá-lo o único candidato em quem não votaria.

> *Ah está tendo muita corrupção, né? Muito aumento de tudo, né? Acho que isso interferiu um pouco[629].* (informação verbal).

Onda 4

Desde que mudou de emprego, não tem conversado sobre política em sua socialização presencial e continua apontando Bolsonaro como seu candidato rejeitado. Na justificativa de rejeição, confunde novamente a esfera federal com a estadual.

> *Ah porque não vi nenhum recurso dele pra gente nesse tempo que ele está como [...] governador?* (informação verbal).

Onda 5

Muito apartada do contexto político e ainda indecisa, Zincite identifica espontaneamente apenas os dois principais candidatos e somente o partido de Lula, recolocando-o em sua lista de rejeitados. Não tem participado das

---

[628] Refere-se, equivocadamente, ao candidato ao governo de São Paulo, Fernando Haddad, que liderava as pesquisas eleitorais na ocasião.

[629] Refere-se à sua rejeição ao candidato.

redes sociais nem acompanhado os telejornais e o HGPE ou assistido às entrevistas com os candidatos, tampouco o debate da Rede Bandeirantes. Também não está a par das pesquisas eleitorais.

> *Eu estou bem desinformada, vamos colocar na realidade.* (informação verbal).

> *Eu acho que, no debate, acho que parece que é uma forma deles se [...] não tem uma palavra exata pra mim te falar. Parece que é, tipo, um conflito que eles ficam, né? É bem chato isso.* (informação verbal).

Apesar dessa autorreclusão informacional, predispõe-se a avaliar os candidatos Ciro Gomes e Simone Tebet, manifestando simpatia pela candidata.

> *Eu vou aumentar pra sete[630], porque hoje eu vi um trechinho dela e eu gostei da formação que ela está tendo.* (informação verbal).

Onda 6

Zincite conversa sobre as eleições em sua socialização presencial e acompanha o debate da Rede Globo. Decide-se pela candidata Simone Tebet, destacando seu desempenho no debate, e refere-se mais uma vez de forma negativa a Lula e a Bolsonaro.

> *A gente estava falando mesmo dos três, né? Entre o Bolsonário[631], Lula e a Simone. Ah sobre o que eles estão propondo, né?* (informação verbal).

> *Ah eu vi algumas propostas dela, gostei e preferi votar nela de vez votar nos outros.* (informação verbal).

> *Ah, pela conversa, né? O que ela propôs, né? [...] Ela já não tem aquelas críticas, né? Que um já foi preso. Bolsonário, essa arrogância toda. Acho que é por isso que eu estou votando nela.* (informação verbal).

> *O Bolsonário. [...] Ah a arrogância, né? Como ele fala, né? Tudo isso interfere, né?* (informação verbal).

A figura abaixo, sobre os sentimentos de Zincite, apresenta uma pessoa simplória, que percebe os políticos em disputa pela liderança eleitoral como arrogantes, que qualifica a candidata de sua preferência como uma "pessoa boa" e que não consegue associar nenhum sentimento a Ciro Gomes.

---

[630] Avaliação da candidata em uma escala de zero a dez.

[631] Na maioria das vezes em que citou o nome do candidato-presidente, chamou-o de Bolsonário ao invés de Bolsonaro.

Figura 27 – Primeiro sentimento que vem à cabeça de Zincite sobre os candidatos[632]

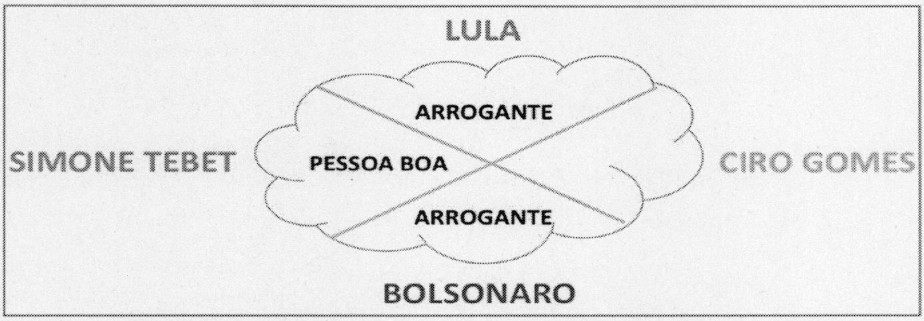

Fonte: Elaborada pelo autor com base na pesquisa longitudinal, 2023.

Na sua avaliação dos candidatos, destaque para Bolsonaro, que partiu da pontuação zero na Onda 1, subindo de forma consistente ao longo das entrevistas, chegando à pontuação sete nesta onda.

Onda 7

Duas semanas após o primeiro turno, solicitada a confirmar seu voto, Zincite já não se lembrava do nome da sua candidata.

> *Ai, Simone? Não. Como é que era? Até esqueci o nome da moça.* (informação verbal).

Relata não ter tido tempo para informar-se sobre as eleições, tendo discutido o assunto por alto durante a socialização presencial, e decide-se por Bolsonaro para o segundo turno.

> *Ah discutimos sobre os dois, né? O Bolsonário e o Lula, mas um pouco mais do Lula, referente a ele já ter sido preso, essas coisa em geral.* (informação verbal).

> *Pelo que ele[633] está propondo agora, né? E mesmo porque, antigamente, a gente não sabia como ele se dava, né? Porque logo entrou a pandemia. Então, meu voto agora vai pra ele.* (informação verbal).

Na sua última avaliação, destaca-se a mesma pontuação para os candidatos finalistas, tanto para o escolhido quanto para o preterido, fato que vinha se repetindo desde a Onda 5. Quanto a Bolsonaro, volta a expressar o sentimento que precede um novo ciclo de esperança e decepção[634]. O

---

[632] A entrevistada não soube fazer essa avaliação para o candidato Ciro Gomes.

[633] Refere-se a Bolsonaro.

[634] O ciclo em questão foi abordado neste estudo na seção *O ambiente político e institucional.*

"todo mundo" a que se refere a seguir remete às pessoas de seu círculo de amizade – de sua bolha social – com as quais tem conversado recentemente.

> *Ah, eu acho que ele tá tentando fazer uma melhora pro Brasil, né? É o que nós esperamos, né? Que eu espero, né? [...] Então, tá **todo mundo** acreditando, né? Um Brasil melhor, né?* (informação verbal, grifo nosso).

Contatada em 8 de novembro, Zincite complementa sua justificativa de voto, revelando desconhecimento dos critérios de apuração de votos.

> *Ou era o Bolsonário, ou era o Lula. Então, a gente sabe que se a gente não vota em um deles, nosso voto anulado vai acabar indo pra eles. Então, essa foi a minha questão. Ou Lula, ou Bolsonário. Eu falei ah, vamos de Bolsonário. Essa foi a realidade. Mas se os voto não fosse, se fosse realmente anulados, não fosse pra ninguém, eu votaria nulo, mas essa é a questão, né? A gente sabe que não, que os pontos vão pra eles, né? Então, eu resolvi votar no Bolsonário, né?* (informação verbal).

Síntese do comportamento eleitoral de Zincite

A socialização presencial era uma fonte de informação importante para Zincite, já que não tinha a oportunidade de consumir muita mídia tradicional. Ao longo do primeiro turno, à medida que a campanha eleitoral avançava, sua avaliação dos candidatos ia melhorando, porém as avaliações de todos os candidatos seguiam muito próximas, inclusive as de Lula e Bolsonaro, ambos rejeitados devido à desaprovação de seus governos. A fragmentação de sua consciência política e o desconhecimento do contexto eleitoral não lhe permitiam discernir as diferenças nos perfis e propostas dos candidatos. Sem identidade política (partidária ou ideológica) definida, sua avaliação dos candidatos ficou muito susceptível ao fluxo político, tornando sua decisão altamente influenciável e volátil. Sua insipiência era tal que confundia os nomes dos candidatos, chamando, por diversas vezes, o presidente de Bolsonário e o candidato ao governo de São Paulo de Hatid. Zincite foi mais uma entrevistada que experimentou o ciclo de esperança--decepção-esperança das eleições. Desmotivada e com pouco tempo livre, Zincite só se predispôs a informar-se às vésperas da eleição. No debate da Rede Globo, chamou sua atenção a serenidade e simplicidade da candidata Simone Tebet, contrastando com os duros ataques entre Bolsonaro e Lula, candidatos que lhe transmitiam arrogância. Assim, decidiu o voto a partir de sua identificação com a candidata e suas propostas, que lhe soaram interessantes. No segundo turno, por não ter um candidato de preferência, seu desejo era anular o voto. No entanto, por ignorância do sistema de apuração e por influência social, acabou depositando as esperanças em uma nova oportunidade para Bolsonaro.

CONSIDERAÇÕES FINAIS

8.1 A pesquisa com eleitores indecisos

A pesquisa longitudinal permitiu avaliar com profundidade o comportamento eleitoral do grupo de catorze eleitores indecisos, sendo possível identificar como atuam as forças de curto prazo mediadas pela consciência política dos eleitores. Conforme temos apresentado, eleitores que decidem o voto tardiamente normalmente são mais fragmentados em sua consciência, e, tendo identidade ideológica e partidária pouco estruturada, decidem seu voto a partir de seus valores, crenças e visão de mundo, sendo bastante susceptíveis ao fluxo político. Ademais, sem muita confiança para decidir o voto, a validação social parece ser uma necessidade comum desses eleitores. Na primeira onda de entrevistas, realizada cerca de quatro meses antes da eleição presidencial – a mais polarizada desde a redemocratização do país –, com exceção de Ósmio[635], todos os demais entrevistados ainda estavam indecisos. Apesar de alguns já manifestarem certas preferências políticas, não identificamos eleitores fervorosos, fossem petistas, bolsonaristas ou de outros candidatos.

Apresentamos, nos três quadros a seguir, o resumo com os elementos estruturantes do voto dos indecisos, a cronologia da decisão e a classificação dos votos de primeiro e segundo turno. O Quadro 12A expõe importantes elementos estruturantes do voto, como a articulação da consciência política, a desilusão com a política, a importância do debate entre os candidatos, as influências sociais, os valores internalizados e as principais rejeições.

Identificamos em todos os eleitores forte rejeição aos dois principais candidatos, sendo sete em relação a ambos – Ástato, Férmio, Galena, Niobite, Opala, Samário e Zincite –, quatro em relação apenas a Bolsonaro – Ágata, Germânio, Háfnio e Ósmio – e três em relação apenas a Lula – Blenda, Crisólita e Plivine. A rejeição a Lula deveu-se à imagem de corrupto do candidato, construída principalmente pela operação Lava Jato, fartamente divulgada pela mídia corporativa. Já para Bolsonaro, a causa da rejeição foi

---

[635] O entrevistado decidiu-se ao longo do mês de maio, entre o primeiro contato e a primeira entrevista.

mais difusa, incluindo sua imagem de extremista, a forma como conduziu a pandemia da Covid-19, as denúncias de corrupção envolvendo seu governo e familiares, o aumento do desemprego e o desempenho insatisfatório da economia. Esses dados alinham-se aos da pesquisa da Genial/Quaest[636] apresentada por Nunes e Traumann (2023). Enquanto 64% dos eleitores de Bolsonaro apontaram o principal motivo para não votar em Lula como sendo considerá-lo corrupto/já ter sido preso, para os eleitores de Lula, o principal motivo para não votar em Bolsonaro era significativamente mais distribuído, incluindo as falas do candidato/agressividade (22%), a má administração (16%), não gostar dele (12%), a inflação alta/aumento dos preços (9%) e a atuação durante a pandemia (7%), que juntas totalizavam 66% das razões.

As rejeições mostraram-se altamente relevantes para a decisão de voto. À exceção de Niobite, que na última hora mudou o voto de Tebet para Lula, todos os outros seis eleitores que manifestaram rejeição aos dois principais candidatos votaram em Tebet ou Ciro Gomes. Os quatro eleitores que rejeitavam apenas Bolsonaro votaram em Lula e, dos três que rejeitavam apenas Lula, dois votaram em Bolsonaro e uma votou em Tebet, após mudar o voto (que seria para Bolsonaro) na véspera da eleição.

Quadro 12A – Elementos estruturantes do voto dos indecisos

Partici-pante	Valores	Influências sociais	CR[637]	ID[638]	DP[639]	CP[640] (item)
Ágata	equidade e plurali-dade social, honesti-dade, educação	marido	Bolsonaro	+		+

---

[636] Pesquisa domiciliar realizada entre 23 e 25 de outubro de 2022 com dois mil entrevistados.

[637] *Candidatos rejeitados*, considerando apenas os dois principais candidatos.

[638] *Importância do debate* entre os candidatos para a decisão do voto ou para a cristalização da decisão, identificada com os sinais + (maior relevância) e – (menor relevância).

[639] *Desilusão com a política* (identificada pelo símbolo ✓), chegando, em alguns casos, a vivenciar ciclos de esperança-decepção-esperança (EDE)

[640] *Consciência política*, identificada com os sinais - (menos articulada) e + (comparativamente mais articulada). Os critérios para considerar a consciência menos articulada (indicada com o sinal -) foram:
(A) O uso restrito de fontes de informação que levem a percepções distorcidas da realidade, como a crença na manipulação das urnas eletrônicas. Esta crença foi escolhida por sua gravidade: por representar uma tentativa de afronta à soberania popular manifestada através do voto, um dos pilares da democracia;
(B) O forte desconhecimento do contexto eleitoral, não conseguindo avaliar os quatro principais candidatos até a 4ª. onda;
(C) A mudança de decisão de voto às vésperas dos pleitos (após a 6ª. onda para o primeiro turno ou após a 7ª. onda para o segundo turno);
(D) A decisão de voto às vésperas dos pleitos (na 6ª. onda ou depois, para o primeiro turno, ou após 7ª. onda, para o segundo turno).

Partici-pante	Valores	Influências sociais	CR[637]	ID[638]	DP[639]	CP[640] (item)
Ástato	esperança, segurança	ver nota[641]	Bolsonaro e Lula	+	ciclo EDE	- (B)
Blenda	benevolência, fé cristã, liberdade	familiares (irmã, pai, tia)	Lula	+		- (A)
Crisólita	segurança, fé cristã, diversidade	familiares, colegas de trabalho	Lula	+		- (C)
Férmio	conservadorismo (político), segurança, honestidade	compa-nheiro, amigos	Bolsonaro e Lula	-	✓	- (C)
Galena	segurança, conserva-dorismo (político)	marido	Bolsonaro e Lula	+[642]		- (B,C)
Germânio	equidade social, confiança	irmão	Bolsonaro	-		- (B)
Háfnio	equidade e plurali-dade social, empatia, sustentabilidade	marido, irmã	Bolsonaro	+		+
Niobite	sustentabilidade, liberdade, segurança, equidade social/gênero	influencia-dora digital, marido, filha	Bolsonaro e Lula	-		- (C)
Opala	equidade social, honestidade, criativi-dade, resiliência	ver nota[643]	Bolsonaro e Lula	+		- (D)
Ósmio	cidadania, democra-cia, segurança	familiares, amigos	Bolsonaro	-		+
Plivine	fé cristã, segurança, disciplina, tradição	líder reli-giosa, amigos	Lula	-		- (A,B)

---

[641] Este entrevistado evitava discussões sobre política em seus contatos sociais.

[642] Neste caso, os programas de entrevistas com os candidatos também foram relevantes.

[643] Esta eleitora evitava discussões sobre política em seus contatos sociais.

Partici-pante	Valores	Influências sociais	CR[637]	ID[638]	DP[639]	CP[640] (item)
Samário	paz, honestidade, mobilidade social, equidade de gênero	pai, amigos	Bolsonaro e Lula	+	✓	- (B,D)
Zincite	tradição, segurança, honestidade, resignação, humildade	irmã, cunhado	Bolsonaro e Lula	+	ciclo EDE	- (B,D)

Fonte: Elaborado pelo autor com base na pesquisa longitudinal, 2023.

Os valores pessoais ganham relevância na falta de identidade política (ideológica ou partidária) estruturada e de baixo conhecimento sobre o contexto eleitoral, características comuns aos eleitores com consciência política menos articulada. Em comum entre os eleitores de Lula no primeiro turno – Ágata, Germânio, Háfnio, Niobite e Ósmio – havia o valor progressista da equidade social. Esse valor só não estava presente entre os valores de Ósmio, que valorizava a cidadania. O valor sustentabilidade relacionou-se apenas a eleitores de Lula – Háfnio e Niobite. O valor segurança, relacionado à maioria dos entrevistados – Ástato, Crisólita, Férmio, Galena, Niobite, Ósmio, Plivine e Zincite –, esteve disperso entre os eleitores, porém apenas um para eleitores de Lula – Niobite –, um para eleitores de Bolsonaro – Plivine – e os outros seis para eleitores dos candidatos da terceira via, Tebet e Ciro Gomes. Por fim, o valor da fé cristã esteve presente nas duas eleitoras de Bolsonaro – Blenda e Plivine – e nas três eleitoras que rejeitavam apenas Lula – Blenda, Crisólita e Plivine.

Quanto às influências sociais, não identificamos mentores para dois eleitores – Ástato e Opala –, que relataram evitar discutir política em seus contatos sociais. À exceção de Plivine, todos os demais relataram socializações com seus familiares em que a política era discutida, cinco deles destacando os cônjuges – Ágata, Férmio, Galena, Háfnio e Niobite. Quatro eleitores destacaram os amigos – Férmio, Ósmio, Plivine e Samário –, Plivine ressaltou sua líder religiosa e Crisólita seus colegas de trabalho.

A importância dos debates para a decisão do voto ou cristalização da decisão foi verificada em nove dos catorze eleitores. Os outros cinco eleitores – Férmio, Germânio, Niobite, Ósmio e Plivine – decidiram o voto até a terceira onda, antes, portanto, do início dos debates eleitorais. Os quatro eleitores desiludidos com a política – Ástato, Férmio, Samário

CORREDEIRAS DA DEMOCRACIA: O VOTO SOB A PERSPECTIVA PSICOSSOCIAL

e Zincite – não votaram em candidatos experientes, optando por Simone Tebet, uma novata em eleições presidenciais. Vale lembrar que a desilusão afeta o processo de articulação da consciência.

Conforme temos discutido, eleitores indecisos tardios normalmente apresentam maior grau de fragmentação da consciência política. Ainda assim, dentro do grupo de eleitores indecisos de nossa pesquisa, identificamos níveis diferentes de articulação da consciência. Os três eleitores que classificamos como os de maior articulação da consciência política – Ágata, Háfnio e Ósmio – votaram em Lula no primeiro turno. Os demais eleitores, com consciência mais fragmentada, votaram em Tebet (seis eleitores), Bolsonaro (duas), Lula (dois) e Ciro Gomes (uma). Os critérios de classificação, detalhados em nota de rodapé do Quadro 12A, consideraram: a crença em informações distorcidas da realidade, levando à vivência de realidades paralelas (item A), o desconhecimento do contexto eleitoral (item B) e a instabilidade ou morosidade para a decisão eleitoral (itens C e D, respectivamente).

O quadro 12B, a seguir, apresenta o resumo da votação em primeiro turno do grupo de eleitores indecisos. O primeiro aspecto a destacar é que todos se decidiram por algum candidato, não havendo, portanto, nenhum voto em branco ou nulo nesse turno. O segundo aspecto refere-se à grande quantidade de votos em candidatos da terceira via, algo esperado em um grupo de indecisos tardios e que, portanto, não tinham, ao menos a princípio, simpatia por nenhum dos dois principais candidatos, os quais arrebataram nas urnas quase noventa e dois por cento dos votos do eleitorado nacional. Em nosso grupo, os candidatos da chamada terceira via obtiveram juntos metade dos votos, sendo seis votos para Tebet e um para Ciro Gomes. Favoreceram Tebet, sua imagem de política novata, suas propostas de governo e seu bom desempenho nos debates. Ciro foi escolhido pela sua pauta neoliberal[644]. Quanto aos demais eleitores, cinco acabaram se decidindo por Lula e dois por Bolsonaro. Vale ressaltar que os entrevistados, mesmo aqueles que optaram por um dos dois principais candidatos, manifestaram, em maior ou menor grau, além de certa rejeição pelo candidato escolhido, o desejo maior de conter o outro candidato mais rejeitado, evidenciando assim o voto útil, como nos casos dos votos de Blenda, Háfnio, Niobite e Ósmio. Em favor de Lula pesou a avaliação retrospectiva de suas administrações e suas políticas de distribuição de renda; em prol de Bolsonaro, a manutenção dos valores familiares tradicionais, a moralidade cristã e a assimilação de uma realidade paralela criada por sua campanha. O voto identitário motivou metade das

---

644 Conforme percebido pela entrevistada.

escolhas eleitorais, como nos casos de Crisólita, Férmio, Galena, Háfnio, Opala, Plivine e Zincite. Houve ainda dois casos, de Ástato e Samário, de voto por alinhamento programático, ambos para Tebet. Por fim, quanto ao momento de decisão do voto, consideramos todos os indivíduos do grupo eleitores de decisão tardia, ressaltando as duas mudanças de voto às vésperas do primeiro turno, após a sexta onda, nos casos de Crisólita e Niobite. No entanto, as eleitoras seguiram caminhos opostos. Enquanto a primeira abandonou o voto útil em favor do identitário, a última trocou o voto identitário pelo útil.

Quadro 12B – Cronologia da decisão e característica do voto dos indecisos no primeiro turno

Partici-pante	Voto	Momento de decisão[645]	Classificação do voto (1º turno)
Ágata	Lula	4ª onda	voto retrospectivo
Ástato	Tebet	5ª onda	voto por alinhamento programático
Blenda	Bolsonaro	3ª onda	voto útil
Crisólita	Bolsonaro	4ª onda	voto útil
	Tebet	7ª onda	voto identitário
Férmio	Tebet	2ª onda	voto identitário
Galena	Ciro Gomes	5ª onda	voto identitário
Germânio	Lula	2ª onda[646]	voto econômico retrospectivo
	Lula	4ª onda	
Háfnio	Lula	3ª onda	voto útil/identitário
Niobite	Tebet	3ª onda	voto identitário
	Lula	7ª onda	voto útil
Opala	Tebet	7ª onda	voto identitário
Ósmio	Lula	1ª onda	voto útil/retrospectivo
Plivine	Bolsonaro	2ª onda	voto identitário
Samário	Tebet	6ª onda	voto por alinhamento programático
Zincite	Tebet	6ª onda	voto identitário

Fonte: Elaborado pelo autor com base na pesquisa longitudinal, 2023.

---

[645] Refere-se ao momento em que a decisão de voto foi relatada ao entrevistador ao longo da pesquisa longitudinal.

[646] Após decidir o voto na Onda 2, na onda seguinte o entrevistado relatou estar indeciso novamente e, na Onda 4, tomou a decisão definitiva. Nas duas ocasiões, escolheu o candidato Lula.

O último quadro desta série refere-se ao segundo turno. O Quadro 12C apresenta as classificações de voto apenas dos eleitores que mudaram de candidato do primeiro para o segundo turno. Lembramos que houve apenas uma abstenção, de Plivine, e também apenas um voto nulo, de Ástato, um voto de protesto. Seu ato de afirmar sua rejeição em relação aos dois candidatos do segundo turno marcou o seu rompimento do ciclo de esperança-desilusão. Férmio também intencionava anular o voto, mas foi influenciado por um acontecimento na véspera da eleição[647], votando em Lula por exclusão. Galena também tomou uma decisão de última hora, possivelmente influenciada pelo marido, ao trocar de forma surpreendente Bolsonaro por Lula, demonstrando assim alta fragmentação da consciência política. O voto de Opala foi o único identitário, lastreado em seus valores progressistas e em sua avaliação retrospectiva da administração do ex-presidente Lula. Os demais eleitores – Crisólita, Samário e Zincite – também votaram por exclusão. No caso de Zincite, o voto foi motivado por um entendimento equivocado do sistema de apuração de votos.

Quadro 12C – Característica do voto dos indecisos no segundo turno

Partici-pante	Voto no 1º turno	Voto no 2º turno	Classificação do voto (2º turno)
Ástato	Simone Tebet	nulo	voto de protesto
Crisólita	Simone Tebet	Bolsonaro	voto de exclusão
Férmio	Simone Tebet	nulo	voto de protesto
		Lula	voto de exclusão
Galena	Ciro Gomes	Bolsonaro	voto de exclusão
		Lula	voto de exclusão
Opala	Simone Tebet	Lula	voto identitário/econômico retrospectivo
Samário	Simone Tebet	Lula	voto de exclusão
Zincite	Simone Tebet	Bolsonaro	voto de exclusão

Fonte: Elaborado pelo autor com base na pesquisa longitudinal, 2023.

A migração de votos do primeiro para o segundo turno está apresentada na figura a seguir. Os seguintes comportamentos merecem destaque:

---

[647] Refere-se ao episódio com a deputada Carla Zambelli, já mencionado anteriormente.

- Não houve migração de votos entre Lula e Bolsonaro do primeiro para o segundo turno;
- Os votos dos eleitores de Simone Tebet, a mais votada no grupo em primeiro turno pelos entrevistados, dividiram-se entre Lula e Bolsonaro, porém numa proporção maior para Lula (três para dois);
- O voto em Ciro Gomes migrou para Lula;
- Houve apenas um voto em branco no segundo turno, ou seja, apenas um eleitor da terceira via não optou por um dos candidatos do segundo turno.

Figura 28 – Migração de votos do 1º para o 2º turno[648]

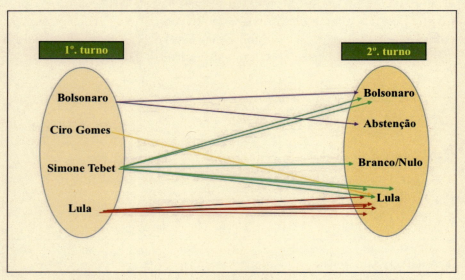

Fonte: Elaborada pelo autor com base na pesquisa longitudinal, 2022.

As três figuras a seguir apresentam a consolidação do primeiro sentimento que veio à cabeça dos entrevistados em relação aos candidatos, conforme perguntado na sexta onda, às vésperas do primeiro turno. Na primeira figura, agregamos o sentimento dos participantes que votaram em Lula no primeiro turno, na segunda figura, os que votaram em Bolsonaro, e na terceira, os que não votaram em nenhum dos dois, optando por Simone Tebet ou Ciro Gomes. Em comum entre os eleitores de Lula e Bolsonaro

---

[648] A abstenção deveu-se a uma viagem da entrevistada no dia da eleição, que pretendia votar em Bolsonaro.

está o sentimento de esperança que esses candidatos despertaram entre seus eleitores. Todavia, enquanto os eleitores de Lula associam sentimentos de raiva e terror a Bolsonaro, as eleitoras de Bolsonaro vinculam Lula à tristeza ou o qualificam de "bandido", evidenciando o conceito do *priming*, conforme apresentado nas Figuras 29A e 29B. Tanto entre os eleitores de Lula quanto entre os eleitores de outros candidatos (Figuras 29A e 29C), o sentimento em comum que se destaca é a raiva em relação a Bolsonaro e a palavra "povo" associada a Lula. Outro aspecto interessante é a utilização, por dois eleitores de outros candidatos (Figura 29C), dos mesmos adjetivos – despreparado/despreparo e arrogante – para descrever ambos os candidatos.

Figura 29A – Primeiro sentimento que vem à cabeça: eleitores de Lula

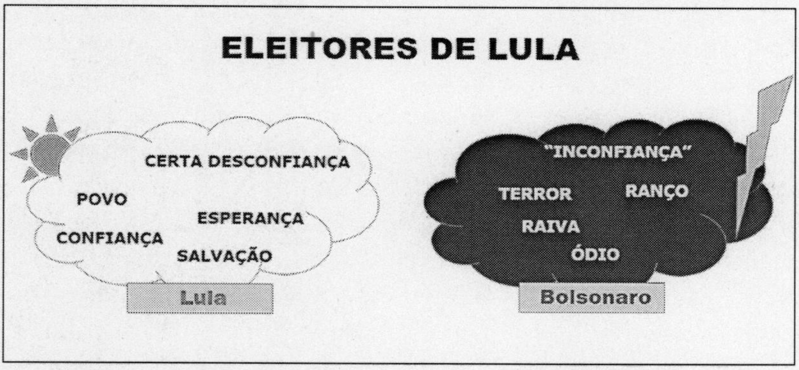

Fonte: Elaborada pelo autor com base na pesquisa longitudinal, 2022.

Figura 29B – Primeiro sentimento que vem à cabeça: eleitores de Bolsonaro

Fonte: Elaborada pelo autor com base na pesquisa longitudinal, 2022.

Figura 29C – Primeiro sentimento que vem à cabeça: demais eleitores[649]

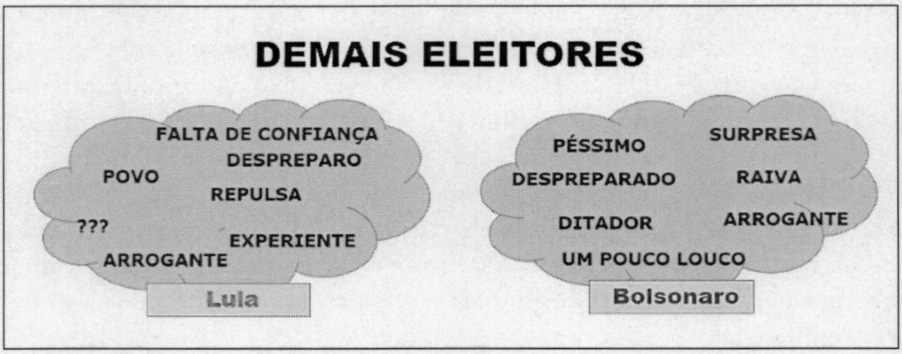

Fonte: Elaborada pelo autor com base na pesquisa longitudinal[650], 2022.

De uma forma geral, as entrevistas revelaram a enorme susceptibilidade dos eleitores indecisos tardios ao fluxo político, com mudanças de voto de última hora, mesmo entre candidatos com perfis políticos notoriamente distintos. Houve decisões de voto de última hora, alta rejeição em relação aos candidatos finalistas, desinteresse por política e desconhecimento do contexto eleitoral. Esse comportamento eleitoral evidencia a baixa estruturação da consciência política da maioria desses indivíduos. As entrevistas evidenciaram ainda a importância para esses eleitores dos valores internalizados, dos debates e das influências sociais na decisão do voto. Vale lembrar que esse perfil referiu-se a um grupo pequeno do eleitorado, que, nesta eleição, variou entre 3,7%, em junho de 2022, e 2,2%, nas vésperas da eleição, como apresentado no Gráfico 38.

8.2 As pesquisas do ESEB

As modelagens estatísticas das eleições de 2018 e 2022, baseadas nos dados do ESEB, apresentaram pontos de convergência e divergência em relação aos determinantes mais proeminentes de cada pleito, resultantes dos contextos eleitorais específicos. Avaliação do incumbente, autoposicionamento ideológico, sentimento partidário, engajamento religioso e região de residência foram as variáveis que se destacaram nas duas eleições, consideradas significativas em ambos os pleitos.

---

[649] Refere-se aos entrevistados que votaram no primeiro turno nos candidatos Simone Tebet ou Ciro Gomes.

[650] Um entrevistado não soube responder a essa pergunta para o candidato Lula e registramos sua resposta como "???."

Em 2018, ainda que Michel Temer não estivesse tentando a reeleição, a variável sobre a avaliação do incumbente foi uma das mais relevantes, visto que o modelo neoliberal por ele adotado estava *sub judice* do eleitor. Ademais, apesar de ter composto a chapa presidencial de Dilma Rousseff, sua participação no golpe parlamentar que destituiu a presidenta do poder, alijando o PT do executivo federal após quatro vitórias eleitorais consecutivas, marcou seu mandato, caracterizando seu governo como oposição ao petismo. Diante disso, não foi de surpreender que o modelo estatístico tenha apontado a avaliação do incumbente como a segunda variável mais importante para Jair Bolsonaro. O eleitor que avaliou a administração Temer como ótima teve 4,5 mais chances de votar em Bolsonaro, enquanto o que a avaliou como ruim ou péssima favoreceu Fernando Haddad na razão de 1,9. Em 2022, numa eleição em que o presidente disputava a reeleição, a avaliação do incumbente foi a variável de maior proeminência, tanto a favor de Bolsonaro quanto de Lula. O eleitor que a classificou como péssima teve 21,3 vezes mais chance de votar em Lula e o que a considerou ótima, 17,6 vezes mais chance de votar em Bolsonaro, ratificando a imensa polarização desta eleição e a adesão dos bolsonaristas à realidade paralela criada pelo gabinete do ódio. No nível intermediário – das avaliações ruim e boa –, a variável também se destacou. Lula foi favorecido na razão de 4,8 e Bolsonaro na razão de 6,7, respectivamente.

Vale destacar ainda, como mostrado nos Gráficos 28A e 28B – avaliação do incumbente –, que, em 2018, a distribuição das escolhas entre as categorias dessa variável (ótimo, bom, regular, ruim e péssimo) para a avaliação do governo Temer foi semelhante tanto entre eleitores de Haddad quanto entre eleitores de Bolsonaro. Por outro lado, em 2022, a distribuição entre as categorias tornou-se completamente oposta, como se os eleitores dos dois candidatos estivessem avaliando diferentes administrações. A administração de Bolsonaro foi considerada ótima ou boa por 9,9% dos eleitores de Lula e por 86,9% dos eleitores de Bolsonaro. No outro extremo, 79,1% dos eleitores de Lula a consideraram ruim ou péssima, enquanto apenas 3,5% dos bolsonaristas compartilhavam dessa percepção. A disparidade de percepção evidencia a intensa polarização desta eleição, respaldada na identicação política associada à Bolsonaro e Lula.

O autoposicionamento ideológico foi outra variável de muita importância nestas eleições, tanto para Bolsonaro quanto para os candidatos petistas. Em 2018, Bolsonaro foi favorecido por eleitores autoposicionados na extrema direita, na direita e até pelos indefinidos ideologicamente, nas razões de 3,1, 2,6 e 1,7, respectivamente. O apoio a Haddad veio dos esquerdistas e dos extremistas de esquerda, nas razões de 3,0 e 2,1. Em 2022, o apoio ao petismo foi ainda mais forte. Os eleitores autoposicionados na esquerda tiveram 18,9 vezes mais chance de votar em Lula e os autoposicionados na extrema esquerda, 3,0 vezes. As intensidades de apoio a Bolsonaro permaneceram no mesmo patamar da eleição anterior, destacando-se o aumento do apoio por parte dos indefinidos ideologicamente. As razões de probabilidade de voto no candidato pelos autoposicionados na extrema direita, indefinidos e na direita foi respectivamente 3,6, 3,4 e 1,9. Um ponto interessante foi o maior apoio aos candidatos petistas dos eleitores autoposicionados na esquerda do que dos na extrema esquerda, enquanto Bolsonaro recebeu mais apoio dos autoposicionados na extrema direita do que dos na direita. Há ainda que se ressaltar a distribuição da amostra em relação ao autoposicionamento ideológico. Espera-se que as populações sigam uma distribuição próxima à normal e, no caso brasileiro, os resultados das pesquisas mostram um desvio do centro da distribuição para a direita do espectro. Nestes dois últimos pleitos esse tipo de distribuição não foi verificado. Ressaltamos os seguintes aspectos:

- As amostras de 2018 e 2022 apresentaram uma distribuição trimodal, com um pico acentuado na extrema direita, como apresentado nos Gráficos 23A e 23B;

- Em 2022, os extremos se pronunciaram ainda mais, com picos de 19,3% da amostra na extrema esquerda e incríveis 44,3% na extrema direita. O acirramento da polarização nesta última eleição e a identificação de parte do eleitorado ao perfil ideológico de Bolsonaro foram responsáveis por esse fenômeno;

- A parcela da amostra no centro do espectro diminuiu de 26,2%, em 2018, para 20,3%, em 2022. Essa redução foi absorvida pelo campo da esquerda, vertendo, em cascata, para a extrema esquerda;

- A parcela da amostra da direita, já reduzida a apenas 15,2% do eleitorado, em 2018, diminuiu ainda mais para 10,1%, em 2022, sendo absorvida pela extrema direita. Isso ajuda a explicar o declínio de desempenho do PSDB nestes pleitos[651];

---

[651] Vale lembrar que, em 2018, Geraldo Alckmin obteve apenas 4,8% dos votos no primeiro turno e, em 2022, o partido nem lançou candidato como cabeça de chapa.

- O crescimento do extremismo impactou a composição dos votos de ambos os candidatos, especialmente de Bolsonaro, que experimentou um aumento na parcela de eleitores autoposicionados na extrema direita de 49,0%, em 2018, para 69,9%, em 2022. Em 2018, 53,6% dos eleitores se posicionavam em alguma extremidade do espectro, e, em 2022, esta parcela aumentou para 63,6%;

- A dificuldade do cidadão comum, devido à baixa articulação da consciência política, em compreender o significado das posições do espectro ideológico, resultou em votos em candidatos que não guardam correspondência ideológica com seu autoposicionamento. Em 2022, 24,7% dos votos de Lula vieram de eleitores autoposicionados na extrema direita e 5,5% na direita. Já 30,9% dos votos de Haddad vieram dos autoposicionados na extrema direita e 9,3% na direita. A incoerência ideológica foi significativamente menor com Bolsonaro, visto que parte substancial do eleitorado se autoposicionava na extrema direita. Ademais, Lula, para ganhar a eleição, precisou ultrapassar as barreiras ideológicas, atraindo eleitores com perfis mais diversificados ao longo do espectro.

Em relação ao sentimento partidário pelo PT, o antipetismo mostrou-se muito mais forte que o petismo nas duas eleições. Em 2018, a rejeição ao PT foi a variável mais significativa para Bolsonaro e, em 2022, a segunda mais significativa, nas razões de 9,0 e 13,8, respectivamente. Já a afinidade com o partido favoreceu Haddad em 2018 na razão de 1,6 e, em 2022, a variável não foi apontada pelo modelo como significativa para o voto em Lula. Como apontamos, esta aparente incoerência pode ser explicada por ter o candidato conseguido captar eleitores de uma ampla faixa do espectro ideológico, a maioria apartidários, que extrapolaram, portanto, as fronteiras do petismo, tornando a variável irrelevante para a modelagem estatística. Os Gráficos 24A e 24B mostram um arrefecimento do antipetismo em 2022, em sintonia com o processo de desmoralização da operação Lava Jato. A rejeição ao partido diminuiu de 53,2% para 43,5%, enquanto que a afinidade aumentou de 28,7% para 40,2%. Por outro lado, o eleitor de Bolsonaro tornou-se ainda mais radicalizado, com a parcela dos que rejeitavam o PT aumentando de 78,0%, em 2018, para 86,1%, em 2022.

O engajamento religioso também se destacou nas duas eleições. Em 2018, eleitores menos fervorosos, incluídos nas categorias[652] "raramente/algumas vezes por ano", "nunca" e "até duas vezes por mês", votaram, em média, mais

---

[652] Relacionadas à frequência que o entrevistado vai ao culto.

em Haddad nas razões 2,0, 1,8 e 1,6, respectivamente. Em 2022, foi a vez de Bolsonaro beneficiar-se com a variável. Eleitores mais fiéis, que frequentavam o culto "algumas vezes na semana", tiveram 3,8 vezes mais chance, em média, de votar em Bolsonaro. Os gráficos 26A e 26B mostram um aumento do eleitorado fervoroso na composição de votos de Bolsonaro, crescendo de 21,2%, em 2018, para 25,0%, em 2022. Vale lembrar que a maior assiduidade ao culto é verificada entre fiéis das igrejas evangélicas (SIUDA-AMBROZIAK, 2018) e nestas duas eleições o voto evangélico foi majoritariamente bolsonarista. Segundo dados do ESEB[653], em 2018, 63,4% dos evangélicos votaram em Bolsonaro e, em 2022, essa porcentagem foi de 62,0%. Já em relação à composição dos votos de Bolsonaro, os evangélicos aumentaram sua participação de 37,7%, em 2018, para 45,2%, em 2022, como indicado nos Gráficos 25A e 25B, ocupando o espaço dos católicos que migraram para o PT.

Em ambas as eleições, o desempenho econômico era insatisfatório. As "pautas-bomba", que visavam debilitar o segundo mandato do governo Rousseff, enfraqueceram ainda mais a economia e a agenda neoliberal implementada por Michel Temer, apesar do forte apoio da mídia corporativa, aprofundou o arrocho salarial e ampliou as perdas trabalhistas. Possivelmente por falta de uma *accountability* direta, uma vez que Temer[654] não disputava as eleições, a variável não se destacou no modelo estatístico de 2018. Já em 2022, a percepção da economia foi significativa para o voto, refletindo a sensação de deterioração econômica por parte do eleitorado assolado pelo aumento do desemprego e pela volta do país ao mapa da fome. Entre os que a perceberam como "um pouco pior"[655], a chance de votar em Lula foi 1,9 vez maior. Por outro lado, aqueles que sentiram um sinal de recuperação econômica, avaliando-a como "muito melhor", possivelmente devido às medidas adotadas pelo governo durante a campanha eleitoral para atenuar os impactos da economia cambaleante, favoreceram Bolsonaro na razão de 2,2[656]. O Gráfico 27B mostra uma percepção totalmente distinta sobre a economia entre os eleitores dos dois candidatos. Enquanto 67,3% dos eleitores de Lula consideravam que a economia estava pior, essa percepção era compartilhada por apenas 16,8% dos eleitores de Bolsonaro. Vale ressaltar também a questão da *accountability* pelo desempenho da economia, visto que parte do eleitorado pode ter uma percepção diferente quanto à sua

---

[653] Considerando apenas os eleitores que afirmaram ter votado no segundo turno em um dos dois candidatos ou ter votado em branco/nulo.

[654] Vale lembrar, como já mencionamos, que a avaliação do incumbente teve destacada relevância nesta eleição.

[655] Vale mencionar que a comparação estabelecida pelo questionário do ESEB foi em relação ao ano anterior.

[656] Vale destacar que a significância desta variável/categoria é marginal, em um nível de 5,9%.

responsabilidade, como apresentado no Gráfico 36. O que as pesquisas têm mostrado é que quanto pior o desempenho da economia, gerando situações de privação financeira e sentimentos de intensa insatisfação, maior é a capacidade da variável de influenciar o resultado da eleição, tornando-se, nesses casos, um importante preditor de voto.

A modelagem estatística identificou a relevância da clivagem geográfica, endossando o movimento de migração partidária apontado por alguns autores, como já mencionamos. Em 2018, o eleitor nordestino teve 2,2 vezes mais chance, em média, de votar em Haddad e, em 2022, o eleitor do Centro-Oeste optou por Bolsonaro na razão de 2,6. Em 2022, o PT conseguiu reverter esta tendência, ampliando sua votação no Sudeste e reduzindo, assim, o peso do voto nordestino, que passou de 42,9% para 35,3%, como apresentado nos gráficos 17A e 17B[657]. Esse aumento dos votos do PT no Sudeste, ocasionado pelos fatores discutidos no Capítulo 7, foi primordial para sua vitória, dado o seu peso relativo. Já Bolsonaro conseguiu um pequeno aumento da participação de seus votos no Centro-Oeste, de 8,2%, em 2018, para 8,6%, em 2022.

Outro destaque relacionado ao perfil socioeconômico foi a clivagem etária, tendo sido a mais significativa para Haddad em 2018. Eleitores mais jovens, de 16 ou 17 anos, votaram mais no petista na razão de 5,2. No outro extremo, os mais idosos preferiram Bolsonaro. Eleitores acima de 65 anos e os da categoria entre 55 e 64 anos favoreceram Bolsonaro nas razões de 2,1 e 1,7, respectivamente. Em 2022, a clivagem etária não foi significativa para a modelagem porque o PT aumentou seu eleitorado nessas duas faixas etárias, elevando sua participação de 22,4% dos votos para 24,9%, como apresentado nos Gráficos 18A e 18B[658]. Além disso, o gênero também deixou de ser significativo em 2022, já que a distribuição entre os sexos foi mais equilibrada nesta eleição[659].

As variáveis cor/raça e renda familiar não foram estatisticamente significativas nos dois pleitos, porém demonstraram movimentações quanto ao peso de seus subgrupos entre as duas eleições. Bolsonaro perdeu votos entre os eleitores das raças amarela e indígena[660], como mostrado nos Gráficos

---

[657] Este feito é ainda mais marcante se considerarmos que, na amostra de 2018, a participação da população nordestina em relação ao total era de 25,7%, ao passo que em 2022, essa porcentagem passou para 27,4%.

[658] Vale ressaltar que a amostra de 2022 era composta por uma população mais idosa. Houve um aumento de 1 p.p. na participação das duas faixas etárias combinadas.

[659] Ver Gráficos 19A e 19B.

[660] Mesmo considerando a redução da participação dessas populações na amostra de 2022 em comparação com a de 2018.

21A e 21B. A redução de votos entre os povos originários pode ser atribuída à política genocida do capitão, sintetizada na frase[661]: "Pena que a cavalaria brasileira não tenha sido tão eficiente quanto a americana, que exterminou os índios" (BOLSONARO, *In: Correio Brasiliense*, 12 abril de 1998). Por outro lado, o PT ampliou[662] sua votação entre os brancos, passando de 25,7% com Haddad para 31,5% com Lula. Quanto à renda familiar, merece destaque a queda de participação do eleitor da menor faixa de renda nos votos dos candidatos petistas – até 1 SM – que diminuiu de 32,6% para 28,3%, como apresentado nos Gráficos 22A e 22B.

8.3 Limitações para a elaboração do modelo e considerações sobre a democracia do país

Inicialmente, vale destacar a dificuldade em desenvolver um modelo de comportamento eleitoral em apenas quatro anos. A título de comparação, a equipe da Universidade de Columbia, comandada por Lazarsfeld e composta por Berelson e Gaudet (sucedido por McPhee) iniciou seus estudos na campanha presidencial estadunidense de 1940, concluindo-os com a publicação da segunda obra sobre o tema, *Voting: a study of opinion formation in a presidential campaign*, em 1954. Já o grupo da Universidade de Michigan, liderado por Campbell e formado por Converse, Miller e Stokes, valeu-se de suas pesquisas sobre as eleições nacionais de 1952 e 1956 para publicar *The American Voter* em 1960.

Enfrentamos limitações logísticas, humanas e orçamentárias, comuns a grande parte dos pesquisadores do país. Além disso, a crise sanitária que assolou o país e o mundo no final de 2019 restringiu a interação social e dificultou o intercâmbio acadêmico internacional. Por fim, lutamos contra o desgoverno iniciado em 2019 que promoveu uma cruzada ideológica contra a ciência e a educação.

Se, por um lado, o uso de pesquisas secundárias viabilizou a construção do modelo dando-lhe representatividade, por outro, limitou as variáveis de investigação que ficaram restritas às disponíveis nos questionários das pesquisas do ESEB/2018 e ESEB/2022. Um caso notório refere-se à consciência política. Como esses questionários não foram elaborados com o objetivo de investigar este construto, não foi possível desenvolver um escore de consciência política (ECP) a partir das questões destes *surveys*. Contornamos o

---

[661] A Survival Internacional traz uma compilação de frases de Bolsonaro sobre os povos originários. Ver: https://survivalbrasil.org/artigos/3543-Bolsonaro.

[662] Mesmo considerando o aumento da participação da população branca de 31,6%, em 2018, para 34,3%, em 2022.

problema usando nossa pesquisa realizada às vésperas da eleição de 2018 junto a eleitores universitários da Grande São Paulo, desenvolvido com questões específicas para tal propósito, porém sem abrangência nacional e, portanto, sem a representatividade do universo eleitoral do país.

Este estudo mostrou que o processo de tomada de decisão eleitoral é extremamente complexo, nele coexistindo múltiplos fatores, que se evidenciam em diferentes pleitos, dependendo do contexto político e econômico do momento. O comportamento eleitoral tem natureza tanto social quanto individual, sendo mediado pela consciência política do sujeito-eleitor, moldada desde sua primeira infância e influenciada por sua realidade sócio-histórica, que, por sua vez, determinará sua *visão de mundo*. As duas visões distintas de sociedade em disputa nas duas últimas eleições presidenciais evidenciaram, mais do que nunca, a relevância das crenças, valores e identidade do eleitor para o voto. Modelos que procuraram simplificar o construto, exemplificando o fenômeno mediante um ou alguns poucos determinantes, falharam em explicá-lo em sua totalidade ou apresentaram pouca repetibilidade, sendo relativamente eficazes apenas em eleições específicas.

Apresentamos neste trabalho uma nova abordagem sobre o comportamento eleitoral, que vem se somar ao conhecimento nessa área. Novas indagações devem surgir, as quais poderão ser respondidas por meio de pesquisas futuras. Acreditamos que, a partir deste modelo, outros estudos possam ser realizados e novas contribuições ajudem a aprimorá-lo. O importante é que a ciência política do país conta agora com um modelo brasileiro, elaborado a partir da realidade local e atual, dispensando a necessidade de importar e adaptar o substrato teórico desenvolvido em outros tempos e em outras sociedades e abrindo novas oportunidades de estudos nesse campo. Afinal, conforme constataram Van der Brug, Franklin e Tóka (2008), o comportamento eleitoral responde a diferenças sistêmicas e contextuais das diferentes democracias.

Por fim, vale destacar que o momento atual é preocupante, razão pela qual encerramos nosso estudo com um alerta sobre a fragilidade da democracia brasileira, recentemente vitimada por um golpe parlamentar em 2016 e por uma tentativa de golpe em 2023. Como discutimos, a baixa articulação da consciência política do cidadão médio deixa-o susceptível ao fluxo político, tornando o sistema político vulnerável. O caminho para fortalecer a democracia do país é árduo e requer não apenas a distribuição mais equitativa da renda, mas também uma educação que capacite os indivíduos para o pensamento crítico. Como nos lembra Pinto (2022, p. 28):

> Cultivar a democracia implica valorizar as eleições e o voto, implica no respeito às regras de competição política, no exercício da tolerância, na responsabilização dos governos, no respeito à diversidade, no fortalecimento dos movimentos sociais e, sobretudo, no combate ao histórico problema das desigualdades sociais.

Neste processo de consolidação, a universidade, que também sofreu o ataque das forças reacionárias, desempenha papel importante, não apenas produzindo conhecimento mas promovendo sua democratização, permeando-o nos diversos substratos da sociedade. Ao jornalismo cabe a tarefa de defender os princípios democráticos, combatendo a desinformação, apurando os fatos de forma responsável e divulgando-os com isenção ideológica. Nesse sentido, ganha relevância a democratização midiática a fim de promover a pluralidade de posições políticas e a independência em relação aos grandes anunciantes e aos grupos políticos dominantes. Monedero (2012, p. 78-79, tradução nossa[663]) adverte que "Não é possível democracia sem politização. [...] Maior politização implica, portanto, maior possibilidade de avançar na emancipação." Neste sentido, o desenvolvimento do modelo de comportamento eleitoral, aplicável ao nosso tempo e à nossa nação, soma-se aos esforços para esta politização.

O extremismo de direita não teria chegado ao poder em 2018 sem o apoio do grande capital, de parte do judiciário e da mídia corporativa. Na ocasião, os meios de comunicação de massa tradicionais naturalizaram o perfil de Bolsonaro, não dando a devida repercussão a seu passado, marcado por autoritarismo, violência, corrupção e preconceito, além de espetacularizarem a operação Lava Jato, sem minimamente importar em verificar sua conduta em relação ao respeito ao processo legal e à parcialidade dos trâmites judiciais, abandonando completamente o jornalismo investigativo. A operação acabou tornando-se o ovo da serpente do golpismo, conforme relata o ministro Dias Toffoli em sua decisão sobre a Reclamação 43.007[664]:

> Pela gravidade das situações estarrecedoras postas nestes autos, somadas a outras tantas decisões exaradas pelo STF e também tornadas públicas e notórias, já seria possível, simplesmente, concluir que a prisão do reclamante, Luiz Inácio

---

[663] *"No es posible la democracia sin la politización. [...] Una mayor politización implica, por tanto, una mayor posibilidad de avanzar en la emancipación."*

[664] Reclamação proposta por Luiz Inácio Lula da Silva contra decisões proferidas pelo Juízo da 13ª Vara Federal Criminal da Subseção Judiciária de Curitiba/PR, no âmbito da Ação Penal 5063130- 17.2016.4.04.7000 e do Acordo de Leniência 5020175-34.2017.4.04.7000.

> Lula da Silva, até poder-se-ia chamar de um dos maiores erros judiciários da história do país. [...] Digo sem medo de errar, foi o verdadeiro ovo da serpente dos ataques à democracia e às instituições que já se prenunciavam em ações e vozes desses agentes contra as instituições e ao próprio STF. Ovo esse chocado por autoridades que fizeram desvio de função, agindo em conluio para atingir instituições, autoridades, empresas e alvos específicos. (TOFFOLI, 2023, p. 130).

Parcela significativa da população se encontra em um estado de delírio coletivo, provocado pela imersão na realidade paralela criada pelo gabinete do ódio de Jair Bolsonaro. Pelo visto, o futuro distópico de *Matrix*[665] estava mais próximo do que poderíamos imaginar. A vivência no ambiente virtual incentivou, entre outros comportamentos, a afronta ao resultado das urnas, o que culminou na invasão à sede dos Três Poderes em 8 de janeiro de 2023. Os envolvidos nos crimes cometidos contra a democracia do país precisam ser punidos exemplarmente na forma da lei, sem anistias, e as instituições que os apoiaram admitir seu erro, fazendo uma autocrítica à sociedade, a par do que fez o Judiciário na figura de seu magistrado do STF. Despertar as pessoas desse estado de letargia mental não é simples e requer a articulação de suas consciências, que começa pela autocompreensão de estar vivendo em estado de alienação. É fundamental nesse processo prover o indivíduo de acesso à informação plural, que propicie a análise crítica dos fatos.

Há ainda o problema da cisão da sociedade e do sentimento de animosidade e intolerância que dominou as relações sociais. Nesse sentido, é preciso construir pontes que possibilitem a empatia, a tolerância e o respeito à opinião alheia, independentemente de convicções morais ou ideológicas, a fim de conter a polarização extremada que vem esgarçando o tecido social desde a eleição de 2018. Somente por meio de um longo processo de diálogo, consenso e busca de soluções compartilhadas, dentro dos ditames da civilidade e que atendam aos anseios e necessidades do conjunto da sociedade, é que conseguiremos manter e fortalecer a democracia do país. É crucial que esse diálogo envolva todos os setores da sociedade porque o problema é complexo e não haverá soluções simples e fáceis.

---

[665] Trilogia cinematográfica de Lana e Lilly Wachowski baseada na obra *Simulacros e simulação* (1981), de Jean Baudrillard.

REFERÊNCIAS

ABRAMO, Perseu. *Padrões de manipulação na grande imprensa*. 2. ed. São Paulo: Editora Fundação Perseu Abramo, 2016.

ABRANCHES, Sérgio Henrique Hudson de. Presidencialismo de coalizão: o dilema institucional brasileiro. *Revistas de Ciências Sociais*, v. 31, n. 1, p. 5–34, 1988.

ADORNO, Theodor W.; FRENKEL-BRUNSWIK, Else; LEVINSON, Daniel Jacob; SANFORD, R. Nevitt. *The authoritarian personality*. New York: Harper & Brothers, 1950.

AGGIO, Camilo. O xadrez da desinformação. *Carta Capital*. 12 mar. 2023. Disponível em: https://www.cartacapital.com.br/opiniao/o-xadrez-da-desinformacao/?utm_campaign=novo_layout_newsletter_caixaamarela_-_1303&utm_medium=email&utm_source=RD+Station. Acesso em: 12 mar. 2023.

AGUIAR, Wanda Maria Junqueira. Reflexões a partir da psicologia sócio histórica sobre a categoria consciência. *Cadernos de Pesquisa*, São Luís, n. 110, p. 125–142, jul. 2000.

ALBALA, Adrián; BORGES, André. 2018 Elections in Brazil: political reorder or 'gatopardism'? *Politics*, October, 2018. Disponível em: http://politicsblog.ac.uk/2018/10/28/2018-elections-in-brazil-political-reorder-or-gatopardism/. Acesso em: 2 ago. 2022.

ALBUQUERQUE, Afonso de. As três faces do quarto poder. *In:* XVIII ENCONTRO DA COMPÓS – Associação Nacional dos Programas de Pós-Graduação em Comunicação – PUC-MG, Belo Horizonte, 2009. *Anais...* Belo Horizonte, 2009.

ALBUQUERQUE, Afonso de; PAULA, Carolina de; MAGALHÃES, Eleonora; SANTOS, Marcelo Alves dos. Redes de campanha de pré-candidatos à prefeitura do Rio de Janeiro. *Em Debate*, Belo Horizonte, v.8, n.6, p. 8–23, ago. 2016.

ALMEIDA, Melissa Rodrigues de; ABREU, Claudia Barcelos de Moura; ROSSLER, João Henrique. Contribuições de Vigotski para a análise da consciência de classe. *Psicologia em Estudo*, Maringá, v. 16, n. 4, p. 551–560, out./dez. 2011.

ALMEIDA, Ronaldo de. A onda quebrada: evangélicos e conservadorismo. *Cadernos Pagu*, Campinas, n. 50, 2017. Disponível em: http://dx.doi.org/10.1590/1809444 9201700500001. Acesso em: 15 jun. 2022.

ALMOND, Gabriel; VERBA, Sidney. *La cultura civica*. Tradução de José Belloch Zimmermann. Madri: Euroamarica, 1970 [1963].

ALLCOTT, Hunt; GENTZKOW, Matthew. Social media and fake news in the 2016 election. *Journal of Economic Perspectives*, v. 31, n. 2, p. 211–236, Spring 2017.

AMARAL, Roberto. Imprensa e controle da opinião pública: informação e representação popular no mundo globalizado. *Revista de Informação Legislativa*, Brasília, a. 37, n. 148, p. 197–218, out./dez. 2000.

AMORIM, Fábio. O estranho bolsonarismo e seus elementos centrais. *Outras Palavras*. 28 abr. 2021. Disponível em: https://outraspalavras.net/direita-assanhada/o-estranho-bolsonarismo-e-seus-elementos-centrais/. Acesso em: 12 jan. 2023.

ANDERSON, C.; O'CONNOR, K. System change, learning and public opinion about the economy. *British Journal of Political Science*, Cambridge, n. 29, p. 215–240, 2000.

ANTUNES, Rui. *Theoretical models of voting behaviour*. Exedra, n.4, 2010.

ARCURI, Luciano; CASTELLI, Luigi; GALDI, Silvia; ZOGMAISTER, Cristina; AMADORI, Alessandro. Predicting the vote: implicit attitudes as predictors of the future behavior of decided and undecided voters. *Political Psychology*, v. 29, n. 3, p. 369–387, May 2008.

AZEVEDO, Fernando Antônio. Eleições presidenciais, clivagem de classe e declínio da grande imprensa. *Revista USP*, São Paulo, n. 90, p. 84–101, junho/agosto 2011.

AZEVEDO, Fernando Antônio. PT, eleições e editoriais da grande imprensa (1989-2014). *Opinião Pública*, Campinas, v. 24, n. 2, maio-agosto, p. 270–290, 2018.

BAKER, Andy; AMES, Barry; SOKHEY, Anand E.; RENNO, Lucio R. The dynamics of partisan identification when party brands change: the case of the Workers Party in Brazil. *The Journal of Politics*, v. 78, n. 1, october 2015.

BAQUERO, Marcello. Cultura política e processo eleitoral no Brasil: o que há de novo? *In:* Dossiê: Cultura política brasileira: como ela se manifesta nas eleições? *Em Debate*, Belo Horizonte, Ano II, n. VI, junho, 2010.

BARBALHO, Célia Regina Simonetti. Portais eletrônicos: estudo comparativo da oferta em Comunicação. *In:* XVI ENDOCOM – ENCONTRO DE INFORMAÇÃO EM CIÊNCIAS DA COMUNICAÇÃO, Porto Alegre, 2004. *Anais...* Porto Alegre, 2014.

BARON, David P. Persistent media bias. *Research Paper* n. 1845, 2004. Disponível em: https://economics.sas.upenn.edu/sites/default/files/filevault/event_papers/Political032920040.pdf. Acesso em: 18 jan. 2022.

BARTELS, Larry M. Uninformed votes: information effects in presidential elections. *American Journal of Political Science*, v. 40, n. 1, p. 194–230, Feb. 1996.

BARTELS, Larry M. The study of electoral behavior. *The Oxford Handbook of American Elections and Political Behavior,* Princeton University, August 2008.

BATISTA-PEREIRA, Frederico. Sofisticação política e opinião pública no Brasil: revisitando hipóteses clássicas. *Opinião Pública*, Campinas, v.19, n.2, p. 291–319, nov. 2013.

BATISTA-PEREIRA, Frederico. Voto econômico retrospectivo e sofisticação política na eleição presidencial de 2002. *Sociologia e Política*, Curitiba, v. 22, n. 50, p. 149–174, jun. 2014.

BIMBER, Bruce. Digital media in the Obama campaigns of 2008 and 2012: adaptation to the personalized political communication environment. *Journal of Information Technology & Politics*, 2014. Disponível em: https://www.researchgate.net/publication/272532756. Acesso em: 15 ago. 2020.

BIZZARRI, Federico; MOCENNI, Chiara. Awareness. Academia Letters, Article 4688, January 2022. Disponível em: https://doi.org/10.20935/AL4688. Acesso em: 22 jul. 2023.

BLAIS, Andre. *To vote or not to vote*: the merits and limits of rational choice theory. Pittsburg: University of Pittsburg Press, 2000.

BOHN, Simone R. Evangélicos no Brasil: perfil socioeconômico, afinidades ideológicas e determinantes do comportamento eleitoral. *Opinião Pública*, Campinas, v. 10, n. 2, p. 288–338, out. 2004.

BOHN, Simone R. Religião e voto nas eleições presidenciais brasileiras (2002-2010). *In:* BONIFÁCIO, Robert; CASALECCHI, Gabriel; DEUS, Cleber de (org.). *O voto para presidente no Brasil*: 1989 a 2010, condicionantes e fatores explicativos. Curitiba/Teresina: Editora Íthala/Edufpi, p. 157–184, 2014.

BOLOGNESI, Bruno; RIBEIRO, Ednaldo; CODATO, Adriano. Uma nova classificação ideológica dos partidos políticos brasileiros. *Dados*, Rio de Janeiro, vol.66 (2), p. 1–29, 2023.

BORBA, Felipe. A influência das campanhas nas eleições presidenciais: o papel da mídia. *Civitas*, Porto Alegre, v. 8, n. 2, p. 300–322, maio–ago. 2008a.

BORBA, Julian. As bases sociais e atitudinais da alienação eleitoral no Brasil. *Revista Debates*, Porto Alegre, v. 2, n. 2, p. 134–157, jul. –dez. 2008b.

BORBA, Julian. Cultura política, ideologia e comportamento eleitoral: alguns apontamentos teóricos sobre o caso brasileiro. *Opinião Pública*, Campinas, v. 11, n. 1, p. 147–168, mar. 2005.

BORGES, André; VIDIGAL, Robert. Do lulismo ao antipetismo? Polarização, partidarismo e voto nas eleições presidenciais brasileiras. *Opinião Pública*, Campinas, v. 24, n. 1, jan.–abr., 2018.

BOURDIEU, Pierre. A opinião pública não existe. *Les Temps Modernes*, Paris, n. 318, jan. 1973.

BOWLER, Shaun. Institutions and voter choice: who chooses, what do they choose over, and how do they choose. *In:* ARZHEIMER, Kai; EVANS, Jocelyn; LEWIS-BECK, Michael S. *The Sage handbook of electoral behaviour*. London: Sage Publications, 2017.

BRAGA, Maria do Socorro Sousa; PIMENTEL JUNIOR, Jairo. Os partidos políticos brasileiros realmente não importam? *Opinião Pública*, Campinas, v. 17, n. 2, p. 271–303, novembro, 2011.

BRASIL. Presidência da República. Secretaria de Comunicação Social. Pesquisa brasileira de mídia 2016. Brasília: Secom, 2016.

BRASIL. Tribunal Superior Eleitoral. Relatório das eleições 2002. Brasília: Tribunal Superior Eleitoral, 2003.

BRASIL. Tribunal Superior Eleitoral. Relatório das eleições 2014. Brasília: Tribunal Superior Eleitoral, 2016.

BRUGNAGO, Fabrício; CHAIA, Vera. A nova polarização política nas eleições de 2014: radicalização ideológica da direita no mundo contemporâneo do Facebook. *Aurora: revista de arte, mídia e política*, São Paulo, v. 7, n.21, p. 99–129, 2014.

CALDAS, Camilo O.L.; CALDAS, Pedro N.L. Estado, democracia e tecnologia: conflitos políticos e vulnerabilidade no contexto do big-data, das fakenews e das shitstorms. *Perspectivas em Ciência da Informação*, Belo Horizonte, v.24, n.2, p. 196–220, 2019.

CALVET, Igor Nogueira. *Determinantes do voto, corrupção e impacto eleitoral nas eleições presidenciais brasileiras de 2002 a 2010*. 2013. 125f. Dissertação (Mestrado em Ciência Política). Instituto de Ciência Política, Universidade de Brasília, Brasília, 2013.

CAMINO, Leoncio; SILVA, Eleneide A. da; SOUZA, Sânzia M. de. Primeiros passos para a elaboração de um modelo psicossociológico do comportamento eleitoral: estudo dos eleitores de João Pessoa na campanha de 1992. Natal: *Estudos de Psicologia*, v.3, i.1, p. 7–32, 1998.

CAMPBELL, Angus; CONVERSE, Philip E.; MILLER, Warren E.; STOKES, Donald. E. *The American voter*. New York: Wiley, 1976 [1960].

CAPELLA, Ana Cláudia Niedhardt; BRASIL, Felipe Gonçalves; ALVES, Renan do Prado. Agenda-setting: mídia e opinião pública na dinâmica de políticas públicas. *In:* 10º ENCONTRO ASSOCIAÇÃO BRASILEIRA DE CIÊNCIA POLÍTICA (ABCP), Belo Horizonte, 30 de agosto a 2 de setembro de 2016. *Anais...* Belo Horizonte, 2016.

CAPRARA, Gian Vittorio; SCHWARTZ, Shalom; CAPANNA, Cristina; VECCHIONE, Michele; BARBARELLI, Claudio. Personality and politics: values, traits and political choice. Political Psychology, v. 27, n. 1, p. 1–28, Feb. 2006.

CARDIA, Wesley Callegari. *A influência da mídia na opinião pública e sobre a influência desta na mídia:* o governo Lula em *Veja* e Época. 2008. 450f. Dissertação (Mestrado em Ciência da Comunicação) – Faculdade de Comunicação Social, Pontifícia Universidade Católica do Rio Grande do Sul. Porto Alegre, 2008.

CARREIRÃO, Yan de Souza. Identificação ideológica e voto para presidente. *Opinião Pública*, Campinas, v.8, n.1, p. 54–79, 2002.

CARREIRÃO, Yan de Souza; KINZO, Maria D'Alva G. Partidos políticos, preferência partidária e decisão eleitoral no Brasil (1989/2002). *Revista de Ciências Sociais*, Rio de Janeiro, v. 47, n. 1, p. 131–168, 2004.

CARVALHO, Fernanda Cavassana de; MITOZO, Isabele Batista. Novos ambientes, mesmas funções: o jornalismo profissional fomentando o debate sobre eleições nas redes sociais digitais. *Brazilian Journalism Research*, v.12, n.3, p. 74–97, 2016.

CASARA, Rubens R. R. *Sociedade sem lei*: pós-democracia, personalidade autoritária, idiotização e barbárie. 1. ed. Rio de Janeiro: Civilização Brasileira, 2018.

CASTRO, Henrique Carlos de Oliveira de. SANTOS, Débora de Oliveira; BEAL, Luana Isabelle. A insatisfação política e a ascensão do autoritarismo-populista: uma análise da América do Sul e da Europa. *Revista Debates*, Porto Alegre, v. 14, n. 3, p. 99–125, set.–dez. 2020a.

CASTRO, Julio Cesar Lemes de. Neoliberalismo, guerra híbrida e a campanha presidencial de 2018. *Comunicação & Sociedade*, São Bernardo do Campo, v. 42, n. 1, p. 261–291, jan.–abr. 2020b.

CASTRO ROCHA, João Cezar de. Brasil é laboratório de criação de realidade para-lela. *Estado de Minas*. 21 de outubro de 2022. Seção Pensar. Disponível em: https://www.em.com.br/app/noticia/pensar/2022/10/21/interna_pensar,1409943/castro-rocha-brasil-e-laboratorio-de-criacao-de-realidade-paralela.shtml. Acesso em: 12 nov. 2022.

CERVI, Emerson Urizzi. *Opinião pública e comportamento político*. Curitiba: Inter-saberes, 2012.

CERVI, Emerson Urizzi; MASSUCHIN, Michele Goulart. O que interessa ao público nos portais informativos? – as notícias 'mais lidas do dia' e o papel da internet como fonte de informação política durante o período eleitoral. *Revista Compolítica*, Rio de Janeiro, n. 3, v. 2, jul-dez, 2013.

CHAIKEN, Shelly. Heuristic versus systematic information processing and the use of source versus message cues in persuasion. *Journal of Personality and Social Psychology*, Toronto, 39(5), p. 752–766, 1980.

CIAMPA, Antonio C. *A estória de Severino e a história de Severina*: um ensaio em Psicologia Social. São Paulo: Brasiliense, 1987.

CISNE, Mirla. Feminismo e marxismo: apontamentos teórico-políticos para o enfrentamento das desigualdades sociais. *Serviço Social & Sociedade*, São Paulo, n. 132, p. 211–230, maio/ago. 2018.

CLARKE, Harold D.; STEWART, Marianne C. The decline of parties in the minds of citizens. *Political Science,* London, v. 1, Annual Review, p. 357–378, 1998.

CONOVER, Pamela Johnston; FELDMAN, Stanley. The origins and meaning of liberal/ conservative self-identifications. *American Journal of Political Science*, v. 25, n. 4, p. 617–645, nov., 1981.

CONVERSE, Philip E. The nature of belief systems in mass publics. *Critical Review*, v. 18, n. 1–3, p. 1–74, 2006 [1964].

COOK, Timothy E. O jornalismo político. *Revista Brasileira de Ciência Política*, n.6, p. 203–247, 2011.

CORIOLANO, Rubens Vidigal. *A internet como instrumento para a formação da consciência política de eleitores universitários e sua relação com o voto*. 2019. 188f. Dissertação (Mestrado em Psicologia Social) – Faculdade de Ciências Humanas e da Saúde, Pontifícia Universidade Católica de São Paulo, São Paulo, 2019.

CORIOLANO, Rubens Vidigal; SANDOVAL, Salvador Antonio Mireles. *Consciência política e socialização pela internet*: o eleitor universitário. Curitiba: Appris, 2021.

CORTE, Tiado Dalla; CORTE, Thaís Dalla. A democracia no século XXI: crise, conceito e qualidade. *Passagens. Revista Internacional de História Política e Cultura Jurídica*, Rio de Janeiro, v. 10, n.2, p. 178–201, maio-agosto 2018.

CUNHA, Christina Vital da. "Televisão para salvar": religião, mídia e democracia no Brasil contemporâneo. *Antropolítica*, Niterói, n. 42, p. 199–235, 1. sem. 2017.

DAHL, Robert. *Sobre a democracia*. Tradução de Beatriz Sidou. Brasília: Editora da UnB, 2001.

DAHLGREN, Peter. The internet and the democratization of civic culture. *Political Communication*, v. 17, i. 4, p. 335–340, 2000.

DALTON, Russell J. The decline of party identifications. *In:* DALTON, Russell J.; WATTENBERG, Martin P. *Parties without partisans*: political change in advanced industrial democracies. New York: Oxford University Press, p. 19–36, 2000.

DALTON, Russell J.; MCALLISTER, Ian; WATTENBERG, Martin P. The consequences of partisan dealignment. *In:* DALTON, Russell J.; WATTENBERG, Martin P. *Parties without partisans*: political change in advanced industrial democracies. New York: Oxford University Press, p. 37–63, 2000.

DALTON, Russell J.; SHIN, Doh Chull. Reassessing the civic culture model. *In:* DALTON, Russell J.; WELZEL, Christian. *The civic culture transformed:* from allegiant to assertive citizens. New York: Cambridge University Press, 2014.

DANTAS, Bruna S. A. Contribuições teóricas ao estudo psicopolítico da ideologia. *Teoría y Crítica de la Psicología*, p. 77–101, 2015.

DELGADO, Ignacio Godinho. PT, "síndrome do Flamengo", mito de origem e dilemas do presente. *Vozes de alerta sobre a crise...* Ano 9, n. 28, junho 2015. Disponível em: www.koinonia.org.br/tpdigital/detalhes.asp?cod_artigo=533&cod_bole-tim=29&tipo=Artigo. Acesso em: 15 jun. 2022.

DELLAVIGNA, Stefano; KAPLAN, Ethan. The Fox news effect: media bias and voting. *The Quarterly Journal of Economics*, Cambridge, p. 1187–1234, August 2007.

DELLI-CARPINI, Michael; KEETER, Scott. *What americans know about politics and why it matters*. New Heaven: Yale University Press, 1996.

DEMOCRACY INDEX 2018. *Me too? Political participation, protest and democracy.* London: The Economist Intelligence Unit Limited, 2019. Relatório.

DENNI, Bernard. *Participation politique et démocratie, définition et facteurs de la participation politique*. 1986. Tese (Doutorado) – Université des Sciences Sociales de Grenoble, 1986.

DOWNS, Anthony. An economic theory of political action in democracy. *The Journal of Political Economy*, Chicago, v. 65, i. 2, p. 135–150, Apr. 1957.

DOWNS, Anthony. *Uma teoria econômica da democracia*. Tradução de Sandra Guardini Teixeira Vasconcelos. São Paulo: EDUSP, 2013 [1957].

DRUCKMAN, James N. Can citizens learn what they need to know? Reflections on the democratic dilemma. *American Political Science Association*, Washington, DC, p. 625–629, oct. 2019.

DUCH, Raymond; MAY, Jeff; ARMSTRONG II, David A. Coalition-directed voting in multiparty democracies. *American Political Science Review*, Cambridge, v. 104, n. 4, p. 698–719, nov. 2010.

DUNLEAVY, Patrick; HUSBANDS, Christopher. *British democracy at the crossroads:* voting and party competition in the 1980's. London: George Allen & Unwin, 1985.

DUSSEL, Julieta. Cómo ganar elecciones contando "me gusta." *Página 12*, 28 mar. 2018. Disponível em: https://www.pagina12.com.ar/104359-comoganar-elec-ciones-contando-me-gusta. Acesso em: 11 out. 2020.

FARIA, José Henrique de. A realidade e seu conceito: comentários sobre a crítica ao "sequestro da subjetividade." *REAd*, Porto Alegre, v. 25, n. 1, p. 269–282, janeiro/abril 2019.

FERES JÚNIOR, João; SASSARA, Luna de Oliveira; BARBABELA, Eduardo; MIGUEL, Lorena; CÂNDIDO, Marcia Rangel; SILVA, Thyago de Simas. A (in) clemente mídia das eleições. *Insight Inteligência*, n. 67, p. 46–59, 2014.

FERNANDEZ, Atahualpa; FERNANDEZ, Marly. Sobre a dissonância cognitiva, o autoengano e a ignorância autoimposta. Out. 2017. Disponível em: https://www.researchgate.net/publication/320183489. Acesso em: 27 out. 2022.

FESTINGER, Leon; RIECKEN, Henry W.; SCHACHTER, Stanley. *Quando a profecia falha*. Minneapolis, University of Minnesota Press,1956.

FIGUEIREDO, Marcus. *A decisão do voto*: democracia e racionalidade. 2. ed. Belo Horizonte: Editora UFMG, 2008 [1991].

FIGUEIREDO, Marcus; ALDÉ, Alessandra; DIAS, Heloísa; JORGE, Vladimyr L. Estratégias de persuasão eleitoral: uma proposta metodológica para o estudo da propaganda eleitoral. *Opinião Pública*, Campinas, v. IV, n. 3, p. 182–203, novembro, 1997.

FIORINA, Morris P. *Retrospective voting in American National Elections*. New Haven: Yale University Press, 1981.

FONSECA, Francisco. A recriação contemporânea da tecnologia de poder de Goebbels. *Le Monde Diplomatique Brasil*, maio 2022. Disponível em: https://www.abrapel.org.br/_files/ugd/b7097d_fdb545e07b4945cb940c61973e77cd7f.pdf. Acesso em: 16 ago. 2022.

FOUCAULT, Michel. *Ordem do discurso*. Tradução de Edmundo Cordeiro. Paris: Éditions Gallimard, 1971. Disponível em: http://www2.eca.usp.br/Ciencias.Linguagem/Foucault_ordemdodiscurso.pdf. Acesso em: 22 de nov. de 2020.

FOUCAULT, Michel. *Nascimento da biopolítica*. Tradução de Eduardo Brandão. São Paulo: Martins Fontes, 2008.

FRAGA, Diego José Nogueira. Mídia, experts e neoliberalismo: economistas e outras vozes no jornal *Folha de São Paulo*. *Norus - Novos Rumos Sociológicos*, v. 9, n. 16, p. 81–112, Ago/Dez, 2021.

FREUD, Sigmund. *Psicologia das massas e análise do eu e outros textos (1920-1923)*. Tradução Paulo César de Souza. São Paulo: Companhia das Letras, 2011.

FROMM, Erich. *O Medo da liberdade*. Tradução Octávio Alves Velho. 14 ed. Rio de Janeiro: Zahar Editores, 1983.

FUKS, Mario; BATISTA-PEREIRA, Frederico. Informação e conceituação: a dimensão cognitiva da desigualdade política entre jovens de Belo Horizonte. *Revista Brasileira de Ciências Sociais*, São Paulo, 26(76), p. 123–143, 2011.

FURLAN, Vinícius. Uma análise psicopolítica do fascismo brasileiro. *Revista Gestão e Políticas Públicas*, v. 8, n. 2, p. 39–53, 2018.

FURTADO, Odair. O trabalho e a dimensão subjetiva da realidade. *In:* FURTADO, Odair. *Trabalho e solidariedade*. São Paulo: Cortez, p. 63–98, 2011.

GARZIA, Diego. Voter evaluation of candidates and party leaders. *In:* ARZHEIMER, Kai; EVANS, Jocelyn; LEWIS-BECK, Michael S. *The Sage handbook of electoral behaviour*. London: Sage Publications, 2017.

GAXIE, Daniel. *Le cense caché*. Paris: Seuil, 1978.

GENTZKOW, Matthew; SHAPIRO, Jess M. What drives media slant? Evidence from U.S. daily newspapers. *Econometrica*, New Haven, v. 78, n. 1, p. 35–71, January, 2010.

GLASER, Jack; SALOVEY, Peter. Affect in electoral politics. *Personality and Social Psychology Review*, v. 2, n. 3, p. 156–172, 1998.

GOLDSTEIN, Ariel Alejandro. The contribution of the liberal-conservative press to the crisis of Dilma Roussef's second term. *Cogent Social Sciences*, p. 1–13, 2016.

GOMES, Wilson. A democracia digital e o problema da participação civil na decisão política. *Revista Fronteiras - estudos midiáticos*, v. VII, n. 3, p. 214–222, setembro/dezembro, 2005.

GREEN, D.; PALMQUIST, B.; SCHICKLER, E. *Partisan hearts & minds:* political parties and the social identities of voters. New Haven: Yale University Press, 2002.

GRIFFIN, Roger. Ideology and culture. *Journal of Political Ideologies*, v.11, i.1, p. 77–99, February, 2006.

GROLLA, Gabriella de Oliveira; NISHIJIMA, Marislei. A influência da mídia em resultados eleitorais: uma revisão sistemática. Revista *Brasileira de Informação Bibliográfica em Ciências Sociais*, São Paulo, n. 89, p. 1–26, ago. 2019.

GUARESCHI, Pedrinho A. Representações sociais e ideologia. *Revista de Ciências Humanas*, Florianópolis: EDUFSC, Edição Especial Temática, p. 33–46, 2000.

GUARESCHI, Pedrinho A. Mídia e democracia: o quarto *versus* o quinto poder. *Debates*, Porto Alegre, v.1, n.1, p. 6–25, jul.-dez., 2007.

HERSCOVITZ, Heloiza G. Leading newspapers in Brazil as political actors (1994-present). *Estudios Interdisciplinarios de America Latina*, Tel Aviv, v. 30, n. 2, p. 93–122, 2019.

HOLANDA, Adriane Figueirola Buarque de. Internet como fórum democrático para formação da opinião pública. In: WEBER, Maria Helena; COELHO, Marja Pfeifer; LOCATELLI, Carlos (org.). *Comunicação pública e política*: pesquisa e práticas. Florianópolis: Insular, p. 349–364, 2017.

HOLZHACKER, Denilde Oliveira; BALBACHEVSKY, Elizabeth. Classe, ideologia e política: uma interpretação dos resultados das eleições de 2002 e 2006. *Opinião Pública*, Campinas, v. 13, n. 2, novembro, p. 283–306, 2007.

HOTELLING, Harold. Stability in competition. *The Economic Journal*, Oxford, v. 39, n. 153, mar., p. 41–57, 1929.

HUMPRECHT, Edda. Where 'fake news' flourishes: a comparison across four western democracies. *Information, Communication & Society*, 21 May 2018. Disponível em: https://www.researchgate.net/publication/325272442. Acesso em: 28 jul. 2023.

HWANG, Hyunseo; GOTLIEB, Melissa R.; NAH, Seungahn; MCLEOD, Douglas M. Applying a cognitive-processing model to presidential debate effects. *Journal of Communication*, Boston, v. 57, n. 1, p. 40–59, mar., 2007.

HUR, Domenico. Bolsonaro concretizou extremismo político, e Jefferson é exemplo disso, diz psicólogo. Folha de São Paulo, 28 out. 2022. Disponível em: https://www1.folha.uol.com.br/poder/2022/10/bolsonaro-concretizou-extremismo--politico-e-jefferson-e-exemplo-disso-diz-psicologo.shtml?utm_source=whatsapp&utm_medium=social&utm_campaign=compwa. Acesso em: 30 out. 2022.

IASI, Mauro Luis. Política, meios, fins e mentiras. Site de notícias GGN, 2023. Disponível em: https://jornalggn.com.br/artigos/politica-meios-fins-e-mentiras-por-mauro-luis-iasi/. Acesso em: 12 set. 2023.

INGLEHART, Ronald. The renaissance of political culture. *American Political Science Review*, Cambridge, v.82, n. 4, p. 1203-1230, Dec., 1988.

INSTITUTO BRASILEIRO DE GEOGRAFIA E ESTATÍSTICA – IBGE (BRASIL). Pesquisa Nacional por Amostra de Domicílios Contínua (Pnad) 2019/2021, setembro 2022. Relatório.

INSTITUTO DE PESQUISA DATASENADO (BRASIL). Relatório sobre redes sociais, notícias falsas e privacidade na internet. Brasília, novembro 2019. Relatório.

INSTITUTO FSB PESQUISA. Relatório sobre o que pensa o eleitor brasileiro (rodada 2), São Paulo, abril 2022. Relatório

INSTITUTO REUTERS, Digital News Report 2020. Relatório. Disponível em: https://www.digitalnewsreport.org/survey/2020/brazil-2020/ Acesso em: 19 jul. 2020.

ITUASSU, Arthur; LIFSCHITZ, Sergio; CAPONE, Letícia; MANNHEIMER, Vivian. De Donald Trump a Jair Bolsonaro: democracia e comunicação política digital nas eleições de 2016, nos Estados Unidos, e 2018, no Brasil. *In:* VIII CONGRESSO DA ASSOCIAÇÃO BRASILEIRA DE PESQUISADORES EM COMUNICAÇÃO E POLÍTICA (VIII COMPOLÍTICA), Universidade de Brasília (UnB), 15 a 17 de maio de 2019.

IYENGAR, Shanto; KINDER, Donald R. *News that matter*: television and american opinion. Chicago: The University of Chicago Press, 1987.

IYENGAR, Shanto. *Is anyone responsible? How television frames political issues*. Chicago: The University of Chicago Press, 1991.

IYENGAR, Shanto; SIMON, Adam F. New perspectives and evidence on political communication and campaign effects. *Annual Review of Psychology*, n.51, p. 149–169, 2000.

JAGGI, Ruchi Kher. *Cultural & media studies*. Delhi: Vikas Publications, 2015. Disponível em: Culture Ideology- RJaggi.pdf. Acesso em: 11 jul. 2022.

JAMIL, Francisco Paulo; SAMPAIO, Rafael. Internet e eleições 2010 no Brasil: rupturas e continuidades nos padrões mediáticos das campanhas políticas online. *Revista Galáxia*, São Paulo, n. 22, p. 208–221, dez. 2011.

JOSÉ, Emiliano. *Intervenção da imprensa na política brasileira (1954-2014)*. São Paulo: Editora Fundação Perseu Abramo, 2015.

JOST, John T.; FEDERICO, Christopher M.; NAPIER, Jaime L. Ideology: its structure, functions and elective affinities. *Annual Review of Psychology*, n.60, p. 307–337, 2009.

JOVANOSKI, Aleksandar; SARLAMANOV, Kire. Models of voting. *International Refereed Research Journal,* v.5, n.1, jan. 2016 [2014].

JUBÉ, Andrea. Brasil é 1º caso de fake news maciça para influenciar votos, diz OEA. Valor, 25 de outubro de 2018. Disponível em: https://valor.globo.com/politica/noticia/2018/10/25/brasil-e-1o-caso-de-fake-news-macica-para-influenciar-votos-diz-oea.ghtml. Acesso em: 07/12/2020.

KALIL, Isabela Oliveira. Quem são e no que acreditam os eleitores de Jair Bolsonaro. Outubro de 2018. Disponível em https://www.fespsp. org.br/upload/usersfiles/2018/Relat%C3%B3rio%20para%20Site%20FESPSP.pdf. Acesso em: 08 dez. 2020.

KAUFMANN, Karen M. Culture wars, secular realignment, and the gender gap in party identification. *Political Behavior*, v. 24, n. 3, p. 283–307, Sept. 2002.

KEMP, Simon. Digital 2021 Global Overview Report. jan. 2021. Relatório. Disponível em: https://www.slideshare.net/DataReportal/digital-2021-global-overview-report-january-2021-v03?from_action=save. Acesso em: 6 abr 2021.

KINZO, Maria D'Alva. Os partidos no eleitorado: percepções políticas e laços partidários. *Revista Brasileira de Ciências Sociais*, São Paulo, v. 20, n. 57, fevereiro/2005.

KLEIN, Marcus; ROSAR, Ulrich. Candidate attractiveness. *In:* ARZHEIMER, Kai; EVANS, Jocelyn; LEWIS-BECK, Michael S. *The Sage handbook of electoral behaviour*. London: Sage Publications, 2017.

KNIGHT, Brian G.; CHIANG, Chun-Fang. Media bias and influence: evidence from newspaper endorsements. *National Bureau of Economic Research* (NBER), Cambridge, Working Paper 14445, Oct. 2008. Disponível em: http://www.nber.org/papers/w14445. Acesso em: 19 out. 2021.

KOSINSKI, Michal; STILLWELL, David; GRAEPEL, Tore. Private traits and attributes are predictable from digital records of human behavior. *Proceedings of the National Academy of Sciences of the United States of America* (PNAS), Washington, DC, v. 110, n. 15, p. 5.802–5.805, 2013.

KRAMER, Gerald H. Short-term fluctuations in U.S. voting behavior, 1896-1964. *American Political Review*, Cambridge, v. 65, n. 1, p. 131–143, 1971.

KRAMER, Gerald H. The ecological fallacy revisited: aggregate versus individual-level findings on economics and elections and sociotropic voting. *American Political Science Review*, Cambridge, v. 77, p. 92–111, 1983.

KUCINSKI, Bernardo; LIMA, Venício A. de. *Diálogos da Perplexidade:* reflexões sobre a mídia. São Paulo: Fundação Perseu Abramo, 2009.

KURTBAŞ, İhsan. A psycho-political analysis of voting pscyhology "an empirical study on Political Psychology." *Journal of Administrative Sciences and Policy Studies*, v. 3, n. 2, p. 91–11, December, 2015.

LADD, Jonathan; LENZ, Gabriel. Exploiting a rare shift in communication flows to document media effects: the 1997 British election. *Research Gate*, jan. 2009. Disponível em: https://www.researchgate.net/publication/228424847. Acesso em: 20 out 2021.

LAGO, Ivann. *O Jair que há em nós*. 2020. Disponível em: https://ivannlago.blogspot.com/2020/02/o-jair-que-ha-em-nos.html. Acesso em: 19 mar 2023.

LANE, Sílvia Tatiana Maurer. Consciência/alienação: a ideologia no nível individual. *In:* LANE, Sílvia T.M.; CODO, Wanderley (org.). *Psicologia Social: o homem em movimento*. 8 ed. São Paulo: Brasiliense, 1989.

LAZARSFELD, Paul; BERELSON, Bernard; GAUDET Hazel. *The people's choice:* how the voter makes up his mind in a presidential campaign. New York: Columbia University Press, 1968 [1949].

LAZARSFELD, Paul; BERELSON, Bernard; MCPHEE William. *Voting:* a study of opinion formation in a presidential campaign. Chicago: The University of Chicago Press, 1986 [1954].

LERNER, Jennifer S.; LI, Ye; VALDESOLO, Piercarlo; KASSAM, Karim S. Emotion and decision making. *Annual Review of Psychology*, n.66, p. 799–823, 2015.

LYNCH, Christian Edward Cyril. Cultura política brasileira. *Revista da Faculdade de Direito da UFRGS*, Porto Alegre, n. 36, p. 4–19, ago., 2017.

LIMA, Venício A. de. Revisitando as sete teses sobre mídia e política no Brasil. *Comunicação & Sociedade*, Ano 30, n. 51, p. 13–37, jan./jun. 2009.

LIMA, Venício A. de. As tarefas críticas de um intelectual público. Prefácio. *In:* JOSÉ, Emiliano. *Intervenção da imprensa na política brasileira* (1954-2014). São Paulo: Editora Fundação Perseu Abramo, 2015.

LINHARES, Antônio Roziano Ponte; SIMIONI, Carlos Alberto. Elementos determinantes do voto. *Caderno da Escola Superior de Gestão Pública, Política, Jurídica e Segurança*, Curitiba, v. 4, n. 1, p. 150–163, jan./jun. 2021.

LIPPMANN, Walter. *Public opinion*. New York: Free Press Paperback, 1922.

LIPSET, Seymour Martin. *O homem político*. Tradução de Álvaro Cabral. Rio de Janeiro: Zahar Editores, 1967.

LISI, Marco. O voto dos indecisos nas democracias recentes: um estudo comparado. *Análise Social*, Lisboa, v. XLV, n. 194, p. 29–61, 2010.

LOURENÇO, Luiz Cláudio. *Abrindo a caixa-preta*: da indecisão à escolha – a eleição presidencial de 2002. 2007. 319f. Tese (Doutorado em Ciência Política). Instituto Universitário de Pesquisas do Rio de Janeiro – IUPERJ, Rio de Janeiro, 2007.

LOURENÇO, Luiz Cláudio; STORNI, Tiago Prata L.; TELLES, Helcimara de Souza. Partidos, campanhas e voto: como o eleitor decide nas municipais. *Revista Sociedade e Cultura*, Goiânia, v.12, n.1, p. 91–116, jan./jun. 2009.

LUCAS, Kevin; SAMUELS, David. The ideological "coherence" of the brazilian party system, 1990-2009. *Journal of Politics in Latin America*, 2, n.3, p. 39–69, 2010.

LUPTON, Robert N.; ENDERS, Adam M.; JACOBY, William G. Ideology and core values. *In:* ARZHEIMER, Kai; EVANS, Jocelyn; LEWIS-BECK, Michael S. *The Sage handbook of electoral behaviour.* London: Sage Publications, 2017.

LURIA, Alexander Romanovich. O cérebro humano e a atividade consciente. *In:* VIGOTSKII, Lev Semenovich; LURIA, Alexander Romanovich; LEONTIEV, Alexis N. *Linguagem, desenvolvimento e aprendizagem.* 11 ed. São Paulo: Ícone, p. 191–228, 2010.

LUSKIN, Robert. Explaining political sophistication. *Political Behavior*, 12(4), p. 331–361, 1990.

MANIN, Bernard. As metamorfoses do governo representativo. *Revista Brasileira de Ciências Sociais*, São Paulo, n. 29, Ano 10, p. 5–34, out., 1995.

MARCUS, George E. Emotions in politics. *Political Science*, London, v. 3, Annual Review, p. 221–250, jun. 2000.

MARQUES, Francisco J. Debates políticos na internet: a perspectiva da conversação civil. *Opinião Pública*, Campinas, v. 12, n. 1, abril/maio, p. 164–187, 2006.

MARTÍN-BARÓ, Ignacio. Hacia una psicología de la liberación. *Revista Electrónica de Intervencion Psicosocial y Psicología Comunitaria*, v.1, n.2, p. 7–14, ago. 2006.

MARTINS JR, José Paulo. Modelo sociológico de decisão de voto presidencial no Brasil 1994-2006. *Revista Debates*, Porto Alegre, v.3, n.2, p. 68–96, jul.–dez. 2009.

MARX, Karl. *Contribuição à crítica da economia política.* Tradução de Florestan Fernandes. 2. ed. São Paulo: Expressão Popular, 2008.

MARX, Karl; ENGELS, Friederich. *A ideologia alemã.* Tradução de Milton Camargo Mota. Petrópolis: Vozes, 2019.

MATSUKI, Edgard. Primeira eleição direta para presidente do Brasil completa 125 anos. EBC, 1 de março de 2019. Disponível em: https://memoria.ebc.com.br/noticias/politica/2019/03/primeira-eleicao-direta-para-presidente-do-brasil-completa-125-anos. Acesso em: 22 mai. 2023.

MCCOMBS, Maxwell; SHAW, Donald. The agenda-setting function of mass media. *The Public Opinion Quarterly*, v.36, n.2, p. 176–187, 1972.

MENDES, Virgílio de Araújo; DINIZ, Renan Barbosa. Uma análise de rede das mídias tradicionais e a cobertura das eleições de 2018. *CSOnline – Revista Eletrônica de Ciências Sociais*, n. 31, p. 601–617, 2020.

MELLO, Patrícia Campos. *A máquina do ódio*: notas de uma repórter sobre fake news e violência digital. São Paulo: Companhia das Letras, 2021.

MENDONÇA, Ricardo Fabrino; FREITAS, Viviane Gonçalves; AGGIO, Camilo de Oliveira; SANTOS, Nina Fernandes dos. Fake news e o repertório contemporâneo de ação política. *Dados*, Rio de Janeiro, v. 66 (2), p. 1–33, 2023.

MICHAEL, Robert B.; BREAUX, Brooke O. The relationship between political afliation and beliefs about sources of "fake news." *Springer Open*, 6:6, p. 1–15, 2021.

MIGUEL, Luis Felipe. Os meios de comunicação e a prática política. *Lua Nova*, São Paulo, n. 55–6, p. 155–84, 2002.

MIGUEL, Luis Felipe. Mídia e vínculo eleitoral: a literatura internacional e o caso brasileiro. *Opinião Pública*, Campinas, v. 10, n. 1, p. 91–111, Maio, 2004.

MIGUEL, Luis Felipe. A reemergência da direita brasileira. *In:* GALLEGO, Esther Solano (org.). *O ódio como política*: a reinvenção das direitas no Brasil. São Paulo: Boitempo, 2018. E-book converter DEMO Watermarks.

MULLAINATHAN, Sendhil; SHLEIFER, Andrei. Market for news. *American Economic Review* (AER), Pittsburgh, 95(4), p. 1031–1053, Sept. 2005.

MOISÉS, José Álvaro. Cultura política, instituições e democracia: lições da experiência brasileira. *Revista Brasileira de Ciências Sociais*, São Paulo, v. 23, n. 66, p. 11–43, fev. 2008.

MONEDERO, Juan Carlos. ¿Posdemocracia? Frente al pesimismo de la nostalgia, el optimismo de la desobeidiencia. *Nueva Sociedad*, Buenos Aires, n. 240, p. 68–86, jul./ago. 2012. Disponível em: https://static.nuso.org/media/articles/downloads/3881_1.pdf. Acesso em: 20 jul. 2023.

MOSCOVICI, Serge. *Representações sociais*: investigações em psicologia social. Tradução de Pedrinho A. Guareschi. 5 ed. Petrópolis: Vozes, 2007.

MUNDIM, Pedro Santos. Um modelo para medir os efeitos da cobertura da imprensa no voto: teste nas eleições de 2002 e 2006. *Opinião Pública*, Campinas, v. 16, n. 2, p. 394–425, novembro, 2010.

MUNDIM, Pedro Santos. Mídia, voto e eleições no Brasil. *In:* BONIFÁCIO, Robert; CASALECCHI, Gabriel; DEUS, Cleber de (org.). *O voto para presidente no Brasil*: 1989 a 2010, condicionantes e fatores explicativos. Curitiba/Teresina: Editora Íthala/Edufpi, 2014.

MUNDIM, Pedro Santos. O viés da cobertura política da imprensa nas eleições presidenciais brasileiras de 2002, 2006 e 2010. *Revista Brasileira de Ciência Política*, Brasília, n. 25, p. 7–46, janeiro – abril, 2018.

MURTA, Felipe; MAGALHÃES, Leonardo; PIMENTEL, Raul. Social big data, eleições e Facebook: indícios digitais de previsão eleitoral aplicados ao pleito presidencial de 2018 no Brasil. *In:* VIII CONGRESSO DA ASSOCIAÇÃO BRASILEIRA DE PESQUISADORES EM COMUNICAÇÃO E POLÍTICA (VIII COMPOLÍTICA), Universidade de Brasília (UnB), 15 a 17 de maio de 2019.

MUTZ, Diana C. The great divide: campaign media in the american mind. *Dædalus*, Cambridge, p. 83–97, Fall 2012.

NEUMAN, W.Russel. Differentiation and integration: two dimensions of political thinking. *The American Journal of Sociology*, Chicago, 86(6), p. 1.236–1.268, 1981.

NICOLAU, Jairo. A participação eleitoral no Brasil. *In:* VIANA, Luiz Werneck. *A democracia e os três poderes no Brasil*. Belo Horizonte/Rio de Janeiro: Ed. UFMG/Iuperj/UCAM, FAPERJ, 2002.

NICOLAU, Jairo. Os quatro fundamentos da competição política no Brasil (1994 - 2014). *Journal of Democracy em Português*, v. 6, n. 1, p. 83–106, maio de 2017.

NIE, Norman H., VERBA, Sidney; PETROCIK, John R. *The changing American voter*. Cambridge: Harvard University Press, 1976.

NUNES, Márcia Vidal. Mídia e eleição. *In:* RUBIM, Antonio Albino Canelas. *Comunicação e política*: conceitos e abordagens. Salvador: Edufba, 2004.

NUNES, Felipe; TRAUMANN, Thomas. *Biografia do abismo*, como a polarização divide famílias, desafia empresas e compromete o futuro do Brasil. Rio de Jneiro: Harper Collins Brasil, 2023.

OKOCHA, Desmond. Environmental dynamo: a multi-layered approach to mass communication theory. *Academia Letters*. Artigo 5657, June 2022.

OLIVEIRA, Lucy. O trabalho em "tempos de crise": enquadramentos da mídia sobre a Reforma Trabalhista no Brasil. Anais do Seminário FESPSP, São Paulo, 2017. Disponível em: https://www.fespsp.org.br/seminarios/anaisVI/GT_12/Lucy_Oliveira_GT12.pdf. Acesso em: 2 set. 2022.

ORO, Ari Pedro. Religião e política no Brasil. *Open Edition Journals*, 48-49 Brasil, p. 204–222, 2005.

PAIVA, Denise; KRAUSE, Silvana; LAMEIRÃO, Adriana Paz. O eleitor antipe-tista: partidarismo e avaliação retrospectiva. *Opinião Pública*, Campinas, v.22, n.3, dezembro, p. 638–674, 2016.

PARENTI, Michael. Methods of media manipulation. The Humanist, Washington, D.C., v. 57, i. 4, p. 5–7, Jul/Aug 1997. Disponível em: https://media-alliance.org/2016/05/methods-of-media-manipulation-by-michael-parenti/. Acesso em: 13 set. 2022.

PECHAR, Emily; BERNAUER, Thomas; MAYER, Frederick. Beyond political ideology: the impact of attitudes towards government and corporations on trust in science. *Sage,* v. 40, i. 3, p. 291–313, 2018.

PETERSON, Johnathan C.; SMITH, Kevin B.; HIBBING, John R. Do people really become more conservative as they age. *The Journal of Politics*. Chicago, v. 82, n. 2, p. 600 – 611, April 2020.

PESQUISA DE OPINIÃO. *In:* Banco de Dados CESOP/UNICAMP. Disponível em: https://www.cesop.unicamp.br/por/banco_de_dados. Acesso de 12 abr. 2021 a 30 de out. de 2023.

PIAUI FOLHA UOL. Dez notícias falsas com 865 mil compartilhamentos: o lixo digital do primeiro turno. Disponível em: https://piaui.folha.uol.com.br/lupa/2018/10/07/artigo-epoca-noticiasfalsas-1-turno/. Acesso em: 03 dez. 2020.

PINTO, Surama Conde Sá. Algumas considerações sobre a relação eleições, voto e democracia. *Revista Brasileira de História*. São Paulo, v. 42, n. 90, p. 19–33, 2022.

POPKIN, Samuel L. *The reasoning voter*. Chicago: The University of Chicago Press, 1991.

POWER, Timothy J.; RODRIGUES-SILVEIRA, Rodrigo. Mapping ideological preferences in Brazilian elections, 1994-2018: a municipal-level study. *Brazilian Political Science Review*, v. 13, n. 1, Feb., 2019.

POWER, Timothy; ZUCCO JR, Cesar. Estimating ideology of Brazilian legislative parties, 1990-2005: a research communication. *Latin American Research Review*, 44, 1, p. 218-246, 2009. Disponível em: https://www.jstor.org/stable/20488177?read-now=1&refreqid=excelsior%3A39a8a7e8aa7b9893e31d4420f893b396&seq=1. Acesso em 23 mai.2022.

PRIMO, Alex. Interações mediadas e remediadas: controvérsias entre as utopias da cibercultura e a grande indústria midiática. *In:* PRIMO, Alex (org.). *Interações em rede*. Porto Alegre: Sulina, 2013.

PY, Fábio; REIS, Marcos Vinicius de Freitas. Católicos e evangélicos na política brasileira. *Estudos de Religião*, v. 29, n. 2, p. 135–161, jul.–dez. 2015.

RADER, Paul. The funnel of casuality: why we vote the way we vote. 2019. Disponível em: https://paulrader-42650.medium.com/the-funnel-of-causality-why--we-vote-the-way-we-vote-e94ad70ab3ca. Acesso em: 04 jan. 2021.

RADMANN, Elis Rejane H. *O eleitor brasileiro*: uma análise do comportamento eleitoral. 2001. 285 f. Dissertação (Mestrado em Ciência Política) – Instituto de Filosofia e Ciências Humanas, Universidade Federal do Rio grande do Sul, Porto Alegre, 2001.

RADMANN, Elis Rejane H. O comportamento eleitoral da maior parte do eleitorado brasileiro: o eleitor emotivo. *In:* XXVI ENCONTRO ANUAL DA ANPOCS (Associação Nacional de Pós-Graduação e Pesquisa em Ciências Sociais), Caxambu, 22 a 26 de outubro de 2002. *Anais* [...] Caxambu, 2002.

RAMONET, Ignacio. *A tirania da comunicação*. [s.d.]. Disponível em: https://www.academia.edu/8644860/A_TIRANIA_DA_COMUNICA%C3%87%C3%83O_IGNACIO_RAMONET. Acesso em: 6 set. 2022.

RAMONET, Ignacio. O quinto poder. *Le Monde Diplomatique*, Editorial, 1 de outubro de 2003. Disponível em: https://diplomatique.org.br/o-quinto-poder/. Acesso em: 4 ago. 2022.

REDLAWSK, David P. Motivated reasoning and voter decision making: affect and evaluation. Artigo para ISPP 2004. Disponível em: https://citeseerx.ist.psu.edu/document?repid=rep1&type=pdf&doi=b5bd66c64f1c7c469b014ea7778f6b-d1b218c59f. Acesso em: 27 nov. 2023.

REDLAWSK, David P.; PIERCE, Douglas R. Emotions and voting. *In:* ARZHEIMER, Kai; EVANS, Jocelyn; LEWIS-BECK, Michael S. *The Sage handbook of electoral behaviour.* London: Sage Publications, 2017.

REIS, Ruth; ZANETTI, Daniela; FRIZZERA, Luciano. Algoritmos e desinformação: o papel do Youtube no cenário político brasileiro. *In:* VIII CONGRESSO DA ASSOCIAÇÃO BRASILEIRA DE PESQUISADORES EM COMUNICAÇÃO E POLÍTICA (VIII COMPOLÍTICA), Universidade de Brasília (UnB), 15 a 17 de maio de 2019.

RENNÓ, Lúcio; SPANAKOS, Anthony P. Fundamentos da economia, mercado financeiro e intenção de voto: as eleições presidenciais brasileiras de 1994, 1998 e 2002. *Dados – Revista de Ciências Sociais*, Rio de Janeiro, v. 49, n. 1, p. 11–40, 2006.

RIBEIRO, Ednaldo; CARREIRÃO, Yan; BORBA, Julian. Sentimentos partidários e atitudes políticas entre os brasileiros. *Opinião Pública*, Campinas, v. 17, n. 2, p. 333–368, novembro, 2011.

RIBEIRO, Renato Janine. *O afeto autoritário*: televisão, ética e democracia. Cotia: Atelier Editorial, 2005.

RIBEIRO, Renato Janine. A extrema direita construiu um afeto autoritário. Precisamos de um afeto democrático. *Plural*. Curitiba, 9 nov. 2021. Entrevista concedida a Rafaela Moura. Disponível em: https://www.plural.jor.br/noticias/cultura/renato-janine-ribeiro-a-extrema direita-construiu-um-afeto-autoritario-preci-samos-de-um-afeto-democratico/. Acesso em: 4 mar. 2022.

RIGGLE, Ellen D.; OTTATI, Victor C.; WYER, Robert S.; KUKLINSKI, James; SCHWARZ, Norbert. Bases of political judgments: the role of stereotypic and nonstereotypic information. *Political Behavior*, v. 14, n. 1, p. 67–87, 1992.

ROCHA, Camila. Eleitorado paulistano: continuidades e descontinuidades entre 1947 e 2004. *Paraná Eleitoral*, v. 1, p. 249–278, 2012.

ROSA, Leandro Amorim. Participação política: diálogos entre consciência política e práxis política. *Psicologia Política*, v. 15. n. 33. p. 391–403, maio – ago. 2015.

ROSEMA, Martin. *The sincere vote:* a psychological study of voting. 2004. 328f. Tese (Doutorado em Ciência Política). University of Leiden, Leiden, 2004.

ROSSINI, Patrícia Gonçalves da Conceição; BAPTISTA, Érica Anita; OLIVEIRA, Vanessa Veiga de; SAMPAIO, Rafael Cardoso. O uso do Facebook nas eleições presidenciais brasileiras de 2014: a influência das pesquisas eleitorais nas campanhas online. *In:* CERVI, Emerson Urizzi; MASSUCHIN, Michele Goulart; CARVALHO, Fernanda Cavassana de (org.). *Internet e eleições no Brasil.* Curitiba: CPOP (grupo de pesquisa em Comunicação Política e Opinião Pública), 2016.

RUEDIGER, Marco Aurélio (coord.). Robôs, redes sociais e política: estudo da FGV-DAPP aponta interferências ilegítimas no debate público na web. FGV-DAPP, Rio de Janeiro, 2017. Disponível em: http://dapp.fgv.br/robos-redessociais-e-politica-estudo-da-fgvdapp-aponta-interferencias-ilegitimas-nodebate-publico-na--web/. Acesso em: 12 out. 2020.

SALLES, Denise. Comparecimento eleitoral e cultura política no Brasil. *Em Debate*, Belo Horizonte, v.2, n.7, p. 16–20, jul. 2010.

SANDOVAL, Salvador Antonio Mireles. The crisis of the brazilian labor movement and the emergence of alternative forms of working-class contention in the 1990s. Tradução de Lucia Maria Rangel Azevedo. *Revista Psicologia Política*, São Paulo: v. 1, n. 1, p. 173–195. 2001.

SANDOVAL, Salvador Antonio Mireles; SILVA, Alessandro Soares da. O modelo de análise da consciência política como contribuição para a Psicologia Política dos Movimentos Sociais. *In:* HUR, Domenico Uhng; LACERDA JUNIOR, Fernando. *Psicologia, políticas e movimentos sociais.* Petrópolis, Vozes, 2016.

SANTOS, Nina Fernandes dos. Afinal, as fake news impactaram o resultado do 1º turno das eleições? Pública – Agência de Jornalismo Investigativo, 11 out. 2022. Disponível em: https://apublica.org/sentinela/2022/10/afinal-as-fake-news--impactaram-o-resultado-do-1o-turno-das-eleicoes/. Acesso em: 13 out. 2022.

SANTOS, Wanderley Guilherme dos. *Crise e castigo*: partidos e generais na política brasileira. Rio de Janeiro: IUPERJ/Vértice, 1987.

SANTOS, Deivison H. F.; MARQUES, Francisco P. J.; FONTES, Giulia S. O jornalismo político entre a notícia e a opinião: um estudo comparativo sobre as eleições presidenciais brasileiras de 2018. *Brazilian Journalism Research*, Brasília, v. 16, n.1, p. 128–157, abril 2020.

SANTOS, João Guilherme Bastos dos; FREITAS, Miguel; ALDÉ, Alessandra; SANTOS, Karina; CUNHA, Vanessa Cristine Cardozo. WhatsApp, política mobile e desinformação: a hidra nas eleições presidenciais de 2018. *Comunicação & Sociedade*, São Bernardo do Campo, v. 41, n. 2, p. 307–334, mai–ago. 2019.

SAWAIA, Bader B. *A consciência em construção no trabalho de construção da existência*. 1987. 319f. Tese (Doutorado em Psicologia Social) – Faculdade de Ciências Humanas e da Saúde, Pontifícia Universidade Católica de São Paulo, São Paulo, 1987.

SAWAIA, Bader B. Transformação social: um objeto pertinente à Psicologia Social? *Psicologia & Sociedade*, 26, n. spe. 2, p. 4–17, 2014.

SCHEUFELE, Dietram; TEWKSBURY, David. Framing, agenda-setting and priming: the evolution of three media effects models. *Journal of Communication*, Cambridge, v. 57, n. 1, p. 9–20, 2007.

SCHWARTZ, Shalom H. Universals in the content and structure of values: theory and empirical tests in 20 countries. *In:* ZANNA, M. (ed.). *Advances in experimental social psychology*. New York: Academic Press, v.25, p. 1–65, 1992.

SCHWARTZ, Shalom H. Are there universal aspects in the structure and contents of human values? *Journal of Social Issues*, Washington, v. 50, n. 4, p. 19–45, 1994.

SERELLE, Marcio; SOARES, Rosana de Lima. As novas formas do falso: entretenimento, desinformação e política nas redes digitais. *In:* XXVIII ENCONTRO ANUAL DA COMPÓS, Pontifícia Universidade Católica do Rio Grande do Sul, Porto Alegre, 11 a 14 de junho de 2019. *Anais...* Porto Alegre, 2019.

SERRANO, Pascual. *Desinformación*: cómo los medios ocultan el mundo. 1. ed. Barcelona: Pensínsula, 2009.

SHOEMAKER, Pamela J.; REESE, Stephen. *Mediating the message*: theories of influences on mass media content. 2. ed. White Plains: Longman, 1996.

SHOEMAKER Pamela J.; JOHNSON, Philip R.; SEO, Hyunjin; WANG, Xiuli. Os leitores como *gatekeepers* das notícias on-line: Brasil, China e Estados Unidos. *Brazilian Journalism Research*, v.6, n.1, p. 58–83, 2010.

SILVA, Alessandro Soares da; EUZÉBIOS FILHO, Antonio. Marxismo, consciência e comportamento político. *Linhas Críticas*, v.27, Maio, 2021.

SILVA, Bruno Fernando da; PELLIZZARO, Anne Caroline; SANTOS, Romer Motinha. O uso do Facebook pelos principais jornais brasileiros na cobertura das eleições presidenciais de 2014. *In:* CERVI, Emerson Urizzi; MASSUCHIN, Michele Goulart; CARVALHO, Fernanda Cavassana de (org.). *Internet e eleições no Brasil.* Curitiba: CPOP, 2016.

SILVA JUNIOR, Ezio Alves da. *Psicoesferas e consciência política*: uma leitura psicopolítica das *fake news*. 2021. 167f. Tese (Doutorado em Psicologia Social) – Faculdade de Ciências Humanas e da Saúde, Pontifícia Universidade Católica de São Paulo, 2021.

SILVA, Fabio de Sá e. Ataque golpista tem digitais da Lava jato, diz pesquisador. Folha de São Paulo. São Paulo, 15 de janeiro de 2023. Disponível em: https://www1.folha.uol.com.br/amp/poder/2023/01/ataque-golpista-tem-digitais-da-lava-jato-diz-pesquisador.shtml. Acesso em: 19 jan. 2023.

SILVA, Luiz Rogério L.; FRANCISCO, Rodrigo Eduardo B.; SAMPAIO, Rafael Cardoso. Discurso de ódio nas redes sociais digitais: tipos e formas de intolerância na página oficial de Jair Bolsonaro no Facebook. *Galáxia*, São Paulo, n. 46, p. 1–26, 2021.

SILVA, Rafael da. *Comportamento eleitoral na América Latina e no Brasil*: em busca dos determinantes das abstenções, votos brancos e votos nulos. 2016. 192f. Tese (Doutorado em Sociologia Política) – Centro de Filosofia e Ciências Humanas, Universidade Federal de Santa Catarina, Florianópolis, 2016.

SILVEIRA, Flávio Eduardo. Escolha intuitiva: nova modalidade de decisão do voto. *Opinião Pública*, Campinas, v. II, n. 2, p. 95-116, dezembro, 1994.

SILVEIRA, Sérgio Amadeu da. Para analisar o poder tecnológico como poder político (2011). *In:* SILVEIRA, Sérgio Amadeu da, BRAGA, Sérgio; PENTEADO, Cláudio (org.). *Cultura, política e ativismo nas redes digitais.* São Paulo: Fundação Perseu Abramo, 2014.

SILVEIRA, Sergio Amadeu da. A internet em crise. *In:* SADER, Emir (org.). *E agora, Brasil?* 1. ed. Rio de Janeiro: EdUERJ, 2019.

SILVEIRA, Sergio Amadeu da. O colonialismo digital e o convite à impotência. *In:* CASSINO, João Francisco; SOUZA, Joyce; SILVEIRA, Sergio Amadeu da (org.). *Colonialismo de dados*: como opera a trincheira algorítmica na guerra neoliberal. São Paulo: Autonomia Literária, 2021.

SINGER, André. Quem tem medo de direita e esquerda? Folha de São Paulo. São Paulo, 14 de outubro de 2000. Disponível em: https://www1.folha.uol.com.br/fsp/resenha/rs1410200007.htm. Acesso em: 19 set.2021.

SINGER, André. *Esquerda e direita no eleitorado brasileiro:* a identificação ideológica nas disputas presidenciais de 1989 e 1994. São Paulo: Edusp, 2002.

SINGER, André. A segunda alma do partido dos trabalhadores. *Novos Estudos*, n. 88, p. 89–111, nov. 2010.

SINGER, André. A reativação da direita no Brasil. *Opinião Pública*, Campinas, v. 27, n. 3, set. – dez., p. 705–729, 2021.

SIUDA-AMBROZIAK, Renata A. Religião e Estado no Brasil contemporâneo: os processos da "(neo)pentecostalização" da política brasileira. Chapter–Feb. 2018. Disponível em: https://www.academia.edu/35913767/Religi%C3%A3o_e_Estado_no_Brasil_contempor%C3%A2neo_os_processos_da_neo_pentecostaliza%C3%A7%C3%A3o_da_pol%C3%ADtica_brasileira. Acesso em: 19 mar 2021.

SMITH, Eliot R.; DECOSTER, Jamie. Dual-process models in social and cognitive psychology: conceptual integration and links to underlying memory systems. *Sage Journals*, Thousand Oaks (CA), v. 4, i. 2, p. 108–131, May 2000.

SOUZA, Jamerson Murillo Anunciação de. *Tendências ideológicas do conservadorismo*. 2016. 304f. Tese (Doutorado em Serviço Social) – Programa de Pós-Graduação em Serviço Social, Universidade Federal de Pernambuco (UFPE), Recife, 2016.

STEENBERGEN, Marco R.; HANGARTNER, Dominik; VRIES, Catherine E. de. *Choice under complexity*: a heuristic-systematic model of electoral behavior. Paper prepared for the Annual Meeting of the Midwest Political Science Association, Chicago, March 31–April 3, 2011.

STEFANUTO, Jéssica Raquel Rodeguero; BUENO, Sinésio Ferraz. A recusa dos direitos humanos como manifestação de ressentimento e autoritarismo. *Revista Interdisciplinar de Direitos Humanos*, Bauru, v. 8, n. 1, p. 33–44, jan./jun., 2020.

STREET, John. Political culture – from civic culture to mass culture. *British Journal of Political Science*, v. 24, n. 1, p. 95-113, jan. 1994.

THOMASSEN, Jacques; ROSEMA, Martin. Party identification revisited. *In:* BARTLE, John; BELLUCCI, Paolo (ed.). *Political parties and partisanship*: social identity and individual atitudes. Abingdon: Routledge, 2009.

THOMPSON, John B. *A mídia e a modernidade*: uma teoria social da mídia. Tradução de Wagner Oliveira Brandão. 5. ed. Petrópolis: Vozes, 1998.

TIMBANCAYA, Gabriela Victoria A. The psychology of voting behavior: a literature review on electoral decision-making factors and processes. *Psychology 180*, dec. 2014. Disponível em: https://www.academia.edu/9795567/The_psychology_of_voting_behavior_A_literature_review?auto=download&email_work_card=download-paper. Acesso em: 15 out. 2020.

TOASSA, Gisele. Conceito de consciência em Vigotski. São Paulo, *Psicologia USP*, v. 17, n. 2, p. 59–83, 2006.

TOFFOLI, Dias. *Reclamação 43.007*. 2023. Disponível em: https://static.poder360.com.br/2023/09/integra-decisao-toffoli-impeachment-dilma.pdf. Acesso em: 6 set. 2023.

TSE. Partidos políticos. Disponível em: https://www.tse.jus.br/partidos/partidos-politicos/registrados-no-tse. Acesso em: 20 nov. 2020.

TSE. Eleições. Disponível em: https://www.tse.jus.br/eleicoes/eleicoes-anteriores/eleicoes-1994/resultados-das-eleicoes-1994/brasil/resultados-das-eleicoes-1994-brasil. Acesso em: 15 set. 2021.

TSE. Eleições. Disponível em: http://divulga.tse.jus.br/oficial/index.html. Acesso em: 15 set. 2021.

TVERDOVA, Y. The formation of economic perceptions in post-communist countries of East Central Europe. *Political Behavior*, v. 34, p. 137–158, 2012.

VALE, Helder Ferreira do. Territorial polarization in Brazil's 2014 presidential elections. London, *Regional and Federal Studies*, jul., 2015. Disponível em: http://dx.doi.org/10.1080/13597566.2015.1060964. Acesso em: 15 ago. 2022.

VALLE, Vinicius do. Bolsonarismo: formação e lógicas de atuação. *In:* BUZETTO, Marcelo (org.). *Democracia e direitos humanos no Brasil:* a ofensiva das direitas (2016/2020). São Paulo: Central Única dos Trabalhadores, 2021.

VAN DER BRUG, W.; FRANKLIN, M.; TÓKA, G. One electorate or many? Differences in party preference formation between new and established European democracies. *Electoral Studies*, 27(4), p. 589–600, 2008.

VAN DIJCK, José. Confiamos nos dados? As implicações da datificação para o monitoramento social. *Matrizes*, São Paulo, v. 11, n. 1, p. 39–59, jan./abr. 2017.

VANNUCHI, Camilo. Fakenews. *In:* GONÇALVES, Mírian (org.). *Enciclopédia do golpe vol. 2:* o papel da mídia. Bauru: Canal 6, 2018.

VASCONCELOS, Fabíola Mendonça de. *Mídia e conservadorismo*: o Globo, a Folha de S. Paulo e a ascensão política de Bolsonaro e do bolsonarismo. 2021. 276f. Tese (Doutorado em Serviço Social), Universidade Federal de Pernambuco, Recife, 2021.

VEIGA, Luciana Fernandes. Os partidos brasileiros na perspectiva dos eleitores: mudanças e continuidades na identificação partidária e na avaliação das principais legendas após 2002. *Opinião Pública*, Campinas, v. 13, n. 2, novembro, p. 340–365, 2007.

VEIGA, Luciana Fernandes. O partidarismo no Brasil (2002/2010). *Opinião Pública*, Campinas, v. 17, n. 2, novembro, p. 400–425, 2011.

VEIGA, Luciana Fernandes. *Economic voting in an age of growth and poverty reduction*: electoral response in Latin America (1995-2010). CSD Working Papers, Center for the Study of Democracy UC Irvine, 2013.

VEIGA, Luciana Fernandes; GIMENES, Éder Rodrigo; RIBEIRO, Ednaldo Aparecido. O voto econômico em democracias recentes: determinantes do comportamento eleitoral na América Latina. *In:* VEIGA, Luciana Fernandes; RIBEIRO, Ednaldo Aparecido; GIMENES, Éder Rodrigo (org.). *Comportamento político e opinião pública*: estudos sobre Brasil e América Latina. Curitiba: CPOP, 2018.

VISSER, Max. *Five theories of voting action*: strategy and structure of psychological explanation. Enschede: Twente University Press, 1998.

VYGOTSKY, Lev Semenovich. *Pensamento e linguagem*. Ed. Ridendo Castigat Mores, 2001. Edição eletrônica disponível em: http://institutoelo.org.br/site/files/publications/5157a7235ffccfd9ca905e359020c413.pdf. Acesso em: 12 out 2020.

WE ARE SOCIAL. Digital 2022 Global Overview Report. Disponível em: https://datareportal.com/reports/digital-2022-global-overview-report. Acesso em: 5 ago. 2022.

WILDAVSKY, Aaron. Choosing preferences by constructing institutions: a cultural theory of preference formation. *American Political Science Review*, Cambridge, v. 81, n. 1, p. 3-22, mar. 1987.

ZAGO, Gabriela da Silva. Circulação jornalística potencializada: o Twitter como espaço para filtro e comentário de notícias por interagentes. *Comunicação & Sociedade*, São Bernardo do Campo, v.34, n.1, p. 249–271, 2012.

ZAJONC, Robert Boleslaw. Feeling and thinking: preferences need no inferences. *American Psychologist* v. 35, n. 2, p. 151–175, 1980.

ZALLER, John R. *The nature and origins of mass opinion*. New York: Cambridge University Press, 1992.

ZALLER, John R. Floating voters in US presidential elections, 1948–2000. *Research Gate*, jan. 2004. Disponível em: https://www.researchgate.net/publication/312457655. Acesso em: 21 set 2021.

ZHANG, Minglei. A tale of two parties: partisanship and media polarization in the contemporary U.S. *Academia Letters*, Article 3398, p. 1–6, August 2021.

ZITTEL, Thomas. The personal vote. *In:* ARZHEIMER, Kai; EVANS, Jocelyn; LEWIS-BECK, Michael S. *The Sage handbook of electoral behaviour*. London: Sage Publications, 2017.

SOBRE OS AUTORES

RUBENS VIDIGAL CORIOLANO

Formação acadêmica
2020 – 2024
Doutorado em Psicologia Social.
Pontifícia Universidade Católica de São Paulo, PUC/SP.
Tema: Corredeiras da Democracia: o comportamento eleitoral sob a perspectiva psicossocial.
Orientador: Salvador Antonio Mireles Sandoval
Bolsa de estudos: CNPq

2017 - 2019
Mestrado em Psicologia Social.
Pontifícia Universidade Católica de São Paulo, PUC/SP.
Tema: A Internet como Instrumento da Formação da Consciência Política de Eleitores Universitários e sua Relação com o Voto.
Orientador: Salvador Antonio Mireles Sandoval
Bolsa de estudos: CNPq

1996 - 1997
Especialização em Gerenciamento de Negócios.
Escola Superior de Propaganda e Marketing, ESPM.
Título: Reengenharia da Unidade de Sistemas de Energia da Ericsson.

1980 - 1984
Graduação em Engenharia Elétrica.
Fundação Armando Álvares Penteado, FAAP.

Extensão universitária
2001 - 2001
Economia Aplicada à Administração de Empresas e Finanças
Fundação Getulio Vargas - SP, FGV-SP.

2000 - 2000

Inside the IP Tornado: Competing for the Future.

University of California, Berkeley, Estados Unidos

2000 - 2000

Contabilidade e Finanças para Executivos não Financeiros.

Fundação Getulio Vargas - SP, FGV-SP.

Atuação profissional

Centro Universitário FMU (desde 2024)

Professor da disciplina de Fundamentos da Economia para os cursos de Administração e Tecnologia em Recursos Humanos, Gestão Comercial e Processos Gerenciais.

Grupo Educacional Hotec (2005 – 2024)

Professor das disciplinas: Marketing, Empreendedorismo, Administração Geral e Modelos de Gestão, Economia e História da Gastronomia. Professor nos cursos de pós graduação e MBA das disciplinas: Metodologia da Pesquisa, Logística em Serviços Gastronômicos e Orçamento, Captação de Recursos, Finanças e Controle. Tutor de EAD das disciplinas de Metodologia Científica e Marketing.

Faculdade Anhanguera-Osasco (2011 – 2012)

Professor das disciplinas de Estratégias de Preço e Gestão de Projetos.

Universidade Cruzeiro do Sul (2007 – 2009)

das disciplinas: Marketing, Administração, Pesquisa de Mercado, Planejamento Estratégico, Aspectos Éticos e Legais do Marketing, Estratégias de Promoção de Marketing e Vendas.

Eat Delivery (2003 – 2005)

Sócio-diretor.

Ericsson Telecomunicações (1992 – 2001)

Diretor de Suporte à Negócios

Planejamento estratégico da unidade de negócios, planejamento anual de comunicação, ações de comunicação interna e de relações públicas junto a assessoria de imprensa, organização de feiras e eventos, adaptação de campanhas mundiais de propaganda, suporte à clientes para o fortalecimento da marca, (re)posicionamento de mercado e definição do *portfolio* e do *pricing*, estruturação de programas de *customer care/loyalty*, introdução do *business intelligence* e CRM *(Customer Relationship Management)* e de programas globais como o TTC *(Time to Customer)* e o gerenciamento de projetos conforme o PMI *(Project Management Institute)*.

Gerente de Qualidade e Logística

Implantação e certificação de sistema da qualidade baseado na ISO 9001, introdução de programas/conceitos como TQM, medição e melhoria da satisfação de clientes, auto-avaliação conforme o PNQ (Prêmio Nacional da Qualidade), *balanced scorecard* (medidores gerenciais), *ship-to-stock, process owner* e *empowerment*. Administração de contratos, planejamento de materiais e de produção e experiência como *controller* elaborando o *budget* anual da unidade de negócios.

Multicomp (05/89 – 10/91)

Supervisor/Gerente de Qualidade

Implantação de sistema da qualidade, introdução de padrões internacionais de qualidade, qualificação de fornecedores, administração dos custos da não-qualidade e atuação com a área comercial para a prospecção do mercado e a obtenção de novos clientes.

Unisys Eletrônica (04/83 – 05/89)

Engenheiro de Produto/Qualidade

Suporte à manufatura e à segurança do produto (Normas UL, IEC e CSA) e implementação de alterações de projeto no produto. Implantação de controle estatístico de processos (CEP), do gerenciamento de dados externos e da técnica do projeto de experimentos e desenvolvimento e aplicação de cursos técnicos.

Publicações (livro)

CORIOLANO, Rubens Vidigal; SANDOVAL, Salvador Antonio Mireles. *Consciência política e socialização pela internet*: o eleitor universitário. Curitiba: Appris, 2021.

Trabalhos/Palestras apresentados

2022	*As Escolas sobre Comportamento Eleitoral* - Curso de extensão universitária sobre Comportamento Eleitoral, PUC-SP *Comportamento Eleitoral e A Campanha de 2022* – internúcleos da pós graduação de Psicologia Social, PUC-SP.
2021	*Modelos de comportamento eleitoral e o comportamento eleitoral do brasileiro* - Apresentação (live) para o Movimento Vermelho para Lutar *Consciência política e socialização pela internet: o eleitor universitário* Apresentação (live) para a Faculdade de Tecnologia em Gastronomia, Hotelaria e Eventos de São Paulo - Hotec
2020	*Entendendo o Comportamento Eleitoral Brasileiro* Apresentação (live) para a USCS (Universidade Municipal de São Caetano do Sul)
2019	*Annual Meeting of the International Society of Political Psycology* Social Networks and the Youth Politicization in a Weak Party Society of Increased Political Distrust and Protest: the case of Brazil 2014 to 2018. *Aula Inaugural - Hotec* Tendências de Marketing Didital
2018	*Trabalho final de disciplina de mestrado - PUC* FINEP- Financiadora de Estudos e Projetos Implantação do Sistema de Cotas para Negros nas Universidades Brasileiras ABRAPSO- Associação Brasileira de Psicologia Social Resultados da Pesquisa sobre os Eventos LGBTI+ de 2018 na Cidade de São Paulo
2017	*Trabalho final de disciplina de mestrado - PUC* Análise de Conscientização Política conforme MACP de Salvador Sandoval Abordagem Epistemológica para Projeto de Pesquisa *Aula Inaugural - Hotec* Formação de Preço e Lucratividade em seu Negócio
2016	*Trabalho final de disciplina de mestrado - PUC* Ideologia Política
2013	*Aula Inaugural - Hotec* Macro Tendências em Marketing Ética e Responsabilidade Social nos Negócios *I Encontro Científico de Hospitalidade Hotec* Perfil do Discente de Cursos Tecnológicos na Área da Hospitalidade

Organização de eventos/cursos

2022	Curso de extensão universitária sobre Comportamento Eleitoral – PUC-SP
2019	Colóquio de Psicologia Política: o Brasil após as eleições de 2018
2018	Colóquio de Psicologia Política: o clima político para as eleições
2017	Colóquio de Psicologia Política: teorias, metodologia e formação

Links

Orcid: https://orcid.org/0000-0001-6096-1848

Plataforma Lattes: http://lattes.cnpq.br/9443382642553361

SALVADOR ANTONIO MIRELES SANDOVAL

Formação acadêmica

Ano	Título	Instituição
2000 – 2001	J.P. Leman Visiting Scholar Fellowship	David Rockefeller Center for Latin American Studies, Harvard University, Cambridge, USA
1996 – 1997	Pós-Doutorado – Bolsa CAPES	Center for the Study of Social Change, New School for Social Research, Nova York, USA
1972 – 1984	Doutorado em Ciência Politica	The University of Michigan, Ann Arbor, USA
1970 – 1972	Mestrado em Ciência Politica	The University of Michigan, Ann Arbor, USA
1968 – 1970	Mestrado em Ciência Politica	The University of Texas at El Paso, USA
1965 – 1968	Graduação em Estudos Latino Americanos	The University of Texas at El Paso, USA

Histórico pro fissional e distinções

1978 – presente: Pontifícia Universidade de São Paulo / Programa de Pós-Graduação em Psicologia Social

Professor Titular

Coordenador do Núcleo de Pesquisas em Psicologia Política e Movimentos Sociais

Coordenador do Programa de Estudos Pós-graduados em Psicologia Social, Pontifícia Universidade Católica de São Paulo

1988 – 2015: Universidade Estadual de Campinas / Faculdade de Educação

Professor MS3-B (inativo/aposentado)

2012 – 2012: Concórdia University of Montreal, Canadá

Professor Visitante

2011 – 2012: Universidade de São Paulo, São Paulo

Investigador Colaborador

2008 – 2008: Concordia University of Montreal, Canadá
Professor Visitante

2000 – 2001: Harvard University / David Rockfeller Center for Latin American Studies, Harvard University
J.P. Lehman Visiting Fellowship

2018: Conselho Federal de Psicologia e Forum de Entidades Cientificas em Psico
Homenageado, no aniversário dos 56 anos da instituição do campo e profissão de Psicologia no Brasil, pela contribuição à consolidação da ciência psicológica no Brasil decorrente da criação do campo de Psicologia Política e fundação da Revista Psicologia Politica em 2001.

Publicações mais relevantes
Livros

CORIOLANO, Rubens Vidigal; SANDOVAL, Salvador Antonio Mireles. *Consciência política e socialização pela internet*: o eleitor universitário. Curitiba: Appris, 2021.

SANTOS, Vanilda Aparecida dos; SANDOVAL, Salvador A. M. *CPI da Petrobras: um estudo psico-político da perda de confiança e credibilidade do parlamento brasileiro.* Curitiba: Editora Appris, 2019.

MUSSI, L. H.; SANDOVAL, Salvador A. M. . *Representações Sociais do Nazismo no Cinema: estudo sobre a desumanização e resistência à desumanização.* 1. ed. Curitiba: Editora CRV, 2017. v. 1. 392 p.

SANDOVAL, Salvador Antonio Mireles; HUR, Domenico Uhng; DANTAS, Bruna Suruagy do Amaral (org.). *Psicologia Política: temas atuais de investigação.* Campinas: Editora Átomo-Alínea, 2014. ISBN 9788575167175.

SANDOVAL, Salvador A.M., CAMINO, Leoncio; LHULLIER, Louse (org.). *Estudos sobre Comportamento Político: teoria e pesquisa.* Porto Alegre: Letras Contemporâneas, 1997. [ISBN 85775-16-5]

SANDOVAL, Salvador A. M. *Labor Unrest and Social Change in Brazil since 1945.* 1. ed. Boulder: Westview Press, 1994. v. 1. 298 [ISBN 0-8133-8246-7]

SANDOVAL, Salvador A.M. *Trabalhadores Param: greves e mudança social no Brasil 1945 – 1990.* São Paulo: Ática, 1994. 222p. [ISBN 85-08-04559]

Capítulos de livros

SANDOVAL, Salvador A. M.; SILVA, Alessandro Soares da . *O Modelo de Análise da Consciência Política como Contribuição para a Psicologia dos Movimentos Sociais. In:* HUR, Domenico Uhng; LACERDA JUNIOR, Fernando (org.). Psicologia, Políticas e Movimentos Sociais. 1ed. Petrópolis: Ed. Vozes, 2016, p. 25-57.

SANDOVAL, Salvador A. M.. *A Psicologia Política da Crise do Movimento Sindical Brasileiro nos anos 1990: uma análise da consciência política num momento de desmobilização. In:* SILVA, Alessandro Soares da; CORREIA, Felipe (org.). No Interstício das Disciplinaridades: a Psicologia Política. 1ed. Curitiba: Ed. Prismas, 2015, v. 1, p. 175-218.

HUR, Domenico Uhng; SANDOVAL, Salvador Antonio Mireles; DANTAS, Bruna Suruagy do Amaral. *Apresentação - Psicologia Política: teorias e sociedade em transformação. In:* HUR, Domenico U.; SANDOVAL, Salvador A. M.; DANTAS, Bruna S. A (org.). Psicologia Política: temas atuais de investigação. Campinas: Editora Átomo-Alínea, 2014. ISBN 9788575167175

SANDOVAL, Salvador Antonio Mireles; DANTAS, Bruna Suruagy do Amaral; ANSARA, Soraia. *Considerações Históricas sobre a Psicologia Política. In:* HUR, Domenico U.; SANDOVAL, Salvador A. M.; DANTAS, Bruna S. A (org.). Psicologia Política: temas atuais de investigação. Campinas: Editora Átomo-Alínea, 2014. ISBN 9788575167175

SANDOVAL, Salvador A.M. *O comportamento político como campo interdisciplinar de conhecimento: a reaproximação da sociologia e da psicologia social. In:* Estudos sobre Comportamento Político: teoria e pesquisas. Ed. Letras Contemporâneas: 1997, p. 13 – 26.

SANDOVAL, Salvador A. M. *Social Movements and Democratization: the case of Brazil and the latin countries. In:* GIUGNI, Marco G.; MCADAM, Doug; TILLY, Charles (org.). Contention to Democracy. 1 ed. New York: Rowman and Littlefield, 1998, v. 1, p. 169-203.

SANDOVAL, Salvador A. M. *Comportamento Político como Campo Interdisciplinar de Conhecimento: a reaproximação da Sociologia e Psicologia Social. In:* Estudos em Comportamento Político: teoria e pesquisa. 1. ed. Porto Alegre: Ed. Companhia Liberdade, v. 1, 1997, p. 13-23.

Artigos em periódicos científicos

SANDOVAL, Salvador A. M. Formação em métodos de pesquisa na pós-graduação: abordagens multimétodos para as demandas da atualidade. *Educar em Revista*, Curitiba, v. 34, n. 71, p. 69-82, set./out. 2018. DOI: 10.1590/0104-4060.62647

ESPINOSA, Agustín; PÁEZ, Darío; VELÁZQUEZ, Tesania; CUETO, Rosa María; SEMINARIO, Evelyn; SANDOVAL, Salvador; REÁTEGUI, Féli; JAVE, Iris. Between Remembering and Forgetting the Years of Political Violence: psychosocial impact of the truth and reconciliation commission in Peru. *Political Psychology*, v. XX, p. 1-18, 2016.

KRAWZYCK, Nora. R.; SANDOVAL, Salvador A. M. O Processo de Regionalização das Universidades do Mercosul: um estudo exploratório de regulação supranacional e nacional. *Educação e Realidade*. vol. 37, no. 2, 2012.

SANDOVAL, Salvador A. M. Social Science Research in Brazil and its Potential for Latin American Integration. *Revista Gestão & Políticas Públicas*, v. 01, p. 230-249, 2011.

SANDOVAL, Salvador A. M. Alternative Forms of Working-Class Organization and the Mobilization of Informal-Sector Workers in Brazil in the Era of Neoliberalism. *International Labor and Working-Class History*. September 2007, 72: p. 63-89. Cambridge Journals.

SANDOVAL, Salvador A. M. The Crisis of the Brazilian Labor Movement and Workers Political Consciousness. *Revista Psicologia Política*, São Paulo, v. 01, p. 173-195, 2001.

SANDOVAL, Salvador A. M. Considerações sobre aspectos micro-sociais na análise dos movimentos sociais *Revista Psicologia E Sociedade, 1989 – ABRAPSO*. São Paulo, 1989.

SANDOVAL, Salvador A. M. Los Mecanismos de Discriminación Racial en el Mercado de Trabajo: el caso de Brasil urbano. *Estudios Sociológicos*. Vol. 9, no 25, Brasil: Política, Gênero, Etnias y Transición Democrática, Una Vision Crítica (Jan. – Apr., 1991), p. 35-60.

Orientações de mestrado e doutorado

67 doutorados e 101 mestrados concluídos. Nove orientações em andamento.

Outras informações

Membro do Comite Internacional do Bryce Wood Book Award da Associação dos Estudos Latino Americanos (2008-2009).

Membro da Social Science Research Council International Committee on the Needs of the Social Sciences in the 21st Century (1998-1999).

Fundador e Presidente da Associação Brasileira de Psicologia Politica - ABPP (2000).

Presidente da Associacão Brasileira de Psicologia Social – ABRAPSO (1998-1999).

Fundador e editor da Revista Psicologia Politica (2000/2005).

Co-fundador e tesoureiro da Associación Ibero-Latino-Americana de Psicologia Politica (2013-2016).

Links

Orcid: https://orcid.org/0000-0003-0954-3741

CV Lattes: http://lattes.cnpq.br/4239956624299130

Google Scholar: https://scholar.google.com/citations?hl=en%20HYPER-LINK%20%22http://scholar.google.com/citations?hl=en&user=K_TvSc0AAAAJ&view_op=list_works&gmla=AJsN-F5TaWpZClyOkt1irEjyKPRQEUXnjkqPrnKahPjjyslGCjk2knGnq4bqGXwyp7-ebcBd9yDLWhazwADGMOEJbXhQGOeir-f0SHJJIkQWG-jzCuctZQY0XLerqmKDJV579E-BzcNsr%22&%20HYPERLINK

ÍNDICE REMISSIVO

A
Abstenção
Accountability
Agendamento/*Agenda-setting*
Algoritmo
Alienação política
Alinhamento eleitoral
Ambiente externo
Ambiente psicológico
Atalho cognitivo
Atitude de carona
Autoposicionamento ideológico
Autoritarismo
Avaliação sociotrópica

B
Bancada evangélica
Biopoder
Blogosfera
Bolhas sociais

C
Câmara de eco
Campanha eleitoral
Capitalismo informacional
Ciclo de esperança-decepção-esperança
Cidadão de bem
Classe dominante
Clivagens eleitorais
Cognição "quente"

Cognição/processos cognitivos
Coletivos sociais
Colonialismo
Complexo de vira-lata
Conexões sociais
Conformismo
Consciência alienada
Consciência da alienação
Consciência de classe
Consciência política
Consciência reflexiva
Consciência revolucionária
Conservadorismo à brasileira
Conservadorismo popular
Contexto institucional
Contexto político/eleitoral
Coronelismo eletrônico evangélico
Corrupção
Crenças e valores
Crowdfunding
Cruzada cultural/ideológica
Cultura
Cultura política
Custos de informação

D

Data-vigilância
Democracia de baixa intensidade
Democracia de partido
Democracia do público
Democracia midiática
Descrédito institucional
Desempenho econômico

Dialética
Dicotomia
Dilema da ação coletiva
Disputa de narrativas
Disputa eleitoral
Dissonância cognitiva

E
Efeito *Bandwagon*
Efeito de ativação
Efeito de reforço
Elementos identitários
Emancipação
Emoções e sentimentos
Endosso social
Escolha racional
Escore de consciência política (ECP)
Espectro ideológico
Espectro político
Esteriótipo de atratividade
Estratégias de campanha

F
Fake news
Filtro perceptivo
Fluxo político
Forças distais
Forças proximais
Formadores de opinião
Framing
Fundamentalismo religioso
Funil de causalidade

G
Gabinete do ódio
Gatekeeper

H
Herança de incumbência
HGPE

I
Identidade coletiva
Identidade individual
Identidade partidária
Identidade pessoal
Ideologia
Ideologia dominante
Imagem dos candidatos
Impedimento/*impeachment*
Incumbency oriented
Índice de polarização afetiva
Influência midiática
Infodemia
Instituições políticas
Instrumentalização
Inteligência afetiva
Interesses coletivos

J
Justiça social

L
Lealdade partidária

M
Manipulação ideológica/política

Marketing Político
Media agenda-setting
Memória de longo prazo
Mensagens ideológicas dominantes
Mercado eleitoral
Meritocracia
Mesmice identitária
Metadados
Midiafare
Modelo de Ressonância
Modelo de retórica da persuasão eleitoral
Modelos de comportamento

O
Opinião pública

P
Padrões de manipulação
Paradoxo da democracia
Paradoxo eleitoral
Participação política
Partidarismo de avaliação
Partidarismo de identidade
Perfil do eleitor
Personalismo político
Pesquisa eleitoral
Petralha
Posicionamento ideológico
Preditor(es) do voto
Preferência partidária
Presidencialismo de coalisão
Priming
Public agenda-setting

Q

Quarto poder

R

Racionalidade

Racionalidade de baixa informação

Razão de ordem emocional

Realidade paralela

Relações sociais

Representações políticas

Representações sociais

S

Saber político

Self

Sistema político hiperpartidário

Socialização política

Sócio-histórica

Sofisticação política

Subjetivação

Sujeito ativo

Survey

T

Teorema do Eleitor Mediano

Teoria da Escolha Racional

Teoria de Campo

Teoria do Fluxo em Duas/Múltiplas Etapas

Teoria dos Efeitos Mínimos

Teoria dos Frames

Teoria Hipodérmica

Teorias de comunicação

Think tanks

U
Underdogs

V
Valores internalizados

Valores pessoais

Visão classista

Visão de mundo

Visão populista

Voto de cabresto

Voto de clivagem

Voto de exclusão

Voto de protesto

Voto estratégico

Voto flutuante

Voto identitário

Voto pessoal

Voto por alinhamento programático

Voto prospectivo

Voto racional

Voto retrospectivo

Voto útil